# R&Excel
# 사례와 예제로 보는 통계분석

박천건 지음

한나래 아카데미

R&Excel
사례와 예제로 보는
통계분석

2017년 8월 21일 1판 1쇄 박음
2017년 8월 31일 1판 1쇄 펴냄

지은이 | 박천건
펴낸이 | 한기철

펴낸곳 | 한나래출판사
등록 | 1991. 2. 25. 제22–80호
주소 | 서울시 마포구 토정로 222, 한국출판콘텐츠센터 309호
전화 | 02) 738–5637 · 팩스 | 02) 363–5637 · e–mail | hannarae91@naver.com
www.hannarae.net


ISBN 978–89–5566–203–0 93310

* 이 도서의 국립중앙도서관 출판예정도서목록(CIP)은 서지정보유통지원시스템 홈페이지(http://seoji.nl.go.kr)와 국가자료공동목록시스템(http://www.nl.go.kr/kolisnet)에서 이용하실 수 있습니다.(CIP제어번호: CIP2017018974)

여러 학문 분야와 다양한 산업의 업무 분야에서 자료(데이터)의 중요성과 함께 통계를 이해하고 활용하는 능력이 강조되고 있다. 이러한 기조는 끊임없이 쏟아져 나오는 자료에서 '어떠한 방법으로 원하는 정보를 얻고 활용할 수 있을까?'라는 고민에 기인한다. 정보의 홍수 속을 살아가는 우리에게 통계는 전문가들만이 다룰 수 있는 전유물이 아닌, 비전문가들도 필히 알아야 하는 필수 과정이 되었다.

이 책은 통계를 필요로 하는 모든 사람들이 이론적 내용을 익힐 수 있을 뿐만 아니라, R과 Excel을 통하여 실질적인 통계 내용을 구현하고 실습할 수 있도록 만들었다. 또한 대학에서 이론과 실습(R, Excel)을 동시에 강의하는 기초통계학 과정으로 활용할 수 있도록 만들었다. 책의 구성을 보면 다음과 같다.

- 각 장의 시작에는 일상에서 접할 수 있는 통계 사례를 소개하였다.
- 각 장의 핵심이 되는 통계분석의 내용 및 절차를 소개된 사례에 적용하였다.
- R과 Excel을 이용하여 제시된 통계분석 방법들을 구현하였다.
- 실습 예제를 통하여 통계분석 및 절차를 R과 Excel로  연습할 수 있도록 하였다.

이 책이 기존의 통계 기본서와 차별화되는 부분은 첫째, 통계가 필요한 일반 독자들이 좀 더 흥미를 가지고 접근할 수 있도록 '사례를 중심으로' 통계 이론을 설명한다는 점이다. 둘째, 통계 프로그램 중 상대적으로 쉽게 접근할 수 있는 R과 Excel의 사용법을 실습 중심으로 제공하여 통계학 전공자가 아니더라도 실생활에서 통계를 효율적으로 활용할 수 있도록 안내한다는 점이다. 그러므로 독자들은 생활과 밀접한 사례를 통해 각 장의 핵심 통계분석에 접근한 뒤, 체계적 절차에 따라 통계분석 과정을 익히고 실습할 수 있다. 나아가 특정 통계 자료가 주어졌을 때 무엇부터 해야 하는지, 해당 자료에 적합한 통계분석은 무엇인지 독자 스스로 선택하고 해결해나갈 수 있다.

아무쪼록 이 책이 저자가 의도한 대로 독자들에게 쓰임 받을 수 있기를 기대한다. 책의 내용에 관한 의견, 오류나 개선점 등이 있다면 무엇이든 저자나 출판사에 전해주시기 바란다. 귀 기울여 듣고 지속적으로 업데이트하면서 오랫동안 쓰임 받을 수 있는 책이 되도록 노력할 것이다.

덧붙여, 이 책이 세상으로 나올 때까지 도움을 주신 많은 분께 감사드린다. 특히 제목, 교정, 표지 등에 관해 조언해주고 책이 출간되는 데 실질적인 작업을 맡아준 김민석 학생과 한나래 출판사 구성원 여러분께 감사를 전한다.

2017년 여름

박천건

# 차례

1장

# 왜 통계학(statistics)이 필요한가?

우리는 일상에서 확률과 통계를 익숙하게 접한다. 예를 들어, 석간 신문의 일기예보에서 다음날 강수확률(비 올 확률)이 20~30% 또는 80~90%라고 하면 그것을 읽고 나름대로 비가 올지 안 올지를 추측한다. 만약 강수확률이 20~30%면 '내일 비가 내리지 않겠다'라고 생각할 것이고, 80~90%면 '내일 비가 오겠구나'라고 생각해 우산을 준비할 것이다. 야구를 볼 때 특정 타자의 타율이 3할이라고 하면 일반적으로 공을 맞출 비율이 30%라고 생각할 수 있다. 또한 연말이면 많은 직장인들이 연말정산에서 세금을 얼마나 돌려받을 수 있을지 아니면 더 내야 할지에 관심을 기울이고, 평균적인 연말정산 환급액이 얼마인지도 궁금해한다.

그런데 대부분의 사람들은 위 예시에서 제시된 수치(확률 또는 통계)에만 관심이 있지 이러한 수치가 어떤 방법으로 수집되고, 어떤 경로로 생산되는지는 별로 관심이 없다. 또한 매우 제한적인 범위에서 이러한 수치를 해석하는 경우도 많다.

예를 들어, 연말정산 환급금을 조사할 때 의사들만 대상으로 한다면 매우 편향적인 평균 환급금이 계산되고 그 해석도 매우 제한적일 것이다. 연말정산 대상 전체의 환급금을 대변하지 못하는 것이다.

이러한 수치들을 객관적이고 과학적으로 생산하기 위해 표본선정방법, 자료수집방법, 분석기법, 추정기법 등을 연구하는 학문인 통계학이 필요하다.

2016년 2월 24일 교육부에서 초등학생, 중학생, 고등학생의 키와 몸무게를 조사했다. 그 내용 중 일부를 보면, 초등학교 6학년 남학생의 평균키는 151.4cm로 과거 10년 전(2005년)보다 2.3cm 커졌고 고등학교 3학년 남학생의 경우 173.5cm로 2005년(173.6cm)보다 0.1cm 줄어들었다. 반면 몸무게는 초등학교 6학년과 고등학교 3학년 모두 10년 전보다 조금 늘어났다.

조사 방식은 다음과 같다.

대상: 전국 초등학교, 중학교, 고등학교에서 재학 중인 학생으로 한다.

조사: 전국 764개교에서 일부 재학생을 대상으로 키와 몸무게를 측정하였다. 적절한 통계적 표본추출 방법을 적용하여 학교, 학년, 학급을 선택한다.

수치: 선택된 재학생의 키를 측정하고 평균키를 계산한다.

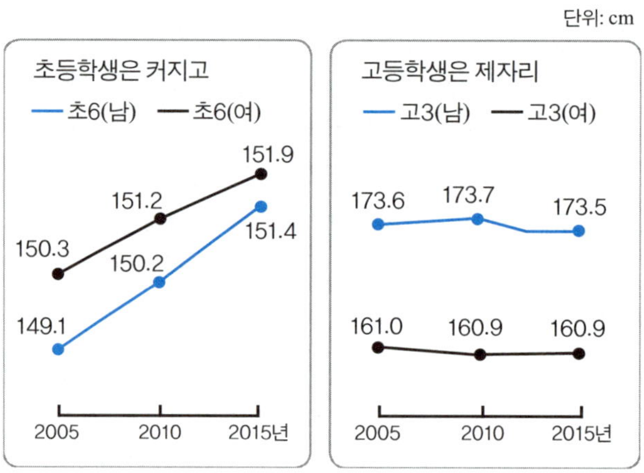


(출처: 교육부)

해석: 위 그래프에서 볼 수 있듯 초등학교 6학년은 2005년부터 2015년까지 꾸준히 크고 있는 데 반해 고등학교 3학년은 거의 제자리 상태다.

종합: 초등학교 6학년과 고등학교 3학년의 키를 파악하기 위해서 표본을 선정하는데, 선정 표본은 객관적이고 전체를 대표해야 한다. 또한 선정된 대상의 키를 요약된 수치로 표현하려면 대표성을 내포하는 수치(통계)가 제시되어야 한다. 더불어 제시된 통계에 대한 정확한 이해와 해석이 뒷받침되어야 한다. 이러한 일련의 과정 및 결과를 이해하기 위해서 통계학에 대한 학습이 필요하다.

# 1. 통계(statistic)란 무엇인가?

**보기 1**

자판기 커피 한 잔보다 싼, 하루치 쌀값

통계청에서 조사한 바에 따르면 1970년대에는 국민 한 명당 연간 136.4kg의 쌀을 소비한 반면 2015년에는 62.9kg으로 감소했다. 즉 2015년에 일인당 1일 쌀 소비량이 172.4g이고, 쌀 20kg이 4만 원에 판매된다고 가정한다면 대략 하루 소비량에 해당하는 쌀값은 자판기 커피 한 잔 값인 400원에도 못 미친다. 쌀 소비량이 점차 감소하고 있는 것이다.

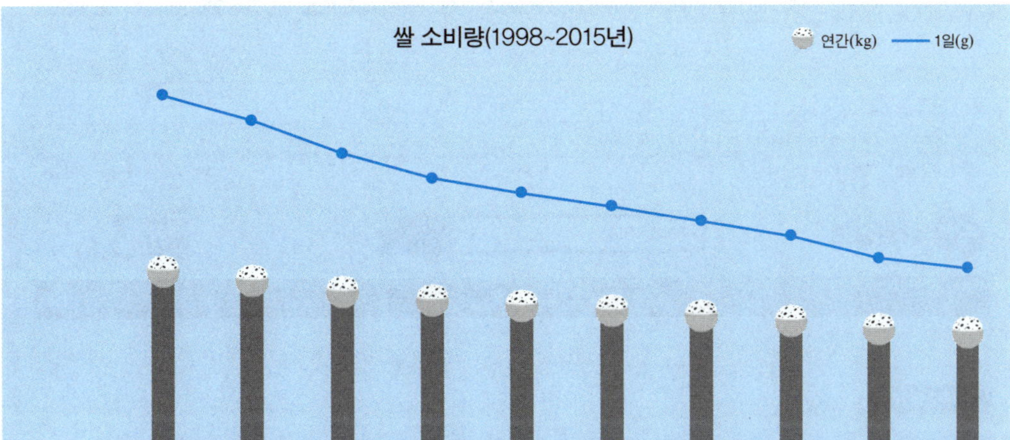


| | 1998 | 2000 | 2002 | 2004 | 2006 | 2008 | 2010 | 2012 | 2014 | 2015 |
|---|---|---|---|---|---|---|---|---|---|---|
| 연간(kg) | 99.2 | 93.6 | 87 | 82 | 78.8 | 75.8 | 72.8 | 69.8 | 65.1 | 62.9 |
| 1일(g) | 271.7 | 256.6 | 238.5 | 224.6 | 216 | 207.7 | 199.6 | 191.3 | 178.2 | 172.4 |

(출처: 통계청)

**보기 2**

강남역 분식점은 한 달에 얼마나 벌까?

창업을 생각하는 사람들이 가장 관심을 갖는 공통 주제는 '무엇을 할까, 어디에 창업을 할까, 다른 점포의 월매출은 얼마나 될까?'일 것이다. 소상공인시장진흥공단에서 운영하는 상권정보시스템(sg.sbiz.or.kr)에서는 2006년부터 등록된 소상공인 정보를 토대로 매출 정보뿐만 아니라, 상권분석, 점포이력 등 창업에 유용한 다양한 정보를 제공하고 있다. 이 시스템을 통해 강남역 부근 분식점의 월매출액이 3487만 원, 이·미용실은 5026만 원, PC방이나 당구장 등은 3583만 원에 이른다는 정보를 확인할 수 있다.

(출처: 상권정보시스템 sg.sbiz.or.kr)

**보기 3**

## 나이 들었지만 늙은 것은 아니다

일본은 이미 2006년에 초고령사회(65세 이상 비율이 전체 인구의 20% 이상)로 진입했고, 한국도 2015년 기준 65세 이상 인구가 약 13%로 고령화사회(7% 이상)이고 조만간 고령사회(14% 이상)로 들어설 예정이다. 다음 자료는 일본 고령자의 소비형태를 시대적 차이를 두고 설명한 내용으로 한국 고령자에게도 어느 정도 비슷하게 적용할 수 있을 것으로 예상된다.

〈표 1-1〉은 일본 내각부에서 발표한 일본 고령자의 소비형태를 나타낸 것이다. 표를 살펴보면 2006년보다 2011년에 고령자 본인의 삶을 만끽하는 데 더 많이 투자하는 것으로 보인다. 특히 55~59세의 경우 "가전 등 구입"이 2006년 12.5%에서 2011년 32.9%로 20.4%포인트 늘었고, "통신, 방송", "자동차 구매 및 정비"의 소비도 늘었다. 반면 "관혼상제 비용", "건강유지, 의료", "자식, 손자 지출"은 감소하였다.

〈표 1-1〉 일본 고령자의 1년간 지출형태 (단위: %, 3개 복수응답)

| | 55~59세 | | | | 60세 이상 | | | |
|---|---|---|---|---|---|---|---|---|
| 순위 | 항목 | 2006년 | 2011년 | 증감 (%포인트) | 항목 | 2006년 | 2011년 | 증감 (%포인트) |
| 1 | 자동차 구매, 정비 | 29.3 | 33.7 | 4.4 | 건강 유지 의료 | 44.2 | 38.6 | -5.6 |
| 2 | 관혼상재 비용 | 39.8 | 33.7 | -6.1 | 관혼상재 비용 | 42.8 | 36.8 | -6.0 |
| 3 | 가전 등 구매 | 12.5 | 32.9 | 20.4 | 가전 등 구매 | 11.1 | 29.9 | 18.8 |
| 4 | 자식, 손자 지출 | 31.5 | 30.5 | -1.0 | 자식, 손자 지출 | 27.9 | 28.9 | 1.0 |
| 5 | 건강 유지, 의료 | 26.6 | 25.3 | -1.3 | 자동차 구매, 정비 | 18.1 | 21.0 | 2.9 |
| 6 | 주택 손보기 | 21.0 | 21.6 | 0.6 | 주택 손보기 | 16.8 | 17.7 | 0.9 |
| 7 | 통신, 방송 | 8.5 | 17.0 | 8.5 | 여행 | 12.6 | 13.7 | 1.1 |
| 8 | 여행 | 12.3 | 12.9 | 0.6 | 친구 교재 | 14.2 | 11.9 | -2.3 |

※ 55세 이상을 대상으로 2006년 1729명, 2011년 2095명 조사

(출처: 일본 내각부)

앞서 나온 세 자료에서 제시된 "2015년 일인당 1일 쌀 소비량 172.4g", "서울 강남역 분식점의 월 평균 매출액 3487만 원", "일본 고령자의 지출 순위 및 비율" 등의 수치는 단순한 값이 아니라 일상생활에서 획득된 정보라고 할 수 있다. 그 외에도 일기예보의 비올 확률, 주가, 여러 주제(또는 선거)에 관한 여론조사, 새로운 신약에 대한 효능실험 결과 등 매우 다양한 분야에서 관심 수치가 제시되고 있다. 이는 단순한 숫자가 아니라 관심 분야 또는 대상에 대한 요약된 수치(평균, 확률, 비율, 순위 등)라고 할 수 있다.

**정의 통계**

통계란 불확실한 현상(관심 주제)에 대한 자료를 조사 또는 실험을 통하여 획득한 뒤, 그것을 토대로 요약한 수치적 표현이다.

보기 2 에서 관심 주제는 강남역 분식점의 한 달 매출액이다. 상권정보시스템에 등록된 각 해당 분식점의 연 매출액을 기초로 월평균 매출액을 구하고, 전체 분식점의 월평균 매출액을 (3487만 원) 제시했다. 이때 강남역 각 분식점의 연 매출액은 자료에 해당되고 각 분식점의 월평균 매출액과 전체 분식점의 월평균 매출액이 통계가 된다. 여기서 사용된 자료에 대해서는 '3절 기본 용어' 및 '3장 자료의 표현'에서 자세히 설명한다.

## 2. 왜 통계학(statistics)이 필요한가?

보기 3 에서 일본 고령자의 1년간 지출내역을 알고자 2006년과 2011년에 각각 1729명과 2095명의 고령자를 대상으로 지출내역을 조사하였다. 이때 일본 전체 고령자들이 아닌 선택된 일부 고령자들을 대상으로 조사하였다. 그렇다면 선택된 일부 고령자의 소비 경향이 전체를 잘 대변할까? 이러한 의구심은 일부를 대상으로 수행되는 모든 조사와 실험에 동일하게 적용된다. 결론적으로, 선택된 일부가 전체를 잘 반영하도록 하려면 어떤 추출방법이 과학적으로 타당한지에 대한 이론과 연구가 필요하다.

선택된 고령자와 항목이 모두 조사되어 수집되면 제시된 비율을 항목별로 정리하고 요약해야 한다. 보기 3 에서는 비율로 요약했지만 평균, 분산 등과 같은 통계가 적용되기도 한다. 이러한 통계는 관심 주제 및 목적에 따라 다양한 종류가 있으며 통계적인 이론에 기초하여 개발된 것이다. 일부 고령자의 지출내역을 비율로 요약한 결과는 전체를 대상으로 얻어진 것이 아니기 때문에 어느 정도 오차가 생길 수 있다. 따라서 계산된 통계가 통계적으로 어느 정도 신뢰할 수 있는지도 검증해야 한다.

이러한 일련의 과정에서 제시하는 방법들을 연구하고 과학적으로 증명하는 학문이 통계학이다.

**정의 통계학**

통계학은 불확실한 현상(관심 주제)을 대상으로 자료를 수집(조사 또는 실험)하고 관련 통계와 모형을 설정하는 데 필요한 통계적 방법론(추정, 검정, 예측 등)을 연구하고 과학적인 이론을 정립하는 학문이다.

## 3. 기본 용어

통계학에서 사용되는 몇 가지 기본 용어는 다음과 같다.

- 모집단(population): 불확실한 현상(관심 주제)에서 대상의 전체
- 표본(sample): 불확실한 현상에서 대상의 일부
- 조사(suvey): 불확실한 현상에서 자연적으로 발생한 현상을 기록
- 실험(experiment): 불확실한 현상에서 인위적으로 환경을 조성하여 발생한 현상을 기록
- 자료(data): 조사 또는 실험에서 얻은 결과로 수치, 문자, 문장 등

**예제 1-1**

**보기 3**의 일부 내용 중 2006년 일본 고령자의 지출내역을 통계학에서 사용되는 기본 용어에 상응하게 연결하면 다음과 같다.

- 모집단: 2006년 1월 1일 기준으로 55세 이상인 일본에 거주하는 사람
- 표본: 모집단의 일부로 1729명
- 조사: 1729명의 2006년 기록된 지출내역
- 자료: 각 고령자의 기록된 지출내역

수집된 자료를 구분된 지출내역별로 정리하고 수를 누적한 후 비율(통계)로 제시한다.

## 실습

**1** 국가승인통계인 가계동향조사를 통하여 통계 기본 용어를 살펴보자.

1) 국가통계포털(http://kosis.kr)의 홈페이지를 인쇄하고 어떤 것인지 기술하라.

(출처: http://kosis.kr/serviceInfo/serviceInfo_0101List.jsp)

2) 국가승인통계인 가계동향조사(승인번호: 10106)를 국가통계포털에 있는 '통계설명자료'에서 찾고 화면을 인쇄하라.

3) 문제 2)에서 찾은 가계동향조사에 관해서 다음 통계학 용어에 상응하는 내용을 기술하고 지시를 따르라.

(a) 모집단

(b) 조사 또는 실험

(c) 표본

(d) 자료

(e) 국가통계포털에서 "국내통계 → 주제별통계 → 물가·가계 → 가계 → 가계소득지출 → 가계동향조사(신분류) → 전국 → 가구당 월평균 가계수지(전국, 2인 이상, 실질, 2010=100)"로 가서 화면을 인쇄하라.

(f) (e)로부터 일부 통계를 제시하고 설명하라.

**2** 2016년 미국프로야구(MLB)에서 투수로 활약 중인 오승환의 통계 기록을 기본 용어로 살펴보자.

1) 오승환의 기록을 볼 수 있는 공식 웹주소의 화면을 인쇄하라.

(출처: http://m.mlb.com/player/493200/seung-hwan-oh)

2) "Seung Hwan Oh Four-seam FB Statcast Averages"에 제시된 영문 용어를 설명하라.

(a) NP

(b) Pitch Type

(c) Avg. Pitch Speed(mph)

(d) Avg. Perceived Speed(mph)

(e) Avg. Spin(rpm)

(f) Avg. Extension(feet)

(g) Avg. Exit Velocity(mph)

3) 문제 2)에서 다음 통계학 용어에 상응하는 내용을 기술하라.

(a) 모집단

(b) 조사 또는 실험

(c) 표본

(d) 자료

# 2장

# 기초 자료분석

조사나 실험을 통해 자료를 수집한 다음에는 자료를 분석해야 한다. 대부분의 사람들이 '무슨 분석부터 할까?' 또는 '무슨 통계기법을 쓸까?'를 고민하지 어떤 절차로 분석할지는 별로 고민하지 않는다. 본 장에서는 자료가 주어졌을 때 조사나 실험 목적에 상관없이 필히 거쳐야 하는 기본 분석 단계와 기법들을 소개하고, 해당 분석기법들의 특징과 해석도 다룰 것이다. 또한 예제를 통해 R과 Excel의 사용법을 익혀본다.

2016년 많은 한국 선수들이 미국프로야구(MLB)에 진출해서 좋은 모습을 보여주었다. 그중에도 투수로 활약하고 있는 "끝판왕" 오승환은 최고의 성적을 거두며 한국과 현지 팬들의 많은 기대를 받았다. 왜 오승환이 MLB, 언론 그리고 팬들로부터 그 실력을 인정받으며 "세인트루이스"의 마무리 보직을 맡고 있을까? 오승환은 마무리 보직 전에 중간계투요원(셋업맨)으로 빼어난 성적을 거두었다. 참고로 셋업맨(7회~8회에 등판)은 승리나 세이브를 거두기가 어렵고 책임진 이닝을 무실점으로 마무리해야 한다.

오승환의 투구기록 중 가장 중요한 지표는 승, 패 그리고 세이브겠지만, 방어율(ERA, earned run average)이야말로 다른 투수들과 비교할 수 있는 객관적인 지표이다. 그렇다면 방어율로 어떤 자료분석을 할 수 있는지 단계적으로 살펴보자.

1단계: 현재 시즌에 활동하는 투수들의 방어율 자료를 MLB(http://mlb.mlb.com/home)로부터 획득

2단계: 자료분석에 사용될 자료(방어율)의 형태를 결정 – 양적자료(실수)

3단계: 양적자료(실수)에 적합한 시각적 표현 구현 – 히스토그램, 줄-잎그림, 상자그림

4단계: 양적자료(실수)에 적합한 수치적 표현 계산 – 중심성향(최댓값, 최솟값, 평균, 중앙값, 최빈수, 분위수 등), 퍼짐정도(범위, 사분위범위, 분산, 표준편차 등)

5단계: 3단계와 4단계에서 얻은 기초분석 결과와 분석목적에 적합한 해석

오승환의 방어율을 살펴보면 다른 투수와 비교해서 얼마나 적게 실점했는지, 특히 동일한 보직을 담당하는 투수와 비교했을 때 얼마나 적게 실점했는지를 파악할 수 있다. 또한 다른 투수들의 보편적인 기록이 어느 정도인지도 살펴볼 수 있다.

# 1. 자료형태

앞에서 자료는 수치, 문자 또는 문장 등으로 구성된다고 언급하였다. 분석은 자료를 근거로 수행되기 때문에 자료의 형태에 대한 명확한 구분이 있어야 한다. 자료형태가 정의되어 있지 않으면 적합한 분석이 어려울 수 있다. 통계학에서 자료형태는 주어진 원자료(raw data, 조사 또는 실험을 통해서 얻어진 최초의 자료, 가공되지 않은 자료), 또는 자료가 수치(양적자료)인지 아니면 문자, 문장 또는 기호(질적자료)인지에 따라 크게 두 가지로 구분된다.

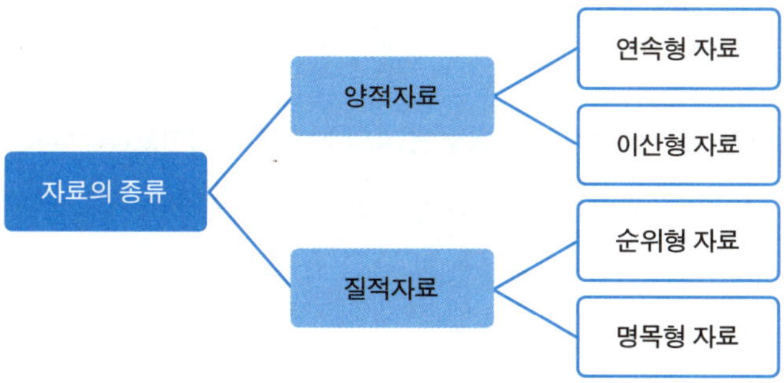


예를 들어 전국 성인 남성 중 표본을 선택하여 키를 조사한다고 하자. 대상은 전국 성인 남성 중 일부이고 측정(measurement)은 키(cm)이다. 이는 175cm와 같은 수치(실수)로 기록되며 양적자료이고 연속형 자료이다. 가구의 구성원 수를 조사하고 측정은 가구당 1명, 2명 등 양의 정수로 기록하는 것도 이산형 자료의 예시이다.

질적자료는 조사 또는 실험에서 문자, 문장 또는 기호로 기록된 것이다. 예를 들어 2016 리우 올림픽에서 과연 우리나라 축구가 메달을 딸 수 있을지를 불특정 다수에게 물어본다면 나올 수 있는 대답은 "예", "아니오" 그리고 "모름"이다. 이러한 자료는 형식적인 의미를 가지고 있기 때문에 질적자료 중에 명목형 자료이다. 하지만 리우 올림픽에 대한 관심도를 "(1) 매우 관심, (2) 관심, (3) 보통, (4) 다소 관심, (5) 관심 없음"의 다섯 단계 수준으로 불특정 다수에게 물어본다면 그중 하나를 선택하여 대답할 것이다. 이와 같은 자료는 질적자료이고, 수준에 따른 차이가 순서로 표현되기 때문에 순위형 자료이다.

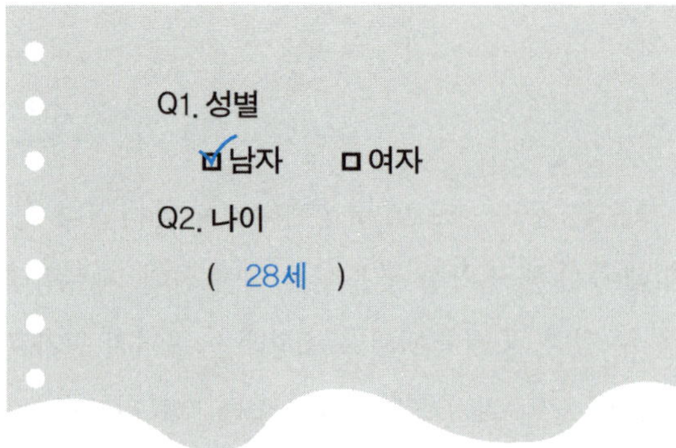


### 자료의 종류

사칙연산(덧셈, 뺄셈, 나눗셈, 곱셈)의 가능 여부에 따라 자료를 질적자료(qualitative data)와 양적자료(quantitative data)로 구분한다. 질적자료는 다시 명목형 자료와 순서형 자료로 구분한다.

#### 양적자료

- **연속형 자료**

  몸무게나 키, 강수량 등과 같이 실수로 측정되는 자료로 사칙연산이 가능하다. 실수로 측정되는 자료는 정확한 수치보다는 반올림이 적용되어 나타나는데, 어떤 사람의 키가 170cm라고 해도 정확한 측정값이 아닌 169.5에서 170.5 사이의 값에 존재한다.

- **이산형 자료**

  셀 수 있는 수의 자료로 사칙연산이 가능하다. 한 가구의 구성원 수, 한 가정의 자녀 수, 연간 취업자 수 등과 같이 셀 수 있는 자료이다.

#### 질적자료

- **명목형 자료**

  고유한 이름이나 문자로 표현되는 자료로 자료 간에 순서나 순위가 없다. 예를 들어, 혈액형(A, B, O, AB)은 적혈구 표면의 항원을 몇 개의 범주로 나누어 구분한 것으로 순서나 순위의 의미가 없다. 명목형 자료는 사칙연산이 불가능하므로 각 범주들의 분포확률 등을 이용하여 범주들 간의 관련성 등을 분석한다.

■ **순서형 자료**

이름이나 문자로 나타내는 자료로 명목형 자료와는 달리 범주들 간에 순서가 있다. 학점 같은 경우 A, B, C, D, F와 같이 문자로 표현되고 그 순위가 분명히 있기 때문에 순서형 자료이다. 순서형 자료는 순서가 있기 때문에 수치화하여 계산할 수는 있지만, 수치를 정하고 의미를 부여하는 데 항상 주의할 필요가 있다. 예를 들어, '보통이다', '좋아한다', '아주 좋아한다' 이 세 범주에 대해 각 범주를 '1, 2, 3'으로 수치화하여 계산하는 경우와 '1, 2, 4'로 수치화하여 계산하는 경우의 결과가 달라진다. 전자의 경우는 '보통이다'와 '좋아한다'의 차이가 '좋아한다'와 '아주 좋아한다'의 차이와 같다는 것을 나타내고, 후자의 경우는 '보통이다'와 '좋아한다'의 차이가 '좋아한다'와 '아주 좋아한다'의 차이의 절반임을 의미한다. 이처럼 정량적 수치를 부여할 때 다소 주관적인 견해가 반영될 수 있다.

## 2. 양적자료(연속형 자료)의 기초 자료분석

연속형 자료는 측정값이 실수이며 수치 계산이 가능하다. 연속형 자료의 기초 자료분석을 설명하기 전에 이 자료는 단일 항목으로 한정한다. 즉 키와 몸무게처럼 두 개의 연속형 자료가 있으면 키 또는 몸무게 중 하나만을 가지고 분석한다는 의미이다.

기초 자료분석은 시각적인 표현과 수치적인 표현, 두 가지 측면을 동시에 고려해야 한다. 앞에서 잠시 언급한 것과 마찬가지로 자료형태가 확정되면 적합한 분석방법이 어느 정도 정해지기 마련이다. 그렇다면 단일 항목에 대한 연속형 자료에는 어떠한 시각적 표현과 수치적 표현이 적합할까? 〈표 2-1〉과 〈표 2-2〉에는 연속형 자료의 대표적인 시각적 표현과 수치적 표현의 특성과 내용, 그림 및 수식의 결과가 제시되어 있다.

〈표 2-1〉 연속형 자료의 대표적인 시각적 표현

| 시각적 표현 | 내용 및 구현방법 | 그림 |
|---|---|---|
| 히스토그램 | - 측정값이 많은 연속형 자료에 적합 (일반적으로 30 이상)<br>- 모양(대칭, 양비대칭, 음비대칭 등)을 주로 관찰<br><br>- R 명령어<br>hist(변수 이름)<br>hist(변수 이름, 선택 사항)<br>- Excel<br>데이터→데이터분석→히스토그램 | 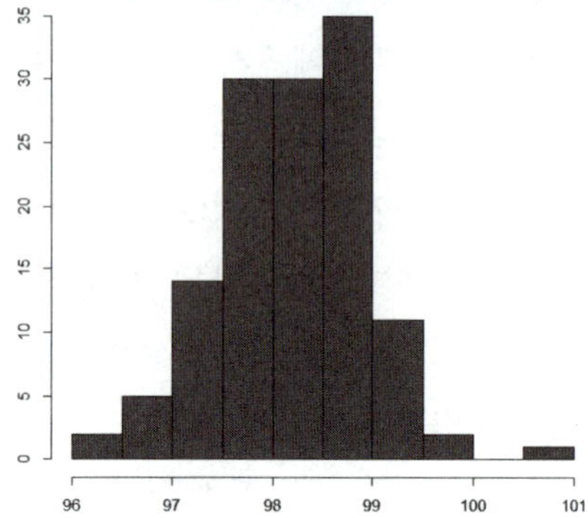 |
| 줄기-잎 | - 측정값이 적은 연속형 자료에 적합 (일반적으로 30 미만)<br>- 모양(대칭, 양비대칭, 음비대칭 등)뿐만 아니라 개별 숫자도 관찰<br><br>- R 명령어<br>stem.leaf(변수 이름)<br>stem.leaf(변수 이름, 선택 사항)<br>- Excel<br>별도의 명령어 없음 | n: 192<br>2 10 \| 57<br>8 11 \| 136678<br>14 12 \| 123889<br>27 13 \| 0255666888899<br>56 14 \| 00001222344444555556667788889<br>90 15 \| 000011111222222344445555555566677779<br>(29) 16 \| 01222333444445555555678888889<br>73 17 \| 1123334456666 7799<br>56 18 \| 00011235568<br>45 19 \| 0123445566 7799<br>31 20 \| 0000113557788899<br>15 21 \| 145599<br>9 22 \| 013467<br>3 23 \| 9<br>2 24 \| 7 |
| 상자그림 | - 사분위수를 이용하여 상자그림을 작성<br>- 모양(대칭, 양비대칭, 음비대칭 등)뿐만 아니라 자료의 분포도 대략적으로 파악<br>- 이상값 제공<br><br>- R 명령어<br>boxplot(변수 이름)<br>boxplot(변수 이름, 선택 사항)<br>- Excel<br>별도의 명령어 없음 | 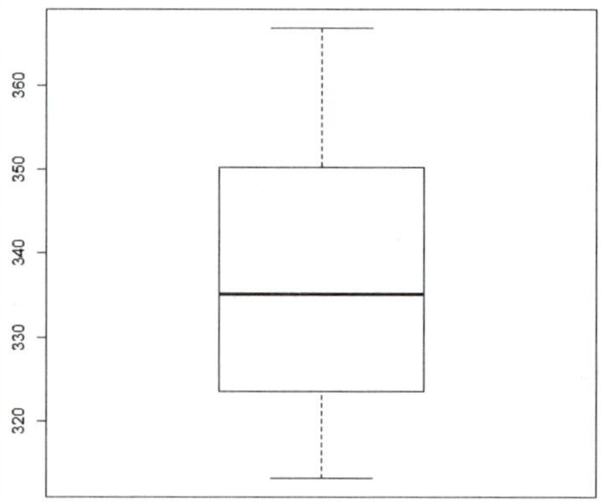 |

〈표 2-2〉 대표적인 수치적 표현

| | 수치적 표현 | 내용 | 수식(표본을 기준)<br>자료 $x_1, \cdots, x_n$, 오름차순 $x_{(1)} \leqq \cdots \leq x_{(n)}$ |
|---|---|---|---|
| 중심성향 | 평균 | - 계산이 쉽고 수리적 접근이 용이<br>- 극단적으로 작거나 큰 값의 영향이 큼 | $\bar{x} = \frac{1}{n}\sum_{i=1}^{n} x_i$ |
| | 중앙값 | - 극단적으로 작거나 큰 값의 영향이 적고 설명하기 쉬움<br>- 수리적 접근이 쉽지 않고 자료를 크기 순서로 정리 필요 | $\tilde{x}_m = \begin{cases} x_{\left(\frac{n+1}{2}\right)} & , n\text{: 홀수} \\ \frac{x_{(n)} + x_{(n+1)}}{2} & , n\text{: 짝수} \end{cases}$ |
| | 최빈값 | - 극단적으로 작거나 큰 값의 영향이 적고, 빈번하게 자주 나오는 수<br>- 수리적 접근이 쉽지 않고 동일한 수의 개수(두 개 이상) 파악 | - |
| | 사분위수 | - 극단적으로 작거나 큰 값의 영향이 적고, 25%, 50%, 75%에 해당하는 자료의 위치 제공<br>- 수리적 접근이 쉽지 않고 자료를 크기 순서로 정리 필요 | $Q_1 = x_{(n \times 0.25)}$<br>$Q_2 = \tilde{x}_m$<br>$Q_3 = x_{(n \times 0.75)}$ |
| 퍼짐정도 | 분산 | - 수리적 접근이 용이<br>- 극단적으로 작거나 큰 값의 영향이 큼 | $s^2 = \frac{1}{n-1}\sum_{i=1}^{n}(x_i - \bar{x})^2$ |
| | 표준편차 | - 평균과 동일한 측정단위<br>- 극단적으로 작거나 큰 값의 영향이 큼 | $s = \sqrt{\frac{1}{n-1}\sum_{i=1}^{n}(x_i - \bar{x})^2}$ |
| | 사분위범위 | - 이상값의 영향을 받지 않음<br>- 자료의 50%만 사용 | $IQR = Q_3 - Q_1$ |
| | 범위 | - 모든 자료를 사용<br>- 극단적으로 작거나 큰 값의 영향이 큼 | $Range = x_{(n)} - x_{(1)}$ |
| 분포형태 | 왜도 | - 자료의 분포형태가 대칭, 양비대칭, 음비대칭인지 결정<br>- $\lvert g_1 \rvert > 2\sqrt{6/n}$ 이고 양비대칭 $(g_1 > 0)$, 음비대칭 $(g_1 < 0)$, 대칭 $(g_1 = 0)$ | $g_1 = \frac{1}{n}\frac{\sum_{i=1}^{n}(x_i - \bar{x})^3}{s^3}, \quad -\infty < g_1 < \infty$ |
| | 첨도 | - 자료의 분포형태가 뾰족한지 아닌지 결정<br>- $\lvert g_2 \rvert \leq 4\sqrt{6/n}$ 이고 정규분포 $(g_2 = 0)$, 뾰족 $(g_2 < 0)$, 평평 $(g_2 > 0)$ | $g_2 = \frac{1}{n}\frac{\sum_{i=1}^{n}(x_i - \bar{x})^4}{s^4} - 3, \quad -2 \leqq g_2 < \infty$ |
| 변동성 | 변동계수 | - 단위에 관계없이 표준 변동성 제공<br>- 자료들의 변동성 비교에 유용함<br>- 단일 자료에 대해서는 변동성에 대해 의미를 부여하기 어려움 | $cv = \frac{s}{\bar{x}}$ |

| 기타 | 최댓값 | - 자료 중 가장 큰 값 | $x_{(n)}$ |
|---|---|---|---|
| | 최솟값 | - 자료 중 가장 작은 값 | $x_{(1)}$ |

## 히스토그램(histogram)의 작성절차

히스토그램은 연속형 자료에서 분포형태를 대략적으로 파악하는 데 유용한 시각적인 표현이다. 히스토그램을 그리려면 우선 도수분포표를 작성해야 한다. 도수분포표는 주어진 연속형 자료 중 정해진 일정 구간에 해당되는 자료의 빈도수를 기록한 도표이고, 이것을 토대로 시각적으로 표현한 것이 히스토그램이다.

■ 1단계: **계급수 결정**

계급수는 자료수와 밀접한 관련이 있으며, 다음과 같은 수식으로 계산한다.

$$\text{계급수}(m) = 1 + 3.3 \times \log_{10}(n)$$

여기서 $n$은 자료수이다. 예를 들어, 자료수가 $n = 100$이고 계급수는 7.6이다. 계급수는 자연수이고 여기서는 계급폭을 계산하기 위해서 잠정적으로 계급수를 계산한 것이다.

■ 2단계: **계급폭 결정**

계급폭을 결정하려면 자료의 최댓값과 최솟값의 차인 범위를 구하고 계급수로 나눈 값을 이용한다.

$$\text{범위} = \text{최댓값} - \text{최솟값},\ \text{계급폭} = \frac{\text{범위}}{\text{계급수}}$$

예를 들어, 범위가 33.3이면 계급폭은 $\frac{33.3}{7.6} \approx 4.4$이다. 계산된 계급폭을 그대로 도수분포표에 적용하지는 않는다. 주어진 자료의 자릿수에 적합하게 계급폭이 다시 조절되기 때문이다. 만약 주어진 자료가 185와 150 사이에 분포되어 있다면 계급폭은 5로 재조정될 수 있다.

■ 3단계: **계급 설정**

계급수와 계급폭이 결정되면 계급 설정은 자동으로 형성된다. 만약 최솟값이 151이고 최댓값이 184.3이라고 하자. 첫 번째 계급은 반드시 최솟값이 포함되어야 하고 마지막 계급은 최댓값이 포함되어야 한다.

| | 계급 |
|---|---|
| 1 | $150 \leqq x < 155$ |
| 2 | $155 \leqq x < 160$ |
| ⋮ | ⋮ |
| 7 | $180 \leqq x < 185$ |

■ 4단계: **도수 결정**

각 계급에 해당되는 자료의 빈도수를 계산한다.

■ 5단계: **도수분포표 및 히스토그램 작성**

| 계급 | 계급값 | 도수 | 누적도수 | 상대도수 | 누적상대도수 |
|---|---|---|---|---|---|
| $c_1 \leqq x < c_2$ | $\frac{c_1 + c_2}{2}$ | $n_1$ | $n_1$ | $\frac{n_1}{n}$ | $\frac{n_1}{n}$ |
| ⋮ | ⋮ | ⋮ | ⋮ | ⋮ | |
| $c_{k-1} \leqq x < c_k$ | $\frac{c_{k-1} + c_k}{2}$ | $n_{k-1}$ | $\sum_{i=1}^{k-1} n_i$ | $\frac{n_{k-1}}{n}$ | $\frac{\sum_{i=1}^{k-1} n_i}{n}$ |
| ⋮ | ⋮ | ⋮ | ⋮ | ⋮ | |
| $c_m \leqq x < c_{m+1}$ | $\frac{c_m + c_{m+1}}{2}$ | $n_m$ | $n = \sum_{i=1}^{m} n_i$ | $\frac{n_m}{n}$ | 1 |
| 합계 | | $n$ | | | |

R에서는 자동으로 도수분포표와 히스토그램이 작성되어 독자가 직접 앞의 절차를 수행할 필요는 없다. 다만 R 또는 Excel에서 제공되는 히스토그램을 토대로 통계적 분석뿐만 아니라 주어진 자료의 특성을 파악하는 데 초점을 두어야 한다.

※ 막대그림과 히스토그램의 차이: 막대그림은 각 막대가 떨어져 있는 반면, 히스토그램은 막대들이 서로 붙어 있어 단순히 막대의 높이(또는 길이)를 보는 막대그림과 달리 면적을 볼 수 있다.

■ **히스토그램의 기본 형태 및 설명**

연속형 자료의 시각적 표현으로는 일반적으로 히스토그램이 많이 쓰인다. 히스토그램으로 연속형 자료의 분포형태를 파악할 수 있다. 히스토그램의 기본적인 분포형태는 다음과 같다.

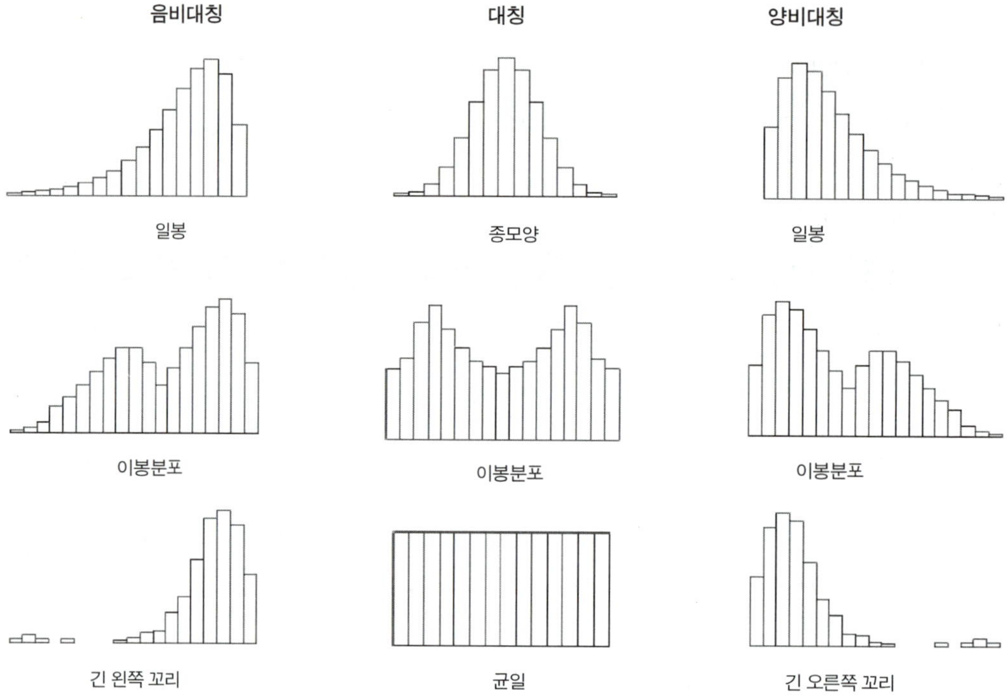


〈그림 2-1〉 히스토그램의 기본적인 분포형태

(출처: Journal of Statistics Education, Volume 19, Number 2(2011))

히스토그램을 보는 두 가지 기본적 관점이 있다. 첫 번째는 자료가 집중되어 있는 부분이 몇 개인지를 보는 것이다. 〈그림 2-1〉에서 '일봉' 또는 '이봉' 히스토그램을 보면 마치 낙타의 혹처럼 뾰족한 모양을 하고 있다. 이렇게 뾰족한 부분이 세 개면 '삼봉'이라고 할 수 있다. 다른 하나는 대칭 또는 비대칭을 판별하여 보는 것이다. 여기서 '대칭'이라는 표현은 어느 기준을 중심으로 접었을 때 정확하게 겹치는 모양만을 뜻하는 것은 아니고 대략적인 형태가 좌우대칭이 되는 모양을 의미한다. 비대칭은 한쪽 꼬리가 다른 방향에 비해 길게 펴져 있는 모양을 말한다. 왼쪽 꼬리가 길면 음비대칭, 오른쪽이 길면 양비대칭이라고 한다.

■ **히스토그램과 중심성향의 관계**

연속형 자료분석에서는 히스토그램만 이용하지 않고 수치적 표현과 더불어 자료를 분석하고 해석한다. 그러면 히스토그램과 어떤 수치적 표현이 관계 있을까? 수치적 표현에도 접근 관점이 있다. 가장 기본적인 수치적 접근 관점은 중심성향과 퍼짐정도이다. 특히 중심성향(평균, 중앙값, 최빈값)은 히스토그램에서 대략적인 대소관계로 추측할 수 있다.

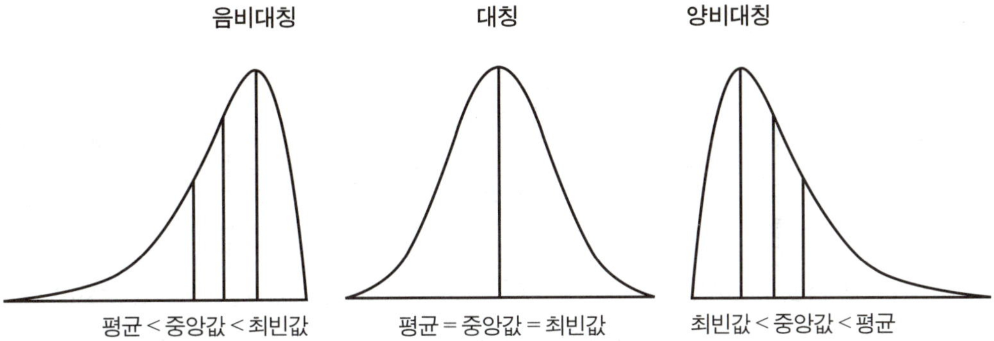


〈그림 2-2〉 분포형태와 중심성향의 관계

(출처: Journal of Statistics Education, Volume 19, Number 2(2011))

〈그림 2-2〉는 분포형태와 중심성향의 관계를 나타낸 것으로, 비대칭 정도가 심할수록 평균, 중앙값, 최빈값의 차이도 커진다. 특히 표에 제시된 히스토그램은 매우 매끄러운 곡선으로 나타났지만, 실제 히스토그램은 자료의 개수에 따라 다소 울퉁불퉁한 형태로 나타날 가능성이 높다. 만약 실제 히스토그램이 대략적으로 대칭이면 평균, 중앙값, 최빈값은 비슷한 위치에 모여 있을 것이다.

■ **상자그림과 히스토그램**

히스토그램은 연속형 자료의 대략적인 모양을 수월하게 파악하는 데 도움이 된다. 하지만 평균과 중앙값의 정확한 위치, 표준편차나 분산 등의 퍼짐정도를 가늠하기에는 다소 어려움이 있다. 히스토그램의 이러한 단점을 보완할 수 있는 시각적 표현이 상자그림이다.

**상자그림의 구성**

상자그림은 연속형 자료의 대표적인 시각적 표현 중 하나로 사분위수를 토대로 그려진다. 사분위수란 연속형 자료를 오름차순으로 정렬한 후에 25%, 50%, 75% 위치에 해당하는 자료로 각각 일사분위수($Q_1$), 이사분위수($Q_2$, 중앙값), 삼사분위수($Q_3$)라고 한다. 여기서는 자세한 공식보다 R과 Excel에서 제공되는 사분위수 관련 함수를 중점적으로 다룬다.

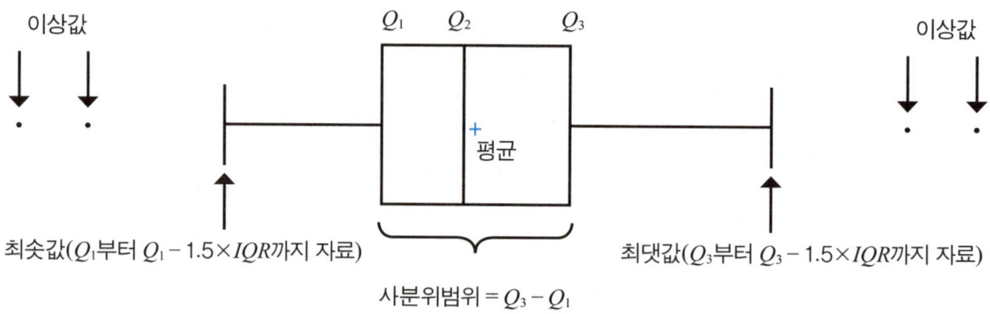


〈그림 2-3〉 상자그림의 구성

〈그림 2-3〉의 상자그림은 사분위수의 위치와 이상값을 구별하는 데 매우 유용한 시각적 표현이다. 상자그림의 구성을 보면 사분위수로 그린 상자 안에 중앙값이 위치하며 상자 안에는 자료의 반(50%)이 포함되어 있다. 또한 상자를 중심으로 오른쪽(왼쪽)에 위치하는 막대는 수염이라고 하는데, 이상값을 구별하는 경계이다. 모든 자료에 이상값이 존재하는 것은 아니다.

상자그림과 히스토그램은 특별한 관계가 성립한다. 만약 히스토그램이 (비)대칭이면 상자그림도 중앙값(또는 평균)에 대해 (비)대칭이다. 하지만 상자그림에서 중앙값과 상자 끝의 길이가 거의 같고 수염의 길이가 거의 동일한 대칭이라 하더라도 히스토그램이 일봉이며 대칭이라고 100% 확신할 수는 없다. 다시 말해서 봉이 여러 개일 수도 있고 없을 수도 있다는 것이다. 비대칭인 상자그림은 더욱 다양한 히스토그램으로 표현될 수 있다.

이처럼 상자그림은 매우 간략하게 연속형 자료의 위치 정보뿐만 아니라 자료형태 정보를 제공하지만 더욱 정확한 자료의 통계적인 요약을 알기 위해서는 히스토그램과 수치적 표현이 동시에 제공되어야 한다.

**예제 2-1** **신체 온도(data2-1.csv)**

신체 온도는 건강과 매우 밀접한 관계가 있기 때문에 어떤 질병에 걸리면 체온이 낮아지거나 높아질 수 있다. 체온이 27도 이하면 신체 활동이 정지되고, 35도는 암세포가 왕성하게 활동하는 온도로 알려져 있다. 그렇다면 정상적인 사람의 체온은 얼마일까?

남자(65명)와 여자(65명)의 체온을 측정한 자료가 있다. 체온은 당연히 연속형 자료이고 사람마다 차이가 있다. 앞에서 배운 시각적 표현을 이용하여 정상 체온을 알아보자.

(출처: http://www.amstat.org/publications/jse/v4n2/datasets.shoemaker.html)

연속형 자료의 기초분석으로 시각적 표현인 히스토그램과 상자그림, 수치적 관점인 요약통계를 제시한다. R을 이용하여 시각적 표현인 히스토그램과 상자그림, 요약통계를 나타내면 다음과 같다.

```
> getwd()
[1] "e:/temp"
> dir()
[1] "data2-1.csv"
> data = read.csv('data2-1.csv')              # 자료 불러오기
> head(data)                                  # 머리 이름과 자료 확인
  Gender Body.Temp Heart.Rate
1   Male      96.3         70
2   Male      96.7         71
3   Male      96.9         74
4   Male      97.0         80
5   Male      97.1         73
6   Male      97.1         75
> Body.Temp = data$Body.Temp                  # 변수 이름 변경
> Body.Temp = (data$Body.Temp-32)*5/9         # 화씨를 섭씨로 변경
> hist(Body.Temp)                             # 기본적인 히스토그램
```

〈그림 2-4〉를 보면 체온의 분포형태는 대략적으로 대칭이고 오른쪽 꼬리에 이상값이 존재할 수 있다. 〈그림 2-5〉의 상자그림에서는 히스토그램과 동일한 대칭으로 나타났으나 이상값은 양쪽 꼬리에 표시되어 두 개(왼쪽-낮은 값)와 한 개(오른쪽-높은 값)가 제시되었다. 그리고 R 프로그램을 수행한 후 계산된 요약통계에는 중심성향, 퍼짐정도 등이 결과값으로 제시되었다. 특

히 중심성향(평균, 중앙값)이 36.8도이고 퍼짐정도(표준편차)는 약 0.4로, 자료형태가 대칭이고 종모양이다. 그렇다면 통계적으로 정상적인 체온은 평균 36.8도라고 할 수 있다. 또한 정상 체온 범위는 일반적으로 36.8±0.4도이다.

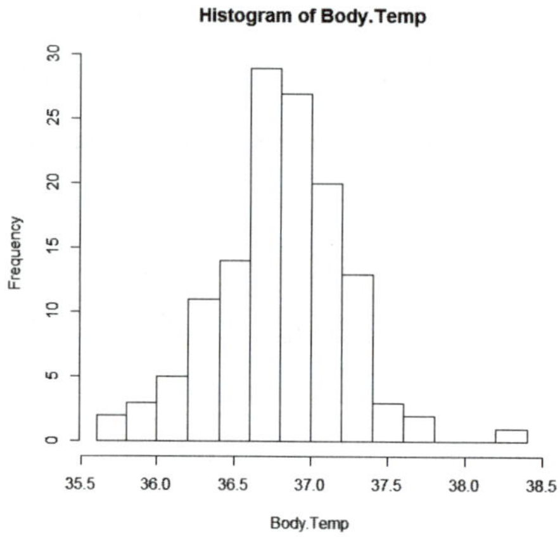


〈그림 2-4〉 체온의 히스토그램

```
boxplot(Body.Temp, horizontal=TRUE)        # 기본적인 상자그림
```

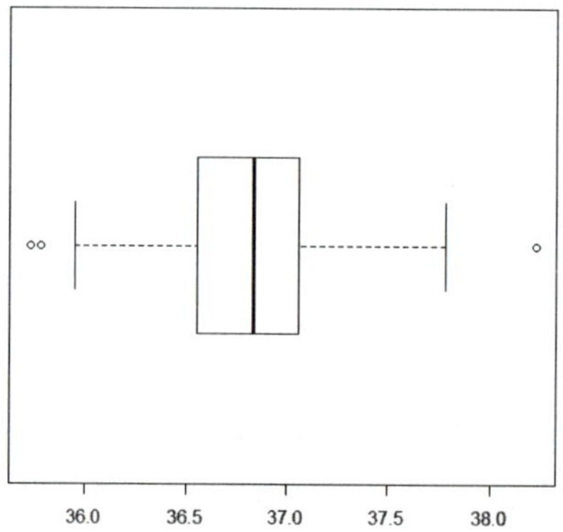

〈그림 2-5〉 체온의 상자그림

〈표 2-3〉 R에서 출력된 요약통계 이름과 용어

| 이름 | 용어 | 이름 | 용어 | 이름 | 용어 |
|---|---|---|---|---|---|
| nbr.val | 유용한 자료 수 | median | 중앙값 | 25% | 1사분위수($Q_1$) |
| nbr.null | 빈칸인 자료 수 | std.dev | 표준편차 | 50% | 2사분위수($Q_2$) |
| nbr.na | 숫자가 아닌 자료 수 | skewness | 왜도 | 75% | 3사분위수($Q_3$) |
| mean | 평균 | kurtosis | 첨도 | min | 최솟값 |
| SE.mean | 표준오차 | range | 범위 | max | 최댓값 |

```
> install.packages("pastecs")                  # 요약통계를 제공하는 패키지 설치
> library(pastecs)                             # 패키지 불러오기
> kurt.B = kurtosis(Body.Temp)                 # 첨도 계산
> names(kurt.B) = c('kurtosis')                # 변수에 이름 붙이기
> skew.B = skewness(Body.Temp)                 # 왜도 계산
> names(skew.B) = c('skewness')
> max.B = max(Body.Temp)                       # 최댓값 계산
> names(max.B) = c('max')
> min.B = min(Body.Temp)                       # 최솟값 계산
> names(min.B) = c('min')
> quan.B = quantile(Body.Temp)                 # 사분위수 계산
> Stat.B = stat.desc(Body.Temp)                # 그 외 요약통계 계산
> Stat.F = c(Stat.B[1:3],Stat.B[9],Stat.B[10],Stat.B[8],Stat.B[13],skew.B)  # 요약통계 병합
> Stat.F = c(Stat.F,kurt.B,Stat.B[6],quan.B[2:4],min.B,max.B)               # 요약통계 병합
> Stat.F
      nbr.val      nbr.null        nbr.na          mean       SE.mean
130.000000000   0.000000000   0.000000000  36.805128205   0.035724676
       median       std.dev      skewness      kurtosis         range
 36.833333333   0.407323977  -0.004367977   0.704959785   2.500000000
          25%           50%           75%           min           max
 36.555555556  36.833333333  37.055555556  35.722222222  38.222222222
```

Excel을 이용한 요약통계 명령어는 다음과 같다.

〈표 2-4〉 요약통계 Excel 명령어 및 체온 결과

| 용어 | Excel 명령어 | 결과값 |
|---|---|---|
| 유용한 자료 수 | = COUNT($B$2:$B$131) | 130 |
| 빈칸인 자료 수 | = COUNTBLANK($B$2:$B$131) | 0 |
| 숫자가 아닌 자료 수 | = COUNTA($B$2:$B$131)-H3 | 0 |
| 평균 | = AVERAGE($B$2:$B$131) | 98.24923 |
| 표준오차 | = H9/SQRT(H3) | 0.064304 |
| 중앙값 | = MEDIAN($B$2:$B$131) | 98.3 |
| 표준편차 | = STDEV($B$2:$B$131) | 0.733183 |
| 왜도 | = SKEW($B$2:$B$131) | -0.00442 |
| 첨도 | = KURT($B$2:$B$131) | 0.780457 |
| 범위 | = H17-H16 | 4.5 |
| 1사분위수 | = PERCENTILE($B$2:$B$131,0.25) | 97.8 |
| 2사분위수 | = PERCENTILE($B$2:$B$131,0.5) | 98.3 |
| 3사분위수 | = PERCENTILE($B$2:$B$131,0.75) | 98.7 |
| 최솟값 | = MIN($B$2:$B$131) | 96.3 |
| 최댓값 | = MAX($B$2:$B$131) | 100.8 |

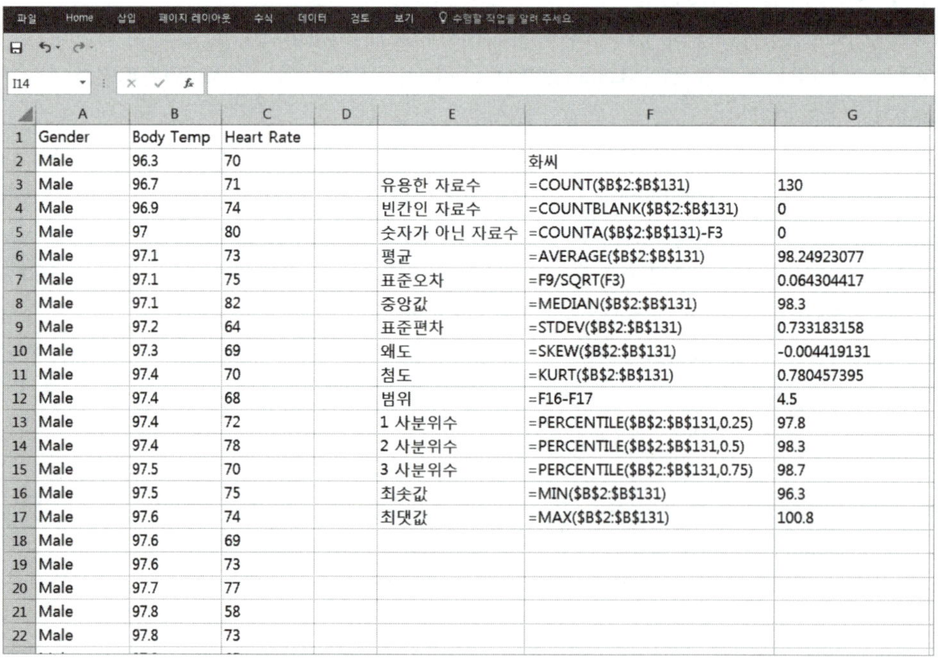

| | A | B | C | D | E | F | G |
|---|---|---|---|---|---|---|---|
| 1 | Gender | Body Temp | Heart Rate | | | | |
| 2 | Male | 96.3 | 70 | | | 화씨 | |
| 3 | Male | 96.7 | 71 | | 유용한 자료수 | =COUNT($B$2:$B$131) | 130 |
| 4 | Male | 96.9 | 74 | | 빈칸인 자료수 | =COUNTBLANK($B$2:$B$131) | 0 |
| 5 | Male | 97 | 80 | | 숫자가 아닌 자료수 | =COUNTA($B$2:$B$131)-F3 | 0 |
| 6 | Male | 97.1 | 73 | | 평균 | =AVERAGE($B$2:$B$131) | 98.24923077 |
| 7 | Male | 97.1 | 75 | | 표준오차 | =F9/SQRT(F3) | 0.064304417 |
| 8 | Male | 97.1 | 82 | | 중앙값 | =MEDIAN($B$2:$B$131) | 98.3 |
| 9 | Male | 97.2 | 64 | | 표준편차 | =STDEV($B$2:$B$131) | 0.733183158 |
| 10 | Male | 97.3 | 69 | | 왜도 | =SKEW($B$2:$B$131) | -0.004419131 |
| 11 | Male | 97.4 | 70 | | 첨도 | =KURT($B$2:$B$131) | 0.780457395 |
| 12 | Male | 97.4 | 68 | | 범위 | =F16-F17 | 4.5 |
| 13 | Male | 97.4 | 72 | | 1 사분위수 | =PERCENTILE($B$2:$B$131,0.25) | 97.8 |
| 14 | Male | 97.4 | 78 | | 2 사분위수 | =PERCENTILE($B$2:$B$131,0.5) | 98.3 |
| 15 | Male | 97.5 | 70 | | 3 사분위수 | =PERCENTILE($B$2:$B$131,0.75) | 98.7 |
| 16 | Male | 97.5 | 75 | | 최솟값 | =MIN($B$2:$B$131) | 96.3 |
| 17 | Male | 97.6 | 74 | | 최댓값 | =MAX($B$2:$B$131) | 100.8 |
| 18 | Male | 97.6 | 69 | | | | |
| 19 | Male | 97.6 | 73 | | | | |
| 20 | Male | 97.7 | 77 | | | | |
| 21 | Male | 97.8 | 58 | | | | |
| 22 | Male | 97.8 | 73 | | | | |

〈그림 2-6〉 Excel에서 요약통계 결과값 화면

# 3. 이산형 자료와 질적자료의 기초 자료분석

조사나 실험을 통하여 수집된 자료는 각기 목적과 쓰임새에 따라 자료형태가 다양하다. 예를 들어, 가구당 수입과 지출을 파악하려면 수입액과 지출액만 조사하는 것이 아니라 거주지, 가구원 수, 수입이 있는 가구원 수, 직업 등, 가구당 실질적인 소득을 파악하는 데 중요한 부가적인 항목들도 조사에 포함해야 한다. 이러한 항목에는 양적자료와 질적자료가 함께 존재한다.

앞 절에서도 언급했지만 기초 자료분석을 할 때는 한 개(또는 두 개)의 항목에 초점을 두고 자료분석을 수행한다. 즉 수입액, 지출액, 거주지, 가구원 수, 수입이 있는 가구원 수, 가구원의 직업 등 각 항목에 대한 자료분석을 해야 한다.

〈표 2-5〉 이산형 자료와 질적 자료의 대표적인 시각적 표현의 종류

| 시각적 표현 | 내용 및 구현방법 | 그림 |
|---|---|---|
| 막대그림 | - 분류 항목의 빈도 또는 비율로 표현<br>- R 명령어<br>barplot(변수 이름)<br>barplot(변수 이름, 선택 사항)<br>- Excel<br>삽입→차트→막대형 | 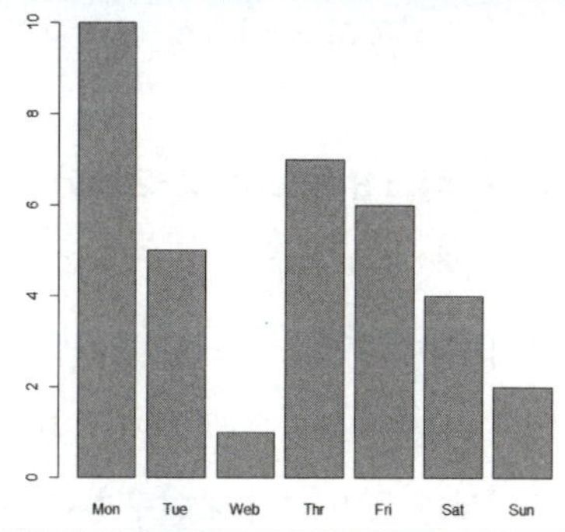  |
| 원그림 | - 분류 항목의 비율로 표현<br>- R 명령어<br>pie(변수 이름)<br>pie(변수 이름, 선택 사항)<br>- Excel<br>삽입→차트→원형 | 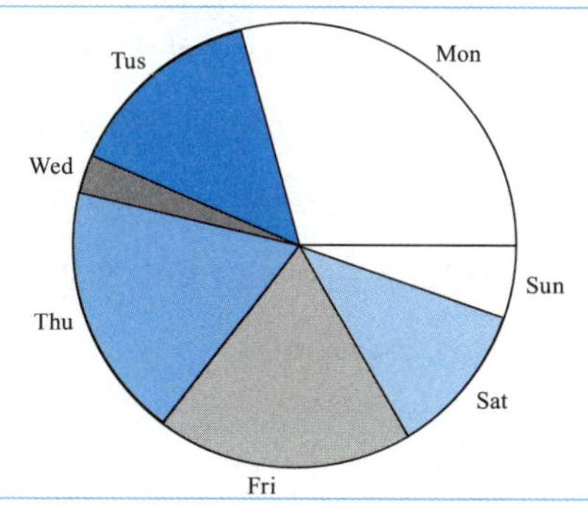  |

| | | |
|---|---|---|
| 파레토 그림 | - 분류 항목의 비율을 내림차순으로 정렬하여 막대그림으로 표현<br>- 내림차순으로 정리된 항목의 누적비율 그림을 막대 그림과 중복하여 표현 | 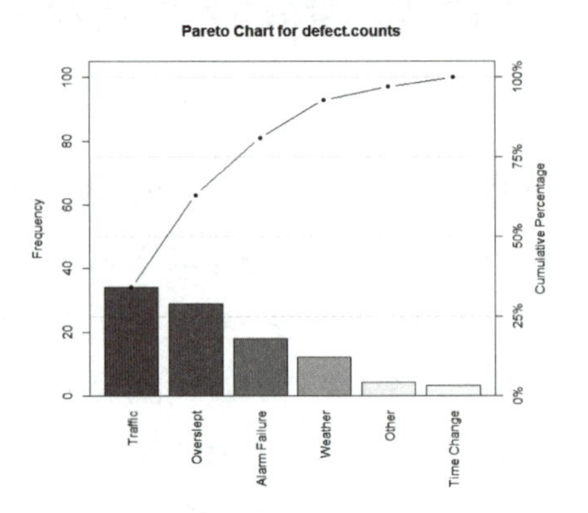<br> |
| | - R 명령어<br>패키지('qcc')가 필요<br>pareto.chart(변수 이름)<br>pareto.chart(변수 이름, 선택 사항)<br>- Excel<br>별도의 명령어가 없음 | |

본 절에서는 자료형태가 이산형 자료(양적자료)와 질적자료(명목형 자료, 순위형 자료)인 것에 한정하여 적절한 시각적 표현 및 수치적 표현을 다루기로 한다. 〈표 2-5〉를 보면 막대그림, 원그림, 파레토 그림은 질적자료, 이산형 자료와 같이 정수, 문자, 문장, 기호 등으로 표현되는 대표적인 시각적 표현이다.

다음 예제를 통하여 이산형 자료 또는 질적자료에 적합한 그림을 살펴보자.

### 예제 2-2 성별 비율(data2-2.csv)

한국의 인구정책은 1960년부터 1990년까지는 저출산을 장려하였고, 1996년에 인구 억제 정책을 공식 폐지하였다. 이러한 출산 억제 정책으로 성별 비율의 불균형과 저출산 문제가 야기되어 1990년부터 출산율이 줄기 시작했다.

1960년부터 2010년까지 인구총조사에서 조사된 내국인의 성별 비율을 적절한 시각적 표현과 수치적 표현으로 분석해보자. 인구총조사란 한 국가의 인구 현황을 파악하기 위해 실시하는 조사로, 조사 대상은 대한민국에 거주하는 모든 내국인과 외국인이다. 성별을 조사하여 수집된 자료는 질적자료, 명목자료(남자, 여자)이다. 성별 비율을 한눈에 알기 쉽게 시각적으로 나타내려면 막대그림 또는 원그림이 적절하고, 수치적으로는 남자와 여자의 수보다 비율로 나타내는 것이 보기 좋을 것이다.

(출처: 국가통계포털, http://kosis.kr/)

R을 이용하여 막대그림과 원그림을 그려보자. 그림을 그리기 전에 자료 "data2-2.csv"를 명령어 "read.csv()"로 불러들인다.

```
> setwd('e:/temp')
> dir()
[1] "data2-2.csv"
> data = read.csv('data2-2.csv')              # 불러오기
> head(data)                                  # 불러온 자료 확인
  행정구역별   연령별      X1960    X1960.1    X1960.2  X1960.3      X1966    X1966.1
1 행정구역별   연령별  인구 (명)  남자 (명)  여자 (명)     성비  인구 (명)  남자 (명)
2       전국       계   24989241   12543968   12445273   100.79   29159640   14684147
     X1966.2  X1966.3      X1970    X1970.1    X1970.2  X1970.3      X1975    X1975.1
1  여자 (명)     성비  인구 (명)  남자 (명)  여자 (명)     성비  인구 (명)  남자 (명)
2   14475493   101.44   31435252   15779615   15655637   100.79   34678972   17445246
     X1975.2  X1975.3      X1980    X1980.1    X1980.2  X1980.3      X1985    X1985.1
1  여자 (명)     성비  인구 (명)  남자 (명)  여자 (명)     성비  인구 (명)  남자 (명)
2   17233726   101.23   37406815   18749306   18657509   100.49   40419652   20227564
     X1985.2  X1985.3      X1990    X1990.1    X1990.2  X1990.3      X1995    X1995.1
1  여자 (명)     성비  인구 (명)  남자 (명)  여자 (명)     성비  인구 (명)  남자 (명)
2   20192088   100.18   43390374   21770919   21619455    100.7   44553710   22357352
     X1995.2  X1995.3      X2000    X2000.1    X2000.2  X2000.3      X2005    X2005.1
1  여자 (명)     성비  인구 (명)  남자 (명)  여자 (명)     성비  인구 (명)  남자 (명)
2   22196358   100.73   45985289   23068181   22917108   100.66   47041434   23465650
     X2005.2  X2005.3      X2010    X2010.1    X2010.2  X2010.3
1  여자 (명)     성비  인구 (명)  남자 (명)  여자 (명)     성비
2   23575784    99.53   47990761   23840896   24149865     98.7
```

주어진 자료 "data2-2.csv"의 구조를 보면, 첫 번째 행은 조사연도, 두 번째 행은 인구수, 성별, 성비와 같은 항목이름으로 구성되어 있다. 마지막으로 세 번째 행에는 항목에 해당되는 숫자가 기록되어 있다. 이러한 자료구조를 아래와 같은 자료구조로 변경한다.

〈표 2-6〉 인구총조사의 성별 인구수

| 연도 | 1960 | 1966 | 1970 | … | 2010 |
|---|---|---|---|---|---|
| 남자(명) | 12,543,968 | 14,684,147 | 15,779,615 | … | 23,840,896 |
| 여자(명) | 12,445,273 | 14,475,493 | 15,655,637 | … | 24,149,865 |

〈표 2-6〉과 같은 자료구조로 원자료를 변경하려면, 첫 두 행을 건너뛰고 자료를 불러들여서 남자와 여자를 구별하여 별도의 변수 이름으로 저장한다.

```
> rm(data)
> data = read.csv('data2-2.csv',skip=2, header=FALSE)   # "skip=2"의 의미는 첫 두 행을 제외하고
                                                         # 세 번째부터 자료를 불러들이는 명령
> head(data)
  V1 V2        V3        V4        V5     V6        V7        V8        V9    V10       V11       V12
1 전국 계 24989241 12543968 12445273 100.79 29159640 14684147 14475493 101.44 31435252 15779615
       V13    V14       V15       V16       V17    V18       V19       V20       V21    V22       V23       V24
1 15655637 100.79 34678972 17445246 17233726 101.23 37406815 18749306 18657509 100.49 40419652 20227564
       V25    V26       V27       V28       V29   V30       V31       V32       V33    V34       V35       V36
1 20192088 100.18 43390374 21770919 21619455 100.7 44553710 22357352 22196358 100.73 45985289 23068181
       V37    V38       V39       V40       V41   V42       V43       V44       V45  V46
1 22917108 100.66 47041434 23465650 23575784 99.53 47990761 23840896 24149865 98.7
> n = ncol(data)                # 불러들인 자료의 열의 개수
> ct1 = seq(4,n,4)              # 남자 인구수의 열 위치
> ct2 = ct1+1                   # 여자 인구수의 열 위치
> man = data[ct1]               # 남자 인구수만 변수 이름 "man"으로 저장
> colnames(man) = NULL          # "man"의 열 이름 제거
> typeof(man)                   # "man"의 자료형태 확인 명령어 "typeof"
[1] "list"
> woman = data[ct2]
> colnames(woman) = NULL
> typeof(woman)
[1] "list"
>                                                      # 명령어 "rbind()"로 행 자료를 병합
> pop = rbind(as.numeric(man), as.numeric(woman))      # 명령어 "as.numeric()"로 수치자료로 변경
> rownames(pop) = c("man","woman")                     # 행 이름을 부여
> colnames(pop) = c(1960,1966,seq(1970,2010,5))        # 열 이름을 부여
> head(pop)
          1960     1966     1970     1975     1980     1985     1990     1995     2000     2005     2010
man   12543968 14684147 15779615 17445246 18749306 20227564 21770919 22357352 23068181 23465650 23840896
woman 12445273 14475493 15655637 17233726 18657509 20192088 21619455 22196358 22917108 23575784 24149865
```

변수 'pop'은 〈표 2-6〉에서 제시한 자료구조로 남자와 여자를 구별하여 막대그림으로 표현한다.

```
> barplot(pop)
```

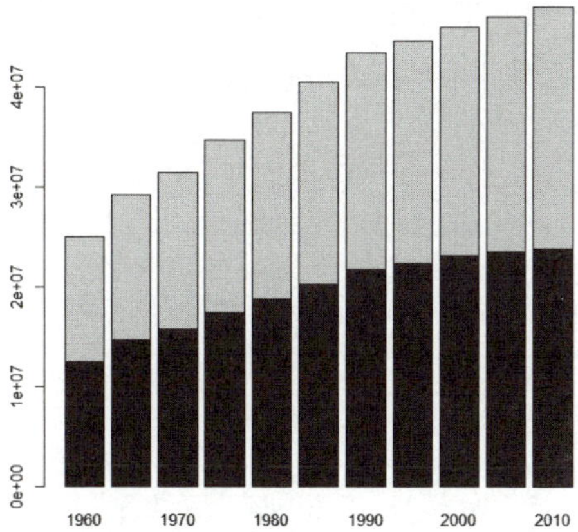


〈그림 2-7〉 R에서 막대그림 기본 명령어( “barplot()” )의 결과

```
> colours <- c("black", "gray")                    # 남자와 여자를 구별하기 위한 색 지정
> barplot(as.matrix(pop), main="성별 인구수", ylab="명", xlab="연도", beside=TRUE)
  # 막대그림에서 남자와 여자를 인접하게 나타기 위해 “beside=TRUE”를 지정
> legend(1.5, mean(pop), legend=c("남자","여자"), fill=colour)
  # 남자와 여자를 구별한 색 및 모양을 명령어 “legend()”와 “fill=colour”로 지정, (1.5, mean(pop))
  #은 좌표 (x,y)의 위치
```

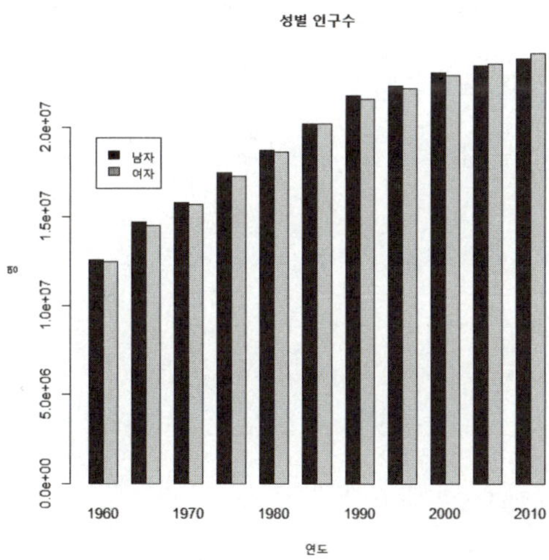


〈그림 2-8〉 R에서 설명이 추가된 막대그림의 결과

〈그림 2-7〉과 〈그림 2-8〉에서 제시한 성별의 인구수 막대그림은 y-축의 단위가 다소 크기 때문에 단위를 백만으로 변경하거나 비율로 사용하는 것을 권한다.

```
> pop.s = pop/10^6
> colours <- c("black", "gray")
> barplot(as.matrix(pop.s), main="성별 인구수", ylab="백만명", xlab="연도", beside=TRUE)
> legend(1.5, mean(pop.s), legend=c("남자","여자"), fill=colour)
```

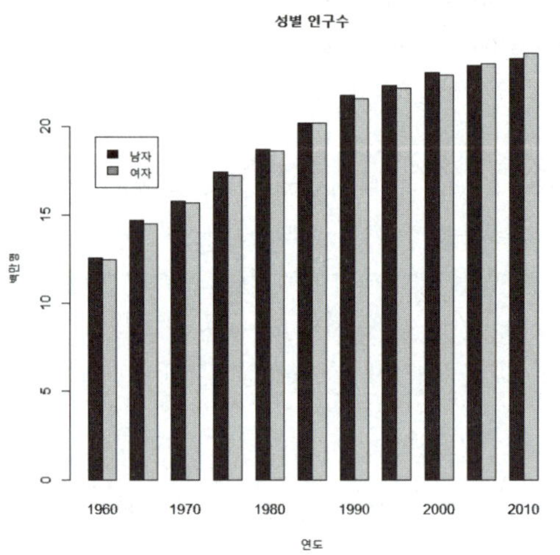


〈그림 2-9〉 R에서 단위가 변경된 막대그림의 결과

Excel에서 막대그림을 생성하려면 다음과 같은 절차를 따른다.

1단계: 자료를 선택하고 [삽입] → [2차원 세로 막대형]을 클릭한다.

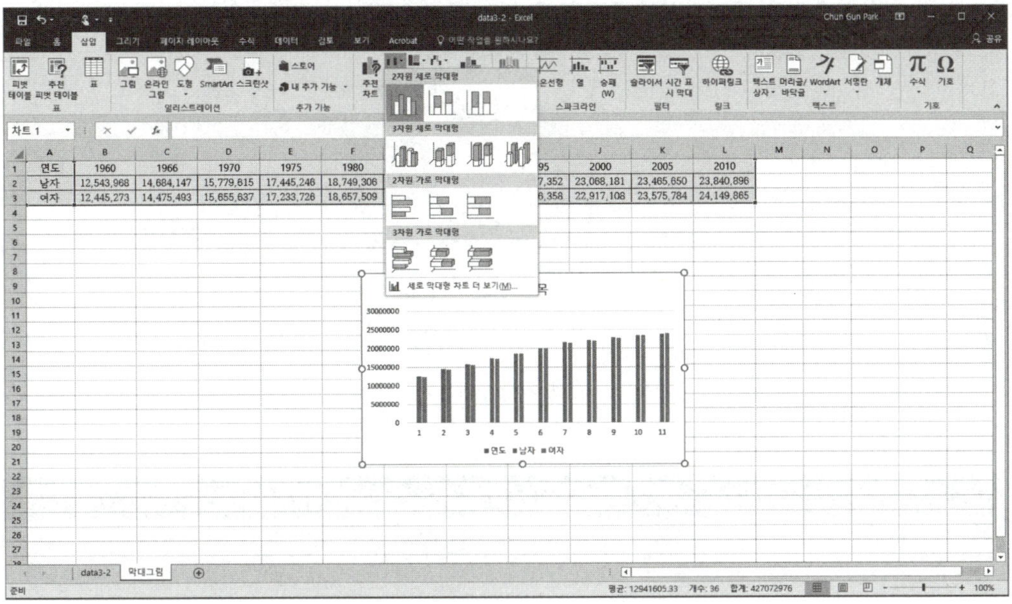


〈그림 2-10〉 Excel에서 막대그림을 생성하는 1단계 결과

2단계: x-축을 연도로 변경한다.

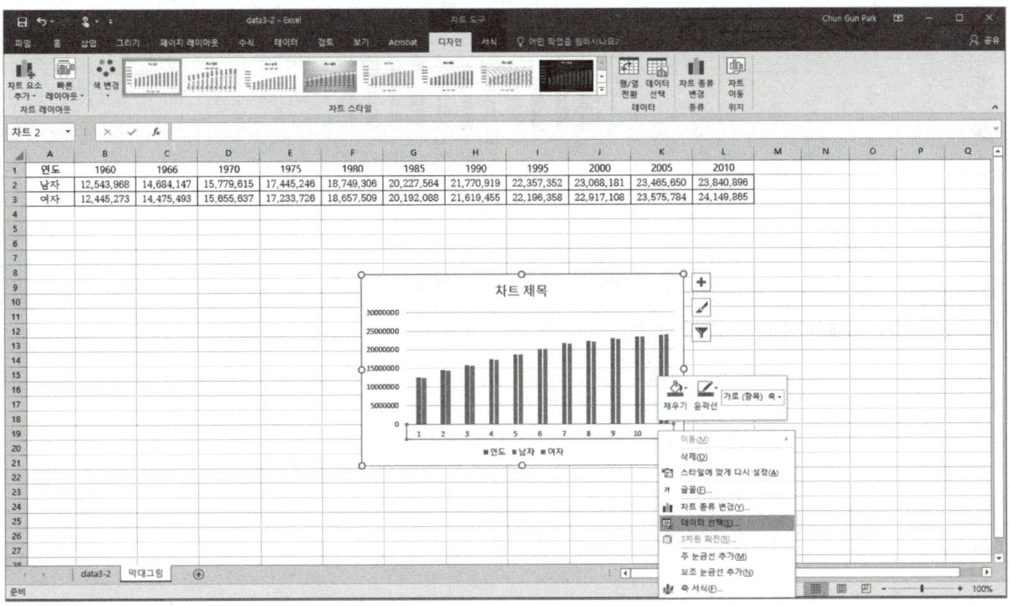

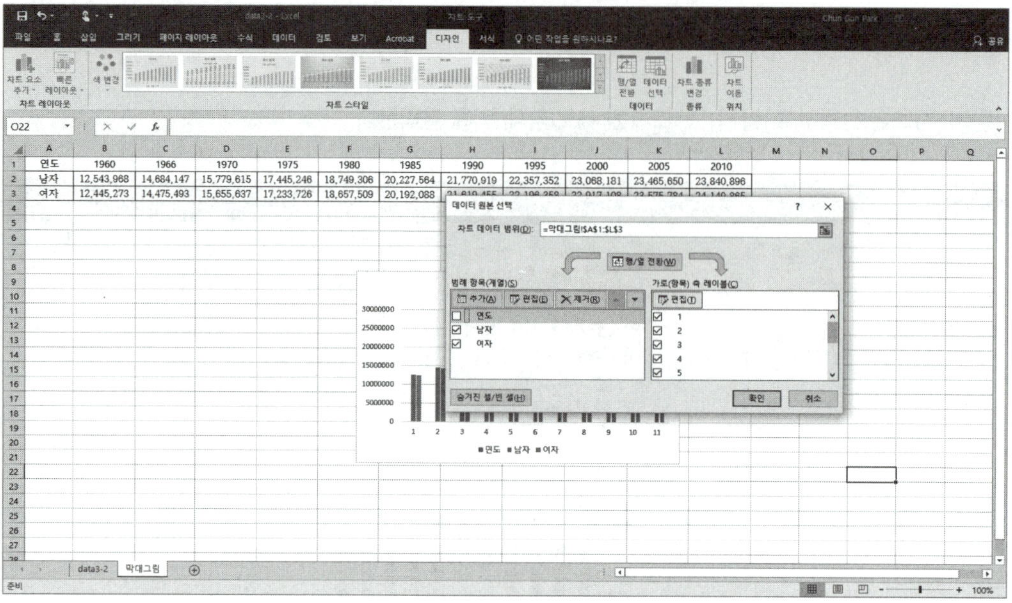


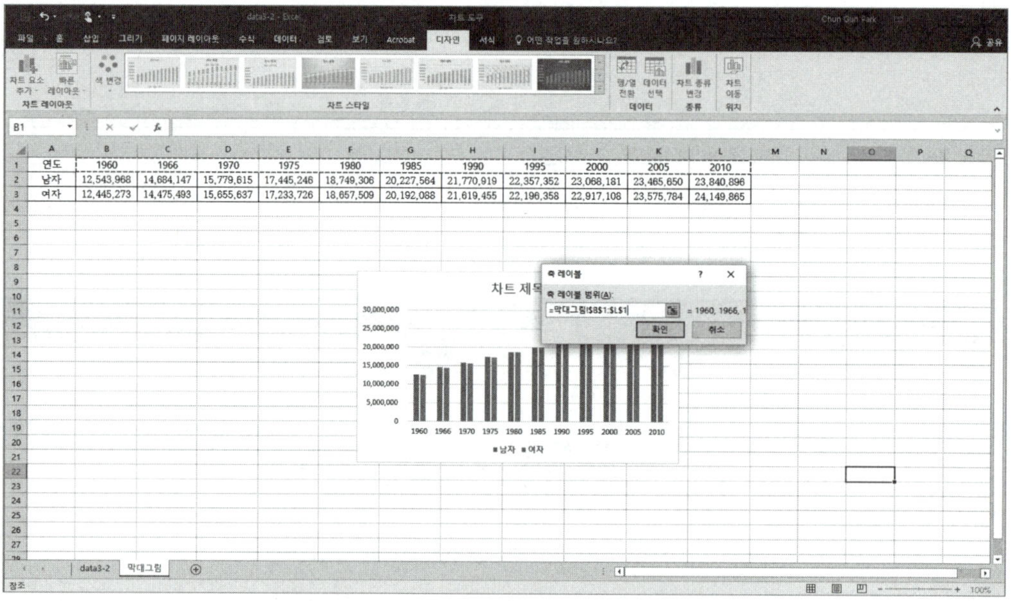


〈그림 2-11〉 Excel에서 막대그림을 생성하는 2단계 과정

3단계: 축 이름과 기타 선택사항을 수행한다.

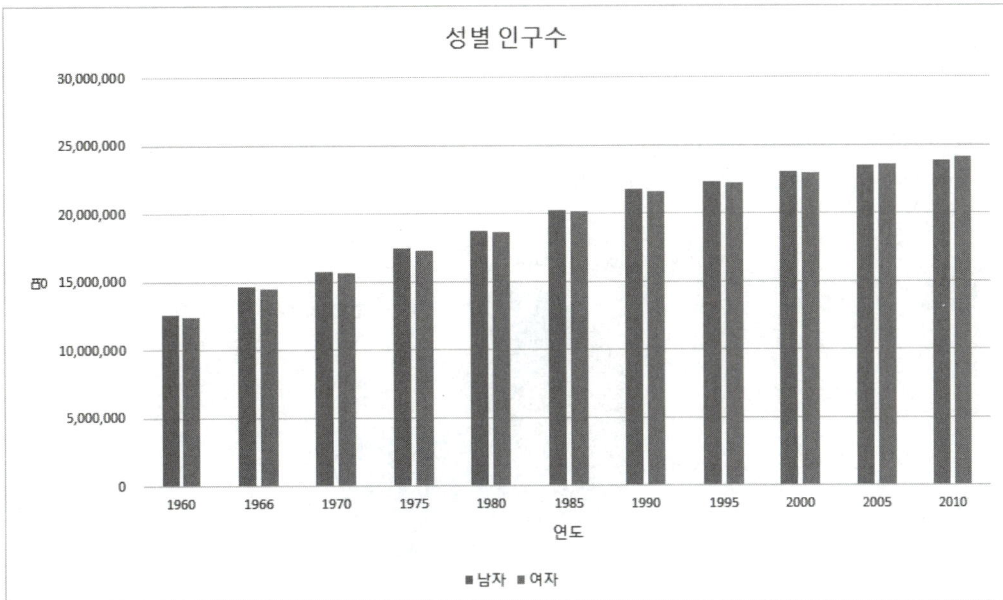


〈그림 2-12〉 Excel에서 막대그림을 생성하는 3단계를 완료한 결과

### 예제 2-3 영화 예매 취소

관객이 붐비는 영화관의 주말 오후 시간대는 금방 표가 매진되지만, 막상 영화 상영 직전에 무더기 취소 표가 생겨 영화관 측이 곤란해 하고 있다. 흔히 '노쇼족(族)'이라 불리는 이들이 "나만 편하면 돼"라는 생각으로 여러 시간대를 예매하거나 여러 영화를 예매하고, 영화 상영 직전에 한 자리만 남기고 나머지를 모두 취소하는 것이다.

멀티플렉스 영화관 CGV에 따르면 2016년 1월~7월의 예매취소율이 30%였고 그 가운데 15%는 영화 상영 15분~30분 전에 이뤄졌다. 또한 롯데시네마의 예매취소율은 10%이고, 그중에 10%가 상영 시작 30분 이내에 취소된 표였다.

네티즌 100명을 상대로 우선 취소 시간을 조사한 결과 75명이 "영화 상영 직전(1시간~20분 전)"이라고 답했고, 그 이유로는 "급한 일이 생겨서"가 62%, "여러 영화를 예매한 후 막판에 보고 싶은 영화를 선택하기 위해" 23%, "자리를 넓게 쓰기 위해 여러 자리를 예매하고 한 자리만 선택" 8%, "기타" 7%로 답했다.

(출처: 조선일보, 2016.8.10)

영화 예매 취소 이유는 명목자료이며, 이에 적합한 시각적 표현은 막대그림 또는 원그림이다. 주어진 자료를 비율로 표현하려면 원그림이 적당하다. R로 예매 취소 이유에 대한 원그림을 그리면 다음과 같다.

```
> rt = c(0.62, 0.23, 0.8, 0.7)
> names(rt) = c("급한 일이 생겨서","여러 영화 중 선택","편안한 자리 선택","기타")
> pie(rt)
```

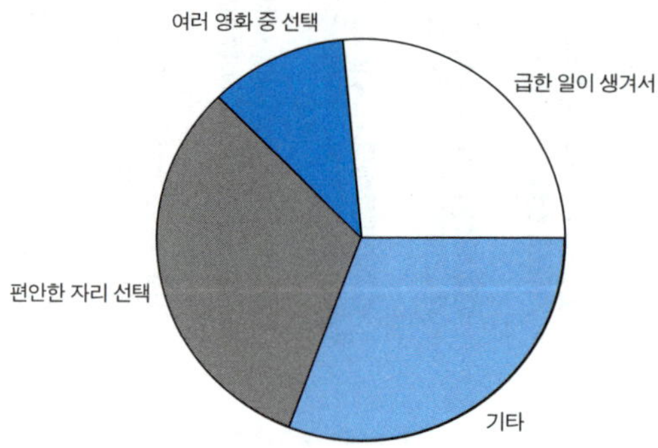


〈그림 2-13〉 R에서 기본 명령어 "pie()"를 수행한 원그림 결과

```
> rt = c(0.62, 0.23, 0.8, 0.7)
> label = c("급한 일이 생겨서","여러 영화 중 선택","편안한 자리 선택","기타")
> label <- paste(label, rt*100)                    # 비율삽입
> label <- paste(label,"%",sep="")                 # 비율삽입
> pie(rt,labels=label,main="영화 상영 직전 취소")
```

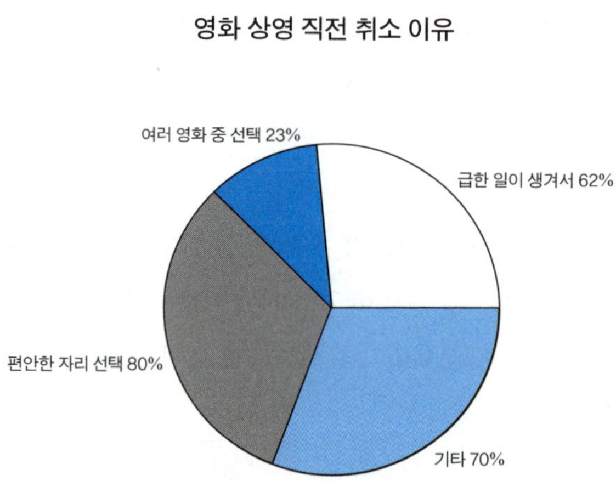


〈그림 2-14〉 R에서 명령어 "pie()"와 추가 명령어를 수행한 원그림 결과

Excel로 원그림을 작성하려면 다음과 같은 절차를 따른다.

1단계: 자료를 선택한 후 Excel에서 [삽입] → [2차원 원형]을 클릭한다.

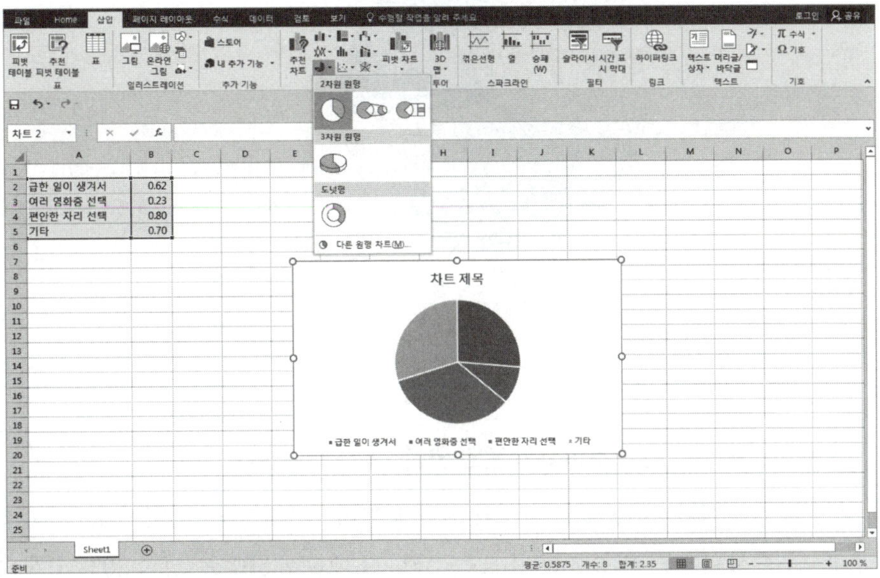

〈그림 2-15〉 Excel에서 기본 원그림 결과

2단계: 기본 원그림에 제목, 범례 등을 추가 설정한다.

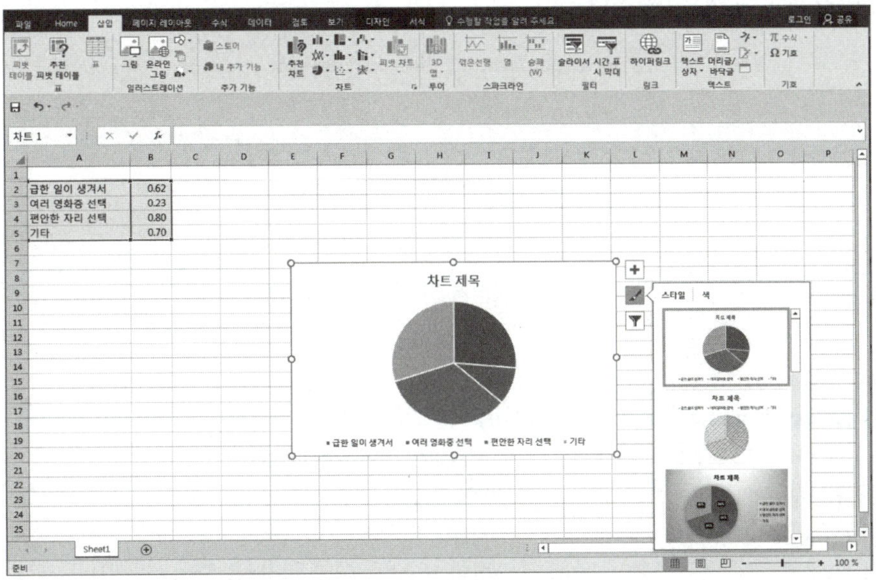

〈그림 2-16〉 Excel에서 기본 원그림에 제목, 범례 등을 추가 설정하는 과정

영화 상영 직전 취소 이유

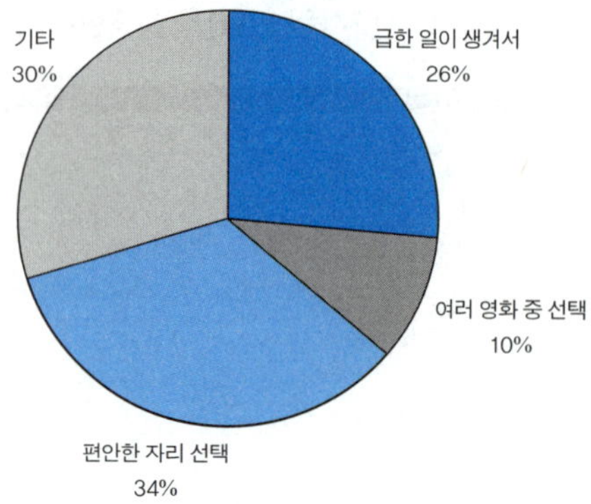


〈그림 2-17〉 Excel에서 원그림 결과

### 예제 2-4 Wells Fargo 은행 소비자의 불만 민원 (data2-4.csv)

파레토 법칙은 어떤 결과의 80%가 20%의 원인에 의해 발생된다는 법칙이다. '회사 이익의 80%는 20% 우수사원에 의해 창출된다' 또는 '백화점 매출액 80%는 상위 20% 고객에 의해 달성된다'라는 주장은 파레토 법칙의 대표적인 예다.

2015년 미국 Wells Fargo 은행에서는 계좌 개설 및 정지, 입출금, 대출 등 다양한 민원이 발생했다. 이러한 민원을 파레토 그림을 통하여 설명해보자. 민원은 모두 문자 또는 문장으로 구성되어 있기 때문에 명목자료이다.

(출처: https://catalog.data.gov/dataset/consumer-complaint-database)

R 프로그램을 다음과 같이 수행한다.

```
> getwd()
[1] "e:/temp"
> dir()
[1] "data2-4.csv"
> data=read.csv("data2-4.csv",header=TRUE)
> names(data)                    # 자료의 머리이름 확인
 [1] "Date.received"             "Product"
 [3] "Sub.product"               "Issue"
 [5] "Sub.issue"                 "Consumer.complaint.narrative"
```

```
[7] "Company.public.response"          "Company"
[9] "State"                            "ZIP.code"
[11] "Tags"                            "Consumer.consent.provided."
[13] "Submitted.via"                   "Date.sent.to.company"
[15] "Company.response.to.consumer"    "Timely.response."
[17] "Consumer.disputed."              "Complaint.ID"
> header(data)                         # 자료 내용을 10줄까지 파악
```

본 자료에서 필요한 변수는 은행(Wells fargo)과 민원 내용(Issue)이다.

```
> complains = data$Issue[data$Company=="Wells Fargo & Company"] # Wells Fargo
                                       # 은행의 "Issue"만 추출
> class(complains)                     # 명령어 "class"는 변수 "complains"의 자료형태 제공
[1] "factor"
> str(complains)             # 변수 "complains"에 포함되어 서로 다른 문자(문장, 수자)의 개수 제공
 Factor w/ 95 levels "Account opening, closing, or management",..: 66 94 40 61 26 7 40 1 78 40 ...
                                       # 95개 민원 내용 존재
```

민원 내용을 표 형태로 만들고 빈도가 높은 순서로 배열한다.

```
> t.complains = table(complains)
> t.complains = sort(t.complains,decreasing=TRUE)
> head(t.complains)                    # 95개 민원 내용과 해당하는 빈도 제공
complains
  Loan modification,collection,foreclosure
                                     15596
Loan servicing, payments, escrow account
                                      6625
 Account opening, closing, or management
                                      4376
                  Deposits and withdrawals
                                      3167
  Application, originator, mortgage broker
                                      2119
     Problems caused by my funds being low
                                      1499
```

```
> n = sum(as.numeric(t.complains))          # 총 민원 건수는 44599건
> n
[1] 44599
```

파레토 그림은 패키지 "qcc"가 필요하다. 명령어 "pareto.chart()"를 다음과 같이 R에서 수행한다.

```
> install.packages('qcc')
> library(qcc)
> pareto.chart(t.complains)
Pareto chart analysis for t.complains
                                        Frequency   Cum.Freq.    Percentage
  Loan modification,collection,foreclosure   15596       15596   34.969393933
  Loan servicing, payments, escrow account    6625       22221   14.854593152
  Account opening, closing, or management     4376       26597    9.811879190
  Deposits and withdrawals                    3167       29764    7.101056077
  Application, originator, mortgage broker    2119       31883    4.751227606
  Problems caused by my funds being low       1499       33382    3.361061907
  Managing the loan or lease                   995       34377    2.230991726
  Other                                        936       35313    2.098701765
~~~~~~~~~~~~~~~~~~~~~~~~~~~~~~~~ 중략 ~~~~~~~~~~~~~~~~~~~~~~~~~~~~~~~~
Pareto chart analysis for t.complains
                                        Cum.Percent.
  Loan modification,collection,foreclosure   34.96939
  Loan servicing, payments, escrow account   49.82399
  Account opening, closing, or management    59.63587
  Deposits and withdrawals                   66.73692
  Application, originator, mortgage broker   71.48815
  Problems caused by my funds being low      74.84921
  Managing the loan or lease                 77.08020
  Other                                      79.17891
```

명령어 "pareto.chart()"를 수행하면 민원 내용, 빈도, 누적빈도, 비율, 누적비율이 제공된다.

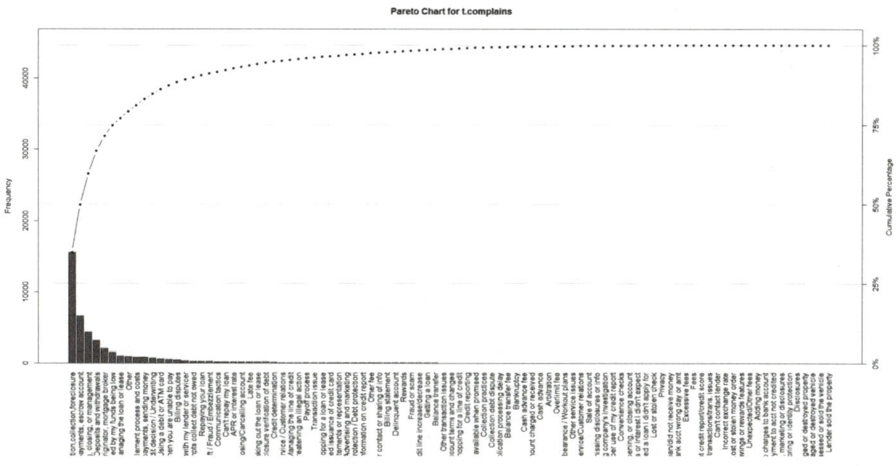


〈그림 2-18〉 Wells Fargo 은행 민원에 대한 파레토 그림

민원 내용이 95개로 구분되어 있어 파레토 그림에서 내용을 확인하기가 다소 어렵다. 내용 개수를 줄이려면 어떤 내용끼리 그룹을 짓는 것이 좋을까? 이 문제는 실습에서 다루기로 한다.

```
> abline(h=sum(t.complains[1:9]), col="red")
> abline(v=9, col="blue")
```

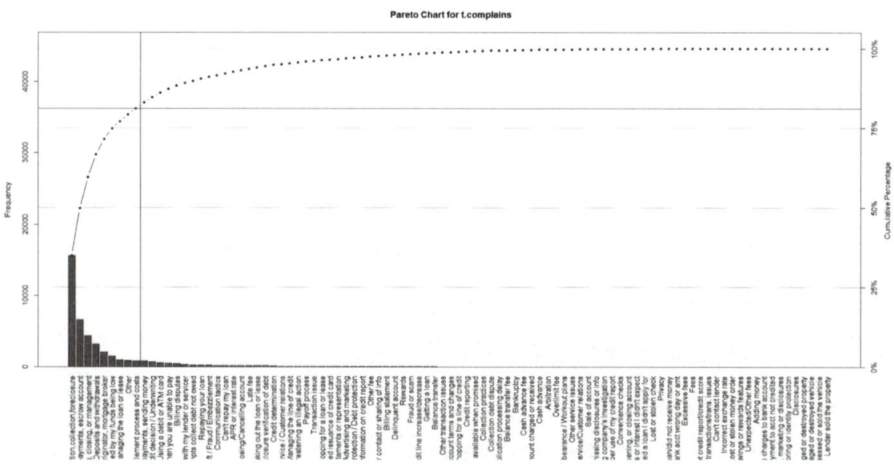


〈그림 2-19〉 파레토 그림에 누적된 비율이 선(빨강, 파랑)으로 제공된 결과

또한 은행이 민원을 줄이고자 어떤 내용을 우선적으로 대처할지를 정해야 한다면 〈그림 2-19〉가 제공하는 정보를 통해 파레토 법칙(8:2)을 적용할 수 있다.

## 실습

**1** 예제 2-1에서 제시된 자료를 이용하여 아래 물음을 수행하라.

1) 아래 명령어를 수행하고 출력하라.

```
x =1:10
y = x<5
z = x[y]
```

2) 이상값을 제외한 자료를 생성하라.

3) 문제 2)에서 생성된 자료로 히스토그램, 상자그림, 요약통계를 출력하라.

4) 아래 명령어를 수행하고 출력하라.

```
par(fig=c(0,1,0.2,1), new=TRUE)                                 # 그림에 대한 설정 명령어
hist(x,probability=TRUE,xlab="",col=c('grey'),main="")   # 히스토그램
par(fig=c(0,1,0,0.4), new=TRUE)                                 # 동일한 페이지에 그림 설정
boxplot(x, horizontal=TRUE, axes=FALSE)                    # 상자그림
```

5) 문제 3)을 문제 4)의 명령어로 수행하고 결과를 출력하라.

6) 남자와 여자를 별도로 구분하여 히스토그램, 상자그림, 요약통계를 각각 구하여라.

7) 남자와 여자의 정상 체온을 제시하고 설명하라.

8) Excel을 이용하여 요약통계를 작성하라. (단, 섭씨 = (화씨 − 32) × 5/9)

**2** 2016년 7월까지 2016 미국 프로야구 투수의 방어율(ER)을 분석하라.(practice2-2.csv)

1) R을 이용하여 히스토그램과 상자그림을 한 페이지에 출력하라.

2) 문제 1)의 결과를 토대로 방어율 분포형태를 설명하라.

3) 방어율이 "0"이고 20이닝(ip=inning) 이하인 투수를 제외하고 문제 1)을 다시 수행하라.

4) 문제 1)과 문제 3)에서 요약통계를 계산하라.

5) 오승환의 방어율은 어느 정도 위치에 있는지 앞의 결과를 근거로 설명하라.

**3** 예제 2-2 에서 제시된 자료를 이용하여 아래 물음을 수행하라.

1) R과 Excel을 이용하여 남성과 여성의 비율로 원그림을 생성하라.

2) R과 Excel을 이용하여 남성과 여성의 비율로 막대그림을 생성하라.(단, 남성을 100%로 설정한 여성의 비율을 이용하라.)

**4** 예제 2-4 에서 제시된 자료를 이용하여 아래 물음을 수행하라,

1) R에서 얻은 파레토 결과로 Excel에서 표를 생성하라.

2) 민원 내용을 10~15가지로 분류하고 파레토 그림을 생성하라.

3장

# 확률 및 확률변수

확률은 어떤 사건이 일어날 가능성이다. 내일 비 올 가능성이 30%라고 보도되면 많은 사람들이 우산을 가져가야 할지 말아야 할지 고민할 것이다. 여기서 가능성은 백분율로 표현한 수치이고 확률은 0과 1 사이의 수치로 표현한다. 이때 0.3(30%)이라는 확률(가능성)을 어떤 방식으로 계산하고 어떻게 해석해야 할지, 그리고 확률에 사용되는 용어와 종류에는 어떤 것이 있는지 알아보자. 또한 확률변수가 무엇이고 어떤 종류가 있는지도 살펴본다.

확률과 확률변수에서도 기초 자료분석과 마찬가지로 R과 Excel로 구현할 수 있는 명령어 및 그림을 알아볼 것이다.

혹자는 매주 월요일이면 정기적으로 로또를 몇 장씩 구매하고 당첨번호를 발표하는 토요일까지 한 주 동안 행운을 기대하며 생활한다. 이러한 기대는 본인이 1등에 당첨될 수 있다는 희망 때문이지만 사실 그 확률은 0에 가깝다.

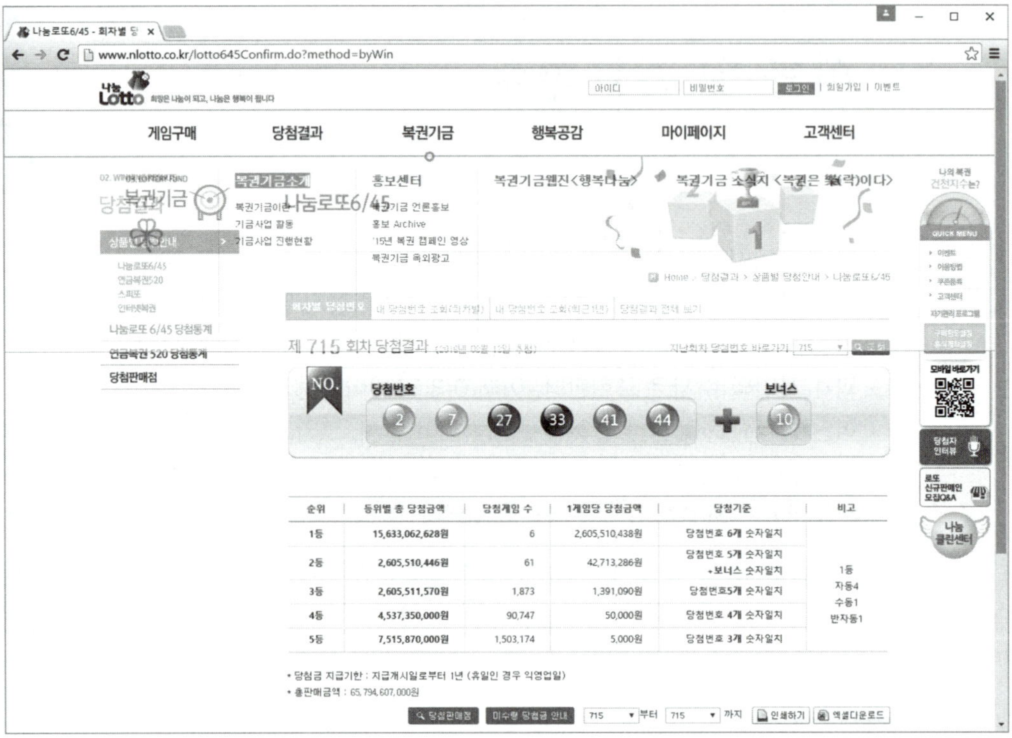


로또를 구매하면 1번부터 45번까지 중복 없이 6개의 숫자를 자동생성하거나 직접 선택하여 번호를 정한다. 당첨번호는 추첨기계를 통해 6개의 숫자가 무작위로 생성되고, 판매된 로또번호 중 이와 일치하는 숫자의 개수에 따라서 당첨 순위와 금액이 결정된다. 6개의 숫자가 모두 일치하는 번호가 1등으로 상당한 당첨금을 받을 수 있다.

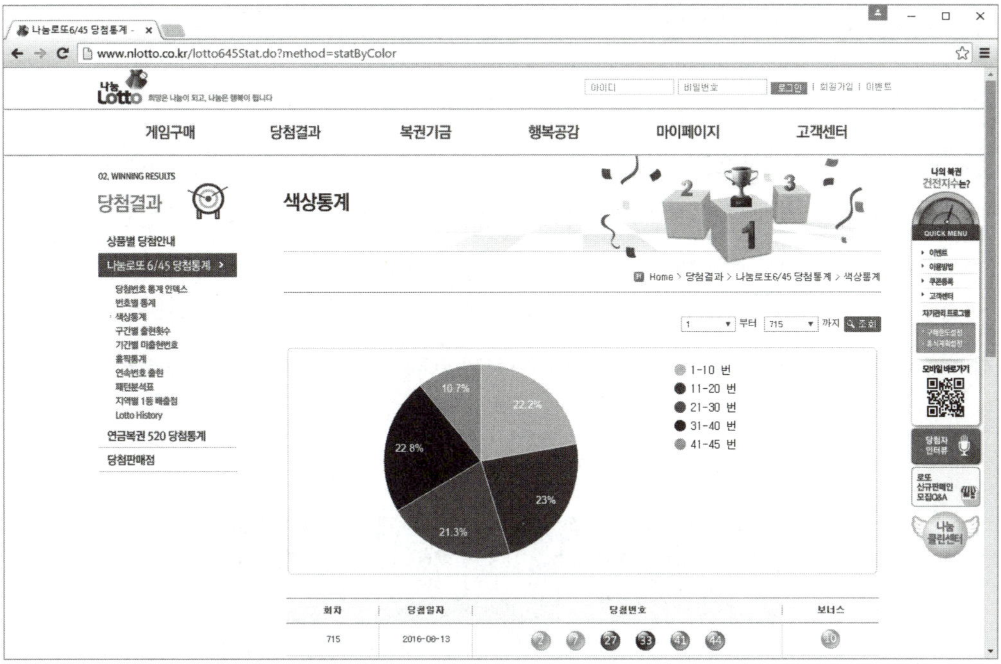


그렇다면 로또 추첨기계가 무작위로 생성하는 6개의 숫자를 모두 맞춰 1등이 될 확률은 얼마나 될까? 로또를 사면 뒷장에 당첨 확률이 표시되어 있는데 1등 확률은 거의 '0'에 가깝다. 하지만 많은 사람들은 당첨 확률이 엄청나게 낮더라도 정기적으로 로또를 사다 보면 언젠가는 당첨될 수 있을 거라는 꿈을 꾼다.

# 1. 표본공간과 사건

TV 예능 프로그램 〈1박 2일〉에서 보여주는 대표적인 복불복은 '까나리카노(까나리+아메리카노)'와 아메리카노 중 하나를 선택하여 마시는 게임이다. 색깔이 동일한 두 잔의 음료 중 하나를 선택하여 마실 때 진짜 커피를 마실 확률은 얼마일까? 대부분 쉽게 0.5라고 답할 것이다. 그러면 색깔이 동일한 50잔의 음료 중 10잔은 '까나리카노', 나머지는 진짜 커피라면, 6명이 한 사람씩 순차적으로 선택하여 세 사람만 진짜 커피를 선택할 확률은 얼마나 될까? 아마 많은 사람들이 쉽게 확률을 구할 수 없을 것이다.

확률을 구하고 이해하는 데 우선적으로 다루어야 할 것은 확률과 관련된 용어이다. 일단 주사위 한 개를 평평한 바닥에 던지는 실험을 생각해보자.

1단계: 주사위 한 개를 던지기 전에 나올 수 있는 모든 결과를 나열해보자.

{1, 2, 3, 4, 5, 6}

2단계: 주사위 한 개를 던진 후에 결과를 나열해보자.

{1}. {2}, {3}, {4}, {5}, {6} 중에 하나

기호 { }은 집합에서 사용되어 어떤 조건에 부합하는 모임을 뜻한다. 1단계에서 {1, 2, 3, 4, 5, 6}은 주사위 한 개를 던질 때 나올 수 있는 모든 결과를 나열하여 묶음으로 표시한 것이다. 2단계에서 제시한 {1}, ⋯, {6}은 주사위 한 개를 던져서 나온 결과를 뜻한다. 〈표 3-1〉에는 앞서 제시한 예제에 부합하는 용어, 정의, 기호가 정리되어 있다.

〈표 3-1〉 확률에 관련된 용어, 정의 및 기호

| 용어 | 정의 | 기호 |
|---|---|---|
| 표본공간 | 조사 또는 실험에서 나올 수 있는 모든 결과들의 모임 | $S$ |
| 원소 | 표본공간에 있는 낱개의 결과 | 알파벳 소문자<br>$a, b, c, \cdots$ |
| 사건 | 원소(들)의 모임으로 모집단의 일부분(표본공간도 포함) | 알파벳 대문자<br>$A, B, C, \cdots$ |

**예제 3-1**

동전 한 개를 던지는 실험에서 표본공간을 기호로 기술하라.

$$S = \{H, T\}$$

여기서 $H$는 앞면, $T$는 뒷면이다.

**예제 3-2**

동전 두 개를 던지는 실험에서 동전 하나가 앞면이 나올 경우에 관심이 있다. 이 실험에서 표본공간과 사건을 기호로 기술하라.

$$S = \{HH, TH, HT, TT\}$$

$$A = \{TH, HT\}$$

여기서 $H$는 앞면, $T$는 뒷면이다. 사건 $A$는 동전 하나가 앞면이 나올 경우이다.

**예제 3-3**

1994년 여름에는 전례 없는 더위가 한반도를 달구었다. 특히 서울에선 열대야(하루 중 가장 낮은 기온이 섭씨 25도 이상)가 발생한 날이 36일이나 되었다. 기온을 대상으로 표본공간과 사건을 기술하라.

$$S = \{x | -55 < x < 45\}$$

$$T = \{x | x \geqq 25\}$$

여기서 $x$는 섭씨온도이다. 사건 $T$는 열대야 기온이다.

앞에 제시된 예제들 중 일부를 R에서 구현하기 위해 다음과 같은 명령어를 실행하자. R을 이용하여 카드게임의 표본공간과 사건을 표현하려면 'prob' 패키지를 설치해야 한다.

```
> install.packages('prob')
```

동전 두 개를 던지는 실험에서 표본공간을 나열해보자.

```
> library(prob)                         # "prob" 라이브러리 불러오기
> tosscoin(2)                           # 두 개의 동전을 던지는 실험에서 표본공간
  toss1 toss2
1    H    H
2    T    H
3    H    T
4    T    T
```

첫 번째 동전(toss1)이 뒷면인 사건을 나타내자.

```
> ts = tosscoin(2)
> ts
  toss1 toss2
1    H    H
2    T    H
3    H    T
4    T    T
> ts[1]                                 # 첫 번째 동전(toss1) 결과
  toss1
1    H
2    T
3    H
4    T
> ts[ts[1]=='T',]                       # 첫 번째 동전(toss1) 결과 중 뒷면(T)인 사건
  toss1 toss2
2    T    H
4    T    T
```

주사위를 던지는 실험도 R에서 구현할 수 있다.

```
> rolldie(1)                            # 한 개의 주사위를 던지는 실험에서 표본공간
  X1
```

```
1 1
2 2
3 3
4 4
5 5
6 6
> rolldie(2)                              # 두 개의 주사위를 던지는 실험에서 표본공간
  X1 X2
1  1  1
2  2  1
~~~~~~~~~~~~~~~~~~~~~~~~~~~~~~~~~~ 중략 ~~~~~~~~~~~~~~~~~~~~~~~~~~~~~~~~~~
34  4  6
35  5  6
36  6  6
```

주사위 두 개를 던지는 실험에서 첫 번째 주사위가 “3”인 사건을 R에서 구현하자.

```
> d3 = rolldie(2)
> d3[d3[1]=='3',]
  X1 X2
3  3  1
9  3  2
15  3  3
21  3  4
27  3  5
33  3  6
```

## 2. 확률의 정의 및 종류

동전 한 개를 던지는 실험에서 앞면이 나올 확률을 물어보면 많은 사람들이 0.5 또는 50%라고 답한다. 엄밀히 말하면 확률은 0.5로 항상 0과 1사이에 있다. 여기서 확률 0.5는 앞 절에서 배운 표본공간과 사건의 원소 개수로 계산해낼 수 있다. 즉 수학적인 접근으로 도출해낸 값이고

이러한 확률을 수학적 확률이라고 한다. 또한 여러 확률적 성질이 수학적 확률을 기초로 발전해왔다.

**정의 확률**

$$\Pr(A) = \frac{n(A)}{n(S)}.$$

여기서 Pr(·)은 특정 사건(·)에 대한 확률 기호이고 $n(\cdot)$ 특정 사건(·)에 대한 원소의 개수이다.

**예제 3-4**

한 벌의 카드(52장)에서 임의로 카드 한 장을 선택할 때 에이스가 나올 확률을 기호를 사용하여 구하자.

$S = \{(1, i), \cdots, (\mathrm{K}, i), i =$ 스페이드, 클로버, 다이아몬드, 하트$\}$

$A = \{(1, i), i =$ 스페이드, 클로버, 다이아몬드, 하트$\}$

여기서 $S$는 표본공간이고 $A$는 에이스를 나열한 사건이다.

$$\Pr(A) = \frac{n(A)}{n(S)} = \frac{4}{52}$$

**예제 3-5**

한 벌의 카드(52장)에서 임의로 두 장의 카드를 선택할 때 동일한 숫자가 나올 확률을 기호를 사용하여 구하자.

$S = \{[(i, a), (j, b)] \mid i, j = 1, 2, \cdots, \mathrm{K}, a, b(a \neq b) =$ 스페이드, 클로버, 다이아몬드, 하트$\}$

$B = \{[(i, a), (i, b)] \mid i = 1, \cdots, \mathrm{K}, a, b(a \neq b) =$ 스페이드, 클로버, 다이아몬드, 하트$\}$

여기서 $S$는 표본공간이고 $B$는 두 장의 카드가 동일한 숫자인 사건이다.

$$\Pr(B) = \frac{n(B)}{n(S)} = \frac{13 \times {}_4C_2}{{}_{52}C_2}$$

위 두 예제들을 R로 구현하기 위해 패키지 "prob"를 불러들인 후 표본공간을 제시하자.

```
> library(prob)
> S = cards(jokers = FALSE, makespace = TRUE)
# 명령어 "cards"는 조커를 제외한 카드 한 벌에서 카드 한 장을 선택한 결과로 표본공간, 순위(rank), 모양
# (suit), 확률(probs)이 제공된다.
> head(S)
  rank  suit      probs
1    2  Club 0.01923077
2    3  Club 0.01923077
3    4  Club 0.01923077
4    5  Club 0.01923077
5    6  Club 0.01923077
6    7  Club 0.01923077
```

뽑은 한 장의 카드가 에이스가 될 사건($A$)을 R로 수행하자.

```
> A = S[S[1]=="A",1:3]
> A
   rank    suit      probs
13    A    Club 0.01923077
26    A Diamond 0.01923077
39    A   Heart 0.01923077
52    A   Spade 0.01923077
```

그리고 사건 $A$(에이스)의 확률을 구하자.

```
> Pr_A = nrow(A)/nrow(S)           # 표본공간과 사건의 원소 개수로 확률 계산
> Pr_A
[1] 0.07692308
> sum(A[3])                        # 표본공간에서 "에이스"가 나올 확률 계산
[1] 0.07692308
```

**예제 3-5**의 카드 두 장을 임의로 선택하는 실험에서 표본공간을 R로 구현하자. (단, 순서를 고려한다.)

```
> S = cards(jokers = FALSE, makespace = TRUE)   # 카드 한 장을 선택하는 표본공간
> n = nrow(S[1])                                # 카드 한 장을 선택하는 표본공간 개수
> S.cards = data.frame(matrix(0,n*n,4))          # 카드 두 장을 선택하는 표본공간 데이터 프레임
> for (i in 1:n){                               # 카드 두 장을 선택하는 표본공간을 생성한다.
+   for (j in 1:n){
+     if (i != j) {                             # 동일한 카드가 두 번 선택되는 것을 제외한다.
+       S.cards[j+(i-1)*n,1] = S[i,1]
+       S.cards[j+(i-1)*n,2] = S[j,1]
+       S.cards[j+(i-1)*n,3] = as.character(S[i,2])
+       S.cards[j+(i-1)*n,4] = as.character(S[j,2])
+     }
+   }
+ }
> S.cards2 = S.cards[S.cards[,1]>0,]             # 카드 두 장을 선택하는 표본공간
> n = nrow(S.cards2[1])                          # 카드 두 장을 선택하는 표본공간 개수
> n
[1] 2652
> names(S.cards2)=c("rank1", "rank2", "suit1", "suit2")
> head(S.cards2)
   rank1   rank2   suit1   suit2
2    1       2     Club    Club
3    1       3     Club    Club
4    1       4     Club    Club
5    1       5     Club    Club
6    1       6     Club    Club
7    1       7     Club    Club
> n = nrow(S.cards2[1])
> n
[1] 2652
```

Excel을 이용하여 앞에 제시된 예제들의 표본공간을 구현할 수 있지만 카드와 같이 원소의 개수가 많으면 다소 번거롭다. 표본공간을 구성하는 원소를 일일이 입력해야 하기 때문이다.

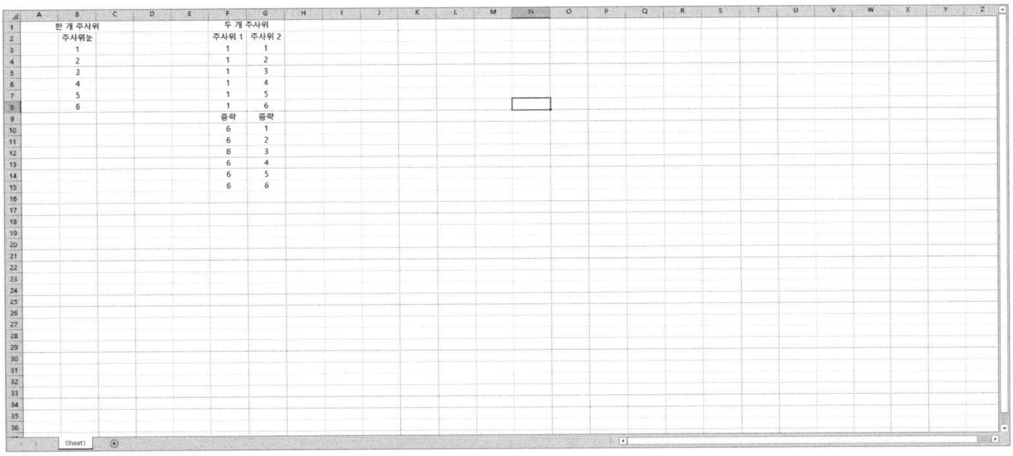


〈그림 3-1〉 Excel로 주사위 던지기 실험에 대한 표본공간 구현

앞으로 사용할 '확률'이라는 단어는 수학적 확률을 의미한다. 다시 동전 한 개를 한 번 던지는 실험을 생각해보자. 이때 앞면이 나올 확률은 0.5이다. 하지만 실제로 동일한 환경에서 동일한 동전을 연속하여 10번 던지면 앞면이 5번 나올까? 그렇지 않다. 만약 10번 중 4번 앞면이 나왔다면 0.4가 앞면이 나온 확률이다. 이처럼 실제로 경험에서 나온 확률을 상대적 확률이라고 한다. 조금 더 엄밀히 말하자면 상대적 확률은 다음과 같은 조건에서 구해진다. 동전을 던질 때마다 동일한 동전을 사용해야 하고, 동일한 환경이어야 하며, 동전을 던질 때마다 예상할 수 없어야 한다. 이러한 반복적인 실험을 시행이라고 한다.

**정의 상대적 확률**

$$P_i = \frac{\text{관심 사건이 나온 횟수}}{\text{전체 시행 횟수}} = \frac{i}{m},\ 1 \leq i \leq m$$

R에서 한 개의 동전을 던지는 시행을 여러 번 수행하자.

```
> n = 10                                    # 동전을 10번 던지는 시행
> coin = sample(c(0,1), n, replace = TRUE)  # "0"은 뒷면, "1"은 앞면
> coin
[1] 0 0 1 1 1 0 1 1 0 1
> pr.relative = sum(coin==1)/n              # 10번 시행 중에 "1"이 나온 횟수
> pr.relative                               # 10번 시행 중에 "1"이 나온 상대적 확률
```

```
[1] 0.6
                                          # 상당히 많은 시행을 수행할 때
> N = 5000                                # 총 시행 횟수
> Pr.relative = rep(0,N)                  # 누적 시행에 대한 상대적 확률을 저장할 벡터공간
> Cum = 0
> for (i in 1:N){
+   Cum = Cum + sample(c(0,1), replace = TRUE)  # 앞면("1") 누적 횟수
+   Pr.relative[i] = Cum/i                # 앞면 상대적 확률
+ }
> plot(Pr.relative)                       # 시행 횟수에 따른 상대적 확률 그림
> abline(h=0.5,col='red')                 # 확률 0.5를 선으로 표시
```

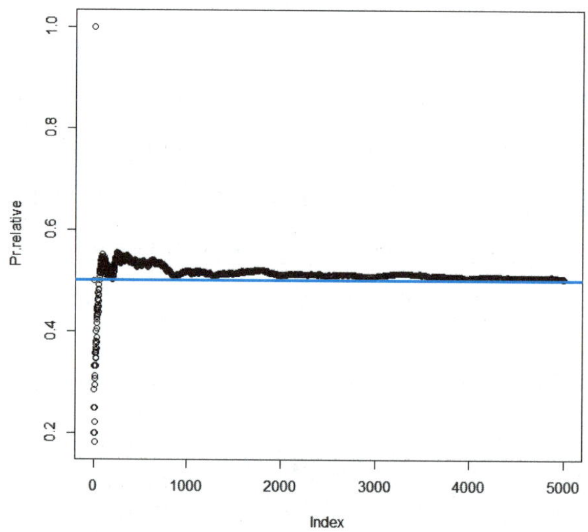


〈그림 3-2〉 동전을 5000번 던질 때 누적 시행 횟수에 대한 앞면의 상대적 확률 (파란 선이 0.5)

시행 횟수가 무수히 많아질수록 상대적 확률은 수학적 확률에 가까워진다. 그리고 수학적 표현은 다음과 같다.

$$\Pr(A) = \lim_{n \to \infty} \frac{n\text{번 시행 중 앞면의 횟수}}{n}$$

여기서 사건 $A$는 앞면이다.

또한 Excel에서 한 개의 동전을 던지는 시행을 여러 번 수행하려면 다음과 같은 절차를 따른다.

1단계: 시행 횟수를 결정한다.

2단계: 각 시행에 명령어 "RANDBETWEEN(0,1)"로 동전 던지기를 수행한다. 여기서 "0"은 뒷면이고 "1"은 앞면이다.

3단계: i번째 시행까지 도수를 누적한다.

4단계: 누적도수를 각 시행 횟수로 나누어 상대적 확률을 계산한다.

5단계: 시행 횟수와 상대적 확률의 분산형 그림을 그린다.

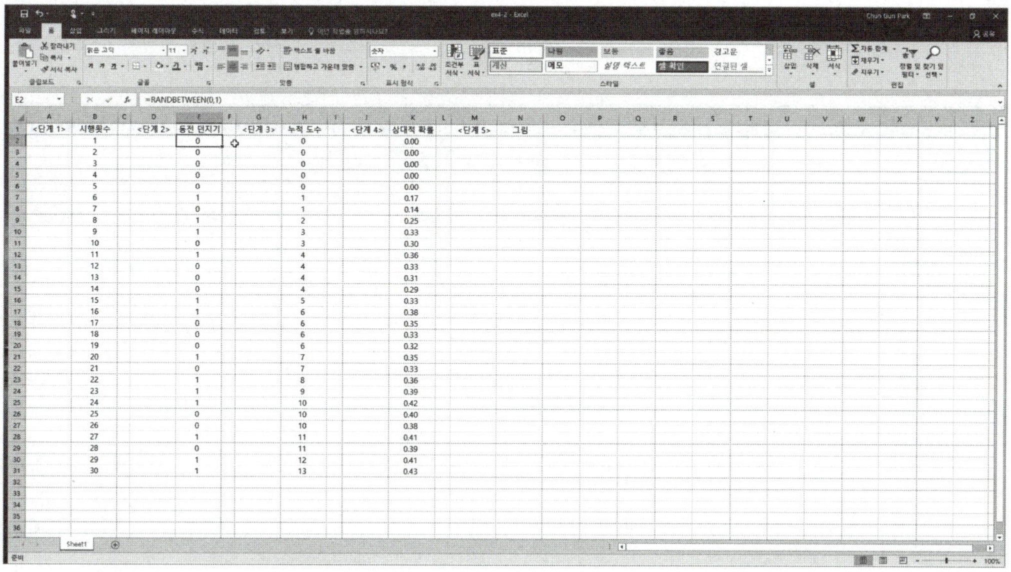

〈그림 3-3〉 동전 던지기 단계에 따른 결과

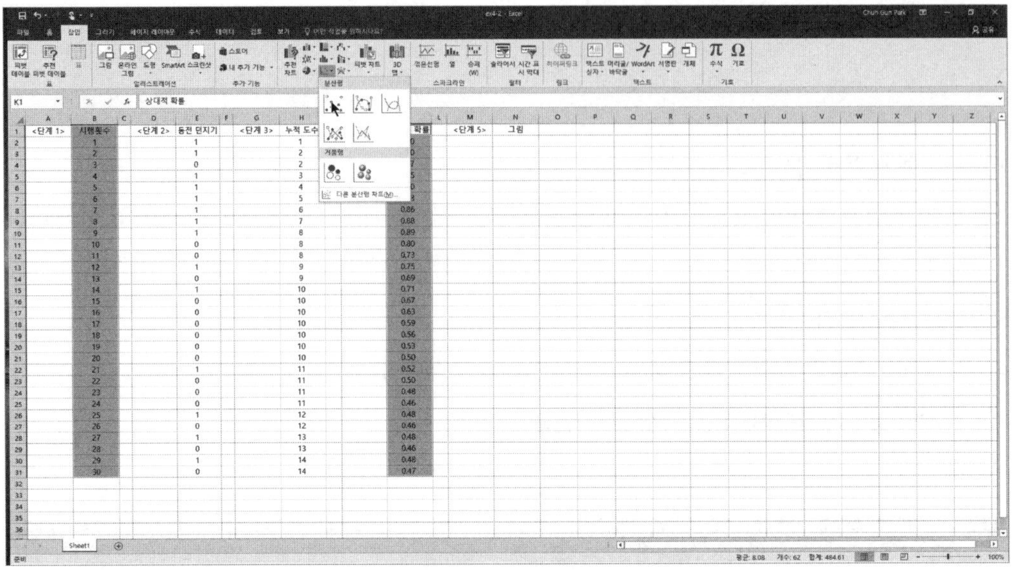

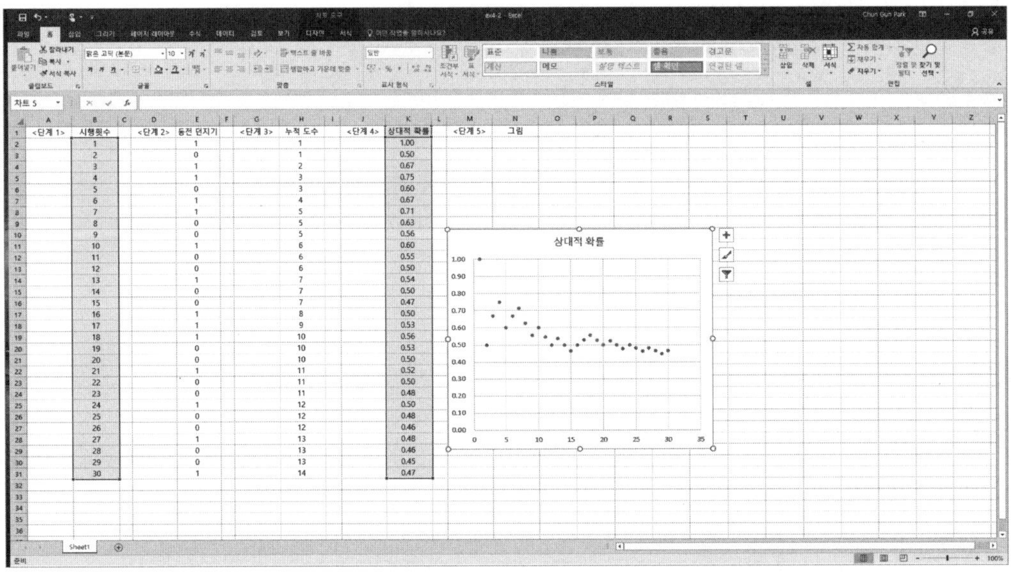

〈그림 3-4〉 시행 횟수와 상대적 확률의 분산형 그림

앞에서 언급한 수학적 확률과 상대적 확률은 과학적인 기반을 가지고 있다. 하지만 사람들에게 2016 리우 올림픽에서 대한민국이 금메달 10개를 획득할 가능성이 어느 정도인지 물어보면 다양한 확률이 나오거나 '모른다'고 답할 것이다. 이러한 확률을 주관적 확률이라고 한다. 결론적으로 확률의 종류는 수학적 확률, 상대적 확률, 주관적 확률로 분류할 수 있다. 이 책에서 주로 다루는 확률은 수학적 확률이고, 상대적 확률은 한정된 시행을 기반으로 접근한다.

# 3. 확률의 성질

확률은 0.1 또는 0.7이라고 하지 80% 또는 1.3이라고 하지 않는다. 공리란 증명할 필요가 없는 자명한 진리로서 다른 이론을 증명하는 데 사용된다. 확률에서의 공리는 다음과 같다.

**확률의 공리**

공리 1: $\Pr(E) \geqq 0$, 임의의 사건 $E \subset S$

공리 2: $\Pr(S) = 1$

공리 3: $E_i \subset S,\ i = 1, \cdots, n$이고 상호배반사건($E_i \cap E_j = \emptyset,\ i \neq j = 1, 2, \cdots, n$)이라고 하자.

$$\Pr\left(\cup_{i=1}^{n} E_i\right) = \Pr(E_1 \cup E_2 \cup \cdots \cup E_n) = \sum_{i=1}^{n} \Pr(E_i)$$

임의의 두 사건을 $A, B \subset S$라 하자.

성질 1: $\Pr(A^c) = 1 - \Pr(A)$

성질 2: $\Pr(\emptyset) = 0$

성질 3: 만약 $A \subset B$이면 $\Pr(A) \leq \Pr(B)$이다.

성질 4: $\Pr(A \cup B) = \Pr(A) + \Pr(B) - \Pr(A \cap B)$

위 네 가지 성질에 대한 증명은 여기서는 생략하고 R과 Excel을 사용하여 실제적인 문제에 적용하는 데 초점을 둔다. 사건들을 다루기 위해 필요한 집합기호와 R 명령어는 〈표 3-2〉에 제시하였다. Excel에서는 비교연산자("=", ">", "<", ">=", "<=", "<>"), 논리연산자("AND", "XOR", "NOT", "IF" 등) 등이 사용되는데, 이에 대한 자세한 내용은 관련 서적을 참고하라.

〈표 3-2〉 집합기호와 R 명령어

| 용어 | 기호 | 내용 | R 명령어 |
|---|---|---|---|
| 합집합 | $A \cup B$ | 원소가 사건 $A$ 또는 $B$에 속해 있다. | union(A, B) |
| 교집합 | $A \cap B$ | 원소가 사건 $A$ 그리고 $B$에 속해 있다. | intersect(A, B) |
| 여집합 | $A^c$ | 원소가 사건 $A$에 속해 있지 않다. | setdiff(S, A) |
| 차집합 | $A - B$ | 원소가 사건 $A$에 속해 있고 $B$에는 속해 있지 않다. | setdiff(A, B) |

**예제 3-6**

52장의 카드 중에 임의로 두 장의 카드를 선택하는 게임이 있다.

① 선택한 두 장의 카드 중 하나가 에이스("1")일 확률을 R로 구현하라.

R로 카드 두 장을 뽑는 모든 경우인 표본공간은 이미 **예제 3-5**에서 설명하였다. 그러면 두 장의 카드 중 하나가 에이스인 사건만 R로 구현하고 확률을 구한다.

```
> A = S.cards2[S.cards2[,1]==1,]          # 첫 번째 카드가 에이스인 사건
> head(A)
   rank1  rank2  suit1  suit2
2      1      2  Club   Club
3      1      3  Club   Club
4      1      4  Club   Club
5      1      5  Club   Club
6      1      6  Club   Club
7      1      7  Club   Club
> B = S.cards2[S.cards2[,2]==1,]          # 두 번째 카드가 에이스인 사건
> head(B)
    rank1  rank2  suit1  suit2
14      1      1  Club   Diamond
27      1      1  Club   Heart
40      1      1  Club   Spade
53      2      1  Club   Club
66      2      1  Club   Diamond
79      2      1  Club   Heart
> C = union(A,B)                           # 사건 A와 사건 B의 합집합
> head(C)
   rank1  rank2  suit1  suit2
2      1      2  Club   Club
3      1      3  Club   Club
4      1      4  Club   Club
5      1      5  Club   Club
6      1      6  Club   Club
7      1      7  Club   Club
> nrow(S.cards2[1])                        # 표본공간의 원소들 개수
[1] 2652
> nrow(C[1])                               # 사건 C의 원소들 개수
[1] 396
```

```
> Pr.C = nrow(C[1])/nrow(S.cards2[1])          # 사건 C의 확률
> Pr.C
[1] 0.1493213
```

② 첫 번째 카드가 에이스("1")이고 두 번째 카드가 킹("13")인 사건을 R로 구현하고 확률을 구하라.

```
> D = S.cards2[S.cards2[,2]==13,]              # 두 번째 카드가 킹인 사건
> head(D)
    rank1   rank2   suit1   suit2
13    1      13     Club    Club
26    1      13     Club    Diamond
39    1      13     Club    Heart
52    1      13     Club    Spade
65    2      13     Club    Club
78    2      13     Club    Diamond
> F = intersect(A, D)                          # 사건 F는 사건 A와 사건 D의 교집합
> head(F)
    rank1   rank2   suit1    suit2
13    1      13     Club     Club
26    1      13     Club     Diamond
39    1      13     Club     Heart
52    1      13     Club     Spade
689   1      13     Diamond  Club
702   1      13     Diamond  Diamond
> nrow(F[1])
[1] 16
> Pr.F = nrow(F[1])/nrow(S.cards2[1])          # 사건 F의 확률
> Pr.F
[1] 0.006033183
```

③ 문제②에서 제시한 사건 F에서 첫 번째 카드가 다이아몬드인 경우를 제외한 사건을 R로 구현하라.

```
> G = S.cards2[S.cards2[,3]=="Diamond",]   # 첫 번째 카드가 다이아몬드인 사건
> head(G)
    rank1   rank2   suit1   suit2
```

```
677   1     1    Diamond   Club
678   1     2    Diamond   Club
679   1     3    Diamond   Club
680   1     4    Diamond   Club
681   1     5    Diamond   Club
682   1     6    Diamond   Club
> H = setdiff(F, G)
> head(H)
     rank1  rank2   suit1    suit2
12    1     12      Club     Club
25    1     12      Club     Diamond
38    1     12      Club     Heart
51    1     12      Club     Spade
1364  1     12      Heart    Club
1377  1     12      Heart    Diamond
> nrow(H[1])
[1] 12
> Pr.F = nrow(H[1])/nrow(S.cards2[1])
> Pr.F
[1] 0.004524887
```

## 4. 조건부 확률

확률은 표본공간과 사건의 원소 개수로 계산된다. 예를 들어 주사위 두 개를 던지는 실험에서 주사위 두 개 모두 동일한 숫자가 나올 확률은 1/6이다. 즉 확률 1/6은 동일한 숫자가 나올 사건의 원소 6개에 표본공간의 원소 36개를 나눈 값이다.

그렇다면 첫 번째 주사위가 1이 나왔을 경우에 두 번째 주사위도 1이 나올 확률은 얼마일까? 그 확률은 1/6이다. 이 확률은 첫 번째 주사위가 1인 사건 {(1.1). (1.2). (1.3). (1.4). (1.5). (1.6)}과 두 번째 주사위가 1인 사건 {(1,1)}을 기반으로 계산된다. 엄밀히 말하면 첫 번째 주사위가 1인 조건에서 두 번째 주사위가 1이 나올 확률을 의미하고, 이러한 확률을 조건부 확률이라고 한다.

**정의 조건부 확률**

사건 $B(\neq \emptyset)$가 주어졌을 때 사건 $A$가 나올 조건부 확률

$$\Pr(A|B) = \frac{\Pr(A \cap B)}{\Pr(B)}$$

**예제 3-7**

52장의 카드 중에 두 장을 선택하는 실험을 해보자. 만약 첫 번째 카드가 에이스가 아닐 경우, 두 번째 카드가 에이스일 확률을 R로 구하라.

이미 표본공간은 예제 3-5에서 제시하였기 때문에 첫 번째 카드가 에이스가 아닌 사건과 두 번째 카드가 에이스인 사건을 R에서 구하면 된다. 다음은 R에서 두 사건을 구현한 것이다.

```
> A = S.cards2[S.cards2[,1]!=1,]          # 첫 번째 카드가 에이스가 아닌 사건
> head(A)
   rank1  rank2  suit1  suit2
53   2      1    Club   Club
55   2      3    Club   Club
56   2      4    Club   Club
57   2      5    Club   Club
58   2      6    Club   Club
59   2      7    Club   Club
> nrow(A[1])
[1] 2448
> B = S.cards2[S.cards2[,2]==1,]          # 두 번째 카드가 에이스인 사건
> head(B)
   rank1  rank2  suit1  suit2
14   1      1    Club   Diamond
27   1      1    Club   Heart
40   1      1    Club   Spade
53   2      1    Club   Club
66   2      1    Club   Diamond
79   2      1    Club   Heart
> nrow(B[1])
```

```
[1] 204
> AB = intersect(A,B)                      # 사건 A와 B의 교집합
> head(AB)
    rank1   rank2   suit1   suit2
53    2       1     Club    Club
66    2       1     Club    Diamond
79    2       1     Club    Heart
92    2       1     Club    Spade
105   3       1     Club    Club
118   3       1     Club    Diamond
> nrow(AB[1])
[1] 192
> Pr.B_A = nrow(AB[1])/nrow(A[1])          # 사건 A가 주어질 때 사건 B가 일어날 확률
> Pr.B_A
[1] 0.07843137
```

조건부 확률은 주어진 사건에서 관심 있는 사건이 일어날 확률이다. 또한 확률이 표본공간과 사건으로 얻어지기 때문에 조건부 확률도 마찬가지이다. 자세히 말하자면 조건부 확률에서 주어진 사건이 축소된 표본공간이 된다.

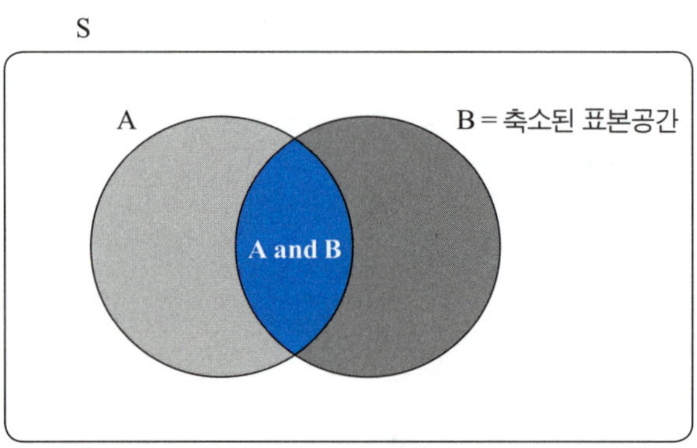


〈그림 3-5〉 조건부 확률에 대한 벤다이어그램

**정리 조건부 확률**

① 어떤 사건 $A(\neq \emptyset) \subset S$와 임의의 사건 $B \subset S$에 대해서

$$\Pr(B|A) \geqq 0$$

② 어떤 사건 $A(\neq \emptyset) \subset S$에 대해서

$$\Pr(S|A) = 1$$

③ 어떤 사건 $A(\neq \emptyset) \subset S$와 상호배반사건 $B_i \subset S$, $i = 1, \cdots, n$에 대해서

$$\Pr(\bigcup_{i=1}^{n} B_i|A) = \sum_{i=1}^{n} \Pr(B_i|A)$$

임의의 사건 $A, B, C$와 $\Pr(A) > 0$에 대해서 조건부 확률은 다음과 같은 성질이 성립한다.

성질 1: $\Pr(B^c|A) = 1 - \Pr(B|A)$

성질 2: $B \subset C$이면 $\Pr(B|A) \leqq \Pr(C|A)$

성질 3: $\Pr(B \cup C|A) = \Pr(B|A) + \Pr(C|A) - \Pr(B \cap C|A)$

성질 4: $\Pr(A \cap B) = \Pr(A)\Pr(B|A)$

**예제 3-8**

AIDS 진단에 일반적으로 쓰이는 ELISA 진단이 있다. 이 진단이 어느 정도 정확한지 실험한 결과, AIDS 보균자의 97.7%가 양성반응이 나왔고 비보균자의 92.6%가 음성반응이 나왔다. 여기서 보균자의 비율은 0.5%라고 가정한다.

(출처: http://www.amstat.org/publications/jse/v3n2/rossman.html#gastwirth)

1단계: 위 사건을 기호로 표시하자.

$A$ = AIDS 보균자, $A^c$ = 비보균자

$P$ = 양성, $P^c$ = 음성

2단계: 주어진 확률을 기호로 표시하자.

$\Pr(A) = 0.005$, $\Pr(P|A) = 0.977$, $\Pr(P^c|A^c) = 0.926$

3단계: 확률의 성질을 이용하여 아래와 같은 확률을 구할 수 있다.

$\Pr(A^c) = 0.995$, $\Pr(P^c|A) = 0.023$, $\Pr(P|A^c) = 0.074$

4단계: 2단계와 3단계를 이용하여 아래와 같은 확률분포표를 생성하자.

〈표 3-3〉 2×2 확률분포표

| | 양성($P$) | 음성($P^c$) | 행 합계 |
|---|---|---|---|
| 보균자 ($A$) | $\Pr(A\cap P)=\Pr(A)\Pr(P\mid A)$ $=0.005\times 0.977$ $=0.004885$ | $\Pr(A\cap P^c)=\Pr(A)\Pr(P^c\mid A)$ $=0.05\times 0.023$ $=0.000115$ | $\Pr(A)=\Pr(A\cap P)+\Pr(A\cap P^c)$ $=0.04885+0.00115$ $=0.05$ |
| 비보균자 ($A^c$) | $\Pr(A^c\cap P)=\Pr(A^c)\Pr(P\mid A^c)$ $=0.995\times 0.074$ $=0.07363$ | $\Pr(A^c\cap P^c)=\Pr(A^c)\Pr(P^c\mid A^c)$ $=0.995\times 0.926$ $=0.92137$ | $\Pr(A^c)=\Pr(A^c\cap P)+\Pr(A^c\cap P^c)$ $=0.07363+0.92137$ $=0.995$ |
| 열 합계 | $\Pr(P)=\Pr(A\cap P)+\Pr(A^c\cap P)$ $=0.004885+0.07363$ $=0.078515$ | $\Pr(P^c)=\Pr(A\cap P^c)+\Pr(A^c\cap P^c)$ $=0.000115+0.92137$ $=0.921485$ | $\Pr(S)=\Pr(A)+\Pr(A^c)=1$ |

만약 100만 명으로 앞의 확률을 적용하면, 아래와 같은 빈도표를 작성할 수 있다.

〈표 3-4〉 2×2 빈도표

| | 양성($P$) | 음성($P^c$) | 행 합계 |
|---|---|---|---|
| 보균자 ($A$) | $n(A\cap P)=P(A\cap P)\times 10^6$ $=4{,}885$ | $n(A\cap P^c)=115$ | $n(A)=5{,}000$ |
| 비보균자 ($A^c$) | $n(A^c\cap P)=73{,}630$ | $n(A^c\cap P^c)=921{,}370$ | $n(A^c)=995{,}000$ |
| 열 합계 | $n(P)=78{,}515$ | $n(P^c)=921{,}485$ | $n(A)+n(A^c)$ $=1{,}000{,}000$ |

# 5. 확률적 독립

조건부 확률은 어떤 사건이 발생했을 때 관심 사건이 일어날 확률이다. 직관적으로 생각하면 관심 사건이 어떤 사건에 영향을 받을 수 있다. 만약 관심 사건이 어떤 사건에 영향을 받지 않는다면 조건부 확률은 어떤 확률일까? 예를 들어 동전 한 개를 두 번 던지는 실험을 실행하는데 첫 번째 동전을 던져서 앞면이 나왔다고 하자. 여기서 어떤 사건은 첫 번째로 동전을 던져서 나올 '앞면'이라는 결과이다. 두 번째로 던질 동전의 결과를 관심 사건이라고 한다면, 두 번째로 던진 동전이 앞면이 나올 확률은 직관적으로 0.5일 것이다. 그렇다면 두 번째로 던진 동전이 앞면이 나오는 사건은 첫 번째 동전 던지기의 결과와 관련이 있을까?

첫 번째 동전을 던져서 앞면이 나왔을 때, 두 번째 동전에서도 앞면이 나올 확률을 조건부 확률로 구해보자. 사건 $A_1$를 첫 번째 동전에서 앞면이 나온 사건, $A_2$는 두 번째 동전이 앞면이 나올 사건이라고 하자. 동전을 두 번 던지는 실험에서 표본공간은 $S = \{HH, HT, TH, TT\}$이고 각 사건은 $A_1 = \{HH, HT\}$과 $A_2 = \{HH, TH\}$이다.

조건부 확률은 관심 사건($A_2$)의 확률과 동일하다.

$$\begin{aligned}\Pr(A_2|A_1) &= \frac{\Pr(A_2 \cap A_1)}{\Pr(A_1)} \\ &= \frac{1/4}{2/4} \\ &= \frac{1}{2} \\ &= \Pr(A_2)\end{aligned}$$

또한 사건 $A_1$과 사건 $A_2$의 교집합 확률도 각 사건의 확률곱과 동일하다.

$$\Pr(A_1 \cap A_2) = \frac{1}{4}$$

$$\Pr(A_1)\Pr(A_2) = \frac{1}{2}\frac{1}{2} = \frac{1}{4}$$

$$\Pr(A_1 \cap A_2) = \frac{1}{4} = \Pr(A_1)\Pr(A_2)$$

**정의 독립**

$$\Pr(A \cap B) = \Pr(A)\Pr(B)$$

위 식이 성립하면 사건 $A(\neq \emptyset)$와 사건 $B(\neq \emptyset)$는 독립이다. 만약 위 식이 성립하지 않으면 두 사건은 종속이다.

일상적으로 '독립'이라는 단어는 정치적 독립을 의미하며 다른 국가로부터 어떤 간섭을 받지 않는 상태를 뜻한다. 하지만 확률에서 말하는 '독립'은 사건들이 동시에 일어날 확률이 각 사건이 일어날 확률의 곱으로 표현되는 것이다.

성질 1: 사건 $A(\neq \emptyset)$와 사건 $B(\neq \emptyset)$는 독립이라고 하자.

$$\Pr(A|B) = \Pr(A)$$

$$\Pr(B|A) = \Pr(B)$$

$$\Pr(A^c|B^c) = \Pr(A^c)$$

$$\Pr(B^c|A^c) = \Pr(B^c)$$

**정의 상호독립**

$$\Pr(A_1 \cap A_2) = \Pr(A_1)\Pr(A_2)$$

$$\Pr(A_2 \cap A_3) = \Pr(A_2)\Pr(A_3)$$

$$\Pr(A_3 \cap A_1) = \Pr(A_3)\Pr(A_1)$$

$$\Pr(A_1 \cap A_2 \cap A_3) = \Pr(A_1)\Pr(A_2)\Pr(A_3)$$

위 네 식이 모두 성립하면 공집합이 아닌 세 사건 $A_1$, $A_2$, $A_3$는 상호독립이다.

사건들의 개수가 $n(>3)$개인 경우는 사건 두 개의 교집합부터 시작해서 사건 $n$개의 교집합 확률이 모두 독립이어야 $n$개의 사건들이 상호독립이다. 즉 $n$개 사건들의 상호독립이 성립하려면 총 $2^n - n - 1$식들이 모두 독립이어야 한다.

### 예제 3-9

주사위 두 개를 던지는 실험에서 사건 $A$(첫 번째 주사위 눈이 "1")와 $B$(두 번째 주사위 눈이 "6")가 있다. R을 이용하여 두 사건이 독립인지, 종속인지 구분하라.

```
> library(prob)
> S.die2 = rolldie(2, makespace=TRUE)      # 두 주사위를 던지는 실험에서 표본공간 생성
> head(S.die2)
  X1  X2       probs
1  1   1  0.02777778
2  2   1  0.02777778
3  3   1  0.02777778
4  4   1  0.02777778
5  5   1  0.02777778
6  6   1  0.02777778
> A = subset(S.die2, X1==1)                # 첫 번째 주사위 눈이 1인 사건
```

```
> head(A)
     X1   X2     probs
1     1    1     0.02777778
7     1    2     0.02777778
13    1    3     0.02777778
19    1    4     0.02777778
25    1    5     0.02777778
31    1    6     0.02777778
> Pr.A = sum(A[3])                    # 첫 번째 주사위 눈이 1인 사건에 대한 확률
> Pr.A
[1] 0.1666667
> B = subset(S.die2, X2==1)           # 두 번째 주사위 눈이 6인 사건
> head(B)
     X1   X2     probs
1     1    1     0.02777778
2     2    1     0.02777778
3     3    1     0.02777778
4     4    1     0.02777778
5     5    1     0.02777778
6     6    1     0.02777778
> Pr.B = sum(B[3])                    # 두 번째 주사위 눈이 6인 사건에 대한 확률
> Pr.B
[1] 0.1666667
> AB = intersect(A,B)                 # A와 B의 교집합
> head(AB)
     X1   X2     probs
1     1    1     0.02777778
> Pr.AB = sum(AB[3])                  # A와 B의 교집합에 대한 확률
> Pr.AB
[1] 0.02777778
> Pr.A_B = Pr.AB/Pr.B                 # 사건 B가 주어졌을 때 사건 A의 조건부 확률
> Pr.A_B
[1] 0.1666667
> Prob(A, given = B)          # 사건 B가 주어졌을 때 사건 A의 조건부 확률에 대한 명령어 "Prob"
[1] 0.1666667
> Pr.A == Pr.A_B                      # "TRUE"면 두 사건 A와 B는 독립
[1] TRUE                              # "FALSE"면 두 사건 A와 B는 종속
```

# 6. 베이즈 정리

대검찰청에서는 2009년부터 2012년까지 6273개 사건에 연루된 8609명을 대상으로 거짓말탐지기를 사용했다고 한다. 과연 거짓말탐지기가 제시한 결과(거짓 또는 진실)는 믿을 만할까? 참고로 거짓말탐지기 조사 결과와 재판부 판결의 일치도는 83.6%로 나타났다.

(출처: 중앙일보, 2016.7.30)

거짓말탐지기가 내린 결정을 신뢰할 수 있을지는 사람의 진심을 들여다보기 전까지는 알 수 없다. 하지만 확률을 이용하면 그 결과가 나오기 전에 판단의 근거를 마련할 수 있다. 흔히 확률에서 이용되는 의사 결정 방법으로 베이즈 정리가 있다.

**정리 베이즈 정리**

사건들 $B_i$, $i=1, \cdots n$가 표본공간 분할이라고 하자. 어떤 사건 $A$가 일어났을 때 $B_k$가 일어날 확률은 다음과 같다.

$$\Pr(B_k|A) = \frac{\Pr(B_k)\Pr(A|B_k)}{\sum_{i=1}^{n}\Pr(B_i)\Pr(A|B_i)}$$

여기서 표본공간 분할은 세 가지 조건을 만족한다.

① $B_i \cap B_j = \emptyset,\ i \neq j = 1, \cdots, n$

② $S = B_1 \cup B_2 \cup \cdots \cup B_n$

③ $\Pr(B_i) > 0,\ i = 1, \cdots, n$

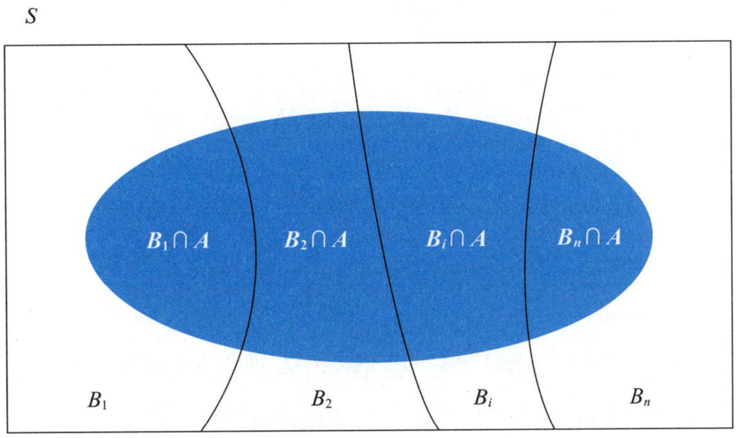

〈그림 3-6〉 베이즈 정리의 벤다이어그램

베이즈 정리를 설명하기 위해 거짓말탐지기 예제를 살펴보자. 한 회사에서 개발한 거짓말탐지기의 정확도를 측정하기 위해 200명을 대상으로 실험을 했다. 이 중 100명은 진실만을 말하고 100명은 거짓만을 말했다. 정직하게 말한 사람 중 10%만 양성반응(거짓이라고 판명)이 나왔고, 거짓말을 한 사람 중에는 95%가 양성반응이 나왔다. 여기서 원래 거짓 또는 진실을 말하는 사람의 확률은 각각 1/2이고 이 확률을 사전확률이라고 한다. 〈정리〉와 〈그림 3-6〉에 나타나는 사전확률은 다음과 같다.

$$\Pr(B_1) = \Pr(B_2) = 1/2$$

여기서 $B_1$은 진실만을 말하는 사건이고 $B_2$는 거짓만을 말하는 사건이다.

또한 탐지기가 정확하게 판단할 확률을 우도라고 하고 다음과 같이 표현한다.

$$\Pr(A|B_1) = 0.1,\ \Pr(A|B_2) = 0.95$$

여기서 $A$는 탐지기가 거짓으로 판명할 사건이다.

사전확률과 우도로 전확률(사건 $A$의 확률)을 구할 수 있다.

$$\begin{aligned}\Pr(A) &= \Pr(B_1)\Pr(A|B_1) + \Pr(B_2)\Pr(A|B_2) \\ &= \frac{1}{2}(0.1 + 0.95) \\ &= 0.525.\end{aligned}$$

200명 중 임의로 한 사람을 선택하여 거짓말탐지기로 조사한 결과 거짓말을 한 것으로 나왔다. 이 사람이 진실만을 말하는 사람일 확률을 사후확률이라고 한다.

$$\begin{aligned}\Pr(B_1|A) &= \frac{\Pr(B_1)\Pr(A|B_1)}{\Pr(B_1)\Pr(A|B_1) + \Pr(A|B_2)} \\ &= \frac{0.5 \times 0.1}{0.5 \times 0.1 + 0.5 \times 0.95} \\ &= 0.0952381\end{aligned}$$

**예제 3-10**

여성 유방암의 비율은 전체 여성 인구의 대략 1%이고 여성에게 발생하는 암 중에 사망률이 제일 높은 편이다. 이러한 유방암의 높은 사망률과 치료에 들어가는 비용을 줄일 수 있는 가장 효율적인 방법은 조기검진이다. 현재 조기검진의 정확도를 살펴보면, 실제 유방암인 여성의 90%가 암으로 진단(양성)이 나오고, 유방암이 아닌 여성의 80%가 암이 아니라는 진단(음성)이 나온다. 그렇다면 조기검진 결과 양성 판정이 나왔다면 실제로 유방암일 확률은 얼마일까?

이때 유방암일 확률은 양성이 주어졌을 경우 유방암일 조건부 확률과 동일하다. 또한 이 조건부 확률은 베이즈 정리에 적용하여 다음과 같이 나타낼 수 있다.

■ **사건**

$B_1$은 전체 여성 인구 중 유방암인 여성,

$B_2$은 전체 여성 인구 중 유방암이 아닌 여성,

$A$는 조기검진에서 암으로 진단

■ 사전확률 – 주어진 확률

$$\Pr(B_1) = 0.01, \quad \Pr(B_2) = 0.99$$

■ 우도 – 주어진 확률

$$\Pr(A|B_1) = 0.9, \ \Pr(A|B_2) = 0.2$$

■ 전확률 – 계산할 확률

$$\begin{aligned}\Pr(A) &= \Pr(B_1)\Pr(A|B_1) + \Pr(B_2)\Pr(A|B_2) \\ &= \Pr(B_1 \cap A) + \Pr(B_2 \cap A) \\ &= 0.01 \times 0.9 + 0.99 \times 0.2 \\ &= 0.207\end{aligned}$$

■ 사후확률 – 계산할 확률

$$\begin{aligned}\Pr(B_1|A) &= \frac{\Pr(B_1 \cap A)}{\Pr(A)} \\ &= \frac{\Pr(B_1)\Pr(A|B_1)}{\Pr(B_1)\Pr(A|B_1) + \Pr(B_2)\Pr(A|B_2)} \\ &= \frac{0.01 \times 0.9}{0.01 \times 0.9 + 0.99 \times 0.2} \\ &\approx 0.0434\end{aligned}$$

$$\begin{aligned}\Pr(B_2|A) &= \frac{\Pr(B_2)\Pr(A|B_2)}{\Pr(B_1)\Pr(A|B_1) + \Pr(B_2)\Pr(A|B_2)} \\ &= \frac{0.99 \times 0.2}{0.01 \times 0.9 + 0.99 \times 0.2} \\ &\approx 0.9565\end{aligned}$$

R로 베이즈 정리를 구현하자.

```
> prior = c(0.01, 0.99)
> likehood = c(0.9, 0.2)
```

```
> totpr = sum(prior*likehood)
> totpr
[1] 0.207
> post = prior*likehood/totpr
> post
[1] 0.04347826 0.95652174
```

Excel로 베이즈 정리를 실행하자.

| B | C | D | E | F | G | H | I |
|---|---|---|---|---|---|---|---|
| | B1 | B2 | | | B1 | B2 | |
| 사전확률 [Pr(B_i)] | 0.0100 | 0.9900 | | | 0.0100 | "=1-G2" | |
| | | | | | | | |
| 우도 [Pr(A\|B_i)] | 0.9000 | 0.2000 | | | 0.9000 | 0.2000 | |
| | | | | | | | |
| 전확률 [Pr(A)] | 0.0090 | 0.1980 | 0.2070 | | "=G2*G4" | "=H2*H4" | "=SUM(G6:H6)" |
| | | | | | | | |
| 사후확률 [Pr(B_i\|A)] | 0.0435 | 0.9565 | | | "=G6/I6" | "=H6/I6" | |
| | | | | | | | |

# 7. 확률변수

확률을 어떤 문제에 적용하려면 기본적으로 표본공간과 사건이 필요하다. 예를 들어, 동전 두 개를 던지는 실험에서 동전 한 개가 앞면이 나오는 경우, 또는 동전 두 개 모두 앞면이 나오는 경우의 확률을 구하고자 한다면 앞면이 나온 동전 수에 따른 사건을 정리하여 얻을 수 있다. 다른 예로 사람 몸무게에 확률을 적용하려면 일정 구간을 나누어서 구간별 확률로 계산할 수 있다.

모든 확률은 자료의 형태(질적자료와 양적자료)와 상관없이 표본공간이 정의되고 관련 사건들로 다루어져야 한다. 그러면 표본공간에서 각 원소들이 숫자로 할당되면 어떨까? 주어진 확률 문제들에서 표본공간은 다양하다. 예를 들면, 동전 두 개를 던지는 실험에서 표본공간은 가능한 앞면과 뒷면의 쌍이고, 사람 몸무게에서는 주어진 실수 구간이다. 이러한 표본공간의 각 원소를 숫자로 변환하면 표본공간이 실수로 변경된다. 모든 확률의 표본공간이 무엇이든 실수로 변경되면 이것을 확률변수라고 한다.

**정의 확률변수**

확률변수는 조사나 실험에서 생성된 표본공간($S$)의 모든 원소($w$)를 각각 한 개의 실수값($x \in R$)으로 할당시켜주는 함수이다. 즉, 확률변수($X$)는

$$X : S \rightarrow R$$

각각의 모든 원소 $w \in S$에 대해서 $x = X(w)$, $x \in R = \{-\infty, \infty\}$이다.

**예제 3-11**

■ **표본공간**

$$S = \{H, T\}$$

1단계: 확률변수를 앞면의 수로 정의하자.

$$X = \text{앞면의 수}$$

2단계: 표본공간과 확률변수의 관계를 확률로 표현하자.

$$\Pr(X = 0) = \Pr(\{T\}) = 1/2$$

$$\Pr(X = 1) = \Pr(\{H\}) = 1/2$$

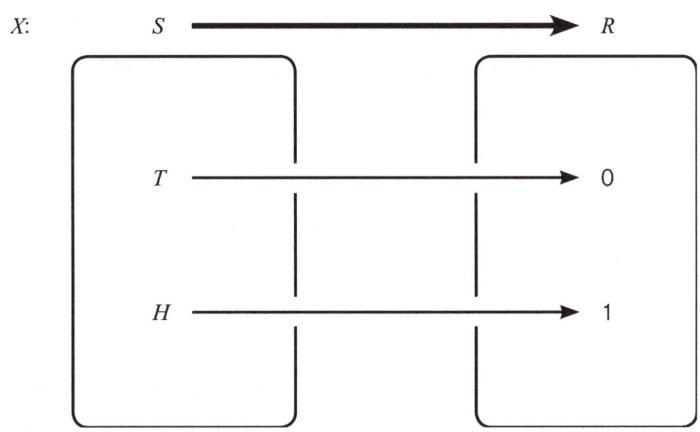


〈그림 3-7〉 확률변수와 표본공간의 관계

**예제 3-12**

주사위 두 개를 던지는 실험을 하자.

■ **표본공간**

$$S = \{(i, j) | i, j = 1, 2, \cdots, 6\}$$

1단계: 확률변수를 두 주사위 눈의 합으로 정의하자.

$$X = i + j$$

2단계: 확률변수인 두 주사위 눈의 합에서 나올 수 있는 가능한 실수를 나열하자.

$$x = 2, 3, \cdots, 12$$

3단계: 표본공간과 확률변수의 관계를 확률로 표현하자.

$$\Pr(X=1) = \Pr(\emptyset) = 0$$

$$\Pr(X=2) = \Pr(\{(1, 1)\}) = 1/36$$

$$\Pr(X=3) = \Pr(\{(1, 2)\}, \{(2, 1)\}) = 2/36 = 1/18$$

$$\vdots$$

$$\Pr(X=12) = \Pr(\{(6, 6)\}) = 1/36$$

주사위 두 개를 던지는 실험에서 두 주사위 눈의 곱인 확률변수와 해당되는 실수값에 대한 확률을 R로 구현하라.

```
> library(prob)                              # 패키지 "prob"를 불러옴
> S.die2 = rolldie(2, makespace=TRUE)        # 두 주사위를 던지는 실험에서 표본공간 생성
> ls(S.die2)                                 # S.die2에 생성되는 변수들을 확인
[1] "probs" "X1"   "X2"
> head(S.die2)                               # S.die2에 생성되는 변수들과 내용을 확인
    X1   X2      probs
1    1    1   0.02777778
2    2    1   0.02777778
3    3    1   0.02777778
4    4    1   0.02777778
```

```
5       5       1       0.02777778
6       6       1       0.02777778
> X.cal = S.die2$X1*S.die2$X2                  # 두 주사위 눈의 곱으로 정의된 확률변수 생성
> X.cal
 [1]  1  2  3  4  5  6  2  4  6  8 10 12  3  6  9 12 15 18  4  8 12 16 20 24
[25]  5 10 15 20 25 30  6 12 18 24 30 36
```

R을 이용해 두 주사위 눈의 곱으로 정의된 확률변수가 표본공간의 각 원소에 대응되는 값들로 계산하였다. 이 값들 중 중복되는 실수를 정리하고 대응되는 확률도 계산하자.

```
> X.table = table(X.cal)                       # 확률변수를 Table 형태로 변경
> X.table
X.cal
 1  2  3  4  5  6  8  9 10 12 15 16 18 20 24 25 30 36
 1  2  2  3  2  4  2  1  2  4  2  1  2  2  2  1  2  1
> X = as.numeric(names(X.table))               # 확률변수를 수치형으로 변경
> X
 [1]  1  2  3  4  5  6  8  9 10 12 15 16 18 20 24 25 30 36
> pr.x = X.table*S.die2$probs[1]     # 각 실수값의 확률
> names(pr.x) = X
> pr.x
         1          2          3          4          5          6
0.02777778 0.05555556 0.05555556 0.08333333 0.05555556 0.11111111
         8          9         10         12         15         16
0.05555556 0.02777778 0.05555556 0.11111111 0.05555556 0.02777778
        18         20         24         25         30         36
0.05555556 0.05555556 0.05555556 0.02777778 0.05555556 0.02777778
> pr.x
         1          2          3          4          5          6
0.02777778 0.05555556 0.05555556 0.08333333 0.05555556 0.11111111
         8          9         10         12         15         16
0.05555556 0.02777778 0.05555556 0.11111111 0.05555556 0.02777778
        18         20         24         25         30         36
0.05555556 0.05555556 0.05555556 0.02777778 0.05555556 0.02777778
>
> X.probTable = cbind(X, pr.x)       # 확률분포표 생성
```

```
> X.probTable
      X       pr.x
1     1   0.02777778
2     2   0.05555556
3     3   0.05555556
4     4   0.08333333
5     5   0.05555556
6     6   0.11111111
8     8   0.05555556
9     9   0.02777778
10   10   0.05555556
12   12   0.11111111
15   15   0.05555556
16   16   0.02777778
18   18   0.05555556
20   20   0.05555556
24   24   0.05555556
25   25   0.02777778
30   30   0.05555556
36   36   0.02777778
```

또한 패키지 "prob"가 제공하는 명령어 "addrv"는 확률변수의 생성을 손쉽게 계산해준다.

```
> S.die2 = rolldie(2, makespace=TRUE)       # 두 주사위를 던지는 실험에서 표본공간 생성
> head(S.die2)                               # S.die2에 생성되는 변수들과 내용을 확인
      X1    X2      probs
1     1     1    0.02777778
2     2     1    0.02777778
3     3     1    0.02777778
4     4     1    0.02777778
5     5     1    0.02777778
6     6     1    0.02777778
> X.product = addrv(S.die2, X=X1*X2)         # 명령어 "addrv(표본공간, 확률변수=조건식)"을 이용하여
> X.product                                  # 두 주사위 눈의 곱을 확률변수로 생성
      X1    X2    X       probs
1     1     1     1    0.02777778
2     2     1     2    0.02777778
```

|  |  |  |  |  |
|---|---|---|---|---|
| 3 | 3 | 1 | 3 | 0.02777778 |
| 4 | 4 | 1 | 4 | 0.02777778 |
| 5 | 5 | 1 | 5 | 0.02777778 |
| 6 | 6 | 1 | 6 | 0.02777778 |
| 7 | 1 | 2 | 2 | 0.02777778 |
| 8 | 2 | 2 | 4 | 0.02777778 |
| 9 | 3 | 2 | 6 | 0.02777778 |
| 10 | 4 | 2 | 8 | 0.02777778 |
| 11 | 5 | 2 | 10 | 0.02777778 |
| 12 | 6 | 2 | 12 | 0.02777778 |
| 13 | 1 | 3 | 3 | 0.02777778 |
| 14 | 2 | 3 | 6 | 0.02777778 |
| 15 | 3 | 3 | 9 | 0.02777778 |
| 16 | 4 | 3 | 12 | 0.02777778 |
| 17 | 5 | 3 | 15 | 0.02777778 |
| 18 | 6 | 3 | 18 | 0.02777778 |
| 19 | 1 | 4 | 4 | 0.02777778 |
| 20 | 2 | 4 | 8 | 0.02777778 |
| 21 | 3 | 4 | 12 | 0.02777778 |
| 22 | 4 | 4 | 16 | 0.02777778 |
| 23 | 5 | 4 | 20 | 0.02777778 |
| 24 | 6 | 4 | 24 | 0.02777778 |
| 25 | 1 | 5 | 5 | 0.02777778 |
| 26 | 2 | 5 | 10 | 0.02777778 |
| 27 | 3 | 5 | 15 | 0.02777778 |
| 28 | 4 | 5 | 20 | 0.02777778 |
| 29 | 5 | 5 | 25 | 0.02777778 |
| 30 | 6 | 5 | 30 | 0.02777778 |
| 31 | 1 | 6 | 6 | 0.02777778 |
| 32 | 2 | 6 | 12 | 0.02777778 |
| 33 | 3 | 6 | 18 | 0.02777778 |
| 34 | 4 | 6 | 24 | 0.02777778 |
| 35 | 5 | 6 | 30 | 0.02777778 |
| 36 | 6 | 6 | 36 | 0.02777778 |

Excel을 이용하여 두 주사위를 던지는 실험에서 눈의 곱이 확률변수가 되는 확률분포표를 구현하자.

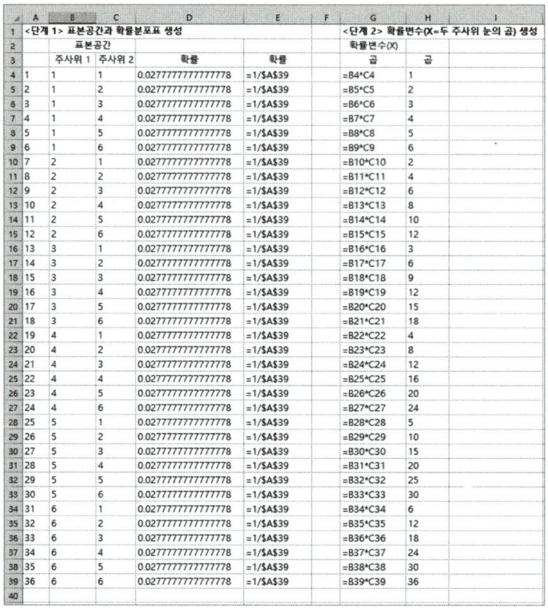


〈그림 3-8〉 두 주사위를 던지는 실험에서 두 주사위 눈의 곱이 확률변수

1단계: [삽입] → [피벗테이블]을 클릭한다. [피벗 테이블 만들기] 창이 생성된다.

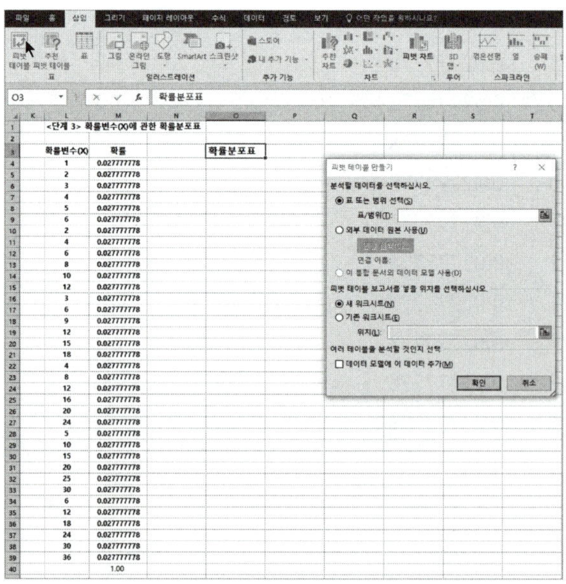

2단계: [피벗 테이블 만들기] 창에서 [표 또는 범위 선택]에 표시하고 확률변수(X)와 확률을 선택한다. 점선 표시가 선택된 범위이다. 또한 피벗 테이블이 생성될 위치를 지정하고 [확인]을 클릭한다.

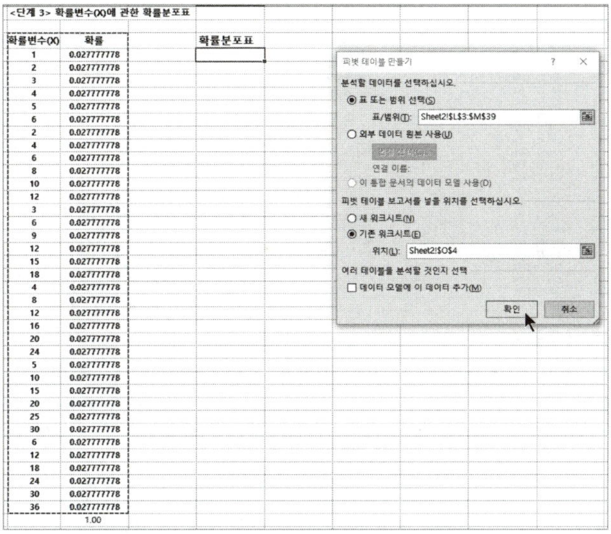

[피벗 테이블 필드]가 생성된다.

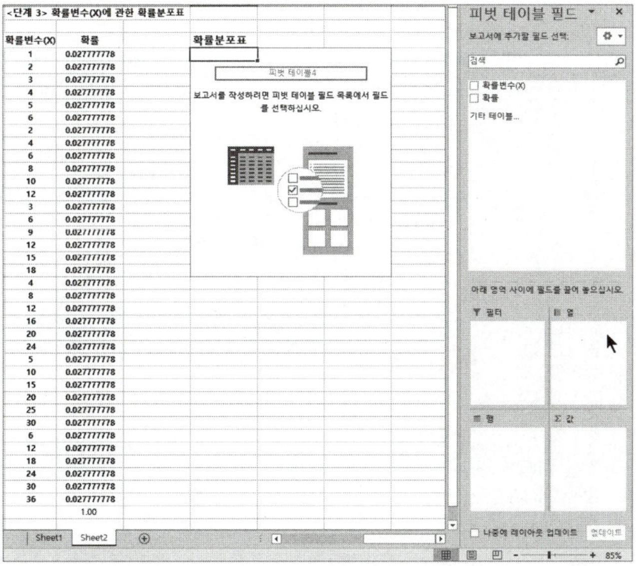

3단계: [확률변수(X)]는 "행", [확률]은 "값"의 위치로 드래그하여 집어넣는다. 그러면 자동으로 확률 분포표가 생성된다.

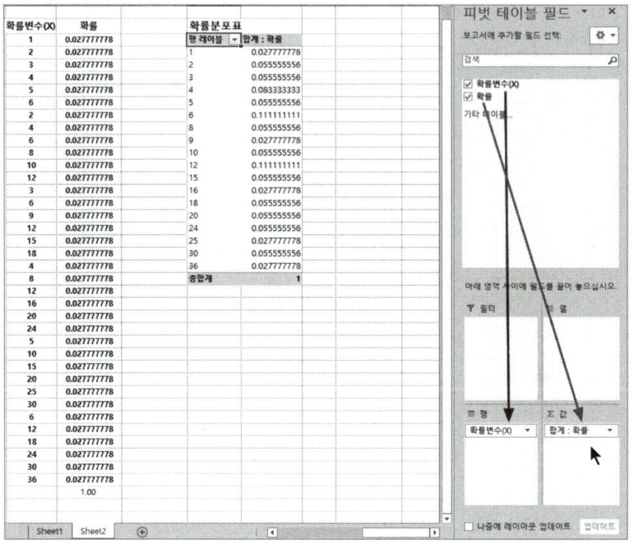

4단계: [합계 : 확률]을 클릭하면 [값 필드 설정] 창이 나타나고 "합계 : 확률" 대신 다른 이름으로 변경할 수 있다.

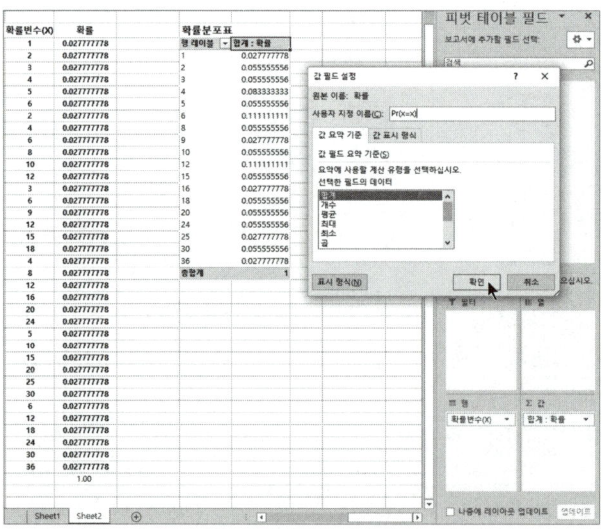

최종 수정된 확률분포표는 다음과 같다.

| 확률변수(X) | 확률 |
|---|---|
| 1 | 0.027777778 |
| 2 | 0.027777778 |
| 3 | 0.027777778 |
| 4 | 0.027777778 |
| 5 | 0.027777778 |
| 6 | 0.027777778 |
| 2 | 0.027777778 |
| 4 | 0.027777778 |
| 6 | 0.027777778 |
| 8 | 0.027777778 |
| 10 | 0.027777778 |
| 12 | 0.027777778 |
| 3 | 0.027777778 |
| 6 | 0.027777778 |
| 9 | 0.027777778 |
| 12 | 0.027777778 |
| 15 | 0.027777778 |
| 18 | 0.027777778 |
| 4 | 0.027777778 |
| 8 | 0.027777778 |
| 12 | 0.027777778 |
| 16 | 0.027777778 |
| 20 | 0.027777778 |
| 24 | 0.027777778 |
| 5 | 0.027777778 |
| 10 | 0.027777778 |
| 15 | 0.027777778 |
| 20 | 0.027777778 |
| 25 | 0.027777778 |
| 30 | 0.027777778 |
| 6 | 0.027777778 |
| 12 | 0.027777778 |
| 18 | 0.027777778 |
| 24 | 0.027777778 |
| 30 | 0.027777778 |
| 36 | 0.027777778 |
| | 1.00 |

확률분포표

| X | Pr(x=x) |
|---|---|
| 1 | 0.027777778 |
| 2 | 0.055555556 |
| 3 | 0.055555556 |
| 4 | 0.083333333 |
| 5 | 0.055555556 |
| 6 | 0.111111111 |
| 8 | 0.055555556 |
| 9 | 0.027777778 |
| 10 | 0.055555556 |
| 12 | 0.111111111 |
| 15 | 0.055555556 |
| 16 | 0.027777778 |
| 18 | 0.055555556 |
| 20 | 0.055555556 |
| 24 | 0.055555556 |
| 25 | 0.027777778 |
| 30 | 0.055555556 |
| 36 | 0.027777778 |
| 총합계 | 1 |

확률변수는 이산형 확률변수와 연속형 확률변수, 두 가지 종류로 나누어진다. 앞의 예제들 중에서 어떤 실수값의 확률이 "0"인 경우도 있고 아닌 경우도 있다. 동전 한 개를 던지는 실험에서 확률변수를 앞면 수로 정의하면 실수값 "0"과 "1"을 제외한 모든 실수값의 확률은 "0"이다. 이러한 확률변수를 이산형 확률변수라고 한다. 또한 실수값 "0"과 "1"에 대응되는 확률을 확률질량함수라고 한다.

### 정의 이산형 확률변수

표본공간에서 대응되는 실수값을 셀 수 있는 경우를 이산형 확률변수라고 한다.

### 정의 확률질량함수

이산형 확률변수($X$)에서 모든 실수값($x$)의 확률을 확률질량함수라고 한다.

$$\Pr(X=x)$$

**확률질량함수의 조건**

① $\Pr(X=x) \geqq 0$, 모든 $x \in R$

② $\sum_{\text{모든 } x} \Pr(X=x) = 1$

몸무게를 자료형태로 구분하면 연속형 자료이다. 몸무게 자체를 확률변수라고 하면 셀 수 없는 실수값이 되는데, 이러한 확률변수를 연속형 확률변수라고 한다. 또한 연속형 확률변수에 적용되는 확률을 확률밀도함수라고 한다.

**정의 연속형 확률변수**

표본공간에서 대응되는 실수값($x$)을 셀 수 없는 경우를 연속형 확률변수($X$)라고 한다.

**정의 확률밀도함수**

연속형 확률변수에서 모든 실수값에 대해 음이 아닌 함수($f(x)$)를 확률밀도함수라고 한다.

$$f(x) \geqq 0, \text{ 모든 } x \in R$$

**확률밀도함수의 조건**

① $f(x) \geqq 0$, 모든 $x \in R$

② $\int_{-\infty}^{\infty} f(x)dx = 1$

**확률밀도함수에서 특정구간의 확률**

$\Pr(a < X < b) = \int_{a}^{b} f(x)dx, \ a < b.$

지금까지 확률변수의 종류와 그에 대응되는 확률분포(확률질량함수와 확률밀도함수)를 정의와 성질로 간단하게 알아보았다. 4장에서는 확률변수의 평균, 분산, 그리고 표준편차에 대해 알아보고, 몇 가지 특수한 분포와 예제를 제시한다.

## 실습

**1** 어느 도시에 파란색과 노란색, 두 가지 색의 택시가 있다. 어느 날 밤 택시가 사람을 치고 달아나는 사건이 발생했고, 목격자는 법원에서 그 택시가 파란색이었다고 증언했다. 변호사는 반박 자료로 동일한 상황에서 택시의 색이 다르게 보일 수 있다는 실험 결과를 제시하였고, 이에 따르면 다른 색으로 잘못 볼 비율은 80%이고 동일한 색깔로 볼 비율은 20%였다. 이 도시의 파란색 택시와 노란색 택시의 비율이 17:3이라고 했을 때, 목격자가 택시의 색을 잘못 볼 확률을 구하라. 모든 문제에 R과 Excel을 이용하라.

1) 사건을 기호로 표현하라.
2) 사전확률을 기호와 수치로 제시하라.
3) 우도를 기호와 수치로 제시하라.
4) 전확률을 기호와 수치로 제시하라.
5) 사후확률을 기호와 수치로 제시하라.

**2** 예제 3-10에 나오는 유방암 초기진단 오류를 줄이기 위해서는 진단방법의 정확도를 높여야 한다. 유방암인 여성이 양성으로 진단될 확률을 0.9, 0.95 또는 0.99로, 반대로 유방암이 아닌 여성이 양성으로 진단될 확률을 0.01, 0.005로 가정하자. 주어진 진단 정확도를 조합하여 양성 진단을 받았을 때 유방암일 확률을 R과 Excel로 구하여라.

**3** 동전 세 개를 던지는 실험을 하는 경우, R을 이용하여 다음 물음에 답하라.

1) 표본공간을 생성하라.
2) 첫 번째 동전이 앞면인 사건을 생성하라.
3) 모든 동전이 앞면인 사건을 생성하라.
4) 확률변수를 앞면 수로 정의하고 확률분포표를 작성하라.

4장

# 확률변수의 통계적 성질과 특수한 확률분포

3장에서 확률변수는 함수 형태뿐만 아니라 확률적 성질이 있다고 했다. 또한 확률변수는 이산형 확률변수와 연속형 확률변수로 나누어지며 각 확률변수에 해당되는 분포를 확률질량함수(이산형 확률변수)와 확률밀도함수(연속형 확률변수)라고 정의하고 그 성질에 대해서 다루었다.

본 장에서는 확률변수의 대표적인 통계적 성질 중 평균(중심성향)과 분산(퍼짐정도)을 정의한다. 확률질량함수와 확률밀도함수를 확률분포라고 한다. 이러한 확률분포는 무수히 많을 수 있지만 여기서는 대표적인 몇 가지를 다루면서 고유의 확률분포를 구별하는 방법을 알아볼 것이다. 또한 이러한 확률분포를 R과 Excel로 구현할 수 있는 명령어 및 그림을 알아볼 것이다.

한국에서 공인인증서는 온라인상에서 이루어지는 개인금융 거래, 온라인 거래, 특정 사이트 가입 등에 반드시 필요한 전자신분증이다. 이는 개인 컴퓨터나 스마트폰에 저장하여 개인금융 관련 조회 및 거래를 수행할 수 있도록 위조와 변조, 거래 사실의 부인 방지 등을 목적으로 공인인증기관이 발행하는 전자정보로, 일종의 사이버 인감증명서라고 할 수 있다. 하지만 타인이 부정한 목적으로 공인인증서를 사용할 수 있고, 주기적으로 갱신 또는 변경해야 하는 번거로움이 존재한다.

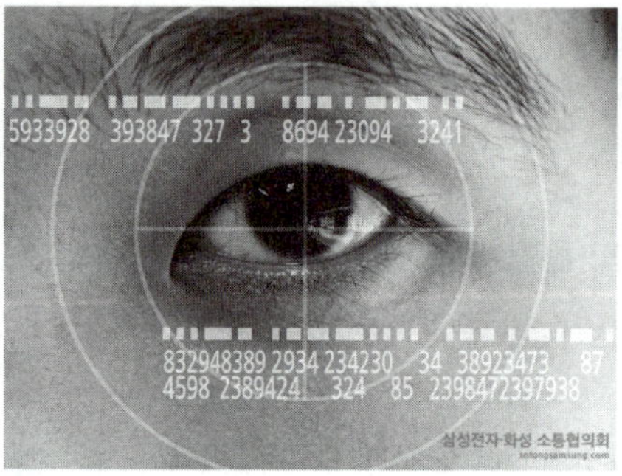


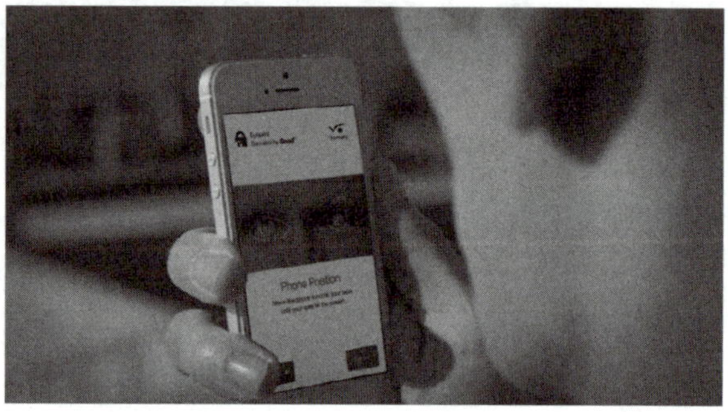

만약 얼굴, 지문, 홍채와 같은 개인의 신체 정보로 공인인증서를 대신할 수 있다면 복잡한 비밀번호를 외우거나 공인인증서를 설치하지 않아도 될 것이다. 그러면 신체를 이용한 인증으로 인해 발생할 수 있는 오류 확률을 계산해보자. 예를 들어, 얼굴인식의 경우에 최초로 인식오류가 발생할 확률은 얼마일까? 많은 사람들이 얼굴인식을 이용하여 인증이 필요한 일을 하면 언젠가는 오류가 생겨날 수 있다. 즉 최초로 오류가 발생할 때까지의 얼굴인식 횟수를 확률변수로 두고 이에 해당되는 확률분포(또는 확률질량함수)를 구하여 계산하면 된다. 참고로 보통 얼굴인식은 확률 0.001의 인식오류(다른 사람으로 인식), 지문은 0.00001, 홍채는 0.000001의 인식오류 확률이 있다.

# 1. 확률변수의 통계적 성질

확률분포도 자료분석과 마찬가지로 통계적 성질을 살펴보아야 한다. 가장 기본적인 통계적 성질로 중심성향에서는 평균이 있고, 퍼짐정도에는 분산과 표준편차가 있다. 또한 확률분포에서 누적분포함수도 중요한 통계적 성질 중 하나이다.

**정의 평균**

- 이산형 확률분포

$$E(X) = \sum_{\text{모든 } x} x \Pr(X = x)$$

- 연속형 확률분포

$$E(X) = \int_{-\infty}^{\infty} x f(x) dx$$

**정리 평균 성질**

$X$와 $Y$는 확률변수이고 $c$는 상수라고 하자.

① $E(c) = c$

② $E(cX) = cE(X)$

③ $E(X + c) = E(X) + c$

④ $E(X \pm Y) = E(X) \pm E(Y)$

평균 성질로부터 ① 어떤 상수의 평균은 상수 그 자체이다. ② 확률변수에 상수배하면 평균에 상수배와 동일하다. ③ 확률변수에서 모든 값이 동일하게 이동하면 평균도 동일한 크기로 이동된다. ④ 두 확률변수에 대한 합(또는 차)의 평균은 각 확률변수의 평균의 합(또는 차)과 동일하다. 또한 확률분포에서 평균을 해석하는 방법도 자료분석에서 평균을 설명한 특성과 동일하다. 즉, 확률변수가 큰 수(또는 작은 수)에 대응되는 확률이 크면 평균도 큰 값(작은 값)으로 계산된다.

**정의 분산**

■ 이산형 확률분포

$$Var(X) = E(X - E(X))^2 = \sum_{\text{모든 } x} (x - E(X))^2 \Pr(X = x)$$

■ 연속형 확률분포

$$Var(X) = \int_{-\infty}^{\infty} (X - E(X))^2 f(x) dx$$

**정리 분산 성질**

$X$와 $Y$는 확률변수이고 $c$는 상수라고 하자.

① $Var(c) = 0$

② $Var(cX) = c^2 Var(X)$

③ $Var(X \pm c) = Var(X)$

확률분포의 분산도 자료분석에서 다루었던 표본분산 성질을 가지고 있다. 만약 확률변수가 큰 수(또는 작은 수)에 대응되는 확률이 크면 분산도 큰 값으로 계산된다. ① 상수의 분산은 "0"이다. ② 상수배한 확률변수의 분산은 확률변수의 분산에 상수배의 제곱한 것과 동일하다. ③ 확률변수에 상수를 더하거나 뺀 분산은 확률변수의 분산과 동일하다.

**예제 4-1**

프로야구에서 한 이닝에 몇 명의 타자가 들어서는지 아래와 같이 조사되었다. 여기서 확률변수는 이산형 확률변수($X$)로 한 이닝에 타석에 들어서는 타자 수가 된다.

| $X$ | 3 | 4 | 5 | 6 | 7 | 8 | 9 | 합계 |
|---|---|---|---|---|---|---|---|---|
| $\Pr(X=x)$ | 0.4 | 0.3 | 0.2 | 0.05 | 0.03 | 0.015 | 0.005 | 1 |

확률분포표를 막대그림으로 표현하자.

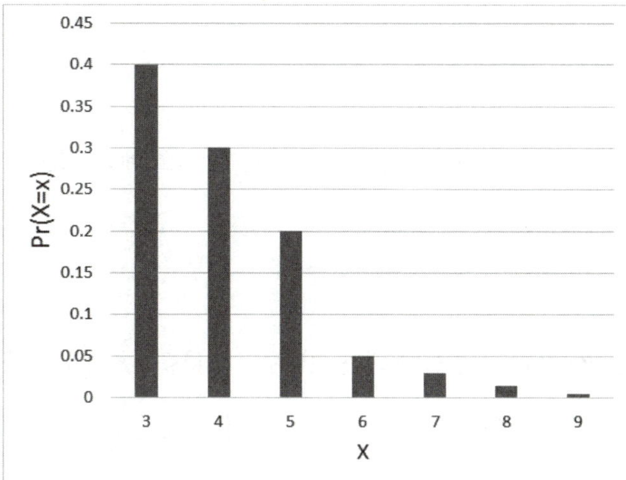


〈그림 4-1〉 이산형 확률변수에 대응되는 확률에 대한 막대그림

확률분포표의 막대그림은 양비대칭 분포로, 한 이닝에 들어서는 타석이 적을수록 확률이 높다. 한 이닝당 평균 타석 수와 분산을 Excel을 이용하여 계산하여라.

| | A | B | C | D | E | F | G | H | I | J |
|---|---|---|---|---|---|---|---|---|---|---|
| 1 | | | | | | | | | | |
| 2 | | X | 3 | 4 | 5 | 6 | 7 | 8 | 9 | 합계 |
| 3 | | Pr(X=x) | 0.4 | 0.3 | 0.2 | 0.05 | 0.03 | 0.015 | 0.005 | 1 |
| 4 | | x*Pr(X=x) | =C2*C3 | =D2*D3 | =E2*E3 | =F2*F3 | =G2*G3 | =H2*H3 | =I2*I3 | =SUM(C4:I4) |
| 5 | | (x*Pr(X=x)-E(X))^2 | =(C2-$J$4)^2*C3 | =(D2-$J$4)^2*D3 | =(E2-$J$4)^2*E3 | =(F2-$J$4)^2*F3 | =(G2-$J$4)^2*G3 | =(H2-$J$4)^2*H3 | =(I2-$J$4)^2*I3 | =SUM(C5:I5) |
| 6 | | | | | | | | | | |
| 7 | | E(X) = | =J4 | | | | | | | |
| 8 | | Var(X)= | =J5 | | | | | | | |
| 9 | | | | | | | | | | |
| 10 | | X | 3 | 4 | 5 | 6 | 7 | 8 | 9 | 합계 |
| 11 | | Pr(X=x) | 0.4 | 0.3 | 0.2 | 0.05 | 0.03 | 0.015 | 0.005 | 1 |
| 12 | | x*Pr(X=x) | 1.2 | 1.2 | 1 | 0.3 | 0.21 | 0.12 | 0.045 | 4.075 |
| 13 | | (x*Pr(X=x)-F(X))^2 | 0.46225 | 0.00168750000000 | 0.171125 | 0.18528125 | 0.25666875 | 0.231084375 | 0.121278125 | 1.429375 |
| 14 | | | | | | | | | | |
| 15 | | E(X) = | 4.075 | | | | | | | |
| 16 | | Var(X)= | 1.429375 | | | | | | | |

〈그림 4-2〉 Excel에서 이산형 확률변수에 관한 통계적 성질

또한 한 이닝당 평균 타석 수와 분산을 R로 계산하여라.

```
> X = 3:9                                      # 이산형 확률변수의 값
> px = c(0.4,0.3,0.2,0.05,0.03,0.015,0.005)    # 확률
> EX = sum(X*px)                               # 평균
> EX
```

```
[1] 4.075
> VarX = sum((X-EX)^2*px)                    # 분산
> VarX
[1] 1.429375
```

한 이닝당 평균 타석은 약 4타자이고 표준편차는 약 1타자로 계산되었다.

**예제 4-2**

OECD 국가들의 현재 65세인 사람들에 대한 기대수명의 확률밀도함수는 다음과 같다.

$$f(x) = \frac{1}{2604.167}x(25-x),\ \ 0 < x < 25$$

확률밀도함수의 그림을 R로 나타내면 다음과 같다.

```
> x =seq(0,25,0.1)
> fx = -x*(x-25)/2604.167
> plot(x,fx)
```

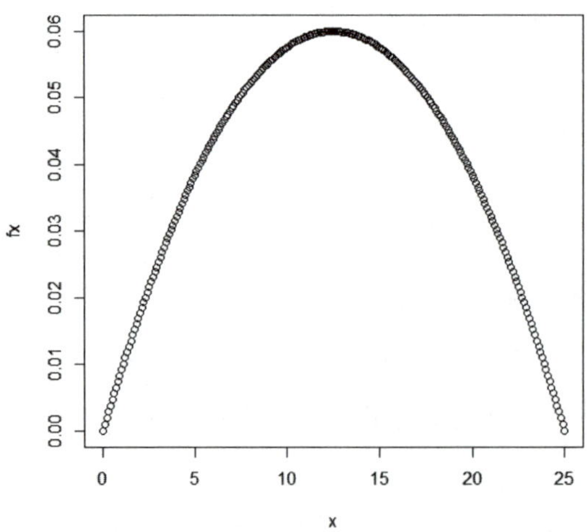


〈그림 4-3〉 R에서 구현된 확률밀도함수

확률밀도함수의 평균과 분산을 구하기 위해 적분을 이용한다. R로 적분을 수행하려면 패키지 "Ryacas"가 필요하다. 이 패키지는 R에서 symbol로 연산 및 결과가 제공된다. 여기서 확률변수($X$)는 65세인 사람의 기대수명이고 평균과 분산은 다음과 같다.

$$\begin{aligned} E(X) &= \int_{-\infty}^{\infty} xf(x)dx \\ &= \int_{0}^{25} x\frac{1}{2604.167}x(25-x)dx \end{aligned}$$

$$\begin{aligned} Var(X) &= \int_{-\infty}^{\infty} (x-E(X))^2 f(x)dx \\ &= \int_{0}^{25} (x-E(X))^2 \frac{1}{2604.167}x(25-x)dx \end{aligned}$$

R을 이용해 평균과 분산을 수행하자. 우선 패키지 "Ryacas"를 설치하고 불러온다.

```
> install.packages('Ryacas')
> library('Ryacas')
```

평균과 분산을 수식으로 표현한다.

```
> fx  = expression(x*(25-x)/2604.167)          # 확률밀도함수
> print(fx)
expression(x * (25 - x)/2604.167)
> EX  = expression(integrate(x*fx, x))         # 평균
> print(EX)
expression(integrate(x * fx, x))
> EX2 = expression(integrate(x^2*fx, x))
> EXD = expression(EX*EX)
> VarX = expression(EX2-EXD)                   # 분산
> print(VarX)
expression(EX2 - EXD)
```

여기서 명령어 "expression"은 R에서 문자를 수식으로 사용하도록 한다. 또한 명령어 "integrate"는 적분을 의미한다. 실제로 평균과 분산을 구해보자.

```
> EX_cal  = Eval(yacas(EX),list(x=25)) - Eval(yacas(EX),list(x=0))  # 평균 계산(0부터 25까지 적분)
> VarX_cal = Eval(yacas(VarX), list(x=25)) - Eval(yacas(VarX), list(x=0))  # 분산 계산(0부터 25까지 적분)
> c(EX_cal,VarX_cal)
[1] 12.50000 31.25002
```

여기서 명령어 "yacas"는 수식을 수행하게 하며 명령어 "Eval"은 수식에 해당되는 수치를 할당하고 결과를 계산하도록 한다. 확률변수인 기대수명의 평균은 12.5세이고 분산은 약 31.25로 계산되었다.

**정의 누적분포함수**

■ **이산형 분포**

$$F(x) = \Pr(X \leq x) = \sum_{\{k|k \leq x\}} \Pr(X = k)$$

여기서 $\Pr(X=k)(>0)$, $k = x_1, \cdots, x_n$이고 $x_1 < x_2 < \cdots < x_n$이다.

■ **연속형 분포**

$$F(x) = \Pr(X \leq x) = \int_{-\infty}^{x} f(x)dx$$

**정리 누적분포함수의 성질**

■ **이산형 분포에서 $\Pr(X=k)(>0)$, $k = x_1, \cdots, x_n$이고 $x_1 < x_2 < \cdots < x_n$이라고 하자.**

① $F(a) = 0,\ a < x_1$

② $F(b) = 1,\ b \geq x_n$

③ 만약 $k_1 < k_2$이면 $F(k_1) < F(k_2)$

④ $\Pr(X = x_j) = F(x_j) - F(x_{j-1}),\ j = 2, \ldots, n$ (단, $\Pr(X=x_1) = F(x_1)$)

■ **연속형 분포**

① $F(-\infty) = 0$

② $F(\infty) = 1$

③ $f(x) = \frac{dF(x)}{dx}$

누적분포함수는 특정 값까지 확률을 누적하여 그 형태를 제공한다. 특히 확률질량함수와 확률밀도함수의 누적분포함수는 고유의 모양을 가지고 있다. **예제 4-1**과 **예제 4-2**를 통하여 누적분포함수의 형태를 알아보자.

**예제 4-1**에서 R을 이용하여 누적분포함수를 계산하자.

```
> names(px)=X
> Fx = cumsum(px)                    # 이산형 누적분포함수 계산을 위해 명령어 "cumsum" 사용
> Fx
    3     4     5     6     7     8     9
0.400 0.700 0.900 0.950 0.980 0.995 1.000
```

**예제 4-1**에서 R을 이용하여 누적분포함수의 형태를 그리자.

```
> plot(X,Fx,type="s")                # 이산형 누적분포함수, plot에서 계단형 그림 옵션 "s" 사용
> abline(v=X+1,col="white")
> abline(h=1,lty=2)
> points(X,Fx,pch=19)
> points(X+1,Fx)
```

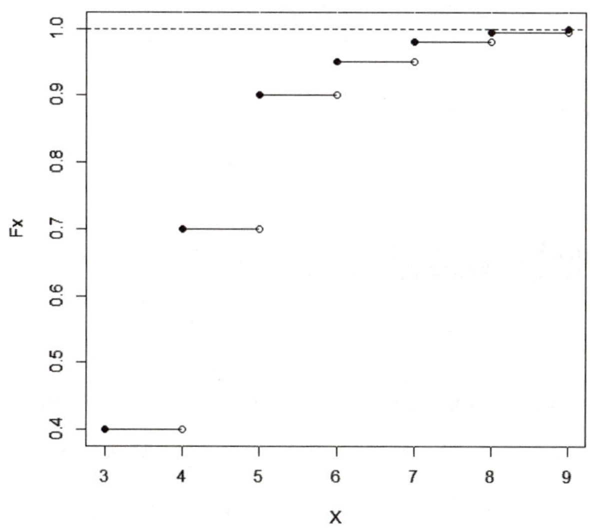


〈그림 4-4〉 R로 구현된 이산형 누적분포함수

이산형 누적분포함수는 계단 형태이고 우측에서 연속이다. 예를 들어 $F(15)$는 확률 0.9이고 $F(5+h)$에서 $h$가 양수에서 한없이 0에 가까워지면 확률이 아직 0.9이지만 $h$가 음수에서 한없이 0에 가까워지면 확률은 0.7이다. 즉 $\Pr(X=5)$은 $F(5)$와 $F(4)$의 차이로 구할 수 있다.

**예제 4-2**에서 R을 이용하여 누적분포함수를 계산하고 형태를 그리자.

```
> Fx = yacas(expression(integrate(x*(25-x)/2604.167)))   # 연속형 누적분포함수 수식
> Fx_cal = Eval(Fx, list(x=seq(0,25,0.1)))        # 연속형 누적분포함수 계산을 위해 명령어 "Eval" 사용
> plot(x,Fx_cal,type="l")
> abline(h=1,lty=2)
```

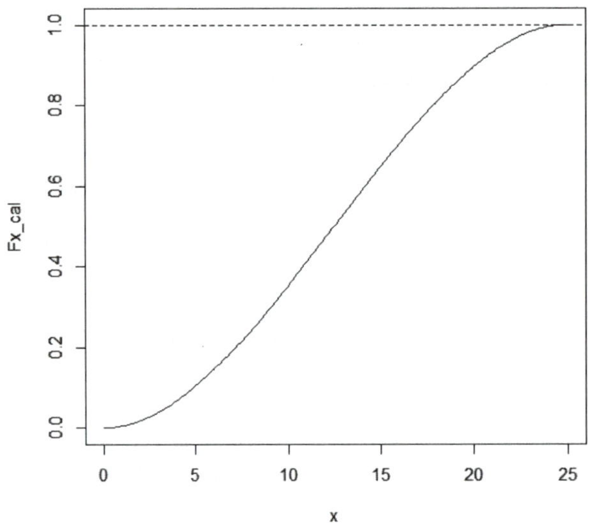


〈그림 4-5〉 R로 구현된 연속형 누적분포함수

## 2. 특수한 이산형 확률분포

동전 한 개를 던지는 실험, 선거에서의 지지율 조사, 복권에 당첨될 때까지 구입하는 행위, 190cm 이상의 농구선수를 선발하는 기준 등, 많은 실험 및 조사에서 이산형 자료가 존재한다. 이러한 이산형 자료는 이산형 확률변수와 확률질량함수로 적용할 수 있다. 여기서는 대표적인 확률질량함수로 이산형 균일분포, 이항분포, 기하분포, 음이항분포, 포아송분포를 다루고,

이러한 분포를 결정짓는 모수에 대해서 배우며 여러 통계적 성질들(평균, 분산)을 다룰 것이다. 또한, 앞서 제시된 확률질량함수를 R과 Excel에 적용하여 확률을 계산하고 관련 그림을 제시할 것이다.

## 1) 이산형 균일분포

주사위 한 개를 던지는 실험에서 각 주사위 눈이 나올 확률이 얼마인지를 물으면 모두 1/6 또는 각각 동일한 확률이라고 답할 것이다. 이처럼 이산형 균일분포는 모든 경우에 나올 확률이 동일한 확률질량함수이다.

**정의 이산형 균일분포**

$$\Pr(X=x)=\frac{1}{n},\quad x=1,\ldots,n$$

또는

$$X \sim DU(n)$$

이산형 균일분포 정의로부터 확률변수($X$)는 주어진 수들이고 각 수에 해당되는 확률은 동일하다. 특히 $n$은 이산형 균일분포를 결정하는 수로 이산형 균일분포의 모수라고 한다. 예를 들어 주사위 한 개를 던지는 실험에서 확률변수($X$)를 각 주사위 눈이라고 정의하면, 각 눈이 나올 확률은 1/6로 동일한 이산형 균일분포이다. 또한 모수는 $n=6$이다.

**예제 4-3**

1부터 20까지 수 중 한 개를 임의로 선택하여 확률변수($X$)를 1~20이라고 하자. 확률분포를 정의하고 R로 막대그림을 그리자.

1부터 20 중 하나의 숫자가 나올 확률은 각각 동일하게 1/20이다. 따라서 확률변수($X$)는 이산형 균일분포이다.

$$\Pr(X=x)=\frac{1}{20},\quad x=1,\ldots,20$$

R을 이용하여 이산형 균일분포를 작성하자.

```
> n = 20                                   # 이산형 균일분포 모수 n=20
> X = 1:n                                  # 확률변수
> Px = rep(1/n,n)                          # 이산형 균일분포
>
> names(Px) = X
> Px
   1    2    3    4    5    6    7    8    9   10   11   12   13   14   15
0.05 0.05 0.05 0.05 0.05 0.05 0.05 0.05 0.05 0.05 0.05 0.05 0.05 0.05 0.05
  16   17   18   19   20
0.05 0.05 0.05 0.05 0.05
```

R을 이용하여 이산형 균일분포를 막대그림으로 그리자.

```
> par(mfrow=c(2,1))                                          # 한 페이지에 여러 개의 그림 출력
> barplot(Px, ylim=c(0,1),xlab="X", ylab="Pr(X=x)")          # 명령어 "barplot"으로 막대그림 출력
> plot(X,Px,type="h",xlab="X", ylab="Pr(X=x)")               # 명령어 "plot"으로 막대그림 출력
```

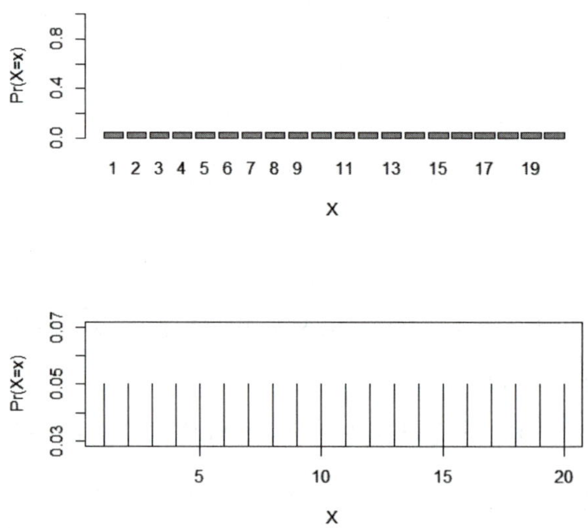


〈그림 4-6〉 R로 구현된 이산형 균일분포의 형태

## 정리 이산형 균일분포의 평균, 분산, 누적분포함수

$$E(X) = \sum_{x=1}^{n} x \Pr(X = x) = \frac{n+1}{2}$$

$$Var(X) = \sum_{x=1}^{n} (x - E(X))^2 \Pr(X = x) = \frac{(n-1)(n+1)}{12}$$

$$F(x) = \Pr(X \leq x) = \frac{x}{n}, \; x = 1, 2, \ldots, n$$

R을 이용하여 누적분포함수를 그리자.

```
> Fx = cumsum(Px)                              # 누적분포함수
> Fx
   1    2    3    4    5    6    7    8    9   10   11   12   13   14   15
0.05 0.10 0.15 0.20 0.25 0.30 0.35 0.40 0.45 0.50 0.55 0.60 0.65 0.70 0.75
  16   17   18   19   20
0.80 0.85 0.90 0.95 1.00
> par(mfrow=c(2,1))                            # 한 페이지에 여러 개의 그림 출력
> plot(X,Px,type="h",xlab="X", ylab="Pr(X=x)")
> plot(X,Fx,ylim=c(-0.1,1.1),type="s")         # 이산형 누적분포함수, 계단형 그림에 옵션 "s" 사용
> abline(v=X+1,col="white")
> abline(h=1,lty=2)
> points(X,Fx,pch=19)
> points(X+1,Fx)
```

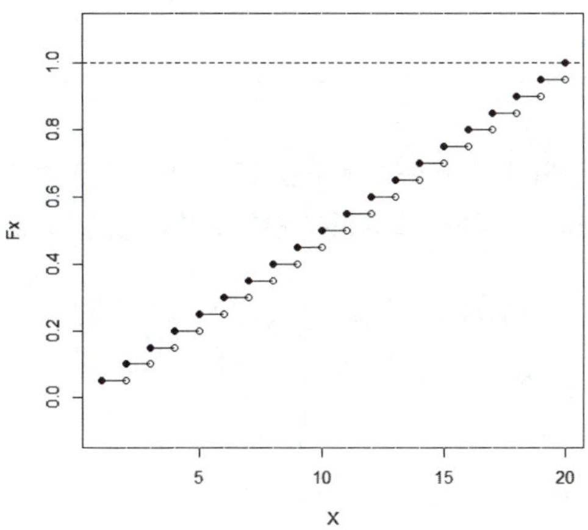


〈그림 4-7〉 R로 구현된 이산형 균일분포의 누적분포함수

이산형 균일분포의 누적분포함수에서 각 실현값($x = 1, \cdots, 20$)은 불연속이고 그 확률은 1/20이다.

## 2) 이항분포

한 개의 동전을 여러 번 던지는 실험, 1년 동안 당첨을 바라며 복권을 구입하는 경우, 그리고 암센터에 진단을 받으러 온 사람들의 예시에서 찾아볼 수 있는 공통점은 무엇일까? 첫째, 나올 수 있는 결과가 두 가지라는 점이다. 동전을 던지는 실험은 앞면과 뒷면, 복권은 당첨과 꽝, 암 진단은 암이거나 그렇지 않은 두 가지 결과가 나온다. 둘째, 각 사건의 확률은 매번 동일하다. 동전을 던질 때마다 앞면 또는 뒷면이 나올 확률은 동일하다. 복권 당첨과 암 진단도 마찬가지이다. 셋째, 앞서 나온 결과가 다음에 나올 결과에 영향을 주지 않는다.

위에서 언급한 세 가지를 '베르누이 시행'이라 하고 정리하면 다음과 같다. 여기서 시행이란 동일한 환경 또는 조건에서 반복적으로 행해지는 실험을 말한다.

- 각 시행에서 나올 수 있는 사건은 항상 두 가지로 구분된다.
- 각 시행에서 나올 수 있는 사건의 확률은 항상 동일하다.
- 각 시행은 독립이다. 즉 한 시행에서 나온 결과가 이후 시행에서 나올 결과에 영향을 주지 않는다.

한 개의 동전을 $n$번 던지는 시행에서 앞면이 몇 번 나올 것인지 그에 해당하는 확률을 계산해보자. 앞면이 나올 횟수를 확률변수라 하고, 그 확률질량함수는 이항분포라 한다.

**정의 이항분포**

한 번 시행에서 성공확률이 $p$이고 실패확률이 $1-p$인 베르누이 시행을 $n$번 반복할 때 나타나는 성공 횟수를 확률변수로 정의하자. 이 확률변수의 확률질량함수를 이항분포라고 한다.

$$\Pr(X=x)=\binom{n}{x}p^{x}(1-p)^{n-x},\quad x=0,1,\ldots,n$$

또는

$$X \sim Bin(n,p)$$

여기서 $\binom{n}{x}=\frac{n!}{x!(n-x)!}$, $n!=n\times(n-1)\times\cdots\times 2\times 1$

**정리 이항분포의 평균과 분산**

$$E(X) = np,\ Var(X) = np(1-p)$$

이항분포는 총 시행 횟수 $n$과 성공확률 $p$가 결정되면 그 형태 및 성공횟수에 따른 확률이 계산된다. $(n, p)$를 이항분포의 모수라고 한다.

**예제 4-4**

한 중고차 판매상에서 작년 판매 차량에 대한 소비자들의 불만을 조사하여 서비스를 개선하려고 한다. 조사 결과 작년 총 판매 차량 중 불만이 나온 비율은 20%였다. 만약 올해에도 작년과 동일한 판매 환경이라면 판매된 20대의 차량 중 5대의 차량에서 불만이 나올 확률을 R과 Excel을 수행하여 구하라.

판매된 각 차량에 대해서 불만이 있을 수도 있고 없을 수도 있다. 따라서 총 두 가지의 사건으로 구분되고, 각 차량의 불만 여부는 상호 영향을 미치지 않으며 동일한 확률로 불만을 가지고 있다고 하자. 확률변수는 불만이 발생할 수 있는 차량 수이고, 총 20대의 차량과 불만확률 0.2를 따르는 이항분포이다.

R을 이용하여 이항분포의 확률밀도함수, 평균, 분산 그리고 누적분포함수를 계산하자.

**이항분포에 대한 R 명령어**

- **확률질량함수** = dbinom(x, size, prob, log = FALSE)

  x는 확률변수 실현값, size는 총 시행 횟수($n$), prob는 성공확률($p$)을 뜻한다. log=FALSE는 log를 사용하지 않는다는 의미이며, TRUE로 입력되면 성공확률이 $\ln(p)$로 변경된다.

- **누적확률분포** = pbinom(q, size, prob, lower.tail = TRUE, log.p = FALSE)

  q는 확률변수 실현값, lower.tail = TRUE는 $\Pr(X \leqq q)$이고

  FALSE는 $\Pr(X > q) = 1 - \Pr(X \leqq q)$이다.

■ **분위수** = qbinom(p, size, prob, lower.tail = TRUE, log.p = FALSE)

p는 0부터 1까지의 수이다. 예를 들어 p가 0.25이면 1사분위수($Q_1$)가 계산된다.

■ **난수생성** = rbinom(n, size, prob)

n은 생성할 난수의 개수이다.

```
# 주어지는 조건을 설정
> n = 20                                  # 총 시행 횟수
> X = 0:n                                 # 확률변수 실현값
> p = 0.2                                 # 성공확률
> q = seq(0.1,1,0.1)                      # 사분위수에 대한 누적확률
> m = 100                                 # 생성할 난수 개수
# 평균과 분산을 계산
> EX = n*p                                # 이항분포 평균
> VarX = n*p*(1-p)                        # 이항분포 분산
> c(EX, VarX)
[1]   4 1.6
# 이항분포, 누적분포함수, 분위수, 난수생성을 수행
> Px = dbinom(X, n, p)                    # 이항분포
> Fx = pbinom(X, n, p)                    # 누적분포함수
> Qx = qbinom(q, n, p)                    # 분위수
> Rx = rbinom(m, n, p)                    # 난수생성
# 난수생성에서 나온 결과를 빈도표로 정리
> fq = table(Rx)                          # 빈도표
# 그림을 2*2의 형태로 정리
> par(mfrow=c(2,2))
> plot(X,Px,type="h",xlab="X",ylab="Pr(X=x)",main="X~Bin(20,0.2)")  # 이항분포
> plot(X,Fx,ylim=c(-0.1,1.1),type="s",main="누적분포함수")           # 누적분포함수
> abline(v=X+1,col="white")
> abline(h=1,lty=2)
> points(X,Fx,pch=19)
> points(X+1,Fx)
> plot(q,Qx,ylab="분위수",xlab="확률",main="분위수")   # 분위수
> plot(fq,xlab="X",ylab="빈도",main="난수")            # 난수
```

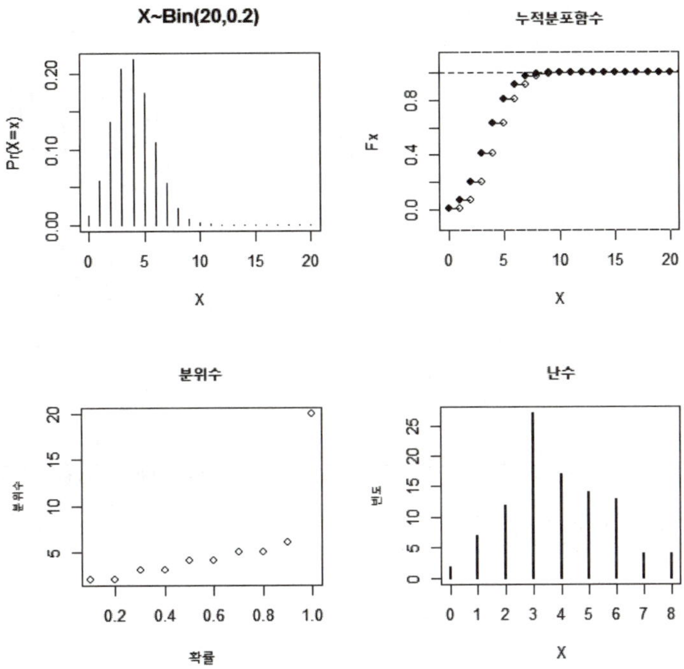


〈그림 4-8〉 R로 구현된 이항분포

총 시행 횟수가 20이고 성공확률이 0.2인 이항분포의 형태는 양비대칭이며 20대 차량 중 평균 4대가 불만을 접수할 것으로 예상된다. 동일한 이항분포에서 독립적으로 100개의 난수를 생성하였고 빈도에 대한 막대그림은 이항분포와 유사한 형태이다.

Excel로 이항분포에 관한 성질을 수행하려면 다음 명령어를 사용한다.

**이항분포에 대한 Excel 명령어**

- BINOM.DIST(number_s,trials,probability_s,cumulative): **확률질량함수 또는 누적확률함수**

  number_s – 성공횟수

  trials – 총 시행 횟수

  probability_s – 성공확률

  cumulative – "FALSE"로 기입하면 확률질량함수이고 "TRUE"이면 누적분포함수로 사용

- BINOM.INV(trials,probability_s,alpha): **분위수**

  alpha – 확률 (0<alpha<1)

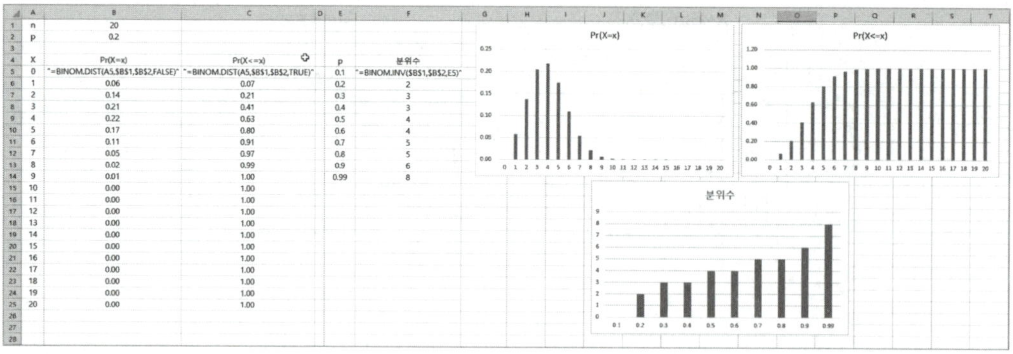


〈그림 4-9〉 Excel로 구현된 이항분포

확률질량함수, 누적확률함수, 분위수를 그리려면 [삽입] → [막대그림]을 클릭한다. 자세한 설명은 [부록 1]을 참고하라.

## 3) 기하분포

2016 리우 올림픽에서 우리나라의 금메달이 가장 확실시되던 종목을 선택하라면 아마 양궁일 것이다. 실제로 우리 남녀 양궁 대표는 총 4개 양궁 종목의 금메달을 모두 휩쓸었다. 이는 우리 국가대표 선수들의 피나는 노력과 과학적인 훈련의 결과일 것이다.

양궁 시합에서 한 선수가 쏜 화살이 전부 만점(10점)을 맞춘다면 우승을 차지할 것이다. 하지만 시합에서 전부 만점을 쏘기란 거의 불가능하다. 그래서 시합을 보는 사람들도 언제 최초로 만점을 쏘는 장면이 나올지 관심이 크다.

양궁에서 최초로 만점이 나올 때까지 화살을 쏜다고 가정하면, 최초로 만점이 나올 때까지 쏜 화살의 개수를 확률변수($X$)라고 하고, 이러한 확률질량함수를 기하분포라고 한다.

**정의 기하분포**

성공확률이 $p$인 베르누이 시행에서 최초의 성공이 나오기 전까지 실패한 시행 횟수를 확률변수($X$)로 정의하자. 이 확률변수의 확률질량함수를 기하분포라고 한다.

$$\Pr(X=x)=(1-p)^x p \quad x=0,\ 1,\ 2,\ \cdots$$

또는

$$X \sim GEO(p)$$

**정리 기하분포의 평균과 분산**

$$E(X) = \frac{1}{p},\ \ Var(X) = \frac{1-p}{p^2},\ \ p > 0$$

기하분포에서 성공확률 $p$가 특정 값으로 정해지면 그 형태와 시행 횟수에 따른 확률을 계산할 수 있다. $p$는 기하분포의 모수이다.

### 예제 4-5

2016 리우 올림픽에서 가장 주목받았던 선수 중에 골프의 박인비 선수가 있다. 박인비 선수는 엄지손가락 부상을 무릅쓰고 골프에서 금메달을 목에 걸었다. 연습 라운드에서 기록한 홀인원이 금메달을 따는 데 길조로 작용한 듯하다.

프로골프의 경우 홀인원이 될 확률은 3000분에 1 정도로 알려져 있다. 한 프로골프 선수가 70타 안에 홀인원을 기록할 확률을 R과 Excel을 수행하여 구하라. 단, 선수의 실력은 항상 일정하고 학습효과는 없다고 가정한다.

홀인원을 기록할 때까지 타수를 확률변수($X$)라고 하자. 이는 성공확률(1/3000)을 모수로 하는 기하분포이다. R을 이용하여 기하분포의 확률밀도함수, 평균, 분산, 누적분포함수를 계산하자.

**기하분포에 대한 R 명령어**

- **확률질량함수** = dgeom(x, prob, log = FALSE)

  x는 확률변수 실현값, prob는 성공확률($p$)을 뜻한다. log=FALSE는 log를 사용하지 않는다는 의미이고 TRUE로 입력되면 성공확률이 ln($p$)로 변경된다.

- **누적확률분포** = pgeom(q, prob, lower.tail = TRUE, log.p = FALSE)

  q는 확률변수 실현값, lower.tail = TRUE는 $\Pr(X \leqq q)$이고
  FALSE는 $\Pr(X > q) = 1 - \Pr(X \leqq q)$이다.

- **분위수** = qgeom(p, prob, lower.tail = TRUE, log.p = FALSE)

  p는 0부터 1까지의 수이다. 예를 들어 p가 0.25이면 1사분위수($Q_1$)가 계산된다.

■ **난수생성** = rgeom(n, prob)

n은 생성할 난수의 개수이다.

```
# 주어지는 조건을 설정
> n = 7000
> X = 0:n                          # 확률변수 실현값
> p = 1/3000                       # 성공확률
> q = seq(0.1,1,0.1)               # 사분위수에 대한 누적확률
> m = 100                          # 생성할 난수 개수
# 평균과 분산을 계산
> EX = 1/p                         # 기하분포 평균
> VarX = (1-p)/p^2                 # 기하분포 분산
> c(EX, VarX)
[1]   3000 8997000
# 기하분포, 누적분포함수, 분위수, 난수 생성을 수행
> Px = dgeom(X, p)                 # 기하분포
> Fx = pgeom(X, p)                 # 누적분포함수
> Qx = qgeom(q, p)                 # 분위수
> Rx = rgeom(m, p)                 # 난수 생성
# 난수생성에서 나온 결과를 빈도표로 정리
> fq = table(Rx)                   # 빈도표
# 그림을 2*2의 형태로 정리
> par(mfrow=c(2,2))
> plot(X,Px,type="h",xlab="X",ylab="Pr(X=x)",main="X~GEO(1/3000)")
> #
> plot(X,Fx,ylim=c(-0.1,1.1),type="s",main="누적분포함수")   # 누적분포함수
> abline(v=X+1,col="white")
> abline(h=1,lty=2)
> points(X,Fx,pch=19)
> points(X+1,Fx)
> plot(q,Qx,ylab="분위수",xlab="확률",main="분위수")          # 분위수
> plot(fq,xlab="X",ylab="빈도",main="난수")                    # 난수
```

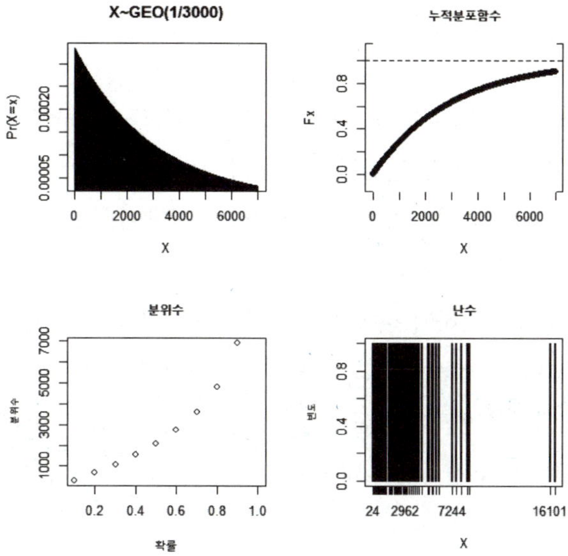


〈그림 4-10〉 R로 구현된 기하분포

성공확률이 1/3000인 기하분포의 형태는 양비대칭이며 최초로 홀인원이 되려면 평균 3000번 골프공을 쳐야 한다. 동일한 기하분포에서 독립적으로 100개의 난수를 생성하였고 빈도에 대한 막대그림은 균일형태이다. 생성된 난수의 분포형태가 균일형태로 나온 이유는 성공 확률이 0에 가깝고 생성된 난수의 개수가 적기 때문이다.

Excel로 기하분포에 관한 성질을 수행하려면 다음 명령어를 사용한다. **예제 4-5**에 대한 Excel 실습은 이항분포와 동일한 방법으로 수행되기 때문에 생략한다.

### 기하분포에 대한 Excel 명령어

- NEGBINOM.DIST(number_f,number_s,probability_s,cumulative): **확률질량함수 또는 누적확률함수**

  number_f는 실패횟수이다.

  number_s는 성공횟수(기하분포는 1로 기입)이다.

  probability_s는 성공확률이다.

  cumulative는 “FALSE”로 기입하면 확률질량함수, “TRUE”면 누적분포함수로 사용한다.

※ 성공횟수가 2 이상이면 음이항분포라고 한다. 확률변수는 정해진 성공횟수가 나올 때까지의 실패횟수를 의미한다.

## 3) 포아송분포

하이패스는 자동차가 톨게이트를 통과할 때 고속도로 이용료가 자동으로 지불되는 시스템이다. 지나가기만 해도 이용료를 자동 정산하기 때문에 차량 운행 시간, 톨게이트 정체 시간이 감소하고, 유류비가 절약되는 등 여러 장점이 있다. 반면에 톨게이트 요금징수원의 일자리가 감소하고, 차량에 하이패스 단말기 설치 비용이 추가로 드는 등 단점도 있다.

톨게이트에 하이패스를 설치하기 전에 먼저 통행량을 파악해서 연간 통행량(차량 수)이 적정 수준보다 많으면 하이패스를 설치하고 그보다 적으면 현행 요금징수체계를 유지할 수 있다. 하지만 통행량은 시시각각으로 변하기 때문에 미래에 어떤 형태가 될지 예측하기 어렵다.

연간 통행량을 확률변수로 정의하고 몇 가지 조건이 만족될 때, 이에 해당하는 확률질량함수를 포아송분포라고 한다.

**정의 포아송분포**

주어진 시간(공간)에서 어떤 사건이 발생하는 횟수를 확률변수($X$)라 정의하자. 이 확률변수의 확률질량함수를 포아송분포라 한다.

$$\Pr(X=x)=\mu^x\frac{e^{-\mu}}{x!},\quad x=0,1,2,\ldots$$

또는

$$X \sim Poisson(\mu)$$

여기서 $\mu$는 주어진 시간(공간)에 어떤 사건이 발생하는 평균횟수이다.

포아송분포에서 평균발생횟수 $\mu$가 특정 값으로 정해지면 그 형태와 발생횟수에 따른 확률이 계산된다. $\mu$는 포아송분포의 모수이다.

**포아송분포가 되기 위한 조건**

① 한 시점에 오직 한 개의 사건만 발생한다. 한 시점에 두 개 이상의 사건이 동시에 발생하지 않는다.

② 주어진 기간(또는 공간)에서 발생하는 사건은 겹치지 않는 기간(또는 공간)에서 일어날 사건에 영향을 주지 않는다. 겹치지 않는 기간의 사건들은 독립이다.

③ 어떤 기간(또는 공간)에 발생하는 평균 사건횟수는 동일한 다른 기간(또는 공간)의 평균 사건횟수와 같다.

**정리 포아송분포의 평균과 분산**

$$E(X) = \mu,\ Var(X) = \mu$$

포아송분포에 적용할 수 있는 상황은 크게 시간과 공간으로 구분된다. 구체적인 예를 들어 보면 다음과 같다.

■ **시간**

- 한 시간당 세차장에 들어오는 차량 수
- 하루당 서버를 공격하는 횟수
- 일 분당 특정 웹 주소를 방문하는 사람 수
- 연간 사망자 수, 출생 수, 결혼 건수, 이혼 건수, 자살자 수 등

■ **공간**

- 한 책에서 100페이지당 오자 수
- 프로야구 한 게임에서 홈런 수
- 55인치 TV에서 발생되는 불량화소 수
- 1km당 고속도로 보수 건수 등

**예제 4-6**

한 음식점에서 시간대별로 손님 수를 조사하여 점심시간대(12시~13시)에 가장 많은 손님이 온다는 결론을 얻었다. 12시부터 13시 사이에 평균 60명 정도가 식사를 하고 날짜에 따라 다소 변동이 있다. 포아송분포를 적용하여 같은 날짜의 동일한 시간대 10분당 7명의 손님이 올 확률을 R과 Excel을 수행하여 구하라.

확률변수($X$)는 음식점에 12시부터 13시에 올 손님 수이고, 평균 손님 수(모수)가 70명인 포아송분포이다. 10분당 올 손님 수로 확률변수($Y$)가 변경되면 평균 손님 수(모수)가 7명인 포아송분포가 된다.

R을 이용하여 포아송분포의 확률밀도함수, 평균, 분산, 누적분포함수를 계산하자.

### 포아송분포에 대한 R 명령어

- **확률질량함수** = dpois(x, lambda, log = FALSE)

  x는 확률변수 실현값, lambda는 평균 발생횟수($\mu$)이다. log=FALSE는 성공확률로 $\ln(p)$를 사용하지 않는다는 의미이고, TRUE로 입력되면 성공확률이 $\ln(p)$로 변경된다.

- **누적확률분포** = ppois(q, lambda, lower.tail = TRUE, log.p = FALSE)

  q는 확률변수 실현값, lower.tail = TRUE는 $\Pr(X \leqq q)$이고,

  FALSE는 $\Pr(X > q) = 1 - \Pr(X \leqq q)$이다.

- **분위수** = qpois(p, lambda, lower.tail = TRUE, log.p = FALSE)

  p는 0부터 1까지의 수이다. 예를 들어 p가 0.25이면 1사분위수($Q_1$)가 계산된다.

- **난수생성** = rpois(n, lambda)

  n은 생성할 난수의 개수이다.

```
# 주어지는 조건을 설정
> n = 20
> X = 0:n                          # 확률변수 실현값
> mu = 7                           # 평균 발생횟수
> q = seq(0.1,1,0.1)               # 확률
> m = 1000                         # 생성할 난수 개수
# 평균과 분산을 계산
> EX = mu                          # 포아송분포 평균
> VarX = mu                        # 포아송분포 분산
> c(EX, VarX)
[1] 7 7
# 포아송분포, 누적분포함수, 분위수, 난수 생성을 수행
> Px = dpois(X, mu)                # 기하분포
> Fx = ppois(X, mu)                # 누적분포함수
> Qx = qpois(q, mu)                # 분위수
> Rx = rpois(m, mu)                # 난수 생성
# 난수 생성에서 나온 결과를 빈도표로 정리
> fq = table(Rx)                   # 빈도표
```

```
# 그림을 2*2의 형태로 정리
> par(mfrow=c(2,2))
> plot(X,Px,type="h",xlab="X",ylab="Pr(X=x)",main="X~Poisson(7)")
> plot(X,Fx,ylim=c(-0.1,1.1),type="s",main="누적분포함수")   # 이산형 누적분포함수
> abline(v=X+1,col="white")
> abline(h=1,lty=2)
> points(X,Fx,pch=19)
> points(X+1,Fx)
> plot(q,Qx,ylab="분위수",xlab="확률",main="분위수")          # 분위수
> plot(fq,xlab="X",ylab="빈도",main="난수")                   # 난수
```

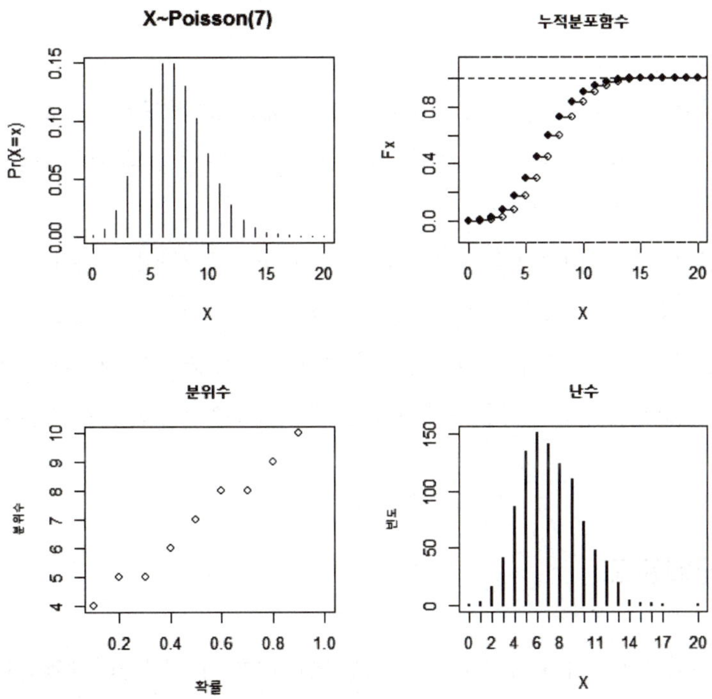


〈그림 4-11〉 R로 구현된 포아송분포

10분당 평균 손님 수가 7명인 포아송분포의 형태는 대칭으로 보이지만 엄밀히 말하면 양비대칭이다. 동일한 포아송분포에서 독립적으로 1000개의 난수를 생성하였고 빈도에 대한 막대그림은 $X \sim Poisson(7)$의 형태와 유사하다.

Excel로 포아송분포에 관한 성질을 수행하려면 다음 명령어를 사용한다. 예제 4-6에 대한 Excel 실습은 이항분포와 동일한 방법으로 수행되기 때문에 생략한다.

**포아송분포에 대한 Excel 명령어**

- POISSON.DIST(x,mean,cumulative): **확률질량함수 또는 누적확률함수**

  x는 발생횟수이다.

  mean은 평균 발생횟수이다.

  cumulative는 "FALSE"로 기입하면 확률질량함수, "TRUE"면 누적분포함수로 사용한다.

# 3. 특수한 연속형 확률분포

기초 자료분석에서 키, 연비, 바람속도 등과 같이 셀 수 없는 수를 연속형 자료라 하고, 대표적인 시각적 표현은 히스토그램으로 제시한다. 히스토그램은 연속형 자료의 형태(봉의 수, 대칭, 비대칭)를 파악하는 데 매우 유용하다.

이러한 연속형 자료에는 연속형 확률변수와 확률밀도함수를 적용할 수 있다. 여기서는 대표적인 몇 가지 확률밀도함수로 균일분포, 정규분포, t-분포, 카이제곱분포, F-분포를 다룬다. 또한 이러한 분포를 결정짓는 모수와 여러 통계적 성질들(평균, 분산)을 배운다.

R과 Excel을 확률질량함수에 적용하여 확률을 계산하고 관련 그림을 제시한다.

## 1) 연속형 균일분포

어떤 건물에 엘리베이터가 하나 있고 이용자들은 대개 30초 이상 기다리지 않는다고 한다. 이때 엘리베이터 이용자들은 자신이 기다려야 하는 시간이 30초보다 짧을지, 아니면 30초에 가까울지 궁금할 수 있다.

여기서 확률변수($X$)는 엘리베이터를 기다리는 시간으로 연속형이고, 확률분포는 시간에 상관없이 균일한 형태일 것이다.

**정의** **연속형 균일분포**

$$f(x) = \begin{cases} \dfrac{1}{b-a}, & a \leqq x \leqq b \\ 0, & \text{그 외} \end{cases}$$

또는

$$X \sim CU(a, b)$$

연속형 균일분포에서 최솟값($a$)과 최댓값($b$)은 모수이다. 그 형태는 $a \leqq x \leqq b$ 값으로 항상 일정한 확률밀도함수 값을 갖는다.

**정리** **평균, 분산, 누적분포함수**

$$E(X) = \int_a^b x f(x) = \frac{b+a}{2}$$

$$Var(X) = \int_a^b (x - E(X))^2 f(x) = \frac{1}{12}(b-a)^2$$

$$F(x) = \Pr(X \leqq x) = \int_a^x f(t)dt = \begin{cases} 0, & x < a \\ \dfrac{x-a}{b-a}, & a \leqq x < b \\ 1, & b \leqq x \end{cases}$$

**예제 4-7**

어느 횡단보도에서 사람들이 녹색 신호를 기다리는 시간이 균일하게 퍼져 있다고 하자. 일반적으로 한 사람이 녹색 신호를 기다리는 시간은 60초를 넘지 않는다. 한 사람이 횡단보도에 도착하고 30초 이내에 녹색 신호가 켜질 확률을 구하라.

확률변수는 한 사람이 횡단보도에서 녹색 신호를 기다리는 시간이고, 확률밀도함수는 모수가 최솟값 0, 최댓값 60인 연속형 균일분포이다.

R을 이용하여 이항분포의 확률밀도함수, 평균, 분산 그리고 누적분포함수를 계산하자.

**연속형 균일분포에 대한 R 명령어**

- **확률질량함수** = dunif(x, min=minx_x, max=max_x, log = FALSE)

  x는 확률변수 실현값, min은 최솟값($a$), max는 최댓값($b$)이다. log=FALSE는 성공확률로 $\ln(p)$를 사용하지 않는다는 의미이고, TRUE로 입력되면 성공확률이 $\ln(p)$로 변경된다.

- **누적확률분포** = punif(q, min=minx_x, max=max_x, lower.tail = TRUE, log.p = FALSE)

  q는 확률변수 실현값, lower.tail = TRUE는 $\Pr(X \leqq q)$이고

  FALSE는 $\Pr(X > q) = 1 - \Pr(X \leqq q)$이다.

- **분위수** = qunif(p, min=minx_x, max=max_x, lower.tail = TRUE, log.p = FALSE)

  p는 0부터 1까지의 수이다. 예를 들어 p가 0.25이면 1사분위수($Q_1$)가 계산된다.

- **난수생성** = runif(n, min=minx_x, max=max_x)

  n은 생성할 난수의 개수이다.

```
# 주어지는 조건을 설정
> min_x = 0                                  # 연속형 균일분포 모수, 최솟값
> max_x = 60                                 # 연속형 균일분포 모수, 최댓값
> n = 100
> X = seq(min_x,max_x,length.out=n)          # 확률변수
> q = seq(0.1,1,0.1)                         # 사분위수에 대한 누적확률
> m = 1000                                   # 생성할 난수 개수
# 평균과 분산을 계산
> EX = (max_x+min_x)/2                       # 평균
> VarX = (max_x-min_x)^2/12                  # 분산
# 이항분포, 누적분포함수, 분위수, 난수생성을 수행
> fx = dunif(X,min=min_x,max=max_x, log=FALSE)        # 연속형 균일분포
> Fx = punif(X,min=min_x,max=max_x, log.p=FALSE)      # 누적분포함수
> Qx = qunif(q,min=min_x,max=max_x, log.p=FALSE)      # 분위수
> Rx = runif(X,min=min_x,max=max_x)                   # 난수생성
# 그림을 2*2의 형태로 정리
> par(mfrow=c(2,2))
```

```
> plot(X,fx,type="l",xlab="X",ylab="f(x)",xlim=c(-10+min_x,10+max_x),ylim=c(0,max(fx)))
                                                        # 연속형 균일분포
> lines(c(min_x,min_x),c(0,fx[1]),lty=2)
> lines(c(max_x,max_x),c(0,fx[1]),lty=2)
> lines(c(min_x,min_x-10),c(0,0),lwd=2,lty=1)
> lines(c(max_x,max_x+10),c(0,0),lwd=2,lty=1)
> lines(c(min_x,min_x),c(0,0),type="o")
> lines(c(max_x,max_x),c(0,0),type="o")
> plot(X,Fx,type="l",xlab="X", ylab="F(x)",xlim=c(-10+min_x,10+max_x))  # 누적분포함수
> lines(c(min_x,min_x-10),c(0,0),lwd=2,lty=1)
> lines(c(max_x,max_x+10),c(1,1),lwd=2,lty=1)
> plot(q,Qx,ylab="분위수",xlab="확률",main="분위수")
> hist(Rx,xlab="X",ylab="빈도",main="난수
```

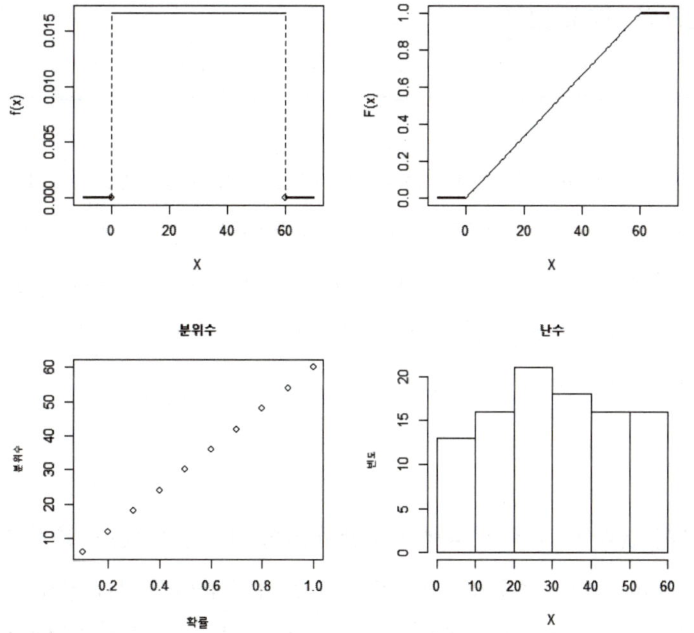


〈그림 4-12〉 R로 구현된 연속형 균일분포

연속형 균일분포의 형태는 모수인 최솟값(0)과 최댓값(60)에 의해서 결정된 상수함수이고 누적분포함수도 기울기가 두 모수에 의해 결정된다. 동일한 균일분포에서 독립적으로 100개의 난수를 생성하였고 히스토그램도 균일분포와 유사하다.

Excel에는 확률질량함수와 누적확률함수에 대한 명령어가 없으므로 함수식을 이용해야 한다.

## 2) 정규분포

20대 남성의 키가 종 모양으로 분포되어 있다고 가정해보자. 확률변수는 20대 남성의 키고, 연속형이다. 확률밀도함수는 정규분포이다.

**정의 정규분포**

$$f(x) = \frac{1}{\sqrt{2\pi\sigma^2}} e^{-\frac{1}{2\sigma^2}(x-\mu)^2}, \quad \infty < x < \infty$$

또는

$$X \sim N(\mu, \sigma^2)$$

**정리 정규분포의 평균과 분산**

$$E(X) = \mu,\ Var(X) = \sigma^2,\ \sigma > 0$$

정규분포는 모수인 평균 $\mu$와 분산 $\sigma^2$가 결정되면 그 형태가 결정된다. 예를 들어 $(\mu.\sigma^2) = (1, 4)$인 정규분포와 $(\mu.\sigma^2) = (-5, 4)$ 정규분포는 분산은 동일하지만 평균이 다르므로 두 정규분포는 평균 위치만 다르고 모양은 동일하다. 또는 $(\mu.\sigma^2) = (0, 4)$인 정규분포와 $(\mu.\sigma^2) = (0, 16)$ 정규분포는 평균은 동일하지만 분산이 다르므로, 두 정규분포는 평균 위치는 동일하고 분포의 크기가 다르다. 예제를 통하여 자세히 살펴보자.

**예제 4-8**

2015년 표본조사 결과 20세부터 24세까지 남성 키의 평균은 174cm, 분산은 60으로, 여성 키의 평균은 161cm, 분산은 50으로 조사되었다. 조사된 남녀의 키를 정규분포라 하고, R과 Excel을 이용하여 정규분포의 확률밀도함수, 누적분포함수, 백분위수를 그려라.

(출처: http://sizekorea.kats.go.kr)

R에서 정규분포의 확률밀도함수, 누적분포함수, 백분위수에 대한 명령어는 다음과 같다.

**정규분포에 대한 R 명령어**

- **확률질량함수** = dnorm(x, mean = mu, sd = sigma, log = FALSE)

  x는 확률변수 실현값, mu는 평균, sigma는 표준편차이다. log=FALSE는 성공확률로 ln($p$)를 사용하지 않는다는 의미이고 TRUE로 입력되면 성공확률이 ln($p$)로 변경된다.

- **누적확률분포** = pnorm(q, mean = mu, sd = sigma, lower.tail = TRUE, log.p = FALSE)

  q는 확률변수 실현값, lower.tail = TRUE는 $\Pr(X \leqq q)$이고

  FALSE는 $\Pr(X > q) = 1 - \Pr(X \leqq q)$이다.

- **분위수** = qnorm(p, mean = mu, sd = sigma, lower.tail = TRUE, log.p = FALSE)

  p는 0부터 1까지의 수이다. 예를 들면 p가 0.25이면 1사분위수($Q_1$)가 계산된다.

- **난수생성** = rnorm(n, mean = mu, sd = sigma)

  n은 생성할 난수의 개수이다.

```
# 주어지는 조건을 설정
> X = 120:220                              # 확률변수
> q = seq(0.1,1,0.1)                       # 확률
> m = 1000                                 # 생성할 난수 개수
# 평균과 분산
> EX_M  = 174                              # 남성 키 평균
> SDX_M = sqrt(60)                         # 남성 키 표준편차
> EX_W  = 161                              # 여성 키 평균
> SDX_W = sqrt(50)                         # 여성 키 표준편차
> c(EX_M,SDX_M,EX_W,SDX_W)
[1] 174.000000   7.745967 161.000000   7.071068
# 정규분포, 누적분포함수, 분위수, 난수생성을 수행
> fx_M = dnorm(X, mean = EX_M, sd = SDX_M)    # 남성 키 정규분포
> Fx_M = pnorm(X, mean = EX_M, sd = SDX_M)    # 누적분포함수
> Qx_M = qnorm(q, mean = EX_M, sd = SDX_M)    # 분위수
> Rx_M = rnorm(m, mean = EX_M, sd = SDX_M)    # 난수생성
> fx_W = dnorm(X, mean = EX_W, sd = SDX_W)    # 여성 키 정규분포
```

```
> Fx_W = pnorm(X, mean = EX_W, sd = SDX_W)   # 누적분포함수
> Qx_W = qnorm(q, mean = EX_W, sd = SDX_W)   # 분위수
> Rx_W = rnorm(m, mean = EX_W, sd = SDX_W)   # 난수생성
# 그림을 2*2의 형태로 정리
> par(mfrow=c(2,2))
> plot(X,fx_W,lwd=1.5,type="l",xlab="X",ylab="f(x)",xlim=c(110,220))   # 여성 키 정규분포
> lines(X,fx_M,lwd=1.5,col="blue",lty=2)   # 여성 키 정규분포
> plot(X,Fx_W,lwd=1.5,type="l",xlab="X", ylab="F(x)",xlim=c(120,220))   # 누적분포함수
> lines(X,Fx_M,lwd=1.5,col="blue",lty=2)
> plot(q,Qx_W,ylim=c(130,210),ylab="분위수",xlab="확률",main="분위수")   # 분위수
> par(new=TRUE)
> plot(q,Qx_M,ylim=c(130,210),ylab="",xlab="",lwd=1.5,pch=16,col="blue",lty=2)
> hist(Rx_W,xlab="X",freq = FALSE,ylim=c(0,0.08),xlim=c(120,220),col="blue",ylab="확률",main="난수")
> par(new=TRUE)
> hist(Rx_M,xlab="X",freq = FALSE,ylim=c(0,0.08),xlim=c(120,220),col="red",ylab="",main="난수")
```

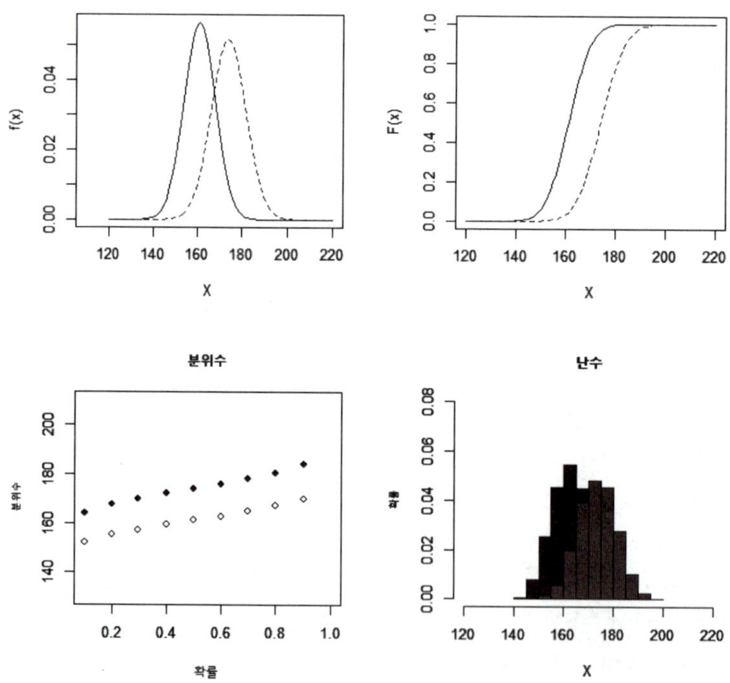


〈그림 4-13〉 R로 구현된 정규분포

남녀 키의 정규분포에서 남성(점선)의 키가 여성(실선)보다 크다. 분포의 폭은 어느 쪽이 큰지 눈으로 구분할 수 없지만 확률밀도함수(f(x))의 최댓값은 여성이 커서 남성보다 다소 폭이 넓은 것을 알 수 있다. 누적분포에서도 남성의 누적분포가 여성보다 크므로 남성의 키가 여성보다 크다는 결론을 얻을 수 있다. 분위수와 생성된 난수도 동일한 결론이 도출된다.

평균이 0이고 분산이 1인 정규분포를 표준정규분포라고 한다. 모든 정규분포($X \sim N(\mu, \sigma^2)$)는 정규화 과정으로 표준정규분포로 변환된다.

$$Z = \frac{X - \mu}{\sigma} \sim N(0,1)$$

통계적 추론에서 정규분포와 표준정규분포는 상당히 중요한 역할을 하기 때문에 꼭 기억해야 한다.

**정규분포에 대한 Excel 명령어**

- NORM.DIST(x,mean,standard_dev,cumulative): **확률질량함수 또는 누적확률함수**

  x는 확률변수, 실현값이다.

  mean은 평균이다.

  standard_dev는 표준편차이다.

  cumulative는 "FALSE"로 기입하면 확률질량함수이고, "TRUE"면 누적분포함수로 사용한다.

- NORM.INV(probability,mean,standard_dev): **분위수**

  probability는 확률이다.

정규분포에서 난수를 생성하는 별도의 함수가 Excel에서는 제공되지 않는다. 다만 연속형 균일분포의 난수생성함수와 분위수를 이용하면 쉽게 정규분포의 난수를 생성할 수 있다. Excel에서 정규분포의 난수 생성 절차는 다음과 같다.

1단계: 명령어 "RAND()"로 연속형 균일분포($U \sim CU(0, 1)$)의 난수($0 < p < 1$) 한 개를 생성한다.

2단계: 명령어 "NORM.INV($p$, 0, 1)"를 이용하여 $p$에 해당하는 표준정규분포의 실현값($z$)을 구한다.

3단계: $X \sim N(\mu.\sigma^2)$인 난수는 $x = \sigma z + \mu$로 계산된다.

## 3) 카이제곱 분포, t-분포, F-분포

카이제곱 분포, t-분포, F-분포는 다음 장에서 배울 통계적 추론에 필요한 분포이다. 여기서는 이들 분포에 대한 확률밀도함수, 누적분포함수, 통계적 성질 등을 살펴본다. 또한 R과 Excel에서 이에 관한 명령어를 제시한다.

**정의 카이제곱분포**

$$f(x)=\begin{cases}\dfrac{1}{2^{\frac{v}{2}}\Gamma\left(\frac{v}{2}\right)}x^{\frac{v}{2}-1}e^{-\frac{x}{2}}, & x>0\\ 0, & \text{그 외}\end{cases}$$

또는

$$X\sim X^2(v)$$

**정리**

확률변수 $Z_i,\ i=1,2,\ldots,v$ 가 개별로 표준정규분포이고 상호독립이라고 하자.

확률변수 $X=Z_1^2+Z_2^2+\cdots+Z_v^2$는 자유도가 $v$인 카이제곱분포이다.

$$X=\sum_{i=1}^{v}Z_i^2\sim\chi^2(v)$$

표준정규분포($Z\sim N(0,\ 1)$)를 제곱하면 자유도($v$)가 1인 카이제곱분포가 된다.

R에서 카이제곱분포의 확률밀도함수, 누적분포함수, 분위수에 대한 명령어는 다음과 같다.

**카이제곱분포에 대한 R 명령어**

- **확률질량함수** = dchisq(x, df, ncp = 0, log = FALSE)

  x는 확률변수 실현값, df는 자유도로 자연수, ncp는 0 값으로 고정한다. log=FALSE는 성공확률로 ln($p$)를 사용하지 않는다는 의미이고, TRUE로 입력되면 성공확률이 ln($p$)로 변경된다.

- **누적확률분포** = pchisq(q, df, ncp = 0, lower.tail = TRUE, log.p = FALSE)

  q는 확률변수 실현값, lower.tail = TRUE는 $\Pr(X\leqq q)$이고

  FALSE는 $\Pr(X>q)=1-\Pr(X\leqq q)$이다.

- 분위수 = qchisq(p, df, ncp = 0, lower.tail = TRUE, log.p = FALSE)

  p는 0부터 1까지의 수이다. 예를 들어 p가 0.25이면 1사분위수($Q_1$)가 계산된다.

- 난수생성 = rchisq(n, df, ncp = 0)

  n은 생성할 난수의 개수이다.

**카이제곱분포에 대한 Excel 명령어**

- CHISQ.DIST(x,deg_freedom,cumulative): **확률질량함수 또는 누적확률함수**

  x는 확률변수, 실현값이다.

  deg_freedom은 자유도이다.

  cumulative는 "FALSE"로 기입하면 확률질량함수이고, "TRUE"이면 누적분포함수로 사용한다.

- CHISQ.INV(probability,deg_freedom): **분위수**

  probability는 확률이다.

카이제곱분포의 난수 생성도 정규분포와 동일한 절차를 따른다.

t-분포는 표준정규분포와 카이제곱분포로 만들어진 분포이다. 아래 〈정리〉를 보면 t-분포가 생성되는 기본 원리와 확률밀도함수가 제시된다.

**정리 t-분포**

확률변수 $Z \sim N(0,1)$, $W \sim \chi^2(v)$이고 서로 독립이라고 하자. 다음과 같이 정의된 확률변수의 확률밀도함수를 자유도가 $v$인 t-분포라고 한다.

$$X = \frac{Z}{\sqrt{\frac{W}{v}}} \sim t(v)$$

그리고

$$f(x) = \frac{\Gamma\left(\frac{v+1}{2}\right)}{\sqrt{v\pi}\,\Gamma\left(\frac{v}{2}\right)}\left(1+\frac{x^2}{v}\right)^{-\frac{v+1}{2}}, \quad \infty < x < \infty$$

R에서 t-분포의 확률밀도함수, 누적분포함수, 분위수에 대한 명령어는 다음과 같다.

### t-분포에 대한 R 명령어

- **확률질량함수** = dt(x, df, ncp = 0, log = FALSE)

  x는 확률변수 실현값, df는 자유도로 자연수, ncp는 0 값으로 고정한다. log=FALSE는 성공확률로 ln($p$)를 사용하지 않는다는 의미이고, TRUE로 입력되면 성공확률이 ln($p$)로 변경된다.

- **누적확률분포** = pt(q, df, ncp = 0, lower.tail = TRUE, log.p = FALSE)

  q는 확률변수 실현값, lower.tail = TRUE는 $\Pr(X \leqq q)$이고

  FALSE는 $\Pr(X > q) = 1 - \Pr(X \leqq q)$이다.

- **분위수** = qt(p, df, ncp = 0, lower.tail = TRUE, log.p = FALSE)

  p는 0부터 1까지의 수이다. 예를 들어 p가 0.25이면 1사분위수($Q_1$)가 계산된다.

- **난수생성** = rt(n, df, ncp = 0)

  n은 생성할 난수의 개수이다.

### t-분포에 대한 Excel 명령어

- T.DIST(x,deg_freedom,cumulative): **확률질량함수 또는 누적확률함수**

  x는 확률변수, 실현값이다.

  deg_freedom은 자유도이다.

  cumulative는 "FALSE"로 기입하면 확률질량함수이고, "TRUE"면 누적분포함수로 사용한다.

- T.INV(probability,deg_freedom): **분위수**

  probability는 확률이다.

t-분포의 난수생성도 정규분포와 동일한 절차를 따른다.

F-분포는 서로 독립인 두 개의 카이제곱분포로 만들어진다. 아래 〈정리〉를 보면 F-분포가 생성되는 기본 원리와 확률밀도함수가 제시된다.

**정리 F-분포**

확률변수 $Y \sim \chi^2(v_1)$, $W \sim \chi^2(v_2)$이고 서로 독립이라고 하자. 다음과 같이 정의된 확률변수의 확률밀도함수를 자유도가 $(v_1, v_2)$인 F-분포라고 한다.

$$X = \frac{Y/v_1}{W/v_2} \sim F(v_1, v_2)$$

그리고

$$f(x) = \begin{cases} \dfrac{\Gamma\left(\dfrac{v_1+v_2}{2}\right)}{\Gamma\left(\dfrac{v_1}{2}\right)\Gamma\left(\dfrac{v_2}{2}\right)}\left(\dfrac{v_1}{v_2}\right)^{\frac{v_1}{2}} x^{\frac{v_1}{2}-1}\left(1+\dfrac{v_1}{v_2}x\right)^{-\frac{v_1+v_2}{2}}, & x > 0 \\ 0, & \text{그 외} \end{cases}$$

R에서 F-분포의 확률밀도함수, 누적분포함수, 분위수에 대한 명령어는 다음과 같다.

**F-분포에 대한 R 명령어**

■ **확률질량함수** = df(x, df1, df2, ncp, log = FALSE)

x는 확률변수 실현값, df는 자유도($v_1$), df2는 자유도($v_2$)로 자연수, ncp는 0 값으로 고정한다. log=FALSE는 성공확률로 ln($p$)를 사용하지 않는다는 의미이고, TRUE로 입력되면 성공확률이 ln($p$)로 변경된다.

■ **누적확률분포** = pf(q, df1, df2, ncp, lower.tail = TRUE, log.p = FALSE)

q는 확률변수 실현값, lower.tail = TRUE는 $\Pr(X \leq q)$이고

FALSE는 $\Pr(X > q) = 1 - \Pr(X \leq q)$이다.

■ **분위수** = qf(p, df1, df2, ncp, lower.tail = TRUE, log.p = FALSE)

p는 0부터 1까지의 수이다. 예를 들면 p가 0.25이면 1사분위수($Q_1$)가 계산된다.

■ **난수생성** = rf(n, df1, df2, ncp)

n은 생성할 난수의 개수이다.

**F-분포에 대한 Excel 명령어**

- F.DIST(x,deg_freedom1,deg_freedom2,cumulative): **확률질량함수 또는 누적확률함수**

  x는 확률변수, 실현값이다.

  deg_freedom1은 자유도()이다.

  deg_freedom2는 자유도()이다.

  cumulative는 "FALSE"로 기입하면 확률질량함수, "TRUE"면 누적분포함수로 사용한다.

- F.INV(probability,deg_freedom1,deg_freedom2): **분위수**

  probability는 확률이다.

F-분포의 난수 생성도 정규분포와 동일한 절차를 따른다.

**정리 F-분포의 평균과 분산**

확률변수와 확률밀도함수가 $X \sim F(v_1, v_2)$라고 하자.

$$E(X) = \frac{v_2}{v_2 - 2}, \qquad d > 2$$

$$Var(W) = \frac{2v_2^2(v_1 + v_2 - 2)}{v_1(v_2 - 2)^2(v_2 - 4)}, \quad d > 4$$

## 실습

**1** 이항분포에서 다음을 R 또는 Excel로 구현하라.

1) $X \sim Bin(n=10, p)$에서 $p = 0.1, 0.3, 0.5, 0.7, 0.8, 0.9$에 대한 확률밀도함수의 그림을 3×2 형태로 그리고 설명하라.

2) $X \sim Bin(n, p=0.1)$에서 $n = 10, 25, 50, 100, 250, 500$에 대한 확률밀도함수의 그림을 3×2 형태로 그리고 설명하라.

3) $X \sim Bin(n=10, p=0.3)$으로부터 난수 10, 100, 500, 1000을 생성하고 빈도표의 막대그림을 그리고 설명하라.

4) $X \sim Bin(n=10, p=0.5)$로부터 난수 10, 100, 500, 1000을 생성하고 빈도표의 막대그림을 그리고 설명하라.

**2** 기하분포에서 다음을 R 또는 Excel로 구현하라.

1) $X \sim GEO(p)$에서 $p = 0.1, 0.3, 0.5, 0.7, 0.8, 0.9$에 대한 확률밀도함수의 그림을 3×2 형태로 그리고 설명하라.

2) $X \sim GEO(p=0.8)$에서 난수 10, 100, 500, 1000을 생성하고 빈도표의 막대그림을 그리고 설명하라.

3) $X \sim GEO(p=0.2)$에서 난수 10, 100, 500, 1000을 생성하고 빈도표의 막대그림을 그리고 설명하라.

**3** 포아송분포에서 다음을 R 또는 Excel로 구현하라.

1) $X \sim \text{Poisson}(\mu)$에서 $\mu = 1, 10, 50$에 대한 확률밀도함수의 그림을 3×1 형태로 그리고 설명하라.

2) $X \sim \text{Poisson}(\mu = 5)$에서 난수 10, 100, 500, 1000을 생성하고 빈도표의 막대그림을 그리고 설명하라.

**4** 정규분포에서 다음을 R 또는 Excel로 구현하라.

1) $X \sim N(\mu, \sigma^2 = 1)$에서 $\mu = -5, -3, 0, 3, 5$에 대한 확률밀도함수의 그림을 한 페이지에 겹쳐서 그리고 설명하라.

2) $X \sim N(\mu = 0, \sigma^2)$에서 $\sigma = 1, 2, 4$에 대한 확률밀도함수의 그림을 한 페이지에 겹쳐서 그리고 설명하라.

3) $X \sim N(\mu = 10, \sigma^2 = 4)$와 $Z = \dfrac{X-10}{4} \sim N(0,1)$에 대한 확률밀도함수의 그림을 2×1 형태로 그리고 설명하라.

4) $X \sim N(0, 1)$에서 난수 10, 30, 100, 500, 700, 1000을 생성하고 각 난수에 대한 히스토그램과 확률밀도함수를 겹친 그림을 3×2 형태로 그리고 설명하라.

**5** t-분포에서 다음을 R 또는 Excel로 구현하라.

1) 자유도가 1, 5, 10, 15, 20인 확률밀도함수를 겹쳐서 그려라.

2) 자유도가 30, 40, 100인 확률밀도함수와 표준정규분포를 겹쳐서 그려라.

3) 문제 1)과 2)를 설명하라.

**6** 카이제곱분포에서 다음을 R 또는 Excel로 구현하라.

1) 자유도가 1, 5, 10, 15, 20인 확률밀도함수를 겹쳐서 그려라.

2) 문제 1)을 설명하라.

**7** F-분포에서 다음을 R 또는 Excel로 구현하라.

1) 자유도 $n = 5$와 $d = 1, 5, 10, 30$인 확률밀도함수를 겹쳐서 그려라.

2) 자유도 $d = 5$와 $n = 1, 5, 10, 30$인 확률밀도함수를 겹쳐서 그려라.

# 5장

# 표본분포

모집단에 있는 대상 전부를 조사(또는 실험)하기 전까지는 정확한 모집단의 정보를 알지 못한다. 여기서 언급한 정보는 매우 다양하지만 통계적 특성인 분포와 모수라고 한정한다. 보편적으로 이러한 정보는 모집단의 일부인 표본으로 유추되지만 통계학에서는 기본적으로 확률표본을 이용한다.

본 장에서는 확률표본의 정의 및 성질을 다루면서 통계량과 추정량의 개념 및 특성도 배울 것이다. 또한 통계학에서 매우 중요한 이론인 중심극한정리와 모의실험을 R과 Excel로 구현할 수 있는 명령어와 그림을 알아볼 것이다.

요즘에는 스마트폰이 없는 세상을 상상하기 힘들다. 스마트폰은 단순한 통신 수단을 뛰어넘어 SNS, 동영상 시청, 게임, 정보 수집 등, 다양한 활동에 유용한 도구로 사용되고 있다. 그런데 스마트폰으로 이러한 활동을 하려면 데이터 사용이 필요하다. 그 때문에 통신사들도 모두 무제한 데이터 요금제를 출시하고 있다.

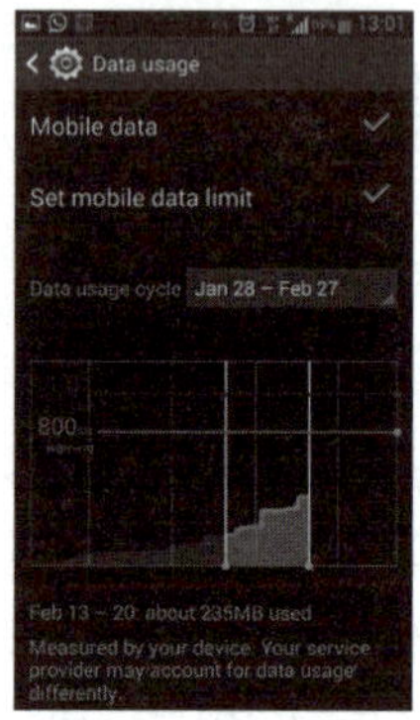


한 대학교 경영학과 1학년을 대상으로 일주일 데이터 사용량을 조사하려고 한다. 전체 학생 수는 500명이고 학생의 이름과 전화번호만 알고 있다고 가정하자. 학생 모두를 조사하면 정확한 데이터 사용량을 알 수 있겠지만 조사 시간과 비용이 많이 든다. 반면 전수조사 대신 표본조사를 수행하면 조사 시간과 비용을 줄일 수 있다. 그렇다면 500명 중 50명을 표본으로 선택하여 데이터 사용량을 조사한 결과로 경영학과 1학년 전체 학생의 데이터 사용량을 알 수 있을까? 이때 선택된 표본에 따라서 모집단을 대표할 수도 있고 아닐 수도 있다. 그렇다면 어떤 표본이 모집단을 대표하는지, 그에 대한 과학적인 근거를 제시할 수 있을까?

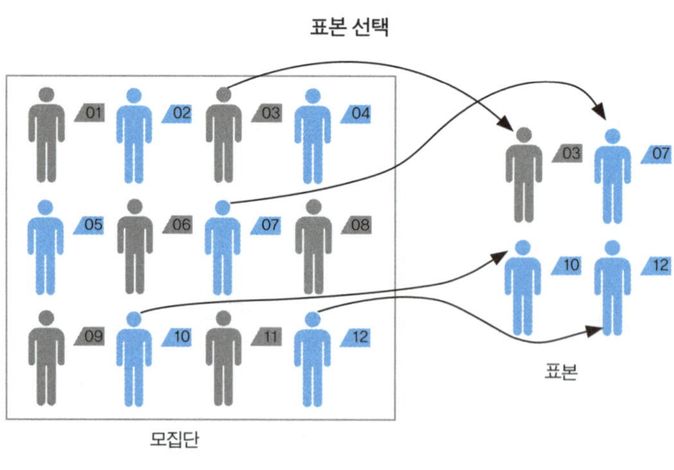

# 1. 확률표본

4장에서 특수한 여러 분포들을 배웠고, 모수들이 어떤 값으로 결정되면 그 분포의 형태도 결정된다는 것을 배웠다. 예를 들어 이항분포에서 총 시행 횟수($n$)와 성공확률($p$)이 10과 0.5로 설정되면 나올 수 있는 성공횟수는 0부터 10회이며, 확률분포의 형태는 평균(5회)에서 대칭으로 결정된다. 또한 평균($\mu$)이 170이고 분산($\sigma^2$)이 25인 정규분포는 평균 170에서 대칭 형태를 가진다.

만약 20세 성인 남성의 키가 정규분포이고 모수(평균, 분산)는 모른다고 하자. 전수조사를 하여 평균과 분산을 구하면 모수를 알 수 있지만 현실적으로 모든 성인 남성을 전수조사할 수는 없다. 그래서 표본조사가 효율적이고 이때 표본을 선택하는 문제가 남아 있다. 일반적으로 통계학에서 말하는 표본은 무작위로 모집단에서 선택한 대상들이고 이를 확률표본이라고 한다.

**정의 확률표본**

확률변수가 $X$인 모집단이 특정한 확률분포($f(x)$ 또는 $\Pr(X=x)$)를 따른다고 하자. 기호로 표현하면 다음과 같다.

$$X \sim f(x) \text{ 또는 } \Pr(X=x)$$

이 모집단에서 $n$개의 표본을 무작위로 선택하자. 이때 무작위란 $n$개의 표본을 동일 모집단에서 각각 독립적으로 선택한다는 의미이다. 이것을 기호로 표현하자.

$$X_i \sim iid\, f(x) \text{ 또는 } \Pr(X=x),\ \ i=1, 2, \cdots, n$$

여기서 $(X_1, X_2, \ldots, X_n)$을 확률표본이라고 정의한다. $iid$는 indentical independent distribution의 약자이다.

만약 확률표본이 실제로 선택되어 결과값으로 나오면 $x_i$, $i=1, 2, \cdots, n$으로 표현한다.

**예제 5-1**

확률변수 $X$는 1개의 동전을 10번 던져서 나오는 앞면의 횟수이다. 이 확률변수는 이항분포를 따른다. R과 Excel을 이용하여 동전 1개를 10번 던지는 실험을 100번 반복하여라.

여기서 제시된 확률변수와 확률질량함수는 $X \sim Bin(n = 10, p = 0.5)$이다. 이 실험을 100번 반복하라는 의미는 확률표본을 100개 생성하라는 것이다. 즉 기호로 표현하면 다음과 같다.

$$X_i \sim iid\ Bin(n = 10, p = 0.5),\ i = 1,\ \cdots,\ 100$$

R을 이용하여 이항분포로부터 100개의 확률표본을 생성하자.

```
> n = 10;                        # n=시행 횟수
> p = 5;                         # p=성공확률
> m = 100                        # 난수의 개수
> Xi = rbinom(m,n,p)             # 이항분포로부터 m개 확률표본
> Fq.table = table(Xi)           # m개 확률표본 결과
> Fq.table
Xi
 1  2  3  4  5  6  7  8          # 결과값
 2  6  8 24 24 19 11  6          # 결과값에 해당하는 빈도
```

이항분포로부터 생성될 100개의 확률표본 결과값(Xi)은 숫자 0부터 10까지 무작위로 발생되며 실제로 숫자 1부터 8까지 발생되었다. 그 결과가 Fq.table에 제시되어 숫자 "1"이 가장 적은 빈도로 나타났고 가장 많이 나온 빈도에 해당되는 숫자는 "4"와 "5"이다.

이 결과를 이항분포와 함께 막대그림으로 표현하자.

```
# 이항분포로부터 100번 반복으로 얻은 확률표본 결과 요약
> Pr.table = Fq.table/m                  # 100번 반복에 대한 확률분포표
> F.table  = cumsum(Pr.table)            # 100번 반복에 대한 누적분포표
> x = as.numeric(names(F.table))         # 요약된 결과값
# 이항분포에 관한 확률질량함수 및 누적확률분포
> n = 10                                 # 총 시행 횟수
> X = 0:n                                # 확률변수 실현값
> p = 0.5                                # 성공확률
> Px = dbinom(X, n, p)                   # 이항분포
```

```
> Fx = pbinom(X, n, p)                          # 누적분포
# 100개 확률표본과 이항분포의 막대그림
> par(mfrow=c(2,2))
> plot(X,Px,type="h",xlab="X",ylab="Pr(X=x)",main="X~Bin(10,0.5)")  # 이항분포
> axis(side = 1, at = 0:n, labels = TRUE)       # x축의 값 설정
> plot(X,Fx,ylim=c(-0.1,1.1),type="s",main="누적분포")  # 누적분포
> axis(side = 1, at = 0:n, labels = TRUE)       # x축의 값 설정
> abline(v=X+1,col="white")
> abline(h=1,lty=2)
> points(X,Fx,pch=19)
> points(X+1,Fx)
> plot(Fq.table,xlab="X",xlim=c(0,n),ylab="성공횟수",main="X~Bin(n=10,p=0.5)에서 100개 확률표
본")                                            # 확률표본
> axis(side = 1, at = 0:n, labels = TRUE)       # x축의 값 설정
> plot(F.table,xlim=c(0,n),ylim=c(-0.1,1.1),type="s",ylab="확률",main="누적분포")  # 확률표본
> axis(side = 1, at = 0:n, labels = TRUE)       # x축의 값 설정
> abline(v=x+1,col="white")
> abline(h=1,lty=2)
> points(x,F.table,pch=19)
> points(x+1,F.table)
```

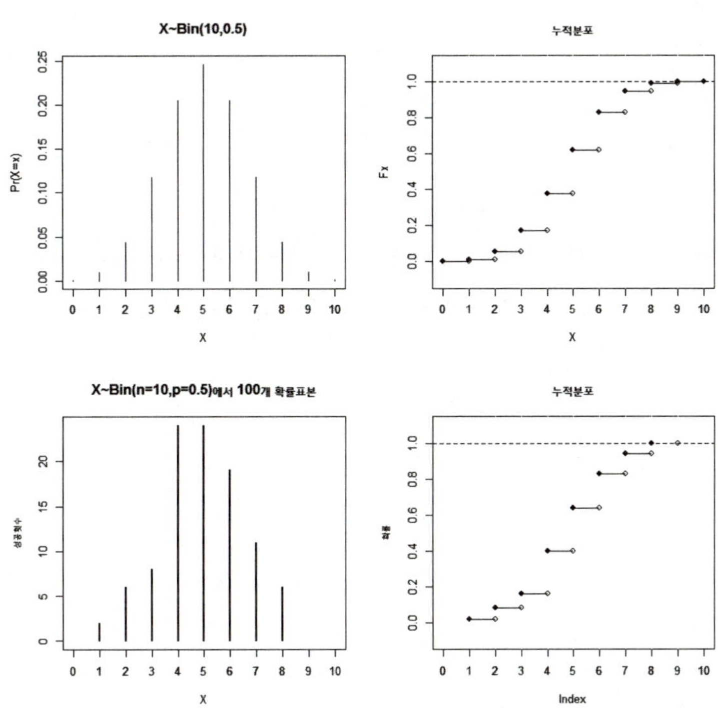

이항분포로부터 100번 반복으로 얻은 확률표본과 이항분포의 확률은 비슷하다. 만약 반복 수를 더 많이 하면 확률표본과 이항분포는 거의 동일한 확률이 된다.

Excel에서도 $X \sim Bin(n=10,\ p=0.5)$으로부터 확률표본 100개를 생성할 수 있고 다음과 같은 절차를 따른다.

1단계: 명령어 "RAND()"로 연속형 균일분포($U \sim CU(0,\ 1)$)의 난수($u$) 1개를 생성한다.

2단계: 명령어 "=BINOM.INV($n=10,\ p=0.5,\ u$)"를 이용하여 난수(확률표본) 1개를 생성한다.

3단계: 2단계에서 생성할 난수만큼 반복한다.

4단계: 피벗 테이블을 이용하여 빈도표를 작성하고 막대그림을 그린다.

| n | 10 | | |
|---|---|---|---|
| p | 0.5 | | |
| | 개수 | 균일분포 | 이항분포 난수 |
| | 1 | 0.52895 | 5 |
| | 2 | 0.843166 | 7 |
| | 3 | 0.85313 | 7 |
| | 4 | 0.075493 | 3 |
| | 5 | 0.013054 | 2 |
| | 6 | 0.130314 | 3 |
| | 7 | 0.024066 | 2 |
| | 8 | 0.821997 | 6 |
| | 9 | 0.035042 | 2 |
| | 10 | 0.241171 | 4 |
| | 11 | 0.247473 | 4 |
| | 12 | 0.64758 | 6 |
| | 13 | 0.952543 | 8 |
| | 14 | 0.251758 | 4 |
| | 15 | 0.918192 | 7 |
| | 16 | 0.231434 | 4 |
| | 17 | 0.18043 | 4 |
| | 18 | 0.840509 | 7 |
| | 19 | 0.344378 | 4 |
| | 20 | 0.4486 | 5 |

빈도표

| 실현값 | 난수 | 확률 |
|---|---|---|
| 2 | 1 | 0.05 |
| 3 | 2 | 0.1 |
| 4 | 2 | 0.1 |
| 5 | 4 | 0.2 |
| 6 | 8 | 0.4 |
| 7 | 1 | 0.05 |
| 8 | 2 | 0.1 |
| 총합계 | 20 | 1 |

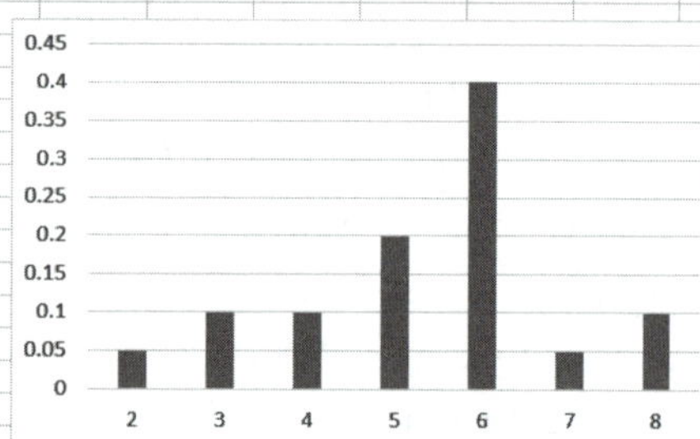


Excel에서 생성된 이항분포 난수가 20개로 다소 적어 막대그림이 $X \sim Bin(n=10,\ p=0.5)$의 그림과 약간 다르다. 난수의 수를 많이 늘리면 거의 동일해질 것이다.

**예제 5-2**

50개로 이루어진 아래 모집단에서 10개로 구성된 확률표본을 R을 이용하여 선택하라.

| id | 자료 | id | 자료 | id | 자료 | id | 자료 | id | 자료 |
|---|---|---|---|---|---|---|---|---|---|
| 1 | 185 | 11 | 164 | 21 | 169 | 31 | 168 | 41 | 179 |
| 2 | 179 | 12 | 154 | 22 | 164 | 32 | 158 | 42 | 170 |
| 3 | 182 | 13 | 176 | 23 | 156 | 33 | 172 | 43 | 179 |
| 4 | 165 | 14 | 159 | 24 | 171 | 34 | 182 | 44 | 176 |
| 5 | 176 | 15 | 175 | 25 | 172 | 35 | 166 | 45 | 166 |
| 6 | 167 | 16 | 166 | 26 | 165 | 36 | 169 | 46 | 164 |
| 7 | 170 | 17 | 168 | 27 | 175 | 37 | 167 | 47 | 177 |
| 8 | 174 | 18 | 174 | 28 | 178 | 38 | 175 | 48 | 178 |
| 9 | 160 | 19 | 163 | 29 | 156 | 39 | 152 | 49 | 173 |
| 10 | 168 | 20 | 174 | 30 | 154 | 40 | 165 | 50 | 169 |

R에서 1부터 50까지 숫자 중 무작위로 10개의 번호를 id로 생성하고, 해당 번호와 일치하는 자료를 선택하자.

```
> data = read.csv(file="example6-1.csv", header=TRUE, sep=",")  # 자료 불러오기
> head(data)
 id 자료
1  1  185
2  2  179
> N = nrow(data)                                 # 자료 수
> n = 10                                         # 발생할 난수 개수
> min = 1                                        # 발생할 난수 중 가장 작은 수
> max = 50                                       # 발생할 난수 중 가장 큰 수
> Rn = sample(1:N, n, replace = FALSE)           # 1부터 50까지 숫자 중에 10개 난수 생성
> Sample = data[Rn,2]                            # 생성된 난수에 해당하는 표본을 할당
> names(Sample) = Rn                             # 생성된 난수를 "Sample" 이름으로 설정
> Sample
  2    1    3    4    5    9    6    8   10    7
179  185  182  165  176  160  167  174  168  170
```

R에서 id로 부여된 일련의 번호로부터 무작위로 표본을 선택하려면 명령어 "sample"을 사용한다. 옵션으로 생성될 번호의 중복(replace)을 FALSE로 해야 숫자가 반복해서 나오지 않는다.

Excel에서는 명령어 "RANDBETWEEN(min:max)"으로 id 번호를 무작위로 생성하지만 중복이 허용되기 때문에 다른 번호가 나올 때까지 반복하여 이 명령어를 사용해야 한다. 그 외에도 몇 가지 대안이 있지만 본서에서는 다루지 않는다.

## 2. 통계량과 추정량

특수한 확률분포에서 모수가 어떤 값으로 정해지면 확률과 형태가 결정된다. 또한 모든 확률분포의 평균, 분산과 같은 통계적 특성도 모수들로 표현된다. 예를 들어 이항분포에서 총 시행횟수와 성공확률이 10과 0.2이면 양비대칭으로 성공횟수가 적은 확률이 많은 확률보다 높은 편이다. 사실 모수란 포괄적으로 확률분포를 결정하는 값뿐만 아니라 통계적 특징까지도 포함된 모집단의 성질이다.

찌그러진 동전을 던져 앞면이 나올 확률을 알아보는 확실한 방법은 동일한 동전을 무한히 던져서 앞면이 나온 횟수를 총 던진 수로 나누어 상대적 확률을 구하는 것이다. 그러나 무한히 동전을 던지는 실험은 불가능하기 때문에 유한한 반복 시행으로 앞면이 나올 확률을 구해야 한다.

대부분의 조사나 실험에서 모집단의 특성인 모수는 알려져 있지 않아서 확률표본으로 그 정보를 얻으려고 한다. 예를 들어 모집단이 20세 성인 남성의 키라고 하면 확률변수($X$)는 특정 연속형 확률분포를 따르고 확률표본이 동일한 모집단으로부터 선택된다. 기호로 표현하면 첫 번째 확률표본은 $X_1$, 두 번째 확률표본은 $X_2$ 등으로 $X_n$까지 추출된다.

$$X_i \sim iid\, f(x),\ i = 1, \cdots, n$$

여기서 $f(x)$는 20세 성인 남성의 키에 대한 확률밀도함수이다.

확률표본($X_1, X_2, \cdots, X_n$)이 실현값으로 확인되기 전에는 어떤 값들이 선택될지 아무도 모른다. 이것들도 확률변수이고 모집단과 동일한 확률분포를 갖는다. 다시 20세 성인 남성의 키로

돌아와서 확률표본($X_1, X_2, \cdots, X_n$)으로 평균, 분산, 최댓값, 최솟값 등의 요약된 정보를 구할 수 있다. 이러한 정보는 확률표본이 실현값이 되기 전에는 어떻게 결과값이 나올지 아무도 모른다.

$$\overline{X} = \frac{1}{n}\sum_{i=1}^{n} X_i$$

$$S^2 = \frac{1}{n-1}\sum_{i=1}^{n}\left(X_i - \overline{X}\right)^2$$

$$X_{(1)} = \max(X_1, \ldots, X_n)$$

$$X_{(n)} = \min(X_1, \ldots, X_n)$$

**통계량과 통계값**

확률표본($X_1, X_2, \cdots, X_n$)으로부터 만들어진 여러 요약된 정보이다. 평균, 분산, 사분위수, 최댓값, 최솟값 등이 있다. 확률표본이 실현값($x_1, x_2, \cdots, x_n$)으로 관찰되고 측정되어 통계량에 대한 값으로 계산되면 이것들을 통계값이라고 한다.

통계량은 확률표본으로 만들어진 요약된 정보로, 이 역시 확률변수이고 그에 해당하는 확률분포가 존재한다. 많은 경우에 통계량의 정확한 확률분포를 알 수 없으며 특별한 경우에만 정확한 확률분포가 제공된다. 하지만 대부분의 경우 근사 확률분포가 존재하는데, 이 부분에 대해서는 다음 절에서 배우기로 한다.

**예제 5-3**

**예제 5-2**에서 5개로 구성된 확률표본을 5번 반복해서 추출하고 각 표본의 평균(통계값)을 R을 이용해 구하여라.

```
> data = read.csv(file="example6-1.csv", header=TRUE, sep=",")   # 자료 불러오기
> N = nrow(data)                              # 자료 수
> n = 5                                       # 발생할 난수 개수
> min = 1                                     # 발생할 난수 중 가장 작은 수
> max = 50                                    # 발생할 난수 중 가장 큰 수
> Rn = sample(1:N, n*5, replace = FALSE)      # 1부터 50까지 난수 25개를 생성
```

```
> print(matrix(Rn,5,n))                    # 25개 난수를 5개씩 행으로 구분
     [,1]  [,2]  [,3]  [,4]  [,5]
[1,]  25    48    30    6    10            # 표본 1에 해당하는 id
[2,]  24    38    41    18   20            # 표본 2에 해당하는 id
[3,]  32    19    45    7    36            # 표본 3에 해당하는 id
[4,]  33    42    14    50   44            # 표본 4에 해당하는 id
[5,]  12    21    22    27   8             # 표본 5에 해당하는 id
> Sample = matrix(data[Rn,2],5,n)          # 생성된 25개 난수를 모집단의 자료에 할당
> Sample
     [,1]  [,2]  [,3]  [,4]  [,5]
[1,]  172   178   154   167   168          # 추출된 표본 1
[2,]  171   175   179   174   174          # 추출된 표본 2
[3,]  158   163   166   170   169          # 추출된 표본 3
[4,]  172   170   159   169   176          # 추출된 표본 4
[5,]  154   169   164   175   174          # 추출된 표본 5
> rowMeans(Sample)# 각 확률표본에 대한 평균
[1]  167.8 174.6 165.2 169.2 167.2
```

각 확률표본은 다른 실현값들로 구성되어 있으며 실현값이 결정되기 전까지는 어떤 값들이 결정될지 아무도 모른다. 만약 모집단이 매우 크고, 한 확률표본의 크기가 작다면 반복해서 여러 개의 확률표본들을 추출해도 서로 동일할 가능성이 매우 적다. 일단 한 확률표본의 실현값($x_1$, $x_2$, ⋯, $x_n$)이 결정되어 통계량에 대응되는 값을 계산하면 이를 통계값이라고 한다. 이러한 통계값도 동일한 통계량에서 확률표본들에 따라서 변동이 있다. **예제 5-3**으로부터 5개의 확률표본들이 서로 다른 값을 가지고 있으며 통계량 평균에 대한 통계값도 서로 동일하지 않다는 것이 확인되었다.

통계학적으로 말하자면 통계량은 확률표본($X_1$, $X_2$, ⋯, $X_n$)으로 구성된 요약 통계로 확률변수이다. 통계값은 실현값($x_1$, $x_2$, ⋯, $x_n$)으로 요약되며 확정된 값이다. 현실적으로 대부분의 조사에서 $n$개 원소로 구성된 한 개의 확률표본은 오직 한 번의 실현값으로 관측되거나 측정된다.

통계학의 궁극적인 목적 중에 모수를 알아내는 것은 매우 중요하다. 경우에 따라서 모수는 모집단의 분포가 알려져 있을 때만 이용 가능할 수도 있다. 만약 모집단의 분포가 정규분포라고 하면 모수는 평균과 분산이다. 여기서 정규분포의 모수를 모평균($\mu$)과 모분산($\sigma^2$)이라고 하면 이를 무엇으로 알수 있을까? 그 해답은 확률표본과 통계량에 있다. 모평균을 파악하는 데 어떤 통계량이 이용될지는 모르지만 직관적으로 표본평균, 중앙값, 1사분위수와 2사분위수

의 평균 등을 생각할 수 있다. 이 통계량을 특별히 모평균의 추정량이라 부르고 실현값에 대한 통계값을 모평균의 추정값이라고 부른다. 추정량에 대한 자세한 설명은 6장 통계적 추론에서 다루기로 한다.

**추정량과 추정값**

여러 통계량 중에서 특정 모수를 파악하는 데 사용되는 통계량을 추정량이라고 한다. 또한 확률표본에 대한 실현값으로 모수의 추정량이 계산되면 이것을 추정값이라고 한다.

## 3. 중심극한정리

확률표본으로 획득된 자료가 주어지면 자료분석 절차에 따라 시각적인 표현과 수치적인 표현을 수행할 것이다. 특히 수치적인 표현 중 가장 빈번하게 사용되는 통계값은 평균 또는 분산이다. 이때 평균과 분산은 추정값이 아니다. 모집단의 분포가 알려지지 않았기 때문이다. 그렇다면 왜 평균과 분산을 항상 구해야 할까?

**정리 중심극한정리**

모평균 $\mu$와 모분산 $\sigma^2(<\infty)$인 모집단의 확률분포가 알려져 있지 않다고 하자. 이 확률분포로부터 크기가 $n$인 확률표본$(X_1, X_2, \cdots, X_n)$을 추출할 때, 표본평균 $\overline{X} = \frac{1}{n}\sum_{i=1}^{n} X_i$ 는 $n$이 클수록 평균이 $\mu$이고 분산이 $\sigma^2/n$인 정규분포에 가까워진다. 기호로 표현하면 다음과 같다.

$$\overline{X} \xrightarrow{d} N\left(\mu, \frac{\sigma^2}{n}\right)$$

여기서 "$\xrightarrow{d}$"는 $n$이 무한히 클 때 특정분포로 근사된다는 의미이다.

만약 모집단이 정규분포로 알려져 있고 모평균 $\mu$와 모분산 $\sigma^2(<\infty)$은 주어지지 않는다고 하자. 그 외 조건은 중심극한정리와 동일할 때 표본평균은 정규분포를 따르며 다음과 같다.

$$\overline{X} \sim N\left(\mu, \frac{\sigma^2}{n}\right)$$

중심극한정리를 수학적으로 증명하지 않는 대신에 R을 이용하여 모의실험을 수행해보자. 많은 경우에 모집단이 어떤 확률분포인지 알지 못하며 드물게 확률분포가 알려져 있다고 해도 모수는 알 수 없다. 하지만 표본평균에서 표본의 크기가 충분히 크면 정규분포로 적용된다.

**예제 5-4**

확률변수는 $X \sim CU(150, 200)$를 따르고 확률표본의 크기를 $n = 10, 30, 100, 200$으로 하자. 각 표본 크기를 반복해서 1000개 생성하고 표본평균을 계산한 후 히스토그램을 그리고, 중심극한정리에 의해 평균과 분산을 가지는 정규분포를 히스토그램과 겹쳐서 그려라.

R로 연속형 균일분포의 확률표본을 추출하기 위해 명령어 "runif(size, min, max)"를 이용한다.

```
> n = c(30,100,200,500)                    # 표본크기
> m = length(n)                            # 표본크기의 개수
> rep = 1000                               # 반복수
> minx = 150 ;
> maxx = 200 ;
> rs = matrix(rep(0,rep*m),m,rep)          # 표본크기에 따른 확률표본 행렬 m(=5) by rep(=1000)
> dim(rs)                                  # rs의 행렬 크기 확인
[1]   4 1000
> for (i in 1:m){                          # 반복
+   rs[i,] = rowMeans(matrix(runif(n[i]*rep,minx, maxx),rep,n[i]))
+ }
# 2*2 행렬로 히스토그램과 정규분포의 겹친 그림
> par(mfrow = c(2, 2))
> for (i in 1:m) {
  ch_main = sprintf("표본크기= %i",n[i],rep)
  hist(rs[i,],freq = FALSE,ylim=c(0,0.6),xlim=c(minx+10, maxx-10),xlab="표본평균",main=ch_
main)
  xfit = seq(minx+10,maxx-10,length=100)
  yfit = dnorm(xfit,mean=(minx+maxx)/2,sd=sqrt((maxx-minx)^2/(n[i]*12)))
  lines(xfit, yfit, col="blue", lwd=2)
```

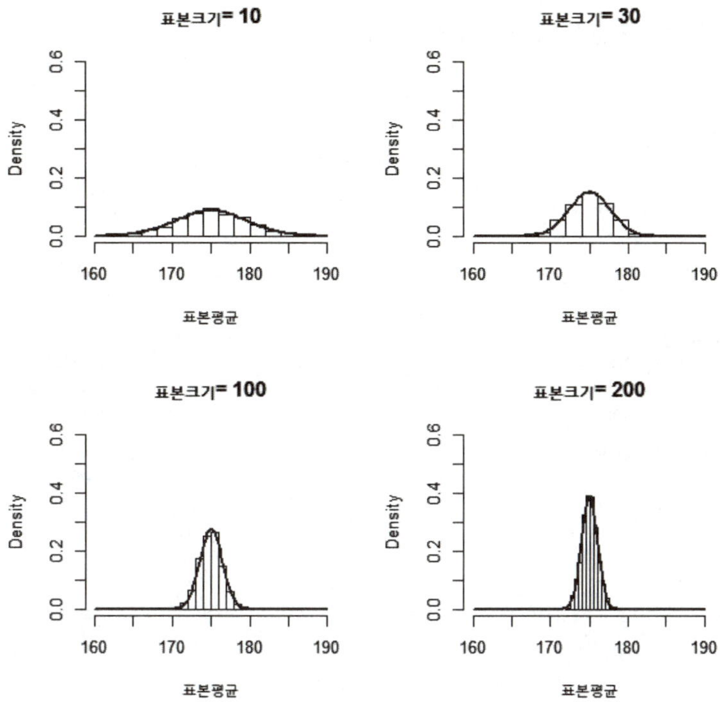


위의 히스토그램으로부터 모집단은 연속형 균일분포이지만 확률표본에 대한 표본평균의 형태는 표본크기가 클수록 분산이 줄어드는 정규분포와 비슷하다. 이를 통하여 대칭인 분포를 따르는 모집단으로부터 획득된 확률표본과 표본평균의 분포는 표본크기와 무관하게 정규분포에 근사할 것이라고 유추할 수 있다.

**예제 5-5**

확률변수는 $X \sim x^2(df=1)$를 따르고, 확률표본의 크기는 $n = 10, 30, 100, 200$으로 하자. 각 표본 크기를 반복해서 1000개 생성하고 표본평균을 계산한 후 히스토그램을 그리고, 중심극한정리에 의해 평균과 분산을 가지는 정규분포를 히스토그램과 겹쳐서 그려라.

자유도가 1인 카이제곱분포는 비대칭분포로 긴꼬리가 우측으로 늘어져 있는 형태이고, 평균과 분산이 극단적인 큰 값들에 영향을 받는다.

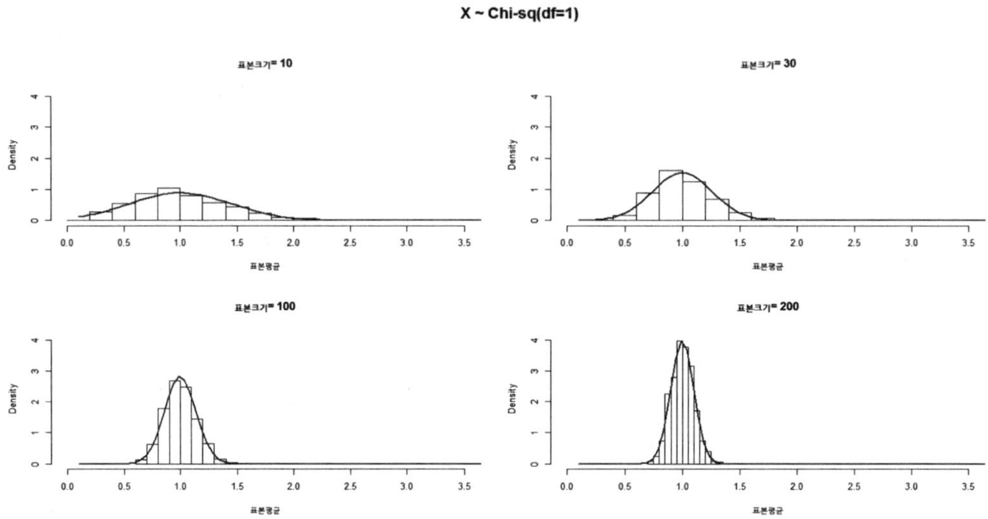


모집단이 비대칭분포이면 표본평균 분포는 표본크기에 영향을 받는다. 표본이 적을수록 표본평균 분포도 모집단의 분포와 유사한 방향으로 비대칭이다. 하지만 표본이 많아질수록 중심극한정리에 의해서 정규분포에 가까워진다. 일반적으로 표본크기가 30개 이상이면 표본분포가 정규분포와 유사하다고 한다.

## 실습

1 확률변수는 $X \sim N(\mu = 170, \sigma^2 = 25)$를 따르고, 확률표본의 크기는 $n = 5, 10, 30, 100$으로 하자. 각 표본 크기를 반복해서 500개 생성하여 표본평균을 계산한 후 히스토그램을 그리고, 중심극한정리에 의해서 평균과 분산을 가지는 정규분포를 히스토그램과 겹쳐서 그려라.

2 확률변수는 $X \sim Bin(10, 0.1)$을 따르고, 확률표본의 크기는 $n = 10, 20, 100, 500$으로 하자. 각 표본 크기를 반복해서 500개 생성하여 표본평균을 계산한 후 히스토그램을 그리고, 중심극한정리에 의해서 평균과 분산을 가지는 정규분포를 히스토그램과 겹쳐서 그려라.

# 6장
# 통계적 추론

조사나 실험의 목적은 대부분 표본을 통하여 모집단의 정보를 알아내는 데 있다. 여기서 표본이란 확률표본이고, 모집단 정보는 통계적 분포 또는 모수라고 할 수 있다. 확률표본을 기반으로 '통계적 분포가 무엇이고 모수가 무엇인지'를 알아내는 분석방법을 통계적 추론이라고 한다.

본 장에서는 통계적 추론으로 점추정, 구간추정, 가설검정을 다루고, 예제를 통해 통계적 추론을 적용하여 R과 Excel로 수행해본다.

2015년 8월 국방부가 입영 대기자 적체 문제를 해소하기 위해 현역 판정기준인 체질량지수(BMI) 기준을 강화했다. BMI는 체중(kg)을 신장(m)의 제곱값으로 나누어 산출한 수치인데, 4급(보충역) 판정기준이 'BMI 16 미만, 35 이상'에서 'BMI 17 미만, 33 이상'으로 조정되었다. 예를 들어 키 175㎝인 경우 4급 판정기준이 현행 49.0㎏ 미만, 107.2㎏ 이상에서 개정 후 52.1㎏ 미만, 101.1㎏ 이상으로 변경된 것이다.

공공데이터포털(https://www.data.go.kr/)에서는 2013년부터 2014년까지 육군 징병 대상자의 신체측정 정보(키, 몸무게 등)를 제공하고 있어 BMI뿐만 아니라 신체치수에 관한 여러 정보를 찾아볼 수 있다. 특히 이 자료는 대한민국 대다수의 청년이 징병대상자라는 점에서 대표성을 지니므로 통계적 분석에 적합하다. 참고로 징병검사는 대한민국 만 19세 남성을 대상으로 본인 또는 병무청 직권으로 수행된다. 또한 징병검사를 받아야 하는데 받지 아니한 사람과 징병검사가 연기(延期)된 후 그 사유가 소멸된 사람은 그해 또는 그다음 해에 징병검사를 받아야 한다.

신체치수 중 몸무게는 수시로 변동이 클 수 있지만 키는 거의 일정하다. 그래서 대한민국을 대표하는 청년의 키 분포 형태를 파악하는 데 본 자료는 매우 유용하다. 키 분포의 형태를 유추하는 적합한 분석 방향으로 크게 두 가지를 생각할 수 있다. 하나는 시각적인 표현으로 히스토그램, 핵밀도그림(kernel density plot), 분위수-분위수 그림(Q-Q plot)이다. 다른 하나는 주어진 자료가 정규분포에 적합한지를 가설점정으로 알아보는 Shapiro-Wilk 검정이다.

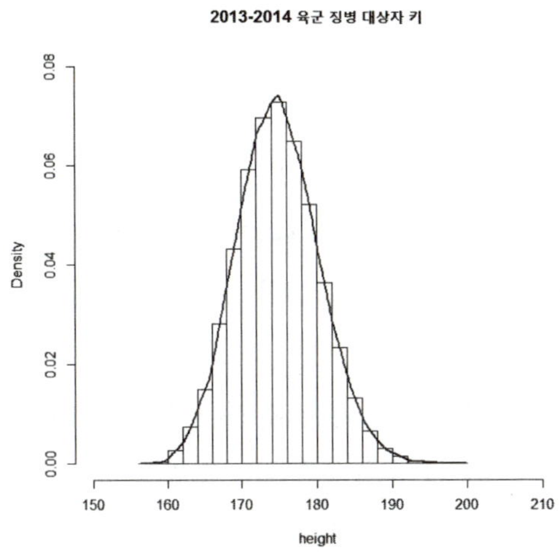


히스토그램, 핵밀도그림

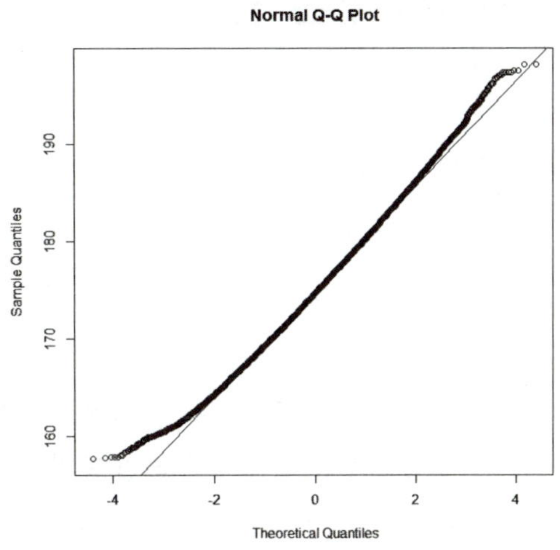


분위수-분위수 그림

# 1. 통계적 추론 원리

통계적 추론은 확률표본을 기초로 모집단의 정보를 유추하는 과학적인 절차이다. 예를 들어 약간 구부러진 동전 하나가 있다고 하자. 이 동전은 정상적인 형태가 아니기 때문에 던졌을 때 앞면이 나올 확률이 0.5가 아닐 것이다. 그렇다면 이 동전을 던져서 앞면이 나올 확률은 얼마일까?

이때 먼저 알아야 하는 정보는 여러 번 동전을 던져서 앞면이 나온 횟수를 총 시행 횟수로 나눈 확률이다. 이처럼 '약간 구부러진 동전을 던져서 앞면이 나올 확률'이라고 말할 수 있으려면 통계적 관점으로 따져보아야 한다. 점추정, 구간추정, 가설검정으로 구성된 통계적 추론을 확률표본으로부터 획득한 분포, 모수 등과 같은 통계적 정보의 신뢰성을 가늠하는 데 사용한다.

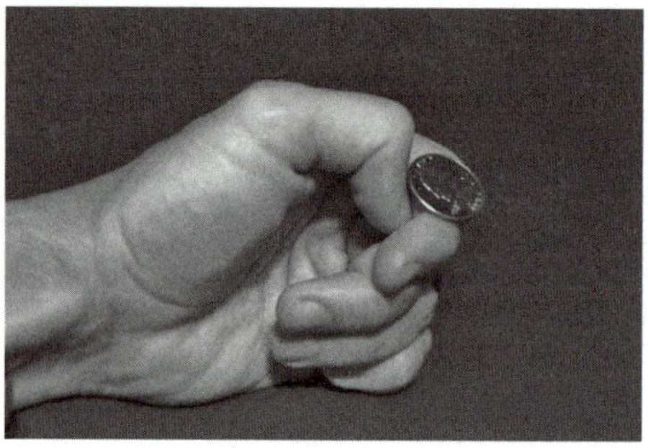

## 1) 점추정 원리

모집단은 만 19세 대한민국 남성이고 이들의 평균키(모평균, $\mu$)를 확률표본으로 추론하려고 한다. 전체 대상을 조사하면 손쉽게 평균키($\mu$)를 얻을 수 있지만, 그럴 수 없기 때문에 주어진 확률표본으로 평균키($\mu$)의 추정량을 찾아야 한다. 예상할 수 있는 추정량은 표본평균, 중앙값, (최댓값+최솟값)/2, (Q1+Q3)/2 등이 있다. 이 중 평균키를 통계적으로 가장 잘 설명할 수 있는 추정량과 그 기준이 있을 것이다.

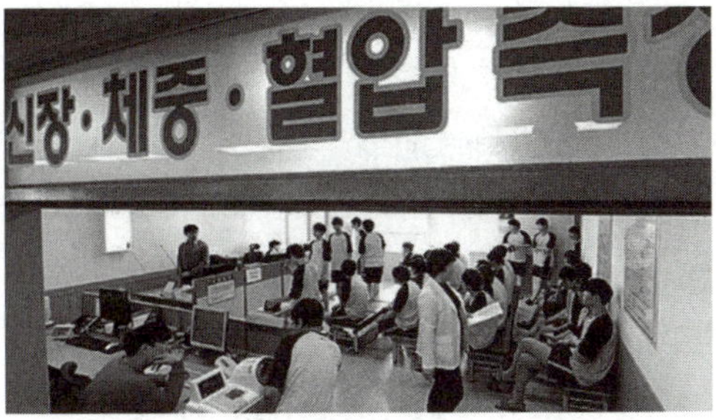


평균키의 여러 추정량 중에 통계적 기준에 부합하는 추정량을 설명하기 위해서 R을 이용해 모의실험을 수행한다. 모집단은 평균이 170이고 분산이 25인 정규분포라고 가정하자. 평균키의 추정량으로 표본평균, 중앙값, (최댓값+최솟값)/2 그리고 (Q1+Q3)/2를 생각할 수 있다. 50개로 구성된 확률표본을 100번 반복하여 생성한다. 실제로 50개 확률표본은 한 번만 추출되지만, 가상으로 50개 확률표본 묶음을 100개 추출하여 각 묶음에 대한 평균키의 추정값을 계산하고 실험을 통해 통계적 성질을 알고자 한다.

```
> X = 120:220                          # 확률변수
> n = 50                               # 생성할 확률표본 개수
> rep = 100                            # 반복
> EX  = 175                            # 모평균
> SDX = sqrt(25)                       # 모표준편차
> c(EX,SDX)
[1] 175  5
> fx = dnorm(X, mean = EX, sd = SDX)   # 남자 키 정규분포
> RSM = matrix(rnorm(n*rep, mean = EX, sd = SDX),rep,n)  # 50개 확률표본 묶음이 100개 생성
> hat_mu = matrix(rep(0,rep),rep,4)
> hat_mu[,1] = rowMeans(RSM)           # 표본평균
> for (i in 1:rep){
+   hat_mu[i,2] = median(RSM[i,])      # 중앙값
+   hat_mu[i,3] = (max(RSM[i,])+min(RSM[i,]))/2   # (최댓값+최솟값)/2
+   hat_mu[i,4] = sum(quantile(RSM[i,])[c(2,4)])/2   # (Q1+Q3)/2
+ }
> colnames(hat_mu)=c("표본평균","중앙값","(최댓값+최솟값)/2","(Q1+Q3)/2")
> boxplot(hat_mu)                      # 상자그림
> title("모평균 추정량의 상자그림")
> EX = colMeans(hat_mu)                # 각 추정량에 대한 100개 추정값들의 평균
```

```
> VarX = diag(var(hat_mu))                    # 각 추정량에 대한 100개 추정값들의 분산
> rbind(EX, VarX)
          표본평균        중앙값 (최댓값+최솟값)/2        (Q1+Q3)/2
EX      174.9747606      174.9636842         175.145073    174.9632283
VarX      0.4430361        0.5855446           2.585266      0.5292331
```

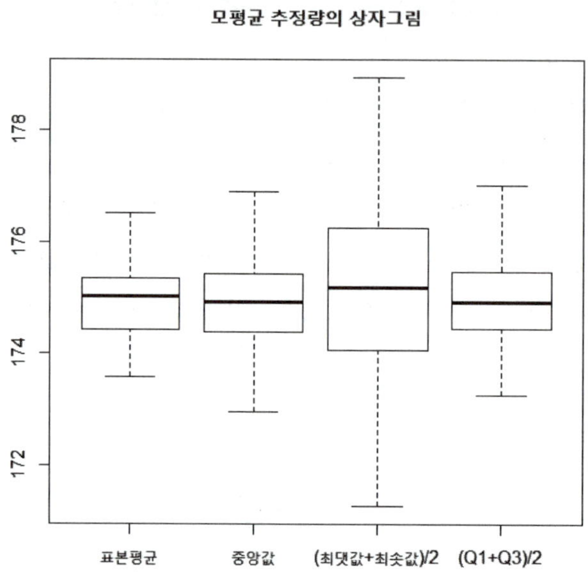


〈그림 6-1〉 모의실험을 통해 얻은 모평균의 추정값에 대한 상자그림

| | 표본평균 | 중앙값 | (최댓값+최솟값)/2 | (Q1+Q3)/2 |
|---|---|---|---|---|
| EX | 174.9747606 | 174.9636842 | 175.145073 | 174.9632283 |
| VarX | 0.4430361 | 0.5855446 | 2.585266 | 0.5292331 |

상자그림과 통계값으로부터 평균키를 추정하는 데 제시된 네 가지 추정값 중에 표본평균이 모평균(175)에 가장 가깝고 분산도 가장 적었다. 이러한 결과를 근거로 모평균을 추정하는 데 가장 좋은 추정량은 표본평균이라고 생각할 수 있다.

현실적으로 확률표본 묶음은 오직 한 개만 추출되기 때문에 모의실험처럼 여러 추정량을 수치로 비교할 수 없다. 그렇다면 확률표본($X_1$, ⋯, $X_n$)으로부터 특정 모수($\theta$)의 여러 추정량을 비교하기 위해서는 통계적 성질인 평균과 분산을 이용해야 한다. 이들 추정량의 수학적 평균에서는 특정 모수와 동일한지 비교해야 하고, 수학적 분산에서는 가장 작은 추정량이 어느 것인지 판별해야 한다.

$$E(g(X_1, \cdots, X_n)) = \theta \text{ 그리고 } Var(g(X_1, \cdots, X_n))$$

여기서 $g(X_1, \cdots, X_n)$은 특정 모수의 추정량이다.

추정량의 평균이 모수와 동일한 추정량을 불편추정량이라고 하고, 추정량의 분산이 가장 작은 추정량을 최소분산추정량이라고 한다. 그리고 두 가지 조건을 모두 만족하는 추정량을 최소분산불편추정량이라고 한다. 점추정에서 가장 바람직한 추정량은 최소분산불편추정량이며 보통 모평균은 표본평균, 모분산은 표본분산을 사용한다.

■ **점추정**

확률표본을 기초하여 관심모수를 단일값으로 추정하는 방법

■ **점추정량**

점추정에 사용된 통계량

■ **점추정값** (point estimate)

표본에서 구한 점추정의 값

※ 일반적으로 모수를 그리스 문자로 표현하고 추정량은 해당 그리스 문자에 햇(hat) 기호를 사용한다. 만일 모수를 $\theta$라고 하면, 그 추정량은 $\hat{\theta}$으로 쓰고 '세타-햇(theta-hat)'으로 읽는다. 모수 평균 $\mu$와 분산 $\sigma^2$, 모비율 $\rho$에 대한 각각의 추정량은 $\hat{\mu}$, $\widehat{\sigma^2}$, $\hat{\rho}$으로 나타낸다.

## 2) 구간추정 원리

일반적으로 점추정은 주어질 확률표본으로부터 한 모수의 최소분산불편추정량이다. 직관적으로 말하면 점추정은 하나의 관심 모수를 하나의 값으로 정하는 통계적 추론이다. 앞에 예제에서 만 19세 대한민국 남성 평균키($\mu$)의 최소분산불편추정량은 표본평균이고, 확률표본이 주어지면 표본평균이 계산된다. 이러한 추정값은 어떤 확률표본이 추출되는가에 따라서 달라진다. 현실적으로 오직 한 묶음의 확률표본만 추출되므로 추정값도 오직 하나이다.

모수를 점추정으로 추론하면 추정된 값이 모수와 동일하다고 확신할 수 없는데, 그 이유

는 확률표본에 있다. 그렇다면 모수를 구간으로 나타내면 어떨까? 앞 예제에서 남성 평균키가 170~174에 있다고 한다면, 점추정보다는 구간추정이 모수를 포함할 기회가 크다고 할 수 있다.

구간추정의 원리는 모수의 점추정량에서 출발한다. 점추정량은 확률변수이고 점추정값은 확률표본에 따라서 다르게 나타나며 이러한 변동을 점추정값의 오차라고 한다.

**추정량의 표준오차**

추정량의 표준오차는 추정량의 표준편차로 정의한다. 그 의미는 추정값의 오차 또는 불확실성으로 설명된다.

예를 들어 모평균의 점추정량은 표본평균($\overline{X}$)이고 표준오차는 $\sigma/\sqrt{n}$ 이다. 그러면 모평균의 구간추정은 점추정량인 표본평균과 표준오차를 이용하여 정의할 수 있다. 표본평균이 확률표본에 따라서 변동하기 때문에 그 변동폭을 설정하여 모평균의 구간을 추론하는 접근이다. 이러한 변동폭은 표준오차로 설정된다. 이제는 구간추정을 모수에 관한 신뢰구간이라고 정의하고 이러한 신뢰구간은 직관적으로 모수의 점추정값과 표준오차로 설정한다. 특히 표본평균의 신뢰구간은 추정값과 표준오차의 상수($c$) 배로 생각할 수 있다.

$$\overline{x} \pm c \times \frac{\sigma}{\sqrt{n}}$$

여기서 상수(c)는 신뢰구간의 폭을 결정하는 중요한 요소로 점추정량인 표본평균의 분포를 기초로 한다. 만약 $c$가 작은 값이면 신뢰구간 폭도 그에 상응하여 좁을 것이고 반대 경우는 폭이 넓을 것이다. 이러한 상수값에 따라서 형성되는 신뢰구간에 모평균(모수)이 포함되는 정도가 다르면 그 정도를 신뢰수준이라고 정의한다.

신뢰수준을 설명하기 전에 표본평균의 분포가 중심극한정리에 의해서 평균이 모평균이고 분산이 표준오차의 제곱인 정규분포에 근사한다는 것을 상기하자. 또한 표본평균을 정규화하면 표준정규분포가 되고, 어떤 구간이 정해지면 그에 대응되는 확률을 계산할 수 있다.

$$Z = \frac{\overline{X} \sim \mu}{\sigma / \sqrt{n}} \sim N(0,1)$$

예를 들어 확률변수 $Z$가 표준정규분포라 하면 대략 $\Pr(-1.96 < Z < 1.96) = 0.95$이고 $\Pr(-2.58 < Z < 2.58) = 0.99$이다.

**95%에 대한 모평균의 신뢰구간**

$$\bar{x} \pm z_{(1-0.95)/2} \times \frac{\sigma}{\sqrt{n}} \Leftrightarrow \text{표본평균} \pm z_{(1-0.95)/2} \times \text{표준오차}$$

여기서 $Z \sim N(0,\ 1)$이고 $z_{(1-0.95)/2}$는 $0.025 = \Pr(Z > z_{(1-0.95)/2=0.025})$에 해당하는 값이다.

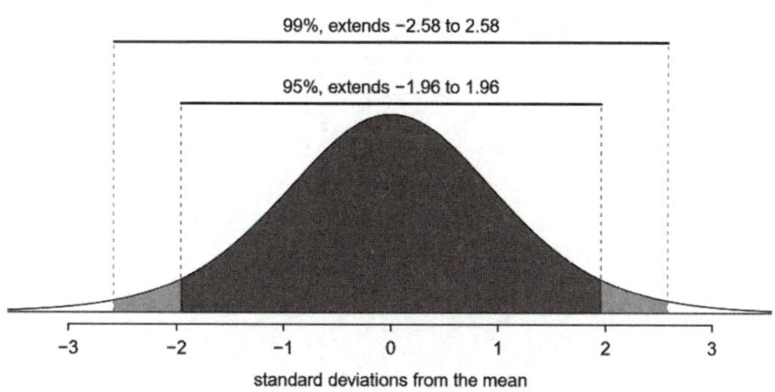


〈그림 6-2〉 표준정규분포에서 평균(0)으로부터 표준편차의 상수배(1.96과 2.58)만큼 떨어져 있을 확률

**95%에 대한 모수의 신뢰구간**

$$\text{점추정값} \pm c^{*} \times \text{표준오차}$$

$c^{*}$은 $0.025 = \Pr(W > c^{*})$에 해당하는 값이고, 확률변수 $W$에 대한 분포는 모수에 대하여 대칭이다.

일반적으로 신뢰수준은 90%, 95%, 99%로 정하며 신뢰수준이 높을수록 신뢰구간의 폭도 넓어진다. 신뢰구간의 폭이 넓으면 그 안에 모수가 포함될 가능성이 높지만, 이것이 확률적으로 0.9, 0.95, 0.99의 가능성으로 모수가 구간 안에 포함될 수 있다는 의미는 아니다.

신뢰구간의 해석은 확률표본에 기인한다. 쉽게 말해서 표본평균은 확률표본에 따라서 다른 값이 나올 수 있고 근사적으로 정규분포를 따른다. 한 확률표본과 어떤 신뢰수준에 대한 신뢰구간은 오직 하나이고, 모평균이 이 구간에 포함될지 안 될지는 확률적으로 확신할 수 없다. 다만 여러 확률표본으로 계산된 신뢰구간들 중에 모평균이 포함될 신뢰구간의 비율이 신뢰수준에 대응되는 정도임을 가늠할 수는 있다. 예를 들어, 100개 묶음의 확률표본에 대한 95% 신뢰수준의 100개 신뢰구간 중에 평균적으로 95개는 모평균을 포함하고 5개는 모평균을 포함하지 않는다. 따라서 95% 모수의 신뢰구간이 구해지면 '모수가 95% 신뢰구간에 있을 확률이 0.95이다'라고 해석하지 않고 '모수가 구간 안에 있다는 것을 95% 신뢰할 수 있다'라고 해석한다.

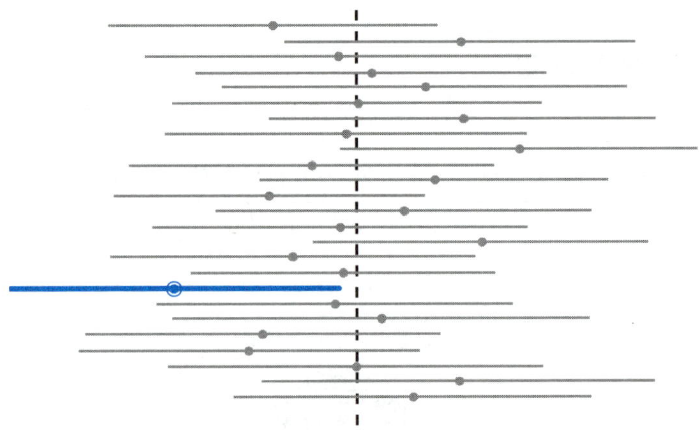


〈그림 6-3〉 25개 묶음의 확률표본에 대한 모평균의 95% 신뢰구간

## 3) 가설검정 원리

점추정은 모수가 하나의 값이라고 규정하는 통계적 추론이고, 신뢰구간은 어떤 신뢰수준에서 모수가 구간으로 설정되는 통계적 추론이다. 이들의 특징으로 점추정은 모수가 특정값이라는 확률적 해석이 불가능하며, 신뢰구간도 계산된 영역 안에 모수가 포함될 확률로 해석하지 않는다. 그러면 모수가 특정 영역으로 결정될 수 없는 걸까? 예를 들어보면, 최근 성인 남성의 평균

키(모평균)가 과거 평균키인 170cm보다 커졌다는 주장을 확률표본을 통하여 통계적으로 추론할 수 있다. 만약 확률표본으로부터 표본 평균키를 172cm로 구했다면 최근 평균키가 과거보다 커졌다고 주장할 수 있을까? 표본평균이 확률표본에 의해서 결정되므로 과거 평균키보다 현재 평균키가 커졌다고 단정할 수는 없을 것이다. 그렇다면 확률표본으로부터 어떤 통계적 절차로 평균키가 커졌다고 주장할 수 있는지 형사재판의 과정 일부를 통하여 우회적으로 알아보자.

형사재판을 피고인(형사사건에서 형사책임이 있는 사람)과 배심원의 관점에서 살펴보자. 재판이 시작되고 판결이 나올 때까지는 무죄추정 원칙에 따라 피고인은 무죄이고, 배심원은 검사와 변호사가 제시하는 증거와 설명을 듣고 피고인의 유무죄를 판단한다. 앞서 예시로 든 현재 평균키가 과거 평균키보다 커졌다는 주장을 통계적으로 판단하는 과정도 형사재판과 매우 유사하며 이러한 과정을 가설검정이라고 한다. 가설검정은 모집단의 관심 정보를 설정하고 가설을 설정한 후, 확률표본을 통하여 설정된 가설을 통계적으로 검증하는 분석방법이다.

가설검정을 단계별로 살펴보면 크게 세 가지 단계로 나누어 생각할 수 있다. 첫 번째는 가설 설정 단계로, 기존 주장과 새로운 주장을 구분하여 제시한다. 형사재판에서 기존 주장은 '피고인의 무죄'이고 새로운 주장은 '유죄'이다. 여기서 기존 주장을 귀무가설이라고 하고, 새로운 주장을 대립가설이라고 정의한다.

**가설 설정**

가설은 두 개의 주장으로 구분해 설정하며 서로 겹치는 부분이 없다. 두 주장 중에 기존 주장을 귀무가설이라고 하며 기호로는 $H_0$라고 표시한다. 대립가설은 새로운 주장으로 $H_A$라고 표시한다.

**예제 6-1**

살인에 관한 형사재판에서 피고인에 대한 가설을 설정하자.

$H_0$(귀무가설): 피고인은 무죄이다.

$H_A$(대립가설): 피고인은 유죄이다.

**예제 6-2**

새로운 기술로 개발된 타이어의 눈길 제동 능력이 기존 타이어의 제동거리(41m)보다 길어졌다.

$H_0$(귀무가설): 새로운 타이어의 눈길 제동거리가 41m이다.

$H_A$(대립가설): 새로운 타이어의 눈길 제동거리가 41m보다 길다.

두 번째는 주어진 가설을 검증할 수 있는 증거를 제시하는 단계로, 가설에서 언급한 모수(또는 분포 등)의 추정량을 근거로 검정통계량을 구한다. 검정통계량에 대해서는 추후에 설정될 가설에 따라 자세히 다룰 것이다. 여기서 언급한 검정통계량은 설정될 가설을 판단하는 증거로만 간주한다.

마지막 단계에서는 추출된 확률표본으로부터 검정통계값을 계산하고 특정 기준에 따라 귀무가설, 또는 대립가설을 채택한다. 여기서 말하는 기준은 귀무가설, 또는 대립가설 중 하나의 판결에 대한 오류와 관련되어 있다. 형사재판에서 제시된 증거, 검사와 변호사의 설명을 근거로 배심원단이 판사에게 피고인의 유무죄 여부와 그 이유, 형량을 제시하고, 최후에 판사가 피고인에게 판결을 선고하는 것과 같다.

한편, 형사재판에서 어떤 판결이 결정되든지 오류는 존재한다. 실제로는 피고인이 무죄인데도 불구하고 여러 증거로 유죄 판결이 내려질 수 있고 반대인 경우도 있다. 이 모든 판결은 오류이며 가설점정에서는 이러한 오류를 '제1종 오류'와 '제2종 오류'라고 한다.

| 사실 \ 채택한 결과 | 귀무가설($H_0$)을 채택 | 대립가설($H_A$)을 채택 |
|---|---|---|
| 귀무가설($H_0$)이 사실 | 옳은 결정 | 제1종 오류 |
| 대립가설($H_A$)이 사실 | 제2종 오류 | 옳은 결정 |

형사재판이든 가설검정이든 판결에 대한 오류는 없어야 하지만 현실적으로는 오류가 생기기 마련이다. 통계적으로 두 오류를 동시에 줄일 수 없어서 제1종 오류를 최소로 하는 확률을 설정하고 이를 '유의수준'이라고 한다.

**유의수준($\alpha$)**

제1종 오류를 확률의 크기로 표현한 것으로, 귀무가설이 옳음에도 불구하고 이를 기각할 확률을 의미한다.

보통 가설검정에서는 유의수준을 0.05로 설정한다. 이는 귀무가설이 사실임에도 귀무가설을 기각할 확률을 의미한다.

- **검정통계량**(test statistic)

  주어진 가설을 검정하기 위해서 확률표본을 기반으로 구한 통계량

- **제1종 오류**($\alpha$)

  귀무가설이 사실임에도 잘못하여 이를 기각함으로써 발생하는 오류

- **제2종 오류**($\beta$)

  대립가설이 사실임에도 귀무가설을 채택하게 되는 오류

※ 제1종 오류가 발생할 확률을 $\alpha$로 표기하고, 검정의 유의수준이라고 한다.

$\alpha = \Pr\{\text{제1종 오류}\} = \Pr\{H_0 \text{ 기각} | H_0 \text{ 사실}\}$

※ 제2종 오류가 발생할 확률은 $\beta$로 표기한다.

$\beta = \Pr\{\text{제2종 오류}\} = \Pr\{H_0 \text{ 채택} | H_A \text{ 사실}\}$

## 2. 정규분포의 통계적 추론

연속형 자료를 분석하는 데 가장 기본적인 방향은 분포형태가 대칭인지 비대칭인지를 구별하고, 수치적으로 중심성향(평균, 중앙값, 분위수 등)과 퍼짐정도(분산, 범위, 사분위범위 등)를 나타내는 통계값을 계산하는 것이다. 분포형태를 파악하는 데 가장 많이 쓰이는 시각적 기법으로 히스토그램이 있지만 이는 단지 대칭 또는 비대칭의 형태를 눈대중으로 파악할 수 있을 뿐이다. 만약 히스토그램에서 자료의 분포형태가 대칭이고 최빈수가 하나이면 대부분 정규분포라고 생각할 수 있다. 하지만 대칭인 분포가 정규분포만 있는 것은 아니다. 시각적으로 주어진 자료로 정규분포의 형태를 파악하기에 적절한 기법은 '분위수-분위수 그림(Q-Q 그림)'이다.

Q-Q 그림은 주어진 자료의 분위수와 대응되는 표준정규분포의 값들을 x-y 좌표에 표시한 산점도이다. 여기서 y-축은 주어진 자료의 분위수이고, x-축은 이에 대응되는 표준정규분포의 값들이다. 만약 주어진 자료가 정규분포와 유사하면 산점도는 직선에 가까우며 비대칭 정도에 따라서 산점도의 꼬리 부분이 굽은 형태로 나올 것이다.

Q-Q 그림을 R에서 수행하기 위해서 우선 모평균이 170이고 분산이 64인 정규분포로부터 난수를 100개 생성하자.

```
> x = rnorm(100, mean=170, sd=8)    # 모평균이 170, 모표준표차가 8인 정규분포로부터 100개 난수 생성
> hist(x)
```

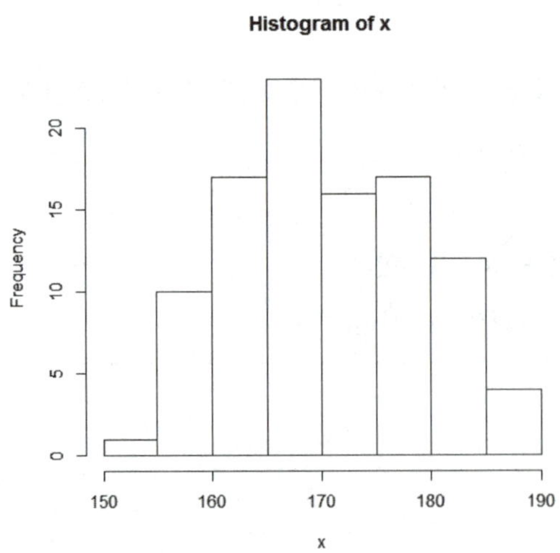


〈그림 6-4〉 모평균이 170이고 분산이 64인 정규분포로부터 생성된 난수 100개에 대한 히스토그램

모평균이 170이고 분산이 64인 정규분포로부터 생성된 난수 100개의 히스토그램은 대략 대칭으로 보이지만 정규분포가 될지는 확실하지 않다. R을 이용하여 Q-Q 그림을 수행하자.

```
> qqnorm(x,main="N(170,8^2)")          # q-q 그림
> qqline(x)                            # q-q 직선
```

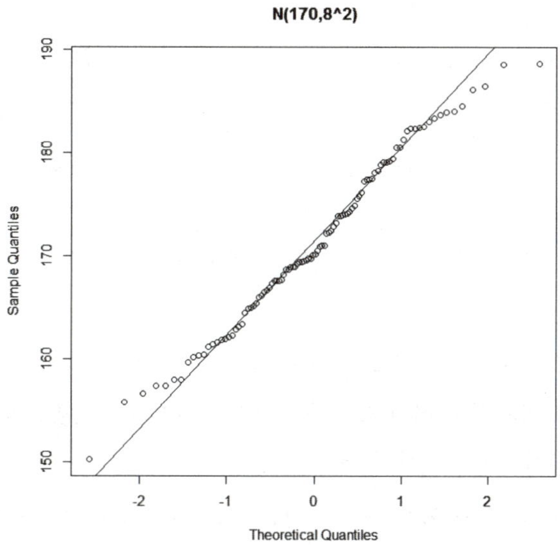


〈그림 6-5〉 모평균이 170이고 분산이 64인 정규분포로부터 생성된 난수 100개에 대한 Q-Q 그림

그림을 보면 주어진 자료가 거의 직선 위에 있기 때문에 정규분포를 따른다고 할 수 있다. 여기서 직선은 자료와 표준정규분포의 제1사분위수와 제3사분위수를 이은 선이다. 왼쪽과 오른쪽 부분의 점들이 직선과 어느 정도 떨어져 있어야 정규분포라고 할 수 없는지, 그에 대한 정확한 기준은 없다. 다만 너무 심하게 떨어져 있지만 않으면 된다.

균일분포와 t-분포의 Q-Q 그림을 R을 수행하여 살펴보자.

```
> y = runif(100)                       # 균일분포(0,1)로부터 100개 난수 생성
> qqnorm(y,main="균일분포(0,1)")       # q-q 그림
> qqline(y)                            # q-q 직선
```

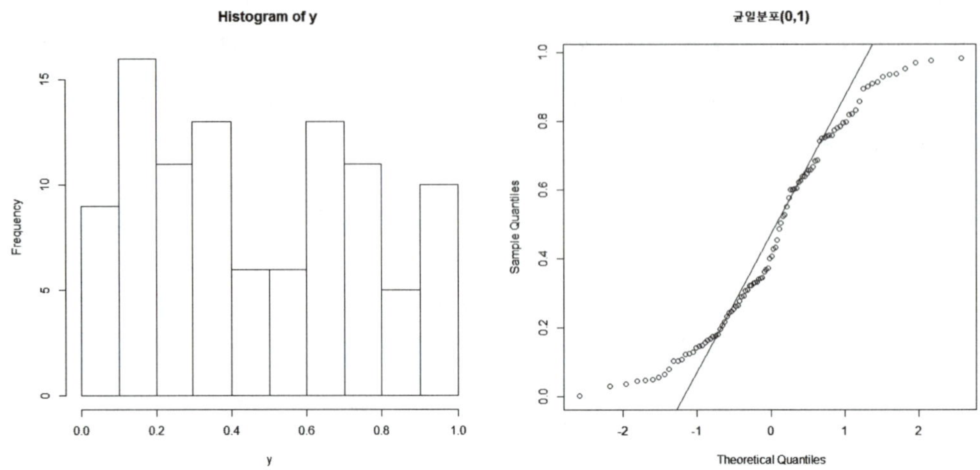


〈그림 6-6〉 균일분포(0,1)로부터 생성된 난수 100개에 대한 히스토그램과 Q-Q 그림

균일분포의 Q-Q 그림에서 꼬리 부분이 굽은 정도가 더 심하고 히스토그램을 그리면 형태가 평평하게 나타난다. 이처럼 주어진 자료가 정규분포인지를 시각적으로 구별하려면 히스토그램과 Q-Q 그림을 동시에 분석해야 한다.

히스토그램과 Q-Q 그림은 주어진 자료가 정규분포를 따르는지를 판단하는 데 다소 주관적인 견해가 반영되기 때문에 가설검정을 통해 좀 더 정확한 통계적 추론을 해야 한다. Shapiro-Wilk 정규성 검정이 연속형 자료의 정규분포를 검정하는 데 유용한 기법으로, 이 부분은 실습에서 다룬다.

Excel로 Q-Q 그림을 작성하려면 다음과 같은 절차를 따른다. 주어진 연속형 자료가 $x_1$, $x_2$, $\cdots$, $x_n$이라 하자.

1단계: 자료를 오름차순으로 정렬한다.

$$x_{(1)} \leqq x_{(2)} \leqq \cdots \leqq x_{(n)}$$

2단계: 표본누적확률분포($p_i$)를 계산한다. 단 표본크기는 $n > 10$이어야 한다.

$$p_i = \frac{i-0.5}{n+1}, \quad i = 1, \cdots, n$$

3단계: 계산된 표본누적확률분포($p_i$)에 대응되는 표준정규분포의 값($z_{p_i}$)을 구한다.

$$p_i = \Pr(Z \leq z_{p_i}),\ \ i = 1, \cdots, n$$

4단계: x-축은 표준정규분포의 값으로 설정하고, y-축은 오름차순으로 정렬된 자료로 설정하여 산점도 ($z_{pi}$, $x_{(i)}$), $i = 1$, $\cdots$, $n$을 그린다.

5단계: 주어진 자료의 제1사분위수와 제3사분위수를 구하고 이에 대응되는 표준정규분포의 값을 구한다. 두 쌍의 점 ($z_{0.25}$, $Q_1$)과 ($z_{0.75}$, $Q_3$)를 4단계에서 그린 산점도에 표시하고 직선으로 연결한다.

Excel로 Q-Q 그림을 수행하기 위해 정규분포 난수와 균일분포 난수를 생성한다. 난수 생성은 분포를 다루는 주제에서 Excel 명령어 "rand()"와 "norm.inv(확률,평균,표준편차)"를 이용한다고 배웠다. 생성된 난수를 오름차순으로 정렬한 후 해당 값에 대응되는 누적확률분포와 표준정규분포를 계산한다. 4단계까지 수행하면 다음과 같은 그림이 생성된다.

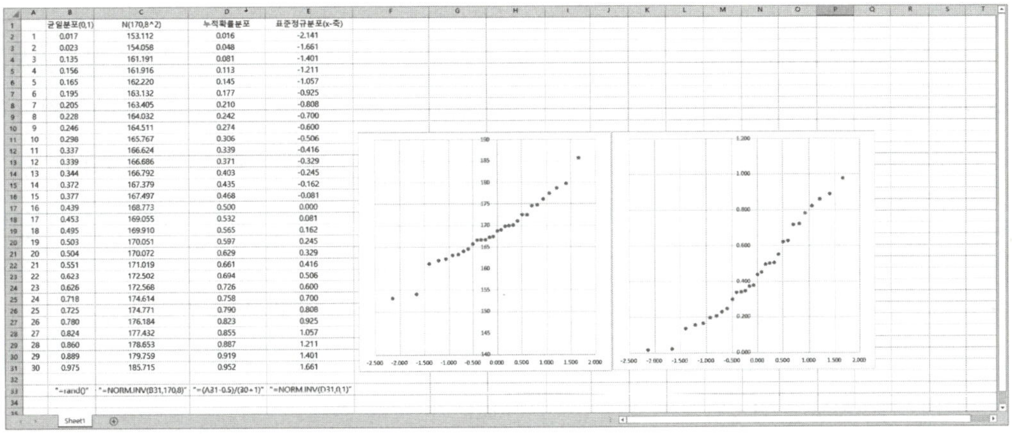

| | 균일분포(0,1) | N(170,8^2) | 누적확률분포 | 표준정규분포(x-축) |
|---|---|---|---|---|
| 1 | 0.017 | 153.112 | 0.016 | -2.141 |
| 2 | 0.023 | 154.058 | 0.048 | -1.661 |
| 3 | 0.135 | 161.191 | 0.081 | -1.401 |
| 4 | 0.156 | 161.916 | 0.113 | -1.211 |
| 5 | 0.165 | 162.220 | 0.145 | -1.057 |
| 6 | 0.195 | 163.132 | 0.177 | -0.925 |
| 7 | 0.205 | 163.405 | 0.210 | -0.808 |
| 8 | 0.228 | 164.032 | 0.242 | -0.700 |
| 9 | 0.246 | 164.511 | 0.274 | -0.600 |
| 10 | 0.298 | 165.767 | 0.306 | -0.506 |
| 11 | 0.337 | 166.624 | 0.339 | -0.416 |
| 12 | 0.339 | 166.686 | 0.371 | -0.329 |
| 13 | 0.344 | 166.792 | 0.403 | -0.245 |
| 14 | 0.372 | 167.379 | 0.435 | -0.162 |
| 15 | 0.377 | 167.497 | 0.468 | -0.081 |
| 16 | 0.439 | 168.773 | 0.500 | 0.000 |
| 17 | 0.453 | 169.055 | 0.532 | 0.081 |
| 18 | 0.495 | 169.910 | 0.565 | 0.162 |
| 19 | 0.503 | 170.051 | 0.597 | 0.245 |
| 20 | 0.504 | 170.072 | 0.629 | 0.329 |
| 21 | 0.551 | 171.019 | 0.661 | 0.416 |
| 22 | 0.623 | 172.502 | 0.694 | 0.506 |
| 23 | 0.626 | 172.568 | 0.726 | 0.600 |
| 24 | 0.718 | 174.614 | 0.758 | 0.700 |
| 25 | 0.725 | 174.771 | 0.790 | 0.808 |
| 26 | 0.780 | 176.184 | 0.823 | 0.925 |
| 27 | 0.824 | 177.432 | 0.855 | 1.057 |
| 28 | 0.860 | 178.653 | 0.887 | 1.211 |
| 29 | 0.889 | 179.759 | 0.919 | 1.401 |
| 30 | 0.975 | 185.715 | 0.952 | 1.661 |
| | "=rand()" | "=NORM.INV(B31,170,8)" | "=(A31-0.5)/(30+1)" | "=NORM.INV(D31,0,1)" |

〈그림 6-7〉 Excel에서 정규분포와 균일분포의 난수를 생성한 Q-Q 그림

마지막으로 직선을 추가하려면 5단계에서 제시한 값들뿐만 아니라 각 직선을 작도하는 데 필요한 기울기, y-절편, x-축의 끝점이 필요하다. 이들 값이 모두 계산되면 Excel 화면의 Q-Q 그림에 커서를 놓고 오른쪽 버튼을 클릭, [데이터 선택]에서 [Q-Q 그림 끝점]을 추가하여 직선으로 표현하면 다음과 같은 Q-Q 그림이 생성된다.

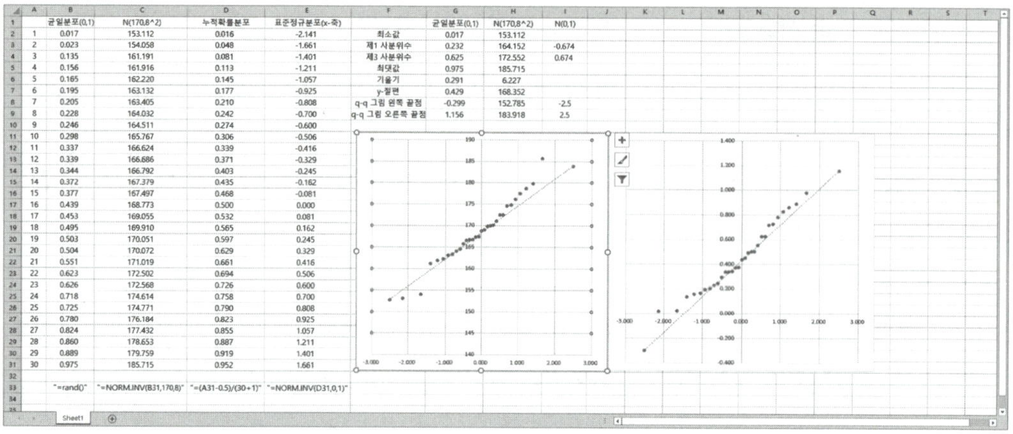

〈그림 6-8〉 Excel에서 정규분포와 균일분포의 난수를 생성한 Q-Q 그림

## 3. 한 개 모집단에 관한 통계적 추론

지금까지 단일 모집단으로부터 확률표본이 왜 필요한지, 이들을 통해 무엇을 해야 하는지를 배웠다. 만약 자료가 연속형이면 분포형태를 파악하고 모평균과 모분산이 무엇일지 통계적 추론을 수행해야 한다. 자료가 이산형이면 사건에 따른 확률을 추론해야 한다. 단일 모집단에서 수행해야 할 통계적 추론을 요약하면 다음과 같다.

- 단일 모집단으로부터 주요 모수들을 설정한다. 주요 모수들은 모평균, 모비율, 모분산 등이 있다.
- 모수의 점추정량을 결정하고 그 분포를 설정한다.
- 모수의 구간추정을 설정한다.
- 가설검정을 설정한다.
- 확률표본으로부터 점추정값, 신뢰구간, 가설검정을 수행하고 통계적 추론을 이행한다.

## 1) 모평균의 가설검정

경제협력개발기구(OECD)는 해마다 가입국을 대상으로 각종 통계를 수집하여 분야별로 순위를 발표한다. 한 예로 2014년 OECD 18개 국가의 평균 수면 시간을 조사한 결과 한국인이 7시간 49분으로 꼴찌를 기록한 반면 프랑스는 8시간 50분으로 가장 길었다. 수면 시간은 건강과 직·간접적으로 연관이 있으며 너무 길거나 짧으면 우울증, 심장병, 불면증과 같은 질병이 발생할 수 있다. 이러한 중요성 때문에 미국의 국립수면연구재단(National Sleep Foundation)에서는 성인 적정 수면 시간으로 하루 7~8시간을 권장하고 있다.

(출처: 미국 국립수면연구재단)

OECD에서 발표한 평균 수면 시간은 모평균이 아닌 표본평균으로, 선택된 확률표본에 따라 표본평균이 다소 다를 수 있다. 그렇다면 특정 국가에 대한 수면 시간의 모평균이 8시간이 되는지 여부를 판단해볼 필요가 있다. 모평균($\mu$)을 대상으로 앞에서 알려준 가설검정의 단계를 적용해보자.

1단계: 귀무가설과 대립가설을 설정한다.

(a) $H_0 : \mu = \mu_0,\ H_A : \mu \neq \mu_0$

(b) $H_0 : \mu = \mu_0,\ H_A : \mu > \mu_0$

(c) $H_0 : \mu = \mu_0,\ H_A : \mu < \mu_0$

귀무가설($H_0$)은 모평균($\mu$)을 특정값($\mu_0$)으로 설정하고, 대립가설($H_A$)은 다음의 세 가지 형태 중 하나를 결정해서 설정해야 한다. 즉 "모평균은 특정값이 아니다", "크다", "작다" 중 하나를 정해야 한다. 이러한 대립가설은 주어진 상황에 적합하게 설정해야 한다. 적정 수면 시간이 8시간보다 적은 국가가 어디인지를 가설검정으로 판단하려면 대립가설은 (c)로 설정해야 하고 $\mu_0 = 8$이 된다.

2단계: 모평균의 점추정량과 검정통계량을 제시하고 분포를 구한다. 검정통계량은 항상 귀무가설이 사실이라는 가정하에 수행되기 때문에 모평균이 $\mu_0$이다.

- 모평균의 점추정량

$$\overline{X} = \frac{1}{n}\sum_{i=1}^{n} X_i$$

- 모평균의 검정통계량

– 모분산이 알려져 있는 경우: $T = \dfrac{\overline{X} - \mu_0}{\sigma/\sqrt{n}} \sim N(0,1)$ – z 검정

– 모분산이 알려져 있지 않은 경우: $T = \dfrac{\overline{X} - \mu_0}{S/\sqrt{n}} \sim \begin{cases} N(0,1), & n \geq 30 \\ t_{n-1}, & n < 30 \end{cases}$ – t 검정

여기서 확률표본은 $X_1, X_2, \cdots, X_n$이고 $S^2 = \sum_{i=1}^{n}(X_i - \overline{X})^2/(n-1)$이다.

확률표본을 조사 또는 실험을 통하여 얻으면 2단계에서 검정통계값으로 계산된다.

3단계: 검정통계값을 계산하고 유의수준($\alpha$)을 설정한다.

– 모분산이 알려져 있는 경우: $T_{cal} = \dfrac{\overline{x} - \mu_0}{\sigma/\sqrt{n}}$

– 모분산이 알려져 있지 않은 경우: $T_{cal} = \dfrac{\overline{x} - \mu_0}{s/\sqrt{n}} \sim \begin{cases} N(0,1), & n \geq 30 \\ t_{n-1}, & n < 30 \end{cases}$

여기서 표본은 $x_1, x_2, \cdots, x_n$이고 $s^2 = \sum_{i=1}^{n}(x_i - \overline{x})^2/(n-1)$이다.

검정통계량은 귀무가설이 사실이라는 가정에서 표준정규분포를 따른다. 귀무가설이 정말 사실이면 확률표본의 표본평균은 $\mu_0$에서 멀리 떨어져 있지 않고 검정통계값도 "0"에 가까울 것이다. 반대로 대립가설이 사실이면 확률표본의 표본평균은 $\mu_0$에서 멀고 검정통계값도 "0"에서 멀어질 것이다. 만약 $\mu > \mu_0$(또는 $\mu < \mu_0$)가 사실이면 표본평균은 $\mu_0$보다 크고(작고), 검정통계값은 "0"보다 클(작을) 것이다. $\mu \neq \mu_0$일 경우는 표본평균과 검정통계값이 $\mu_0$ 또는 "0"에서 멀어질 것이다.

4단계: 검정을 통하여 귀무가설과 대립가설 중 하나를 채택한다.

앞 단계에서 구한 검정통계값($T_{cal}$)을 대립가설($\mu \neq \mu_0$, $\mu > \mu_0$, $\mu < \mu_0$)과 유의수준($\alpha$)을 이용하여 귀무가설 또는 대립가설을 채택하는 과정으로 정리하면 다음과 같다.

- 왼쪽 단측검정: 대립가설이 $\mu < \mu_0$
  유의수준 $\alpha = \Pr(Z < z_\alpha)$인 $z_\alpha$를 구하고 $T_{cal} < z_\alpha$(기각역)이면 귀무가설을 기각하고 반대면 채택한다.
- 오른쪽 단측검정: 대립가설이 $\mu > \mu_0$
  유의수준 $\alpha = \Pr(Z > z_\alpha)$인 $z_\alpha$를 구하고 $T_{cal} > z_\alpha$(기각역)이면 귀무가설을 기각하고 반대면 채택한다.
- 양측검정: 대립가설이 $\mu \neq \mu_0$
  유의수준 $\alpha/2 = \Pr(Z > z_{\alpha/2})$인 $z_\alpha$를 구하고 $|T_{cal}| > z_{\alpha/2}$(기각역)이면 귀무가설을 기각하고 반대면 채택한다.

여기서 $Z$는 표준정규분포의 확률변수이고 검정통계량이 t-분포이면 그에 해당하는 값을 사용하면 된다.

**예제 6-3**

특정 국가에서 100명을 대상으로 하루 평균 수면 시간을 조사한 결과 $\bar{x} = 7.3$이었다. 과거 자료에서 수면 시간의 모분산이 $\sigma = 3$이라는 것을 알 수 있다면, 적절한 수면 시간의 모평균을 8시간이라고 할 수 있을지 가설검정을 수행하여라.

1단계: 귀무가설과 대립가설을 설정하자.

- $H_0: \mu = 8, \quad H_A: \mu \neq 8$

2단계: 검정통계량의 분포를 구하고 유의수준을 $\alpha = 0.05$라 하자.

- 모분산이 알려져 있는 경우: $T = \dfrac{\bar{X} - \mu_0}{\sigma/\sqrt{n}} \sim N(0,1)$

3단계: 검정통계값을 계산하고 유의수준 $\alpha = 0.05$로 설정한다.

- 모분산이 알려져 있는 경우(z 검정): $T_{cal} = \dfrac{\bar{x} - \mu_0}{\sigma/\sqrt{n}} = \dfrac{7.3 - 8}{3/\sqrt{100}} \approx -2.33$

4단계: 검정을 수행한다.

- 양측검정: 대립가설이 $\mu \neq \mu_0$
- $0.05 = 2 \times \Pr(Z > z_{0.025})$에 해당되는 $z_{0.025} \approx 1.96$ 이다. 여기서 $Z$는 표준정규분포의 확률변수이다.
- $|T_{cal}| = 2.33 > 1.96 = z_{0.025}$ 이기 때문에 귀무가설을 기각한다.

결론적으로 유의수준 $\alpha = 0.05$ 이하에서 특정 국가의 평균 수면 시간이 8시간이라고 볼 수 없다.

**예제 6-4**

수면 시간의 모평균이 7.2이고 모분산이 1인 정규분포로부터 20개의 난수를 발생시켜라. 또한 주어진 난수를 이용하여 적절한 수면 시간의 모평균이 8시간보다 적다고 할 수 있는지 알기 위한 가설검정을 R과 Excel을 이용하여 수행하라. 단, 모분산은 알려져 있지 않다고 가정한다.

R에서 정규분포의 난수는 다음과 같이 명령어 "rnorm"을 이용한다.

```
> x = rnorm(20,mean=7.2,sd=1)
```

모분산이 알려져 있지 않기 때문에 모평균에 대한 가설검정은 t검정으로 수행한다. R 명령어는 "t.test"이다.

```
> t.test(x,mu=8,alternative="less")          # 귀무가설: mu=8이고 대립가설은 alternative="less"이다.
     One Sample t-test
data:  x
t = -6.2841, df = 19, p-value = 2.469e-06          # 검정통계값이 t=-6.2841이다.
alternative hypothesis: true mean is less than 8   # 대립가설이 mu<8이다
95 percent confidence interval:                    # 모평균에 대한 95% 신뢰구간
   -Inf 7.14411
sample estimates:
mean of x                                          # 표본평균
 6.819199
```

"t.test"를 수행한 R 결과를 보면, 유의수준에 대응되는 $t_\alpha$-값($\alpha = \Pr(t_{n-1} < t_\alpha)$)은 제공되지 않지만 그 대신에 $P$-값(2.469e-06)이 제시되어 있다. 결론적으로 $P$-값이 유의수준보다 작으면 귀무가설을 기각하고 반대로 크면 채택한다. 보통 검정통계값과 유의수준으로 귀무가설과 대립가설 중 하나를 채택하는 방식 대신에 검정통계값과 검정통계량의 분포로 $P$-값을 계산하면 검정을 쉽게 수행할 수 있다.

앞의 예제에서 만약 수면 시간의 모평균이 8시간이 아니라면 확률표본도 그에 준하여 추출되고 표본평균도 8시간과 상당한 차이가 날 것이다. 즉 모평균에 대한 가설검정에서 검정통계값이 유의수준에 해당되는 임계값(z-값 또는 t-값)보다 작거나 큰 값으로 계산된다는 의미이다. 결국에는 확률표본으로부터 계산된 검정통계값이 검정통계량의 분포에서 어느 정도 위치에 있을지를 확률로 표현하면 유의수준에 해당하는 임계값을 구하지 않고도 결론을 내릴 수 있다.

**$P$-값**

$P$-값은 검정통계량의 분포에서 계산된 검정통계값이 대립가설에 따라서 얼마나 작거나 큰지를 확률로 표현한 것으로, 항상 귀무가설이 사실이라는 가정을 두고 계산된다.

모평균의 가설검정에서 $P$-값은 다음과 같이 계산된다.

- **양측검정**: $H_A : \mu \neq \mu_0$

  $P$-값 $= 2 \times \Pr(T > |T_{cal}|)$

- **왼쪽 단측검정**: $H_A : \mu < \mu_0$

  $P$-값 $= \Pr(T < T_{cal})$

- **오른쪽 단측검정**: $H_A : \mu > \mu_0$

  $P$-값 $= \Pr(T > T_{cal})$

여기서 $T$는 검정통계량의 분포에 해당하는 확률변수이다.

예제 6-4에서 모평균의 왼쪽 단측검정을 R로 수행한 결과 $P$-값은 2.469e-06이고, 실제로 계산하면 $P$-값 $= \Pr(T_{df=n-1} < T_{cal}) = \Pr(T_{19} < -6.2841)$이다. 이 $P$-값을 자유도가 19인 t-분포의 누적확률분포로 계산하면 된다. R에서는 명령어 "pt"를 수행하면 된다.

```
> pt(-6.2841,df=19)  # P-값 = Pr(T_df<-6.2841)
[1] 2.469032e-06
```

$P$-값이 유의수준($\alpha = 0.01$)보다 작기 때문에 대립가설인 "수면 시간의 모평균이 8시간보다 적다"라고 할 수 있다. 또한 이 경우의 $P$-값이 거의 "0"에 가깝기 때문에 "수면 시간의 모평균이 8시간보다 적다"라는 주장은 통계적으로 상당한 설득력을 지닌다.

Excel을 이용하여 예제 6-4를 수행해보자. 정규분포로부터 난수를 생성하려면 기존에 제시한 방법을 따라도 되지만, [데이터] → [데이터 분석]에서 명령어 [난수 생성]을 클릭해도 된다.

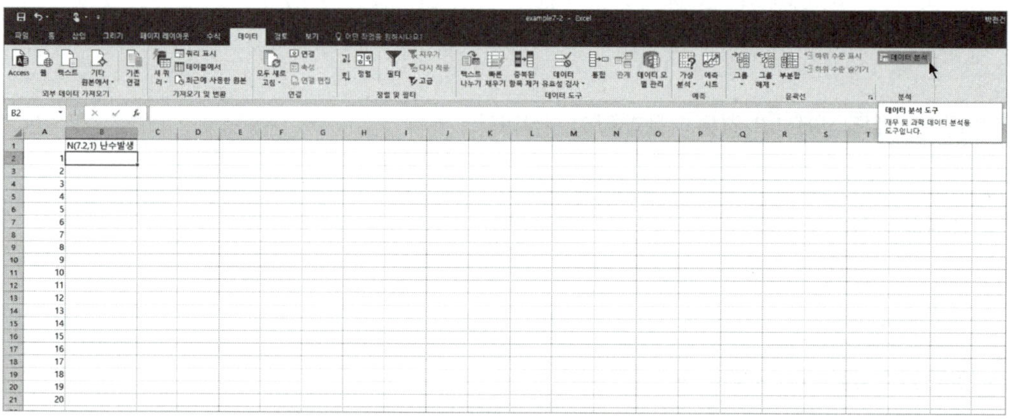

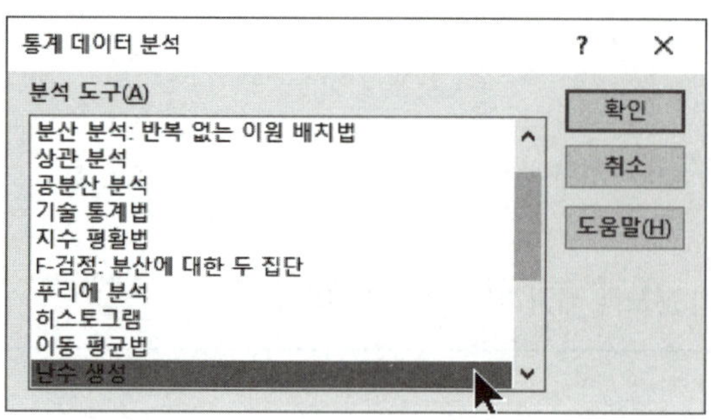

[난수 생성] 창에서 정규분포를 선택하고 난수 시드를 제외한 나머지 항목들을 채워 넣은 후에 확인을 클릭하면 난수가 발생된다.

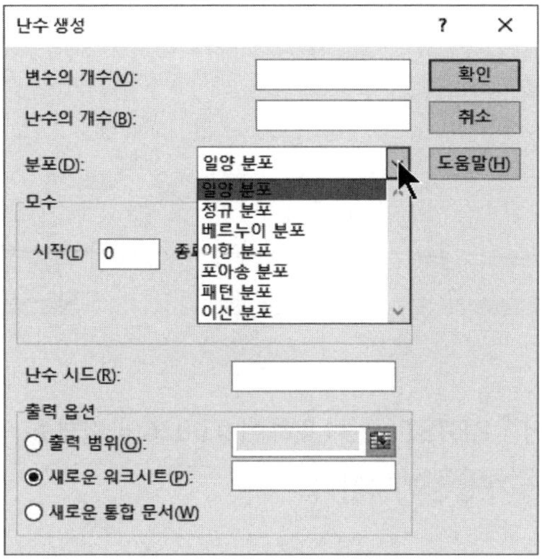


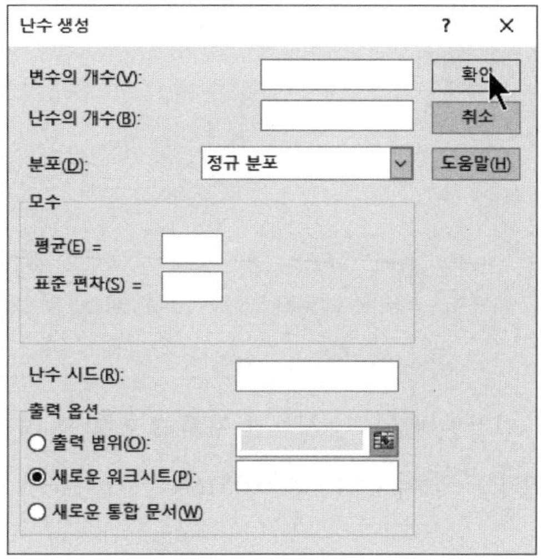


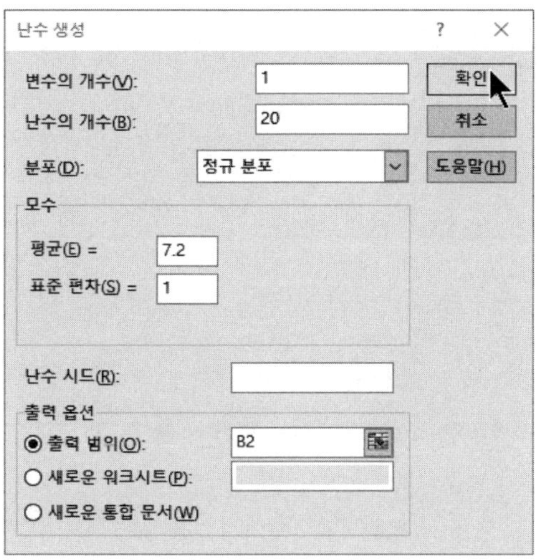

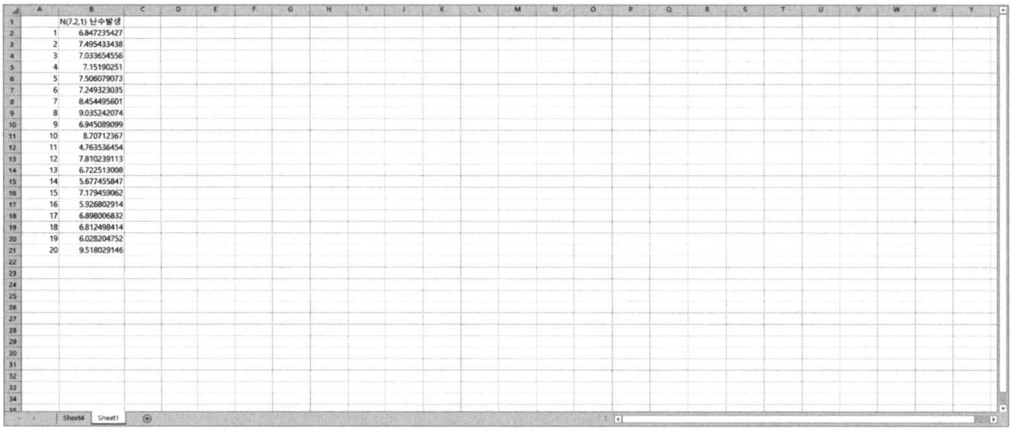

| | A | B |
|---|---|---|
| 1 | | N(7.2,1) 난수발생 |
| 2 | 1 | 6.847235427 |
| 3 | 2 | 7.495433438 |
| 4 | 3 | 7.033654556 |
| 5 | 4 | 7.15190251 |
| 6 | 5 | 7.506079073 |
| 7 | 6 | 7.249323035 |
| 8 | 7 | 8.454495601 |
| 9 | 8 | 9.035242074 |
| 10 | 9 | 6.945089099 |
| 11 | 10 | 8.70712367 |
| 12 | 11 | 4.763536454 |
| 13 | 12 | 7.810239113 |
| 14 | 13 | 6.722513008 |
| 15 | 14 | 5.677455847 |
| 16 | 15 | 7.179459062 |
| 17 | 16 | 5.926802914 |
| 18 | 17 | 6.898006832 |
| 19 | 18 | 6.812498414 |
| 20 | 19 | 6.028204752 |
| 21 | 20 | 9.518029146 |

검정통계값은 수식으로 구하고 $P$-값은 명령어 "T.DIST"를 이용하여 0.0026의 결과를 얻었다. $P$-값이 유의수준 0.05보다 작기 때문에 귀무가설을 기각한다.

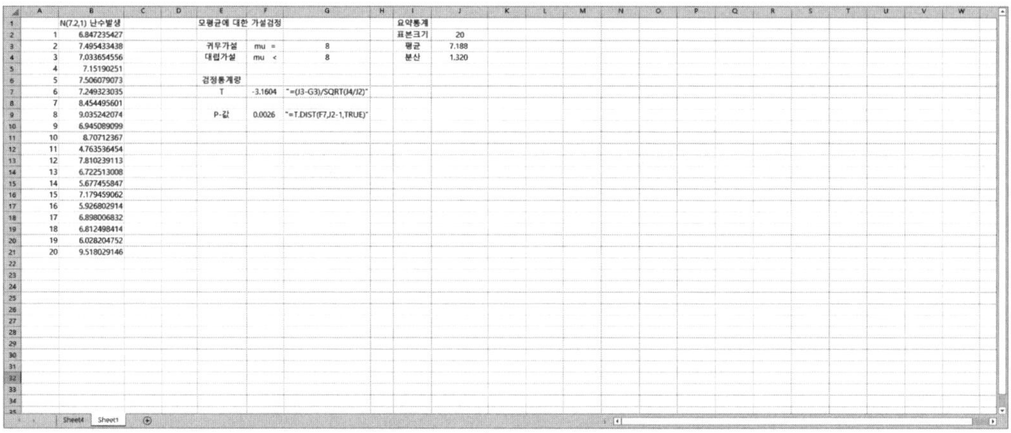

| | A | B | E | F | G | I | J |
|---|---|---|---|---|---|---|---|
| 1 | | N(7.2,1) 난수발생 | 모평균에 대한 가설검정 | | | 요약통계 | |
| 2 | 1 | 6.847235427 | | | | 표본크기 | 20 |
| 3 | 2 | 7.495433438 | 귀무가설 | mu = | 8 | 평균 | 7.188 |
| 4 | 3 | 7.033654556 | 대립가설 | mu < | 8 | 분산 | 1.320 |
| 5 | 4 | 7.15190251 | | | | | |
| 6 | 5 | 7.506079073 | 검정통계량 | | | | |
| 7 | 6 | 7.249323035 | T | -3.1604 | "=(J3-G3)/SQRT(J4/J2)" | | |
| 8 | 7 | 8.454495601 | | | | | |
| 9 | 8 | 9.035242074 | P-값 | 0.0026 | "=T.DIST(F7,J2-1,TRUE)" | | |
| 10 | 9 | 6.945089099 | | | | | |
| 11 | 10 | 8.70712367 | | | | | |
| 12 | 11 | 4.763536454 | | | | | |
| 13 | 12 | 7.810239113 | | | | | |
| 14 | 13 | 6.722513008 | | | | | |
| 15 | 14 | 5.677455847 | | | | | |
| 16 | 15 | 7.179459062 | | | | | |
| 17 | 16 | 5.926802914 | | | | | |
| 18 | 17 | 6.898006832 | | | | | |
| 19 | 18 | 6.812498414 | | | | | |
| 20 | 19 | 6.028204752 | | | | | |
| 21 | 20 | 9.518029146 | | | | | |

■ **검정의 종류**

좌측검정, 우측검정, 양측검정

■ (좌측, 우측) **단측검정**

대립가설에서 '>' 또는 '<'와 같이 부등호로 한쪽 영역만 고려한다.

■ **양측검정**

대립가설에서 '≠'의 형태로 모수의 영역을 표시하면 귀무가설이 $\mu_0$보다 작거나 큰 양쪽 영역을 고려한다.

■ **기각역: 귀무가설이 기각하게 되는 검정통계량의 영역**

- 검정통계값이 기각역에 속하면 $H_0$ 기각
- 검정통계값이 기각역에 속하지 않으면 $H_0$ 기각하지 못함

■ **임계값**

기각역의 경계값

■ **$P$-값에 의한 가설 판정**

- $P$-값 $\geq \alpha$(유의수준)면 ⇨ $H_0$ 채택
- $P$-값 $< \alpha$(유의수준)면 ⇨ $H_0$ 기각

**모평균에 대한 가설검정**

- 연속형 자료에 대한 확률표본($X_1, \cdots, X_n$)을 조사 또는 측정한다. 수집된 표본을 $x_1, \cdots, x_n$이라 하자.

- 귀무가설과 대립가설을 설정하자.
  ① $H_0 : \mu = \mu_0,\ H_A : \mu \neq \mu_0$
  ② $H_0 : \mu = \mu_0,\ H_A : \mu > \mu_0$
  ③ $H_0 : \mu = \mu_0,\ H_A : \mu < \mu_0$

- 검정통계량 및 분포를 구하자.
  - 모분산이 알려져 있는 경우: $T = \dfrac{\overline{X} - \mu_0}{\sigma / \sqrt{n}} \sim N(0,1)$ - z검정
  - 모분산이 알려져 있지 않은 경우: $T = \dfrac{\overline{X} - \mu_0}{S / \sqrt{n}} \sim \begin{cases} N(0,1), & n \geq 30 \\ t_{n-1}, & n < 30 \end{cases}$ - t검정

  여기서 $S^2 = \sum_{i=1}^{n} \left(X_i - \overline{X}\right)^2 / (n-1)$이다.

- 검정통계값을 계산하고 유의수준($\alpha$)을 설정한다.
  - 모분산이 알려져 있는 경우: $T_{cal} = \dfrac{\overline{x} - \mu_0}{\sigma / \sqrt{n}}$
  - 모분산이 알려져 있지 않은 경우: $T_{cal} = \dfrac{\overline{x} - \mu_0}{s / \sqrt{n}}$

  여기서 표본은 $x_1, x_2, \cdots, x_n$이고 $s^2 = \sum_{i=1}^{n} \left(x_i - \overline{x}\right)^2 / (n-1)$이다.

- 검정을 통하여 귀무가설과 대립가설 중 하나를 채택한다.

## 2) 모비율의 가설검정

질병관리본부가 2015년 11월 16일 공개한 청소년건강형태 온라인 조사 결과를 보면, 남성 청소년(중1~고3)의 흡연율이 11.9%로 지난해보다 2.1%포인트 떨어졌다. 청소년 흡연율이 이처럼 감소한 이유는 1월부터 오른 담뱃값과 강력한 흡연예방 교육의 효과로 보인다.

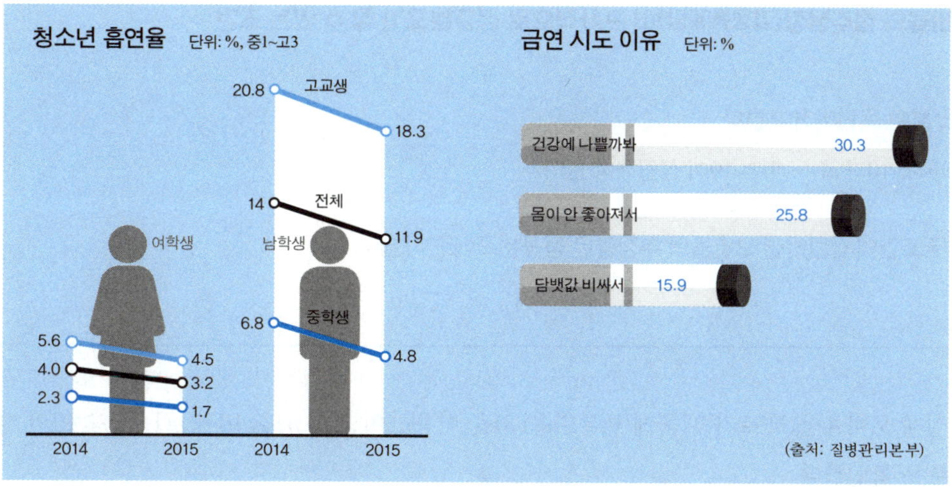


본 조사는 남성 청소년을 대상으로 한 표본조사이기 때문에 흡연율 감소에 대한 통계적 가설검정이 필요하다. 즉 단일 모집단에서 모비율($p$)이 특정 비율과 동일한지를 가설검정으로 적용할 수 있다. 단일모비율의 검정은 단일모평균($\mu$)의 가설검정 절차와 동일하며 가설설정과 검정통계량만 다를 뿐이다.

1단계: 귀무가설과 대립가설을 설정하자.

(a) $H_0 : p = p_0,\ H_A : p \neq p_0$

(b) $H_0 : p = p_0,\ H_A : p > p_0$

(c) $H_0 : p = p_0,\ H_A : p < p_0$

2단계: 모비율의 점추정량과 검정통계량을 제시하고 분포를 구해야 한다. 검정통계량은 항상 귀무가설이 사실이라는 가정하에서 수행되기 때문에 모비율이 $p_0$이다.

- 모평균의 점추정량

$$\hat{p} = \frac{\sum_{i=1}^{n} X_i}{n}$$

- 모비율의 검정통계량

$$T = \frac{\hat{p} - p_0}{\sqrt{\frac{p_0(1-p_0)}{n}}} \sim N(0,1)$$

여기서 확률표본은 $X_1, X_2, \cdots, X_n$이고 각 표본은 0(실패) 또는 1(성공)을 갖는다.

**모비율의 점추정량(검정통계량)이 근사적으로 정규분포가 될 수 있는 조건**

1. 표본은 독립이어야 한다.
2. $np \geqq 10$과 $n(1-p) \geqq 10$이 성립해야 한다.

이 두 조건이 성립하면 모비율의 추정량은 정규분포에 근사한다.

$$\hat{p} \sim N\left(p, \frac{p(1-p)}{n}\right)$$

실제 모비율을 모르기 때문에 표본비율($\hat{p}$)을 이용하여 조건 $n\hat{p} \geqq 10$과 $n(1-\hat{p}) \geqq 10$의 성립 여부를 확인한다.

3단계: 검정통계값을 계산하고 유의수준($\alpha$)을 설정한다.

$$T_{cal} = \frac{\hat{p} - p_0}{\sqrt{\frac{p_0(1-p_0)}{n}}}$$

4단계: $P$-값과 유의수준을 이용하여 귀무가설과 대립가설 중 하나를 채택한다. 모평균의 검정과 동일한 방법을 따른다.

**예제 6-5**

한국 남성 청소년 흡연율이 2014년에 14%로 기록되었다. 다음해 남성 청소년 6만 8,043명을 대상으로 흡연 여부를 조사한 결과 흡연율이 약 11.4%로 기록되었다. 조사 대상자는 온라인으로 무작위 참여하였으며 독립이고, 흡연자는 7,743명이라고 하자. 2015년 남성 청소년의 흡연율이 2014년에 비해 감소했다고 볼수 있는지 R과 Excel을 이용해 가설검정을 수행하여라.

R로 모비율의 가설검정을 수행하자.

```
> n = 68043                                # 조사된 총인원
> x = 7743                                 # 흡연자 수
> hatp = x/n
> p0 = 0.14
> Tcal = (hatp-p0)/sqrt(p0*(1-p0)/n)       # 검정통계값
```

```
> p_value = pnorm(Tcal,mean=0,sd=1)          # P-값
> print(c(hatp,Tcal,p_value))
[1]  1.137957e-01    -1.969932e+01    1.092668e-86
```

*P*-값이 거의 "0"에 가깝기 때문에 2015년 흡연율이 2014년보다 통계적으로 상당히 감소했다고 볼 수 있다.

Excel로 모비율의 가설검정을 수행한 결과도 R의 결과와 동일하다.

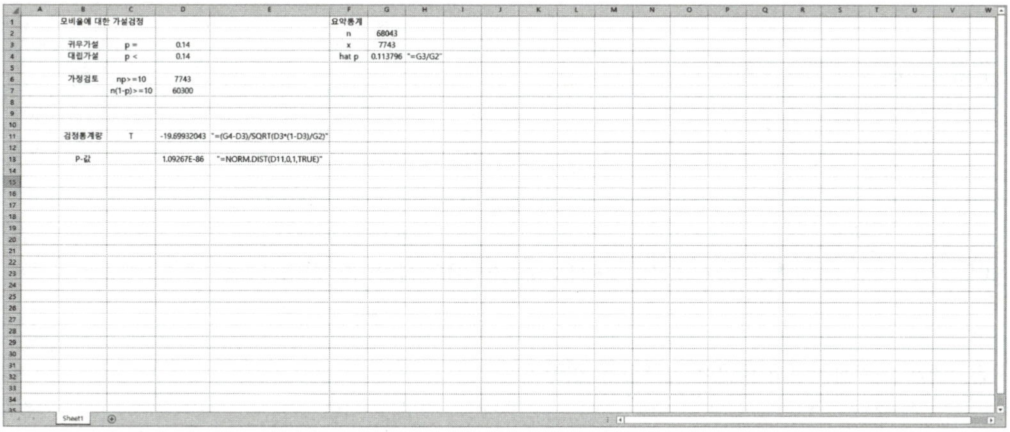

| | B | C | D | E | F | G | H |
|---|---|---|---|---|---|---|---|
| 1 | 모비율에 대한 가설검정 | | | | 요약통계 | | |
| 2 | | | | | n | 68043 | |
| 3 | 귀무가설 | p = | 0.14 | | x | 7743 | |
| 4 | 대립가설 | p < | 0.14 | | hat p | 0.113796 | "=G3/G2" |
| 5 | | | | | | | |
| 6 | 가정검토 | np>=10 | 7743 | | | | |
| 7 | | n(1-p)>=10 | 60300 | | | | |
| 11 | 검정통계량 | T | -19.69932043 | "=(G4-D3)/SQRT(D3*(1-D3)/G2)" | | | |
| 13 | P-값 | | 1.09267E-86 | "=NORM.DIST(D11,0,1,TRUE)" | | | |

## 모비율에 대한 가설검정

- 이산형 자료(0과 1로 구성)에 대한 확률표본($X_1, \cdots, X_n$)을 조사 또는 측정한다. 수집된 표본을 $x_1, \cdots, x_n$이라 하자.

- 귀무가설과 대립가설을 설정하자.

  ① $H_0 : p = p_0,\ H_A : p \neq p_0$

  ② $H_0 : p = p_0,\ H_A : p > p_0$

  ③ $H_0 : p = p_0,\ H_A : p < p_0$

- 검정통계량 및 분포를 구하자.

$$T = \frac{\hat{p} - p_0}{\sqrt{\frac{p_0(1-p_0)}{n}}} \sim N(0,1)$$

  여기서 $\hat{p} = \frac{\sum_{i=1}^{n} X_i}{n}$이다. 단, $n\hat{p} \geqq 10$과 $n(1-\hat{p}) \geqq 10$이 성립해야 한다.

- 검정통계값을 계산하고 유의수준($\alpha$)을 설정한다.

$$T_{cal} = \frac{\hat{p} - p_0}{\sqrt{\frac{p_0(1-p_0)}{n}}}$$

- 검정을 통하여 귀무가설과 대립가설 중 하나를 채택한다.
  - 좌측검정: 대립가설이 $\mu < \mu_0$

    유의수준이 $\alpha = \Pr(Z < z_\alpha)$인 $z_\alpha$를 구하고, $T_{cal} < z_\alpha$이면 귀무가설을 기각하고 반대면 채택한다.
  - 우측검정: 대립가설이 $\mu > \mu_0$

    유의수준이 $\alpha = \Pr(Z > z_\alpha)$인 $z_\alpha$를 구하고, $T_{cal} > z_\alpha$이면 귀무가설을 기각하고 반대면 채택한다.
  - 양측검정: 대립가설이 $\mu \neq \mu_0$

    유의수준이 $\alpha/2 = \Pr(Z > z_{\alpha/2})$인 $z_{\alpha/2}$를 구하고, $|T_{cal}| > z_{\alpha/2}$이면 귀무가설을 기각하고 반대면 채택한다.

## 3) 모분산의 가설검정

어떤 물건을 측정하는 장비는 정확도가 생명이다. 무게를 측정하는 장비의 정확도는 동일한 물건을 반복적으로 측정하여 나온 값들의 평균과 분산을 이용하여 평가할 수 있다. 만약 1kg의 추를 특정 장비로 몇 번 반복 측정하여 표본평균이 1kg, 표본분산이 0.04로 기록되었다면 과연 이 장비가 정확하다고 할 수 있을까? 일반적으로 측정 장비의 분산이 0.04면 비교적 정확하다고 할 수 있지만 측정 목적에 따라서는 부정확하다고 할 수도 있다.

〈그림 6-9〉 B.C. 2000년경에 사용한 무게저울

〈그림 6-10〉 차량의 무게 측정

대부분의 측정 장비는 변동에 대한 기준에 따라 정확도의 오차가 표시되고 이러한 오차는 반복 측정을 통하여 평가된다. 통계적 관점에서 변동을 파악하는 데 사용되는 통계값(량)은 표본분산($S^2$)으로 모분산($\sigma^2$)을 추정하거나 추론하는 데 사용한다. 모분산의 추론 절차는 모평균의 단계와 동일하며 다음과 같다.

1단계: 귀무가설과 대립가설을 설정하자.

(a) $H_0:\ \sigma^2 = \sigma_0^2,\quad H_A: \sigma^2 \neq \sigma_0^2$

(b) $H_0:\ \sigma^2 = \sigma_0^2,\quad H_A: \sigma^2 > \sigma_0^2$

(c) $H_0:\ \sigma^2 = \sigma_0^2,\quad H_A: \sigma^2 < \sigma_0^2$

귀무가설($H_0$)은 모평균($\mu$)을 특정값($\sigma_0^2$)으로 설정하고 대립가설($H_A$)은 세 가지 형태 중 하나를 택해 설정해야 한다.

2단계: 모분산의 점추정량과 검정통계량을 제시하고 분포를 구해야 한다. 검정통계량은 귀무가설이 항상 사실이라는 가정하에서 수행되기 때문에 모분산이 $\sigma_0^2$이다.

- 모분산의 점추정량

$$S^2 = \frac{1}{n-1}\sum_{i=1}^{n}\left(X_i - \overline{X}\right)^2$$

- 모분산의 검정통계량

$$T = \frac{(n-1)S^2}{\sigma_0^2} \sim \chi^2_{df=n-1}$$

여기서 확률표본은 $X_1, X_2, \cdots, X_n$이다.

실제로 조사 또는 실험을 통해 확률표본을 구하면 2단계의 검정통계값을 계산한다.

3단계: 검정통계값을 계산하고 유의수준($\alpha = 0.1,\ 0.05,\ 0.01$)을 설정한다.

$$T_{cal} = \frac{(n-1)s^2}{\sigma_0^2}$$

여기서 확률표본은 $x_1, x_2, \cdots, x_n$이고 $s^2 = \sum_{i=1}^{n}\left(x_i - \overline{x}\right)^2/(n-1)$이다.

4단계: 검정을 통하여 귀무가설과 대립가설 중 하나를 채택한다.

위와 같은 검정통계값($T_{cal}$)의 경향을 대립가설($\mu \neq \mu_0$, $\mu > \mu_0$, $\mu < \mu_0$)과 유의수준($\alpha$)을 이용하여 귀무가설 또는 대립가설을 채택하는 과정으로 정리하면 다음과 같다.

- 좌측검정: 대립가설이 $\sigma^2 < \sigma_0^2$
  유의수준이 $\alpha = \Pr\left(\chi^2_{df=n-1} < w_\alpha\right)$인 $w_\alpha$를 구하고, $T_{cal} < w_\alpha$이면 귀무가설을 기각하고 반대면 채택한다.
- 우측검정: 대립가설이 $\sigma^2 > \sigma_0^2$
  유의수준이 $\alpha = \Pr\left(\chi^2_{df=n-1} > w_\alpha\right)$인 $w_\alpha$를 구하고, $T_{cal} > w_\alpha$이면 귀무가설을 기각하고 반대면 채택한다.
- 양측검정: 대립가설이 $\sigma^2 \neq \sigma_0^2$
  유의수준이 $\alpha/2 = \Pr\left(\chi^2_{df=n-1} < w_{low}\right)$와 $\alpha/2 = \Pr\left(\chi^2_{df=n-1} > w_{up}\right)$인 $w_{low}$와 $w_{up}$를 구하고, $T_{cal} < w_{low}$ 또는 $T_{cal} > w_{up}$이면 귀무가설을 기각하고 반대면 채택한다.

한편, $P$-값을 이용하여 모분산 가설검정의 결정을 내릴 수 있다. 예를 들어 양측검정에서 $P$-값을 $2 \times \Pr(\chi^2_{df=n-1} < T_{cal})$ 또는 $2 \times \Pr(\chi^2_{df=n-1} > T_{cal})$ 중에 1 이하인 값으로 정하고, 계산된 $P$-값이 유의수준보다 작으면 귀무가설을 기각한다.

**예제 6-6**

음료수를 생산하는 어떤 공장에서 병에 자동으로 음료수를 채우는 시스템이 불안정하다는 생각을 하게 되었다. 이를 확인하기 위해 음료수가 채워진 20개의 병을 무작위로 추출하면 표본분산은 1.2로 계산된다. 만약 이 시스템이 안정적이라면 모분산은 1ml 미만이어야 한다. 모분산의 가설검정을 수행하여라.

1단계: 귀무가설과 대립가설을 설정하자.

음료수를 채우는 시스템이 안정적이지 않다고 느끼고 있기 때문에 대립가설은 모분산이 1보다 크다고 가정한다.

$H_0 : \sigma^2 = 1,\ H_A : \sigma^2 > 1$

2단계: 검정통계량과 분포를 결정하자.

모분산의 추정량으로 표본분산이 이용되고 그 분포는 직접적으로 구하기 어렵다. 하지만 다음과 같은 검정통계량은 자유도가 19인 카이제곱분포를 따른다.

$$T = \frac{(n-1)S^2}{\sigma_0^2} \sim \chi^2_{df=19}$$

3단계: 검정통계값과 $P$-값을 계산하자.

$$T_{cal} = \frac{19 \times 1.2}{1} = 22.8$$

$P$-값은 가설을 판단하는 데 증거로 이용된다. 계산된 검정통계값이 주어진 대립가설($H_A : \sigma^2 > 1$)을 설명하는데, 검정통계량의 분포에서 오른쪽 끝부분에 얼마나 가까운지가 확률로 표현된다. 만약 모분산이 1보다 크면(시스템이 안정적이지 않다) 확률표본이 이에 준하여 추출될 것이고 검정통계값도 큰 값으로 계산될 것이다. 반대로 시스템이 안정적이라면 검정통계량의 분포에서 극단적으로 큰 검정통계값이 나올 수 없다.

$$P\text{-값} = \Pr(T \geqq T_{cal}) = \Pr(T \geqq 22.8) \approx 0.25$$

R에서 명령어 "pchisq"는 카이제곱분포의 누적분포함수이고 $P$-값을 구할 수 있다.

```
> 1- pchisq(19*1.2, df=19)            # 대립가설이 오른쪽 검정으로 누적분포함수의 반대 확률을 이용
[1] 0.2462659
```

또한 Excel에서 명령어 "CHISQ.DIST(검정통계값,자유도,누적분포함수)"를 이용하면 R과 동일한 결과가 나온다. 즉 "CHISQ.DIST(19*1.2,19,1)"를 수행하면 $P$-값이 약 0.25로 나온다.

4단계: $P$-값을 이용하여 통계적 결정을 도출하라.

유의수준 0.05에서 $P$-값이 0.25로, 음료수를 자동으로 채우는 시스템이 안정적이라고 할 수 있다.

## 모분산에 대한 가설검정

• 연속형 자료에 대한 확률표본($X_1, \cdots, X_n$)을 조사 또는 측정한다. 수집된 표본을 $x_1, \cdots, x_n$이라 하자.

• 귀무가설과 대립가설을 설정하자.

① $H_0 : \sigma^2 = \sigma_0^2,\ H_A : \sigma^2 \neq \sigma_0^2$

② $H_0 : \sigma^2 = \sigma_0^2,\ H_A : \sigma^2 > \sigma_0^2$

③ $H_0 : \sigma^2 = \sigma_0^2,\ H_A : \sigma^2 < \sigma_0^2$

• 검정통계량 및 분포를 구하자.

$$T = \frac{(n-1)S^2}{\sigma_0^2} \sim \chi^2_{df=n-1}$$

여기서 $S^2 = \frac{1}{n-1}\sum_{i=1}^{n}(X_i - \overline{X})^2$이다.

• 검정통계값을 계산하고 유의수준($\alpha$)을 설정한다.

$$T_{cal} = \frac{(n-1)s^2}{\sigma_0^2}$$

여기서 $s^2 = \sum_{i=1}^{n}(x_i - \overline{x})^2/(n-1)$이다.

• 검정을 통하여 귀무가설과 대립가설 중 하나를 채택한다.

- 좌측검정

  유의수준이 $\alpha = \Pr(\chi^2_{df=n-1} < w_\alpha)$인 $w_\alpha$를 구하고, $T_{cal} < w_\alpha$이면 귀무가설을 기각하고 반대면 채택한다.

- 우측검정

  유의수준이 $\alpha = \Pr(\chi^2_{df=n-1} > w_\alpha)$인 $w_\alpha$를 구하고, $T_{cal} > w_\alpha$이면 귀무가설을 기각하고 반대면 채택한다.

- 양측검정

  유의수준이 $\alpha/2 = \Pr(\chi^2_{df=n-1} < w_{low})$와 $\alpha/2 = \Pr(\chi^2_{df=n-1} > w_{up})$인 $w_{low}$와 $w_{up}$를 구하고, $T_{cal} < w_{low}$ 또는 $T_{cal} > w_{up}$이면 귀무가설을 기각하고 반대면 채택한다.

## 4) 두 개 모집단에 대한 통계적 추론

한 타이어 회사가 새로 개발한 타이어의 제동거리가 기존 타이어보다 짧아졌다는 사실을 과학적으로 증명한 결과를 신문광고에 실었다. 그 내용을 살펴보면, 각각 30대의 동일한 자동차에 기존 타이어와 새로운 타이어를 장착하고, 이들 자동차로 같은 도로의 일정 거리를 동일한 속도로 운행하게 하였다. 그런 다음 정차한 후 진행한 거리를 측정하여 두 타이어의 평균 제동거리를 과학적 근거로 내세운 것이다.

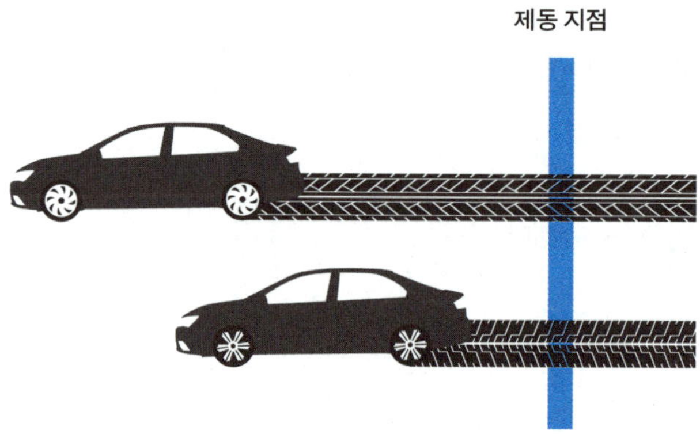


여기서 기존 타이어와 새로운 타이어의 제동거리는 두 모집단으로 구분된다. 기존 타이어의 제동거리를 모집단 1이라고 하고 새로운 타이어의 제동거리를 모집단 2라고 할 수 있다. 각 모집단은 모평균과 모분산을 가지고 있다. 두 모집단의 모든 타이어를 실험하기 전까지는 모수를 알 수 없으며 현실적으로 전수실험은 불가능하다. 따라서 표본을 이용하여 두 타이어의 제동거리에 대한 모평균과 모분산의 통계적 추론을 수행해야 한다.

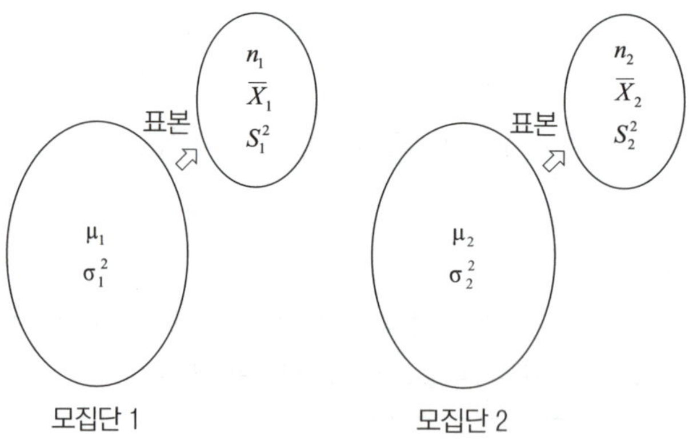

두 모집단에 관한 가설검정의 수행절차 및 방법을 자세히 알아보자.

## 4-1) 두 모평균의 동일성에 대한 가설검정

두 모집단으로부터 연속형 자료가 확률표본으로 주어진다면 두 모평균이 동일한지를 가설검정으로 확인할 수 있으며, 이를 몇 가지로 구분할 수 있다.

- 첫째, 두 모집단의 모분산이 알려져 있는 경우
- 둘째, 두 모집단의 모분산이 알려져 있지 않고, 그 값이 동일한 경우
- 셋째, 두 모집단의 모분산이 알려져 있지 않고, 그 값이 동일하지 않은 경우

두 모평균의 동일성에 대한 가설검정을 수행하기 전에 앞 그림에서 제시한 각 모집단의 모평균을 $\mu_1$과 $\mu_2$라고 하고, 표본 크기는 $n_1$과 $n_2$이며, 표본평균은 $\bar{X}_1$과 $\bar{X}_2$라고 하자. 또한 두 모집단의 모분산은 $\sigma_1^2$과 $\sigma_2^2$이라고 알려져 있다고 하자.

1단계: 귀무가설과 대립가설을 설정한다.

① $H_0 : \mu_1 = \mu_2, H_A : \mu_1 \neq \mu_2$ 또는 $H_0 : \mu_1 - \mu_2 = 0, H_A : \mu_1 - \mu_2 \neq 0$

② $H_0 : \mu_1 = \mu_2, H_A : \mu_1 > \mu_2$ 또는 $H_0 : \mu_1 - \mu_2 = 0, H_A : \mu_1 - \mu_2 > 0$

③ $H_0 : \mu_1 = \mu_2, H_A : \mu_1 < \mu_2$ 또는 $H_0 : \mu_1 - \mu_2 = 0, H_A : \mu_1 - \mu_2 < 0$

2단계: 검정통계량과 분포를 결정한다.

$$T = \frac{\overline{X}_1 - \overline{X}_2}{\sqrt{\frac{\sigma_1^2}{n_1} + \frac{\sigma_2^2}{n_2}}} \sim N(0,1)$$

3단계: 검정통계값을 계산하고 $P$-값을 계산한다.

$$T_{cal} = \frac{\overline{x}_1 - \overline{x}_2}{\sqrt{\frac{\sigma_1^2}{n_1} + \frac{\sigma_2^2}{n_2}}}$$

① 양측검정: $P$-값 $= 2\times\Pr(T > |T_{cal}|)$

② 왼쪽검정: $P$-값 $= \Pr(T < T_{cal})$

③ 오른쪽검정: $P$-값 $= \Pr(T > T_{cal})$

4단계: 유의수준($\alpha = 0.05,\ 0.01$)과 $P$-값을 통하여 귀무가설과 대립가설 중 하나를 채택한다.
만약 $P$-값이 유의수준보다 작으면 귀무가설을 기각하고 크면 귀무가설을 채택한다.

만약 두 모집단의 모분산이 알려져 있지 않고, 그 값이 동일($\sigma_1^2 = \sigma_2^2$)하면 다음과 같은 두 모집단의 모평균 가설검정을 수행한다. 여기서 각 모집단의 표본분산은 $S_1^2$과 $S_2^2$이다.

1단계: 귀무가설과 대립가설을 설정한다.

2단계: 검정통계량과 분포를 결정한다.

$$T = \frac{\overline{X}_1 - \overline{X}_2}{S_p\sqrt{\dfrac{1}{n_1} + \dfrac{1}{n_2}}} \sim \begin{cases} N(0,1), & n_1 + n_2 - 2 \geq 30 \\ t_{df = n_1 + n_2 - 2}, & n_1 + n_2 - 2 < 30 \end{cases}$$

여기서 $S_p^2$는 합동표본분산으로, 두 표본분산을 하나의 표본분산으로 합치는 공식이다.

$$S_p^2 = \frac{(n_1 - 1)S_1^2 + (n_2 - 1)S_2^2}{n_1 + n_2 - 2}$$

3단계: 검정통계값을 계산하고 $P$-값을 계산한다.

4단계: 유의수준($\alpha = 0.05,\ 0.01$)과 $P$-값을 통하여 귀무가설과 대립가설 중 하나를 채택한다.

본 가설검정에서 2단계를 제외한 모든 단계는 앞에서 설명한 가설검정과 동일한 내용을 따른다.

**예제 6-7**

인간의 신체온도는 일정하게 유지된다. 사람마다 조금씩 다르지만 정상적인 사람의 신체온도는 대략 화씨 98.6도(섭씨 36.5도)로 알려져 있다. 신체온도가 이보다 낮거나 높으면 몸에 이상이 생길 수 있다. 예를 들어 추운 날씨에 몸이 오래 노출되어 36도 아래로 떨어진 채 지속되면 사망에 이르고 37도 이상으로 계속해서 올라도 사망에 이른다.

단일 모집단 신체온도의 모평균 98.6도에 대한 가설검정은 이미 다루었다. 그렇다면 남자와 여자의 신체온도는 동일할까? 남자와 여자의 신체온도의 모평균 동일성 가설을 검정하기 위해 130명의 확률표본을 선택하고 신체온도를 측정한 자료가 있다. R과 Excel을 이용하여 두 모집단의 모평균 동일성 가설검정을 수행하라.

(출처: http://www.amstat.org/publications/jse/datasets/normtemp.txt.)

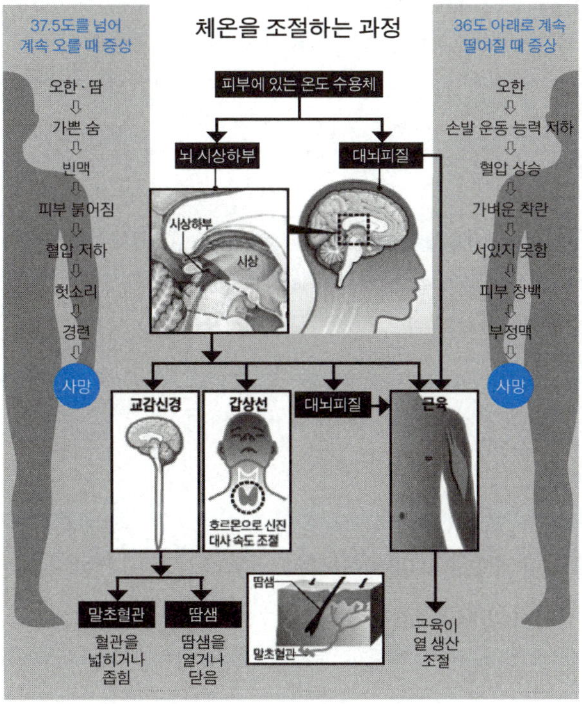


R에서 두 모집단의 모평균 동일성 검정은 명령어 "t.test"를 이용한다. 단, 두 모분산은 동일하다는 가정에서 "t.test"를 수행한다.

```
> library(UsingR)                 # "UsingR" 라이브러리 추가
> data(normtemp)                  # R에 내장된 "normtemp" 자료 불러오기
> dim(normtemp)                   # "normtemp"의 크기(130개) 및 변수의 수(3개)
[1] 130   3
> head(normtemp)                  # 변수명 온도, 성별, 심장박동수
```

```
   temperature   gender  hr
1      96.3        1     70
2      96.7        1     71
3      96.9        1     74
4      97.0        1     80
5      97.1        1     73
6      97.1        1     75
> attach(normtemp)                          # 변수명을 현재 R에서 사용하도록 함
The following objects are masked from normtemp (pos = 3):
  gender, hr, temperature
# t.test(연속형 자료, 성별로 구분, alternative=양측검정, mu=0 (두 모평균의 차이가 없다는 귀무가설),
# paired=FALSE (두 모집단이 독립), var.equal=TRUE (모분산이 동일))
> t.test(temperature~gender, alternative = c("two.sided"), mu = 0, paired = FALSE, var.equal =
TRUE)
     Two Sample t-test
data:  temperature by gender
t = -2.2854, df = 128, p-value = 0.02393
alternative hypothesis: true difference in means is not equal to 0
95 percent confidence interval:
 -0.53963938 -0.03882216
sample estimates:
mean in group 1 mean in group 2
    98.10462       98.39385
```

$P$-값이 대략 0.02로 유의수준 0.05보다 작아 귀무가설을 기각한다. 즉, 남자와 여자의 신체 온도가 통계적으로 차이가 있다고 할 수 있다.

만약 두 모집단의 모분산이 알려져 있지 않고 $\sigma_1^2 \neq \sigma_2^2$면 다음과 같은 두 모집단의 모평균 가설검정을 수행한다. 여기서는 검정통계량과 분포만 다루고 나머지 단계들은 생략한다.

2단계: 검정통계량과 분포를 결정한다.

$$T=\frac{\overline{X}_1-\overline{X}_2}{\sqrt{\frac{S_1^2}{n_1}+\frac{S_2^2}{n_2}}}\sim\begin{cases}N(0,1), & df\geqq 30\\ t_{df,} & df<30\end{cases}$$

여기서 자유도($df$)는 R이나 Excel에서 자동으로 계산된다. R에서 두 모분산은 동일하지 않다는 가정하에 "t.test"를 수행하려면 "var.equal=FALSE"만 재지정하면 된다.

또한 Excel에서 두 모집단에 대한 모평균 동일성 가설검정을 수행하려면, [데이터] → [데이터 분석]을 클릭하고 다음과 같은 화면에서 [t-검정: 등분산 가정 두집단]을 클릭한다.

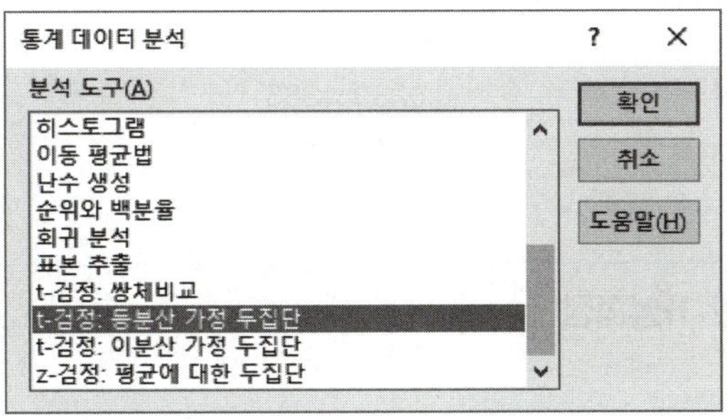


두 모평균 동일성을 수행하는 데 필요한 자료와 귀무가설(가설 평균차)을 입력하고 [확인]을 클릭한다.

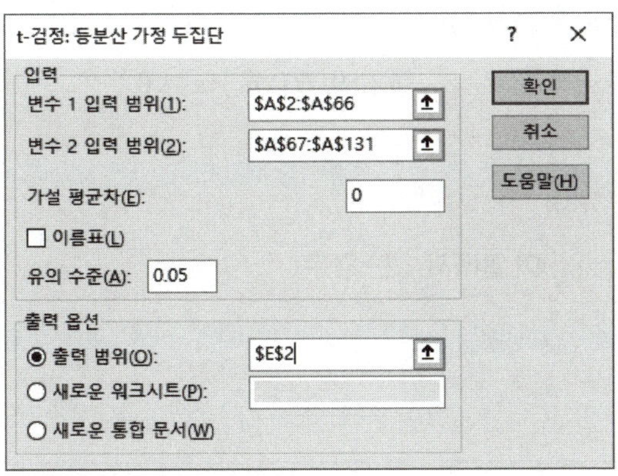

Excel에서 제공된 단측검정은 좌측검정으로 대립가설이 $\mu_1 < \mu_2$이다. 만약 검정통계값(t-통계량)이 양수이면 우측검정의 $P$-값이 제공되며 대립가설은 $\mu_1 > \mu_2$이다.

| t-검정: 등분산 가정 두 집단 | | |
|---|---|---|
| | 변수 1 | 변수 2 |
| 평균 | 98.10461538 | 98.39384615 |
| 분산 | 0.488259615 | 0.552774038 |
| 관측수 | 65 | 65 |
| 공동(Pooled) 분산 | 0.520516827 | |
| 가설 평균차 | 0 | |
| 자유도 | 128 | |
| t 통계량 | -2.285434538 | |
| P(T <= t) 단측검정 | 0.011965942 | |
| t 기각치 단측검정 | 1.656845226 | |
| P(T <= t) 양측검정 | 0.023931883 | |
| t 기각치 양측검정 | 1.97867085 | |

### 두 모평균의 차이에 대한 가설검정

- 연속형 자료에 대한 확률표본(그룹 1: $X_{11}, \cdots, X_{1n_1}$, 그룹 2: $X_{21}, \cdots, X_{2n_2}$)을 조사 또는 측정한다. 수집된 표본을 $x_{11}, \cdots, x_{1n_1}$, $x_{21}, \cdots, x_{2n_2}$라 하자.

- 귀무가설과 대립가설을 설정하자.

  ① $H_0 : \mu_1 = \mu_2$, $H_A : \mu_1 \neq \mu_2$ 또는 $H_0 : \mu_1 - \mu_2 = 0$, $H_A : \mu_1 - \mu_2 \neq 0$

  ② $H_0 : \mu_1 = \mu_2$, $H_A : \mu_1 > \mu_2$ 또는 $H_0 : \mu_1 - \mu_2 = 0$, $H_A : \mu_1 - \mu_2 > 0$

  ③ $H_0 : \mu_1 = \mu_2$, $H_A : \mu_1 < \mu_2$ 또는 $H_0 : \mu_1 - \mu_2 = 0$, $H_A : \mu_1 - \mu_2 < 0$

- 검정통계량 및 분포를 구하자.

  - 두 모집단의 모분산($\sigma_1^2$, $\sigma_2^2$)이 알려져 있는 경우

$$T = \frac{\overline{X}_1 - \overline{X}_2}{\sqrt{\frac{\sigma_1^2}{n_1} + \frac{\sigma_2^2}{n_2}}} \sim N(0,1)$$

여기서 $\overline{X_1}=\frac{\sum_{i=1}^{n_1}X_{1i}}{n_1}$, $\overline{X_2}=\frac{\sum_{i=1}^{n_2}X_{2i}}{n_2}$ 이다.

- 두 모집단의 모분산이 알려져 있지 않고 그 값이 동일한 경우 ($\sigma_1^2=\sigma_2^2$)

$$T=\frac{\overline{X}_1-\overline{X}_2}{S_p\sqrt{\frac{1}{n_1}+\frac{1}{n_2}}}\sim\begin{cases}N(0,1), & n_1+n_2-2\geq 30\\ t_{df=n_1+n_2-2}, & n_1+n_2-2<30\end{cases}$$

여기서 $S_p^2$는 합동표본분산으로 두 표본분산을 하나의 표본분산으로 합치는 공식이다.

$$S_p^2=\frac{(n_1-1)S_1^2+(n_2-1)S_2^2}{n_1+n_2-2}$$

$$S_1^2=\frac{1}{n_1-1}\sum_{i=1}^{n_1}\left(X_{1i}-\overline{X_1}\right)^2,\ S_2^2=\frac{1}{n_2-1}\sum_{i=1}^{n_2}\left(X_{2i}-\overline{X_2}\right)^2$$

- 두 모집단의 모분산이 알려져 있지 않고 그 값이 동일하지 않은 경우 ($\sigma_1^2\neq\sigma_2^2$)

$$T=\frac{\overline{X}_1-\overline{X}_2}{\sqrt{\frac{S_1^2}{n_1}+\frac{S_2^2}{n_2}}}\sim\begin{cases}N(0,1), & df\geq 30\\ t_{df}, & df<30\end{cases}$$

• 검정통계값을 계산하고 유의수준($\alpha$)을 설정한 후 검정을 통하여 귀무가설과 대립가설 중 하나를 채택하는 과정은 다른 가설검정과 동일하다.

## 4-2) 두 모분산의 동일성에 대한 가설검정

두 모평균의 동일성에 대한 가설검정에서 모분산의 가정에 따라서 검정통계량과 분포가 정해졌다. 예를 들어 두 모분산이 알려져 있지 않고 그 값이 동일하면 검정통계량의 분포는 자유도가 두 모집단의 표본크기의 합에서 2를 뺀 t-분포였고, 두 모분산이 동일하지 않으면 자유도가 별도의 공식으로 계산된 t-분포였다. 두 모평균의 동일성 검정을 수행하기 전에 우선 두 모분산의 동일성에 대한 가설검정을 수행해야 하고 그 절차는 다른 가설검정과 동일하다. 다만 가설 설정, 검정통계량, 분포가 모분산의 동일성에 적합하게 변경될 뿐이다.

1단계: 귀무가설과 대립가설을 설정한다.

① $H_0: \sigma_1^2 = \sigma_2^2, \quad H_A: \sigma_1^2 \neq \sigma_2^2$ 또는 $H_0: \dfrac{\sigma_1^2}{\sigma_2^2} = 1, \quad H_A: \dfrac{\sigma_1^2}{\sigma_2^2} \neq 1$

② $H_0: \sigma_1^2 = \sigma_2^2, \quad H_A: \sigma_1^2 < \sigma_2^2$ 또는 $H_0: \dfrac{\sigma_1^2}{\sigma_2^2} = 1, \quad H_A: \dfrac{\sigma_1^2}{\sigma_2^2} < 1$

③ $H_0: \sigma_1^2 = \sigma_2^2, \quad H_A: \sigma_1^2 > \sigma_2^2$ 또는 $H_0: \dfrac{\sigma_1^2}{\sigma_2^2} = 1, \quad H_A: \dfrac{\sigma_1^2}{\sigma_2^2} > 1$

2단계: 검정통계량과 분포를 결정한다.

$$T = \frac{S_1^2/\sigma_1^2}{S_2^2/\sigma_2^2} \sim F_{(n_1-1,\, n_2-1)}$$

3단계: 검정통계값을 계산하고 $P$-값을 계산한다.

① 양측검정: $P$-값은 $2 \times \Pr(T > T_{cal})$ 또는 $2 \times \Pr(T < T_{cal})$ 중 작은 값이다.

② 좌측검정: $P$-값 $= \Pr(T < T_{cal})$

③ 우측검정: $P$-값 $= \Pr(T > T_{cal})$

4단계: 유의수준($\alpha = 0.05, 0.01$)과 $P$-값을 통하여 귀무가설과 대립가설 중 하나를 채택한다. 만약 $P$-값이 유의수준보다 작으면 귀무가설을 기각하고 크면 귀무가설을 채택한다.

### 예제 6-8

**예제 6-7**에서 제시된 자료로 두 모분산의 양측검정을 R과 Excel로 수행하여라.

R에서 두 모분산의 동일성 검정은 명령어 "var.test"가 이용되며 명령어 "t.test"의 용법과 동일하다.

```
> library(UsingR)
> data(normtemp)
> attach(normtemp)
> var.test(temperature~gender, ratio = 1,alternative = c("two.sided"))
      F test to compare two variances
data:  temperature by gender
```

```
F = 0.88329, num df = 64, denom df = 64, p-value = 0.6211
alternative hypothesis: true ratio of variances is not equal to 1
95 percent confidence interval:
 0.5387604 1.4481404
sample estimates:
ratio of variances
       0.8832897
```

두 모분산의 동일성에 대한 양측검정에서 *P*-값(0.6211)이 유의수준 0.05보다 크기 때문에 귀무가설을 기각한다. 결론적으로 두 모분산은 통계적으로 동일하다고 할 수 있다. 또한 EXCEL에서는 [데이터] → [데이터 분석]을 클릭하고 [통계데이터분석] 창에서 [F-검정: 분산에 대한 두 집단]을 클릭한 후 [t-검정: 등분산 가정 두 집단]과 동일하게 빈 칸을 채우면 다음과 같은 결과를 얻는다.

| t-검정: 분산에 대한 두 집단 | | |
|---|---|---|
| | 변수 1 | 변수 2 |
| 평균 | 98.10461538 | 98.39384615 |
| 분산 | 0.488259615 | 0.552774038 |
| 관측수 | 65 | 65 |
| 자유도 | 64 | 64 |
| F 비 | 0.883289701 | |
| P(F<=f) 단측 검정 | 0.310541849 | |
| F 기각치: 단측 검정 | 0.660813109 | |

Excel에서 두 모분산의 동일성 검정 결과에는 오직 왼쪽 단측검정의 *P*-값(약 0.3105)만 제시되었지만 양측검정의 *P*-값은 왼쪽 단측검정의 두 배인 약 0.6211로 계산할 수 있다.

## 두 모분산에 대한 가설검정

• 연속형 자료에 대한 확률표본(그룹 1: $X_{11}, \cdots, X_{1n_1}$, 그룹 2: $X_{21}, \cdots, X_{2n_2}$)을 조사 또는 측정한다. 수집된 표본을 $x_{11}, \cdots, x_{1n_1}$, $x_{21}, \cdots, x_{2n_2}$ 라 한다.

• 귀무가설과 대립가설을 설정한다.

① $H_0: \sigma_1^2 = \sigma_2^2, \quad H_A: \sigma_1^2 \neq \sigma_2^2$ 또는 $H_0: \dfrac{\sigma_1^2}{\sigma_2^2} = 1, \quad H_A: \dfrac{\sigma_1^2}{\sigma_2^2} \neq 1$

② $H_0: \sigma_1^2 = \sigma_2^2, \quad H_A: \sigma_1^2 < \sigma_2^2$ 또는 $H_0: \dfrac{\sigma_1^2}{\sigma_2^2} = 1, \quad H_A: \dfrac{\sigma_1^2}{\sigma_2^2} < 1$

③ $H_0: \sigma_1^2 = \sigma_2^2, \quad H_A: \sigma_1^2 > \sigma_2^2$ 또는 $H_0: \dfrac{\sigma_1^2}{\sigma_2^2} = 1, \quad H_A: \dfrac{\sigma_1^2}{\sigma_2^2} > 1$

• 검정통계량 및 분포를 구한다.

$$T = \frac{S_1^2/\sigma_1^2}{S_2^2/\sigma_2^2} \sim F_{(n_1-1,\, n_2-1)}$$

여기서 $\overline{X_1} = \dfrac{\sum_{i=1}^{n_1} X_{1i}}{n_1}$, $\overline{X_2} = \dfrac{\sum_{i=1}^{n_2} X_{2i}}{n_2}$, $S_1^2 = \dfrac{1}{n_1 - 1}\sum_{i=1}^{n_1}\left(X_{1i} - \overline{X_1}\right)^2$, $S_2^2 = \dfrac{1}{n_2 - 1}\sum_{i=1}^{n_2}\left(X_{2i} - \overline{X_2}\right)^2$ 이다.

• 검정통계값과 $P$-값을 계산하고 유의수준($\alpha$)을 설정한다.

$$T_{cal} = \frac{s_1^2}{s_2^2}$$

① 양측검정: $P$-값은 $2 \times \Pr(T > T_{cal})$ 또는 $2 \times \Pr(T < T_{cal})$ 중 작은 값이다.

② 좌측검정: $P$-값 $= \Pr(T < T_{cal})$

③ 우측검정: $P$-값 $= \Pr(T > T_{cal})$

• 검정을 통하여 귀무가설과 대립가설 중 하나를 채택한다.

유의수준($\alpha = 0.05,\ 0.01$)과 $P$-값을 통하여 귀무가설과 대립가설 중 하나를 채택한다. $P$-값이 유의수준보다 작으면 귀무가설을 기각하고, 크면 귀무가설을 채택한다.

## 4-3) 두 모비율의 동일성에 대한 가설검정

새로 개발된 약품이 기존 약품보다 치료 효과가 있는지를 과학적으로 알아보기 위해 유사하게 구성된 두 그룹을 설정하여 각 약품을 사용해 치료에 성공한 비율을 비교할 수 있다. 여기서 신약으로 치료한 그룹은 모집단 1, 기존 약품으로 치료한 그룹은 모집단 2라고 하자. 각 모집단에서 치료에 성공할 모비율을 $p_1$과 $p_2$라고 하자. 모비율은 알려져 있지 않다. 두 약품으로 치료받을 대상을 확률표본으로 선택하여 두 약품 중 어느 것이 우수한지를 통계적 가설검정으로 알아보자.

$n_1$과 $n_2$는 두 치료약으로 치료받는 대상의 수이고, $\hat{p}_1$과 $\hat{p}_2$는 치료에 성공한 확률이다. 두 모비율의 동일성에 대한 가설검정 절차는 다음과 같다.

1단계: 귀무가설과 대립가설을 설정한다.

① $H_0 : p_1 = p_2, H_A : p_1 \neq p_2$ 또는 $H_0 : p_1 - p_2 = 0, H_A : p_1 - p_2 \neq 0$

② $H_0 : p_1 = p_2, H_A : p_1 < p_2$ 또는 $H_0 : p_1 - p_2 = 0, H_A : p_1 - p_2 < 0$

③ $H_0 : p_1 = p_2, H_A : p_1 > p_2$ 또는 $H_0 : p_1 - p_2 = 0, H_A : p_1 - p_2 > 0$

2단계: 검정통계량과 분포를 결정한다.

$$T = \frac{\hat{p}_1 - \hat{p}_2 - 0}{\sqrt{p(1-p)\left(\frac{1}{n_1} + \frac{1}{n_2}\right)}} \to N(0,1)$$

여기서 $p = p_1 = p_2$이고 검정통계량이 표준정규분포에 근사하려면 단일 모비율과 마찬가지로 $n_1 p_1 \geqq 10$, $n_1(1-p_1) \geqq 10$, $n_2 p_2 \geqq 10$ 그리고 $n_2(1-p_2) \geqq 10$인 조건이 성립해야 한다. 각 모집단의 크기는 해당 표본크기보다 적어도 20배는 커야 한다.

3단계: 검정통계값과 $P$-값을 계산한다.

$$T_{cal} = \frac{\hat{p}_1 - \hat{p}_2}{\sqrt{\hat{p}(1-\hat{p})\left(\frac{1}{n_1} + \frac{1}{n_2}\right)}}$$

여기서 합동 성공확률은 $\hat{p} = \dfrac{n_1}{n_1+n_2}\hat{p_1} + \dfrac{n_2}{n_1+n_2}\hat{p_2}$ 이다.

① 양측검정: $P$-값 $= 2 \times \Pr(T > |T_{cal}|)$

② 좌측검정: $P$-값 $= \Pr(T < T_{cal})$

③ 우측검정: $P$-값 $= \Pr(T > T_{cal})$

4단계: 유의수준($\alpha = 0.05,\ 0.01$)과 $P$-값을 통하여 귀무가설과 대립가설 중 하나를 채택한다. 만약 $P$-값이 유의수준보다 작으면 귀무가설을 기각하고, 크면 귀무가설을 채택한다.

**예제 6-9**

통계청에서 실시한 '2016년 사회조사' 결과에 따르면 아침식사를 거르는 사람이 해마다 늘고 있다고 한다. 아침식사를 거르면 뇌의 활동이 저하되어 업무능력이 떨어지고 폭식할 가능성이 높다. 또한 이러한 일이 장기화되면 심장병, 고혈압, 당뇨병과 같은 성인병이 야기되며 비만도 생길 수 있다. 13세 이상인 사람 중에 아침식사 결식 비율은 '2014년 사회조사'에서 표본 3만 7,000명 중 70.1%이고 '2016년 사회조사'에서 3만 8,600명 중 67.2%로 집계되었다. 그렇다면 과연 2016년에 2014년보다 아침식사 결식 비율이 감소했다고 볼 수 있을까? R을 이용하여 두 모비율의 동질성에 대한 가설검정을 수행하라.

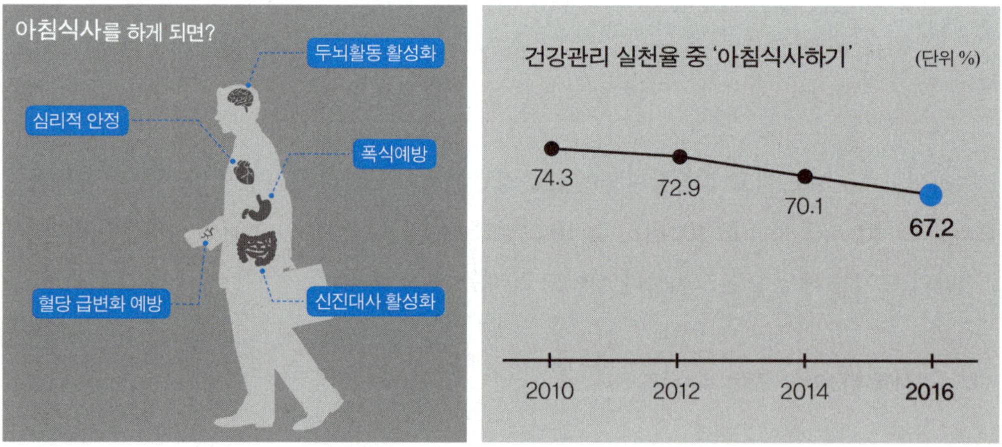


(출처: 통계청)

R에서 두 모비율의 동일성 검정은 명령어 "prop.test"를 이용하지만 제공되는 검정통계량과 분포는 앞에서 설명한 내용과 다르다. 앞서 설명한 검정통계값과 $P$-값을 R 프로그램으로 수행하면 다음과 같다.

```
> n1 = 37000                          # 2014년 표본수
> n2 = 38600                          # 2016년 표본수
> hp1 = 0.701                         # 2014년 아침식사 결식 확률
> hp2 = 0.672                         # 2016년 아침식사 결식 확률
> pooled.p = (n1*hp1+n2*hp2)/(n1+n2)  # 합동 성공확률
> se.pooled = sqrt(pooled.p*(1-pooled.p)*(1/n1+1/n2))  # 합동 성공확률의 표준오차
> T.cal = (hp1-hp2)/se.pooled         # 검정통계값
> P.value = 1 - pnorm(T.cal, mean=0, sd=1)  # 오른쪽 가설검정의 P-값
> print(c(T.cal, P.value))
[1] 8.589684 0.000000
```

또한 명령어 "prop.test"도 다음과 같이 수행한다.

```
> # 명령어 prop.test(x=c(모집단 1에 대한 성공횟수, 모집단 2에 대한 성공횟수), n=c(표본수 1, 표본수 2),...)
> prop.test(x=c(n1*hp1,n2*hp2),n=c(n1,n2),p=NULL,alternative = c("greater"),correct = FALSE)
    2-sample test for equality of proportions without continuity correction
data:  c(n1 * hp1, n2 * hp2) out of c(n1, n2)
X-squared = 73.783, df = 1, p-value < 2.2e-16
alternative hypothesis: greater
95 percent confidence interval:
 0.0234524 1.0000000
sample estimates:
prop 1 prop 2
 0.701  0.672
```

$P$-값이 거의 0에 가까워서 유의수준 0.01보다 상당히 작기 때문에 귀무가설을 기각한다. 즉 13세 이상인 사람 중 아침식사를 거르는 비율이 2014년도에 비해 2016년도에 통계적으로 감소하였다고 볼 수 있다.

## 두 모비율에 대한 가설검정

- 이산형 자료(0과 1로 구성)에 대한 확률표본(그룹 1: $X_{11}, \cdots, X_{1n_1}$, 그룹 2: $X_{21}, \cdots, X_{2n_2}$)을 조사 또는 측정한다. 수집된 표본을 $x_{11}, \cdots, x_{1n_1}$, $x_{21}, \cdots, x_{2n_1}$라 하자.

- 귀무가설과 대립가설을 설정하자.

① $H_0 : p_1 = p_2$, $H_A : p_1 \neq p_2$ 또는 $H_0 : p_1 - p_2 = 0$, $H_A : p_1 - p_2 \neq 0$

② $H_0 : p_1 = p_2$, $H_A : p_1 < p_2$ 또는 $H_0 : p_1 - p_2 = 0$, $H_A : p_1 - p_2 < 0$

③ $H_0 : p_1 = p_2$, $H_A : p_1 > p_2$ 또는 $H_0 : p_1 - p_2 = 0$, $H_A : p_1 - p_2 > 0$

- 검정통계량 및 분포를 구하자.

$$T = \frac{\hat{p}_1 - \hat{p}_2 - 0}{\sqrt{p(1-p)\left(\frac{1}{n_1} + \frac{1}{n_2}\right)}} \rightarrow N(0,1)$$

여기서 $p = p_1 = p_2$이고 검정통계량이 표준정규분포에 근사하려면 단일 모비율과 마찬가지로 $n_1 p_1 \geqq 10$, $n_1(1-p_1) \geqq 10$, $n_2 p_2 \geqq 10$, 그리고 $n_2(1-p_2) \geqq 10$인 조건이 성립해야 한다.
각 모집단의 크기는 해당 표본 크기보다 적어도 20배는 커야 한다.

- 검정통계값과 $P$-값을 계산하고 유의수준($\alpha$)을 설정한다.

$$T_{cal} = \frac{\hat{p}_1 - \hat{p}_2}{\sqrt{\hat{p}(1-\hat{p})\left(\frac{1}{n_1} + \frac{1}{n_2}\right)}}$$

여기서 합동 성공확률은 $\hat{p} = \frac{n_1}{n_1 + n_2}\hat{p}_1 + \frac{n_2}{n_1 + n_2}\hat{p}_2$이다.

① 양측검정: $P$-값 $= 2 \times \Pr(T > |T_{cal}|)$

② 좌측검정: $P$-값 $= \Pr(T < T_{cal})$

③ 우측검정: $P$-값 $= \Pr(T > T_{cal})$

- 검정을 통하여 귀무가설과 대립가설 중 하나를 채택한다.

유의수준($\alpha = 0.05, 0.01$)과 $P$-값을 통하여 귀무가설과 대립가설 중 하나를 채택한다. 만약 $P$-값이 유의수준보다 작으면 귀무가설을 기각하고, 크면 귀무가설을 채택한다.

## 4-4) 짝지어진 모평균에 대한 가설검정

한 제약회사가 체중을 줄이는 다이어트약을 개발하여 기존 다이어트약보다 효과가 있다고 광고하였다. 광고 내용은 어느 정도 비만이 있는 30명의 사람을 대상으로 새로운 다이어트약을 복용하기 전 몸무게와 복용하고 일정 기간이 지난 후 몸무게를 측정한 자료를 통계적으로 분석한 결과이다.

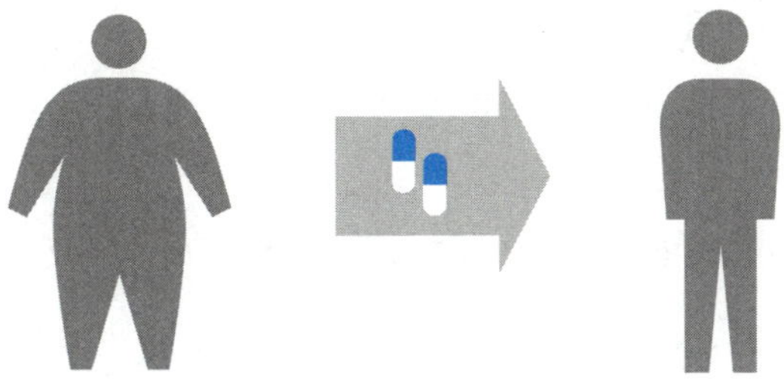

짝지어진 표본

| | 1 | 2 | 3 | ⋯ | $n$ |
|---|---|---|---|---|---|
| 다이어트약 복용 전 몸무게($X$) | $X_1$ | $X_2$ | $X_3$ | ⋯ | $X_n$ |
| 다이어트약 복용 후 몸무게($Y$) | $Y_1$ | $Y_2$ | $Y_3$ | ⋯ | $Y_n$ |
| 차이 | $D_1=X_1-Y_1$ | $D_2=X_2-Y_2$ | $D_3=X_3-Y_3$ | ⋯ | $D_n=X_n-Y_n$ |

이 실험은 표면적으로 다이어트약 복용 전의 체중과 복용 후의 체중을 두 모집단으로 생각할 수 있다. 그러나 다이어트약을 복용하기 전과 후의 실험대상이 동일하기 때문에 짝지어서 비교해야 한다. 결론적으로 각 대상의 몸무게를 다이어트약 복용 전후의 차이로 간주하여 단일 모집단의 모평균에 대한 가설검정을 수행해야 한다. 그러면 짝지어진 모집단의 모평균($\mu_D$)에 대한 가설검정의 단계는 다음과 같다.

1단계: 귀무가설과 대립가설을 설정한다.

(a) $H_0 : \mu_D = 0,\ H_A : \mu_D \neq 0$

(b) $H_0 : \mu_D = 0,\ H_A : \mu_D < 0$

(c) $H_0 : \mu_D = 0,\ H_A : \mu_D > 0$

여기서 모평균 $\mu_D$는 다이어트약 복용 전 몸무게의 모평균과 복용 후 몸무게의 모평균의 차인 $\mu_X - \mu_Y$가 아닌, 각 대상의 몸무게의 전후 차이를 평균한 것이다.

2단계: 모평균의 점추정량과 검정통계량을 제시하고 분포를 구해야 한다. 검정통계량은 항상 귀무가설이 사실이라는 가정하에서 수행되기 때문에 모평균이 $\mu_D$이다.

- 모평균의 점추정량

$$\overline{D} = \frac{1}{n}\sum_{i=1}^{n} D_i$$

- 모평균의 검정통계량

$$T = \frac{\overline{D} - 0}{S_D / \sqrt{n}} \sim \begin{cases} N(0,1), & n > 30 \\ t_{n-1}, & n \leqq 30 \end{cases}$$

여기서 확률표본은 $D_1, D_2, \cdots, D_n$이고 $S_D^2 = \sum_{i=1}^{n}\left(D_i - \overline{D}\right)^2 / (n-1)$이다.

3단계: 검정통계값을 계산하고 유의수준($\alpha$)을 설정한다.

$$T_{cal} = \frac{\overline{d}}{s_d / \sqrt{n}} \sim \begin{cases} N(0,1), & n \geqq 30 \\ t_{n-1}, & n < 30 \end{cases}$$

여기서 확률표본은 $d_1, d_2, \cdots, d_n$이고 $s_d^2 = \sum_{i=1}^{n}\left(d_i - \overline{d}\right)^2 / (n-1)$이다.

4단계: 검정을 통하여 귀무가설과 대립가설 중 하나를 채택한다.

위와 같이 검정통계값($T_{cal}$)을 계산하고, 대립가설에 해당하는 $P$-값과 유의수준($\alpha$)을 이용하여 귀무가설 또는 대립가설을 채택한다. 그 과정은 단일모집단의 모평균 검정과 동일하다.

**예제 6-10**

학기가 시작할 때마다 많은 학생들이 교재를 싸게 구입하기 위해 온라인 서점을 이용한다. 2010년 봄학기 UCLA 교내 서점과 아마존 사이트에서 판매되는 73종의 교재를 임의로 선택하여 가격을 비교하였다. 과연 아마존에서 판매되는 교과서의 가격이 교내 서점보다 저렴한지 R을 이용하여 통계적으로 파악해보자.

R을 이용한 짝지어진 모평균의 가설검정에는 명령어 "t.test"를 사용하며 다음과 같다.

```
> books.sale <- read.csv("https://roualdes.us/data/books.csv")   # 웹상에 있는 파일 불러오기
> head(books.sale)
            isbn      uclaNew   amazNew
1   978-0803272620    27.67     27.95
2   978-0030119194    40.59     31.14
3   978-0300080643    31.68     32.00
4   978-0226206813    16.00     11.52
5   978-0892365999    18.95     14.21
6   978-0394723693    14.95     10.17
> attach(books.sale)                                # head에 있는 변수명을 현재 R에서 사용
The following objects are masked from books.sale (pos = 3):
  amazNew, isbn, uclaNew
> t.test(uclaNew, amazNew, paired=TRUE, alternative=c("greater"))   # 옵션 paired=TRUE로 설정
     Paired t-test
data:  uclaNew and amazNew
t = 7.6488, df = 72, p-value = 3.464e-11
alternative hypothesis: true difference in means is greater than 0
95 percent confidence interval:
 9.981505     Inf
sample estimates:
mean of the differences
        12.76164
```

$P$-값이 0에 가까워서 유의수준 0.05에서 귀무가설을 기각할 수 있다. 즉 아마존에서 구매하는 교재 가격이 UCLA 서점보다 저렴하다는 통계적 근거가 있다.

**짝지어진 모평균에 대한 가설검정**

- 연속형 자료에 대한 확률표본$((X_{11}, X_{21}), \cdots, (X_{1n}, X_{2n}))$을 조사 또는 측정한다. 수집된 표본을 $((x_{11}, x_{21}), \cdots, (x_{1n}, x_{2n}))$라 하자. 그리고 $D_1 = X_{11} - X_{21}, \cdots, D_n = X_{1n} - X_{2n}$이다.

- 귀무가설과 대립가설을 설정한다.

  (a) $H_0 : \mu_D = 0,\ H_A : \mu_D \neq 0$

  (b) $H_0 : \mu_D = 0,\ H_A : \mu_D < 0$

  (c) $H_0 : \mu_D = 0,\ H_A : \mu_D > 0$

- 검정통계량 및 분포를 구한다.

$$T = \frac{\overline{D} - 0}{S_D / \sqrt{n}} \sim \begin{cases} N(0,1), & n > 30 \\ t_{n-1}, & n \leqq 30 \end{cases}$$

  여기서 확률표본은 $D_1, D_2, \cdots, D_n$이고 $S_D^2 = \sum_{i=1}^{n} (D_i - \overline{D})^2 / (n-1)$이다.

- 검정통계값과 $P$-값을 계산하고 유의수준($\alpha$)을 설정한다.

- 검정을 통하여 귀무가설과 대립가설 중 하나를 채택한다.

  유의수준($\alpha = 0.05,\ 0.01$)과 $P$-값을 통하여 귀무가설과 대립가설 중 하나를 채택한다. 만약 $P$-값이 유의수준보다 작으면 귀무가설을 기각하고 크면 귀무가설을 채택한다.

# 실습

**1** 하이브리드 자동차는 전기와 화석연료를 효율적으로 이용하는 기술로 교통 흐름에 따라서 연비를 극대화한 친환경 차량이다. 시내 주행이 많은 운전자에게는 하이브리드 자동차가 연료비 절약에 유리하지만 고속주행이 많은 운전자에게는 크게 차이가 없는 것으로 알려져 있다.

그렇다면 2011년 현대 소나타 하이브리드의 공인 모평균 MPG(Miles Per Gallon gasoline) 34가 실제로 나오는지, R 또는 Excel을 이용하여 가설검정을 수행하라. 자료는 웹주소 http://www.fueleconomy.gov에서 My MPG → MPG Estimates From others → Hyundai → Sonata Hybrid → 2011 Hyundai Sonata Hybrid를 클릭하면 아래와 같이 24명의 평균 MPG를 볼수 있다.

(출처: http://www.fueleconomy.gov/mpg/MPG.do?action=mpgData&vehicleID=31076&browser=true&details=on)

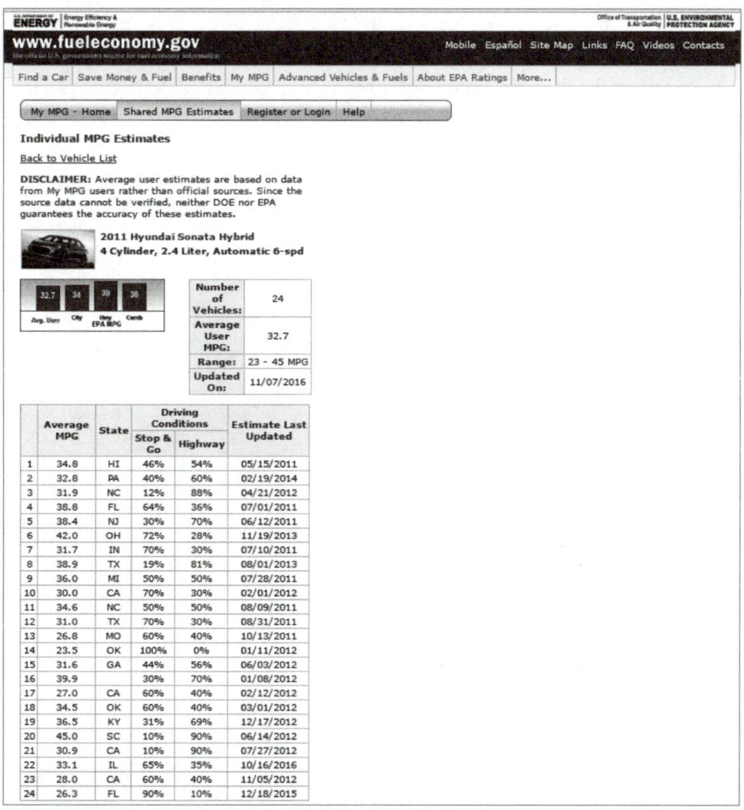

www.fueleconomy.gov

Find a Car | Save Money & Fuel | Benefits | My MPG | Advanced Vehicles & Fuels | About EPA Ratings | More...

My MPG - Home | Shared MPG Estimates | Register or Login | Help

**Individual MPG Estimates**

Back to Vehicle List

**DISCLAIMER:** Average user estimates are based on data from My MPG users rather than official sources. Since the source data cannot be verified, neither DOE nor EPA guarantees the accuracy of these estimates.

**2011 Hyundai Sonata Hybrid**
**4 Cylinder, 2.4 Liter, Automatic 6-spd**

| | |
|---|---|
| Number of Vehicles: | 24 |
| Average User MPG: | 32.7 |
| Range: | 23 - 45 MPG |
| Updated On: | 11/07/2016 |

| | Average MPG | State | Driving Conditions | | Estimate Last Updated |
|---|---|---|---|---|---|
| | | | Stop & Go | Highway | |
| 1 | 34.8 | HI | 46% | 54% | 05/15/2011 |
| 2 | 32.8 | PA | 40% | 60% | 02/19/2014 |
| 3 | 31.9 | NC | 12% | 88% | 04/21/2012 |
| 4 | 38.8 | FL | 64% | 36% | 07/01/2011 |
| 5 | 38.4 | NJ | 30% | 70% | 06/12/2011 |
| 6 | 42.0 | OH | 72% | 28% | 11/19/2013 |
| 7 | 31.7 | IN | 70% | 30% | 07/10/2011 |
| 8 | 38.9 | TX | 19% | 81% | 08/01/2013 |
| 9 | 36.0 | MI | 50% | 50% | 07/28/2011 |
| 10 | 30.0 | CA | 70% | 30% | 02/01/2012 |
| 11 | 34.6 | NC | 50% | 50% | 08/09/2011 |
| 12 | 31.0 | TX | 70% | 30% | 08/31/2011 |
| 13 | 26.8 | MO | 60% | 40% | 10/13/2011 |
| 14 | 23.5 | OK | 100% | 0% | 01/11/2012 |
| 15 | 31.6 | GA | 44% | 56% | 06/03/2012 |
| 16 | 39.9 | | 30% | 70% | 01/08/2012 |
| 17 | 27.0 | CA | 60% | 40% | 02/12/2012 |
| 18 | 34.5 | OK | 60% | 40% | 03/01/2012 |
| 19 | 36.5 | KY | 31% | 69% | 12/17/2012 |
| 20 | 45.0 | SC | 10% | 90% | 06/14/2012 |
| 21 | 30.9 | CA | 10% | 90% | 07/27/2012 |
| 22 | 33.1 | IL | 65% | 35% | 10/16/2016 |
| 23 | 28.0 | CA | 60% | 40% | 11/05/2012 |
| 24 | 26.3 | FL | 90% | 10% | 12/18/2015 |

**2** 모평균의 가설검정에서 세 가지 대립가설에 대한 $P$-값을 R을 이용하여 그림으로 표시하여라. 모평균은 10, 확률표본 크기는 50, 표본평균은 9.3, 표본분산은 5이다.

**3** 예제 6-9에서 아침식사를 거르는 비율이 2014년도와 2016년도에 동일하다는 양측 가설검정을 R과 Excel로 수행하고, 가설검정 단계별로 정리하여라.

**4** 대도시의 공기질이 해마다 악화되는지를 알아보기 위해 임의로 25개 국가의 수도를 선택하여 2013년과 2014년의 공기질을 측정하였다. R을 이용하여 25개 국가 수도의 공기질이 악화되었는지 통계적 추론을 수행하라. 단, 관련 자료는 출처에서 발췌하여 사용하라.

(출처: WI Mortada et al. "Study of lead exposure from automobile exhaust as a risk for nephrotoxicity among traffic policemen." In: American journal of nephrology 21.4 (2001), pp. 274–279.)

# 7장

# 상관분석(correlation analysis)

신문기사 검색 사이트인 미디어가온(http://www.bigkinds.or.kr/)에서 상관분석 또는 상관관계를 키워드로 검색해보면 대략 4만 6,000(총 10만여 건 중)건의 관련 기사가 검색된다. 이러한 기사들은 정치, 경제, 사회, 생활/문화, IT/과학, 연예, 스포츠, 광고 등 모든 분야에 두루 나타났다. 그러나 검색된 모든 기사들에서 언급한 상관분석 또는 상관관계의 의미가 통계학에서 다루는 내용과 완전히 일치하지는 않았다.

통계학에서 다루는 상관분석이란, 두 양적자료(양적변수) 간의 선형적인 연관성을 수치로 표현한 기법이다. 예를 들어, 성인의 키와 몸무게의 관계에서 키가 크면 몸무게가 무거운지, 혹은 키가 작으면 몸무게가 가벼운지에 관한 선형적 연관성을 수치(상관계수)로 계산하고, 모집단에 대한 상관계수 가설검정으로 추론한 것을 상관분석이라고 한다.

키(cm)와 몸무게(kg)로 상관분석을 수행하려면 다음과 같은 절차를 따른다. 이에 대한 식과 자세한 설명은 본문에서 다룰 것이다. 또한 Excel과 R을 이용하여 상관분석을 수행하는 방법과 결과도 자세히 다룰 것이다.

1단계: 주어진 두 자료가 모집단 또는 확률표본인지 확인한다.

⇨ 키와 몸무게는 확률표본으로 추출되었다.

2단계: 두 자료의 형태가 모두 양적자료인지 확인한다.

⇨ 키와 몸무게는 양적자료이다.

3단계: 두 자료에 대한 산점도를 그리고 선형추세를 확인한다.

⇨ 다음 산점도로부터 키와 몸무게는 선형추세가 있다고 할 수 있다.

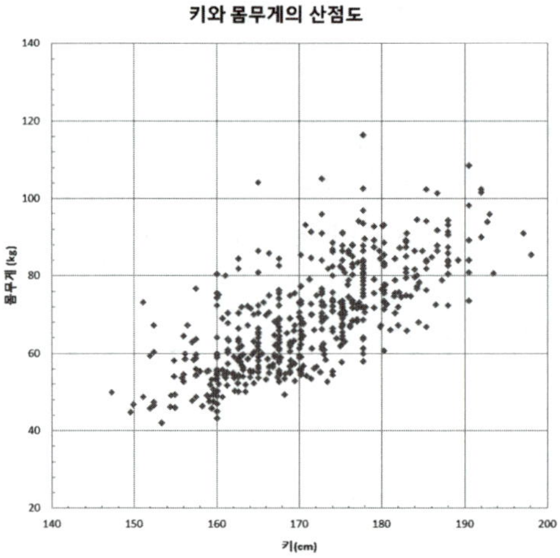


4단계: 상관계수를 구한다.

본문에 제시된 표본상관계수를 구한다.

$$r_{x,y} = \frac{s_{x,y}}{s_x s_y} \approx 0.72$$

5단계: 만약 두 자료가 확률표본으로부터 추출되었고 이변수정규분포를 따르면 모집단 상관계수 가설검정을 수행한다.

# 1. 두 자료의 관계(또는 연관)

어떤 조사(또는 실험)에서 주어진 두 자료, 혹은 더 많은 자료의 관계(relationship) 또는 연관(association) 여부에 대한 가장 단순한 표현은 상관(correlation) 개념을 사용하는 것이다. 여기서 말하는 상관 개념은 두 자료의 상호 관련(또는 연관)이 선형적으로 연결되어 있는가를 뜻한다. 즉, 한 자료의 값이 크면 관련된 자료의 값도 비례해서 크게 나타나는 경향을 말하며, 다른 한편으론 한 자료의 값이 커지면 다른 자료의 값이 비례적으로 작아지는 경향도 포함된다.

자료들 간의 관계에 대한 주제 및 관심은 여러 분야에 퍼져 있지만 본서에서는 한정적인 분야만을 제시한다. 다음 예시는 과학, 교육, 경제, 체육 분야의 관련 주제이다.

- 과학: 낙하운동에서 던지는 높이와 떨어지는 시간은 어떤 관계가 있을까?
- 교육: 수능점수와 대학교 1학년 학점은 어떤 관계가 있을까?
- 경제: 한국에서 환율과 코스피지수는 어떤 관계가 있을까?
- 체육: 프로골퍼의 점수와 수입에는 어떤 관계가 있을까?

앞서 제시한 예제들에서 언급된 '어떤 관계'에 대해 몇 가지 가정이 있을 수 있다. 예를 들어, 낙하운동에서 던지는 높이가 높으면 높을수록 떨어지는 시간도 늘어나기 때문에 이는 양의 비례 관계이다. 반대로 골프를 처음 배우는 사람이 목표 타수를 줄이기 위해 연습한 누적 시간과 타수의 관계는 음의 비례 관계로 생각할 수 있다. 즉 '어떤 관계'에서 생각할 수 있는 여러 관점 중에는 양의 상관, 음의 상관, 그리고 무상관이 있을 것이다. 또한 동일하게 양의 상관에 있는 여러 예제들이라 해도 동일한 정도로 관련이 있는 것은 아니다. 예를 들어 낙하운동의 높이와 시간, 프로골퍼의 점수와 수입의 관계는 둘 다 양의 상관이지만 동일한 정도가 아니라는 것을 쉽게 판단할 수 있다. 즉 낙하운동에서는 높이에 비례하여 시간도 일정하게 늘어나지만, 프로골퍼의 수입이 점수에 비례하여 일정하게 증가할지는 쉽게 예상할 수 없다. 골퍼의 수입과 점수의 관계를 정확하게 알아보려면 직접 자료를 수집하여 관찰해야 한다.

## 2. 두 변수의 관계(또는 연관)에 대한 시각적 표현 및 해석

앞으로 설명할 상관분석은 두 자료의 관계(또는 연관) 중에 특별히 선형적 성향을 알고자 개발된 기법이다. 상관분석을 수행하는 데 사용된 기법은 크게 두 가지로, 시각적 표현인 산점도(scatter plot)와 수치적 표현인 상관계수(correlation coefficient) 및 가설검정이다. 본 절에서는 예제 7-1에서 제시된 실증자료인 키와 몸무게의 산점도를 표현하는 데 Excel 및 R을 사용하는 방법을 알아본다.

**예제 7-1 키와 몸무게의 관계(example7-1.xls)**

키(cm)와 몸무게(kg)의 관계를 알아보기 위해서 남자 247명과 여자 260명으로 구성된 자료가 제공되었다. 여기서는 성별 구분 없이 키와 몸무게의 관계를 살펴본다. 제공된 자료에 대한 자세한 설명은 출처를 참고한다.

(출처: http://www.amstat.org/publications/jse/v11n2/datasets.heinz.html)

키와 몸무게의 산점도를 수행하기 전에 자료의 형태를 살펴보면 모두 양적자료 중 연속형 자료이다. 따라서 상관분석에 적합한 자료인 Excel 및 R을 이용해 507명의 키와 몸무게의 각 쌍을 좌표평면에 표시하면 산점도가 그려진다.

Excel에서 산점도를 그리는 절차와 설명은 다음과 같다.

1단계: example7-1.xls을 불러온다.

2단계: 산점도에 해당되는 자료(Excel에서 A와 B)를 선택한다.

3단계: [삽입] → [차트] → [분산형 또는 거품 차트 삽입] → [분산형]을 클릭한다.

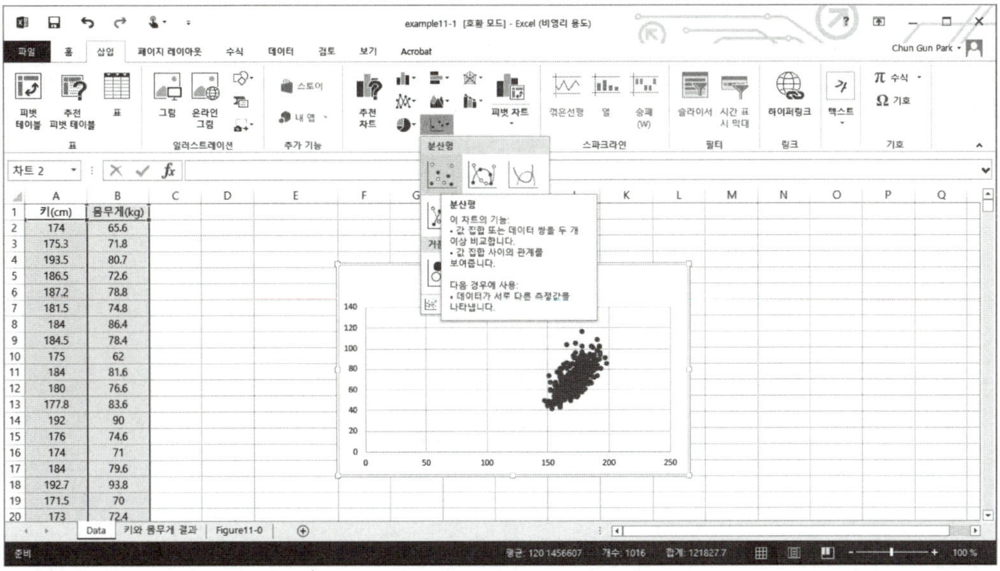

4단계: 3단계의 산점도로부터 x축과 y축의 차트요소를 변경하려면, 산점도 그림을 누르고 [+]을 클릭한 후 해당 사항을 선택하여 변경한다.

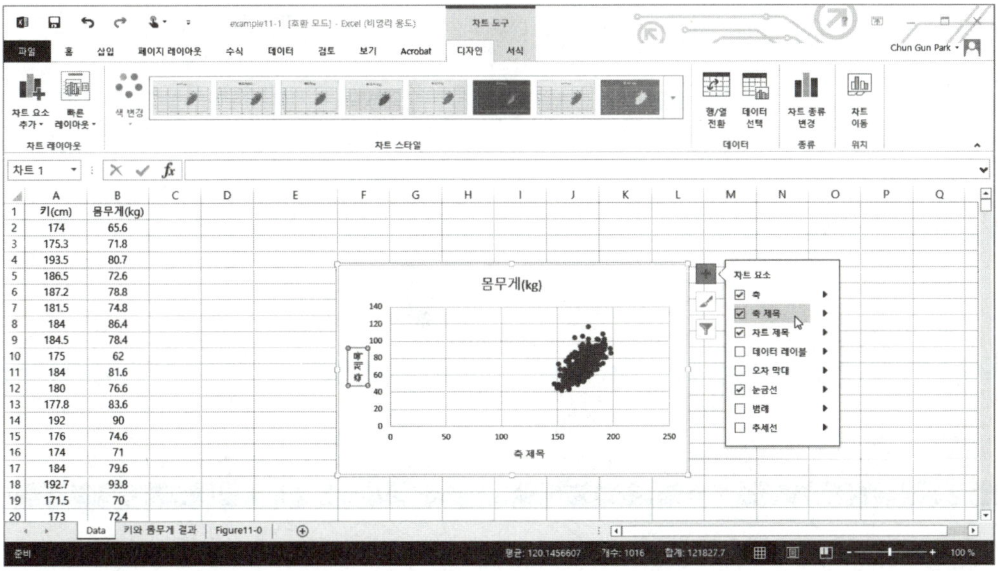

5단계: 각 축의 값의 범위를 변경하려면, x-축 또는 y-축의 값을 클릭하여 변경하고자 하는 축 옵션을 조절한다.

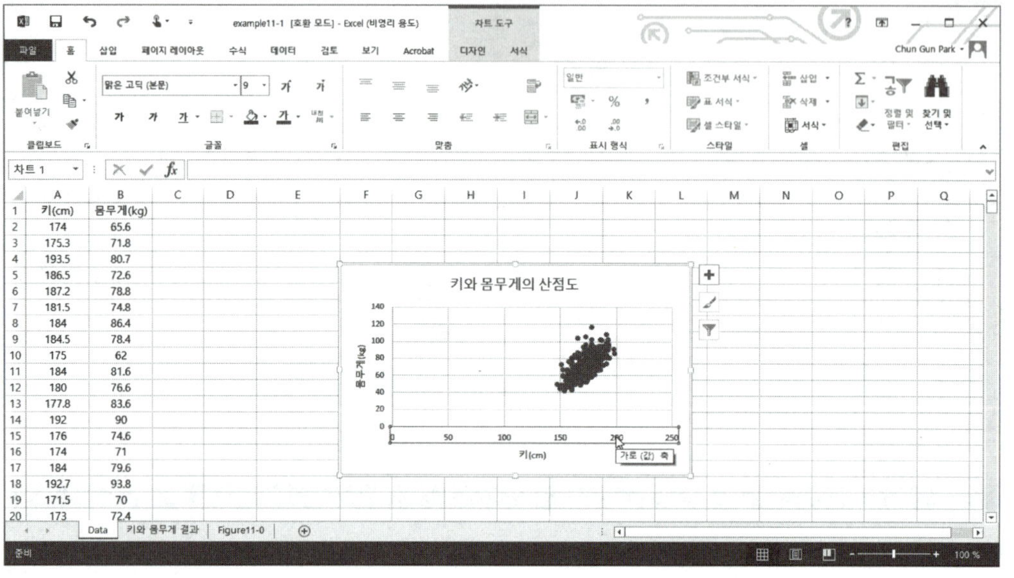

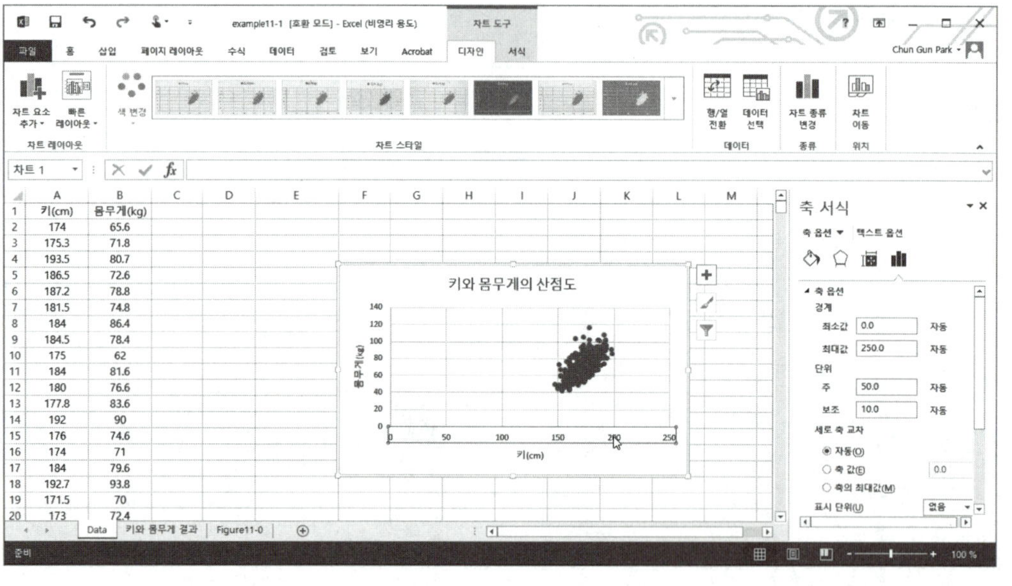

다음 그림은 앞에서 설명한 산점도의 변경사항을 반영한 결과이다.

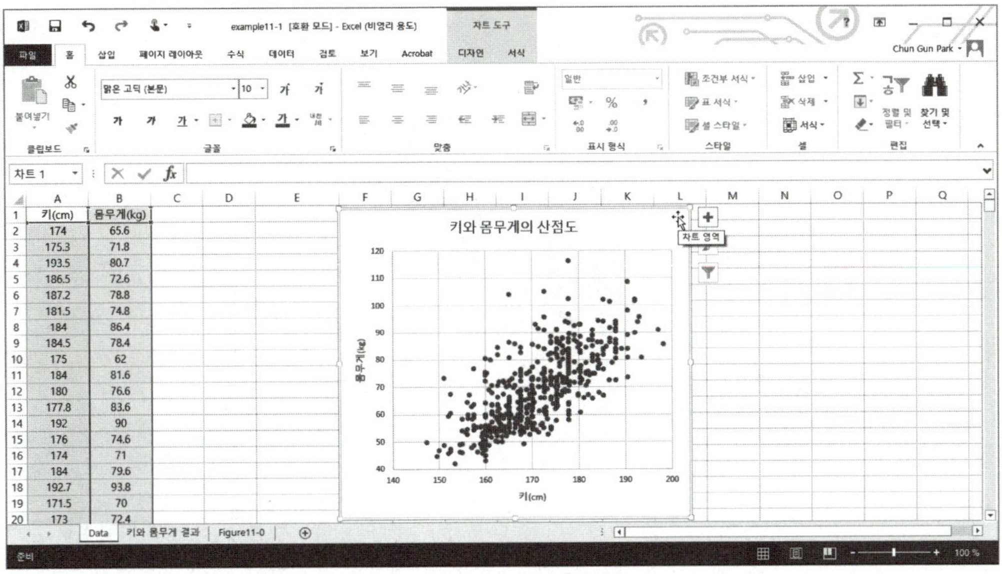

R에서 산점도를 그리는 프로그램은 다음과 같다.

```
> data = read.table("E://Data/example11-1.dat", header=TRUE)
> plot(data$height, data$weight, xlab="키(cm)", ylab="몸무게(kg)", main="키와 몸무게의 산점도")
```

"example7-1.dat"는 "example7-1.xls"과 동일한 구조의 자료로, 명령어 "plot"으로 다음과 같은 산점도가 그려진다.

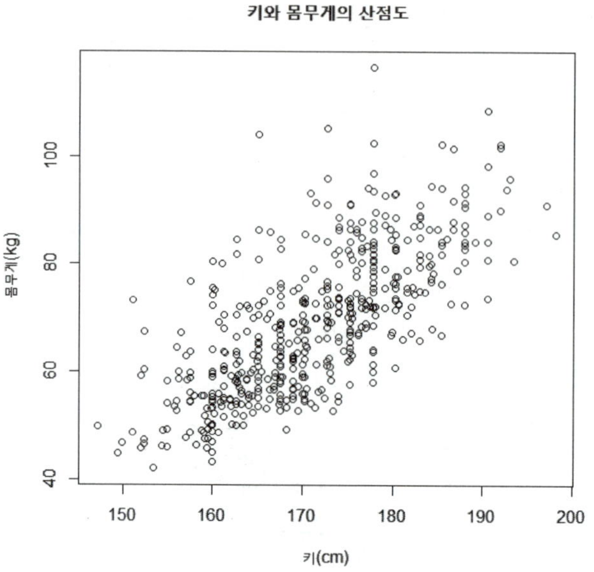


키와 몸무게의 산점도에는 대체적으로 선형추세가 존재한다. 즉 키가 크면 몸무게도 무거운 경향이 있으며, 반대로 키가 작으면 몸무게도 가벼운 경향이 있다. 하지만 이러한 관계가 완전하게 선형적으로 이루어진 것은 아니다. 다시 말하면 170cm인 사람이 전부 동일한 몸무게를 가지는 것이 아니라 50~85kg 사이에 있다는 것이다.

여기서 두 자료의 산점도가 완전히 직선상에 위치하고 있으면 완전한 선형식으로 표현된다. 하지만 실제 자료에서 이러한 경우는 없고 선형적 경향을 띠는 것을 눈으로 인식할 수 있을 정도면 선형추세로 간주한다. 산점도에서 나올 수 있는 선형추세는 몇 가지로 구분할 수 있는데 자세한 설명은 4절에서 상관계수와 함께 다루도록 한다.

## 3. 공분산과 상관계수

앞 절에서 배운 산점도는 시각적으로 두 자료의 (선형)관계를 나타내었고 주관적으로 해석될 수 있다. 따라서 산점도로 모든 사람이 동일한 해석 및 결론에 도달할 수는 없다. 이러한 이유로 두 자료의 선형관계를 객관적으로 반영할 수 있는 수치가 필요하며, 공분산과 상관계수를 두 자료의 선형관계 정도를 표현하는 측도로 사용해왔다.

두 척도를 식으로 나타내기 위해서 주어진 자료를 모집단과 표본으로 구분하면 다음과 같다. 모집단에 해당하는 쌍으로 된 자료$(x, y)$는 $(x_1, y_1), (x_2, y_2), \cdots, (x_N, y_N)$로 표현되며 공분산은 다음과 같다.

$$\sigma_{x,y} = \frac{1}{N}\sum_{i=1}^{N}(x_i - \mu_x)(y_i - \mu_y) \tag{7-1}$$

여기서 $\mu_x = \sum_{i=1}^{N} x_i / N$이고 $\mu_y = \sum_{i=1}^{N} y_i / N$이다.

또한 표본으로부터 추출된 쌍으로 된 자료는 $(x_1, y_1), (x_2, y_2), \cdots, (x_n, y_n)$로 표현되며 표본공분산은 다음과 같다.

$$s_{x,y} = \frac{1}{n-1}\sum_{i=1}^{n-1}(x_i - \overline{x})(y_i - \overline{y}) \tag{7-2}$$

여기서 $\overline{x} = \sum_{i=1}^{n} x_i / n$이고 $\overline{y} = \sum_{i=1}^{n} y_i / n$이다.

Excel에서 표본인 두 자료(키와 몸무게)의 공분산은 "COVARIANCE.S" 명령어로 계산된다.

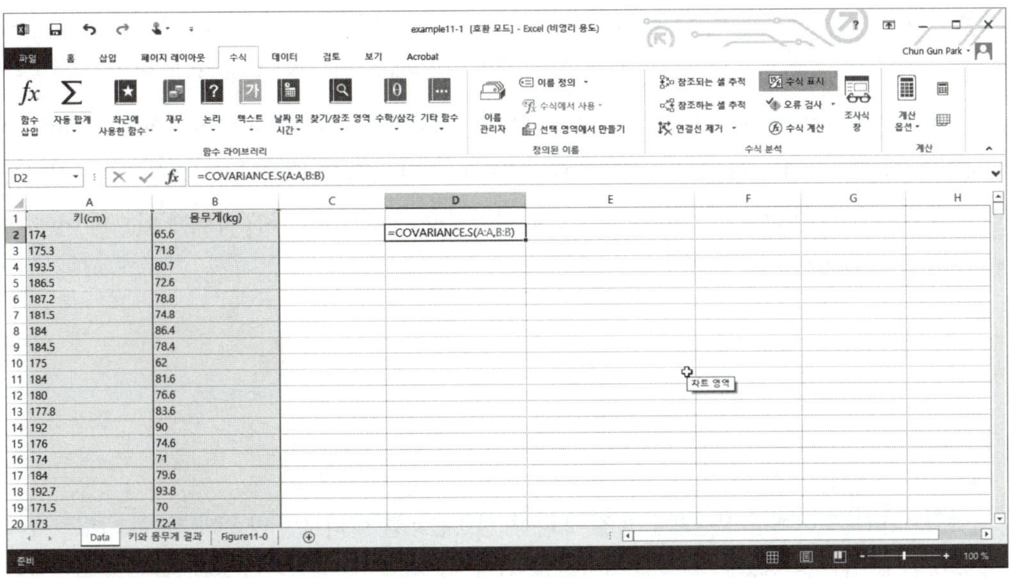

R에서 제공되는 명령어 "cov"는 표본에 대한 공분산이다.

```
> cov(x,y)
[1] 90.05452
```

(식 7-1)과 (식 7-2)에서 공분산을 살펴보면 자료 X가 큰 값(또는 작은 값)에 대응되는 자료 Y 값의 크기에 따라서 공분산의 크기가 결정된다. 그러나 이때 절대적인 기준이 존재해서 선형관계가 결정되는 것은 아니다. 따라서 **예제 7-1**에서 키와 몸무게의 공분산 값 90.06이 선형관계가 '강하다', '중간이다' 또는 '약하다'라고 말할 수 없다. 하지만 공분산 값이 양수이므로 양의 상관이 존재한다는 것을 알 수 있다. 선형관계의 정도를 나타낼 수 있는 측도로 공분산을 표준화한 상관계수가 사용된다.

상관계수는 두 자료의 선형관계를 표준화된 측도로 개발한 것으로 다음과 같이 표현된다.

$$\text{모상관계수: } \rho_{x,y} = \frac{\sigma_{x,y}}{\sigma_x \sigma_y} \tag{7-3}$$

$$\text{표본상관계수: } r_{x,y} = \frac{s_{x,y}}{s_x s_y} \tag{7-4}$$

여기서 $\sigma_x = \sqrt{\sigma_{x,x}}$, $\sigma_y = \sqrt{\sigma_{y,y}}$, $s_x = \sqrt{s_{x,x}}$ 그리고 $s_y = \sqrt{s_{y,y}}$ 이다.

(식 7-3)과 (식 7-4)로부터 $\rho_{xy}$와 $r_{xy}$는 모집단과 표본에 대한 상관계수이다. 여기서 표현된 상관계수는 Karl Pearson(1857~1936)이 개발한 "Pearson product moment correlation coefficient" 또는 "Pearson correlation coefficient"와 동일한 것이다. 또한 상관계수가 0이라는 것은 공분산이 0이라는 의미이다. 그 외 상관계수는 항상 [-1, +1] 사이에 있으며 이에 대한 증명은 이 과정에서는 생략한다.

$$-1 \leq \rho_{x,y} \leq 1 \tag{7-5}$$

$$-1 \leq r_{x,y} \leq 1 \tag{7-6}$$

(식 7-5)와 (식 7-6)에서 상관계수의 값에 따른 선형관계를 살펴보면 다음과 같다. 1 또는 -1이면 쌍으로 된 자료가 완전히 직선에 일치하는 선형관계이고, 상관계수의 절대값이 0.8부터 1이면 강한 선형관계, 0.5부터 0.8이면 중간 정도, 0에 가까우면 선형관계가 없다고 해석할 수 있

다. 따라서 **예제 7-1**의 키와 몸무게의 상관계수는 대략 0.72(반올림)로 보통 정도의 선형관계가 있다고 볼 수 있다.

다음 그림은 상관계수와 산점도를 수치와 형태로 제시한 것으로, 아래와 같이 구별할 수 있다.

- $\rho_{x,y} = \pm 1$: 기울기가 존재하는 직선에서 두 자료가 완전히 직선에 일치하는 관계
- $0.8 \le \rho_{x,y} < 1$ 또는 $-1 < \rho_{x,y} \leqq -0.8$: 두 자료가 직선으로부터 가깝게 떨어져 있는 관계
- $0 < \rho_{x,y} < 0.8$ 또는 $-0.8 < \rho_{x,y} < 0$: 두 자료가 직선으로부터 값에 비례해서 멀리 떨어져 있는 관계
- $\rho_{x,y} = 0$: 두 자료가 아무런 관계가 없거나 비선형 관계

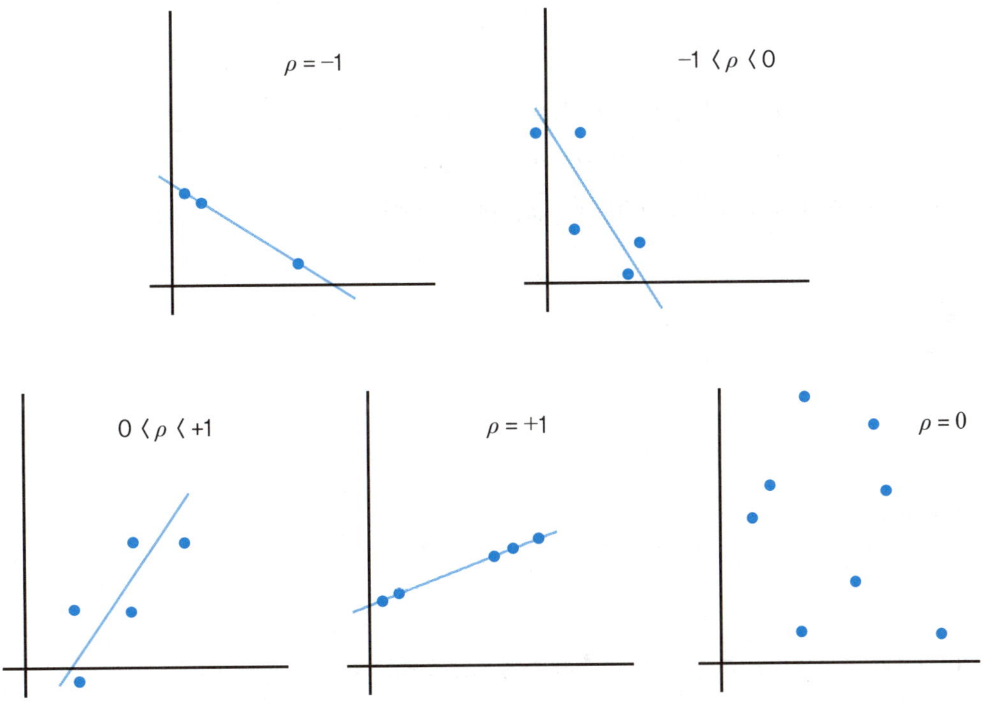


(출처: https://en.wikipedia.org/wiki/Pearson_product-moment_correlation_coefficient)

## ■ 공분산

– 모집단에 대한 자료$(x, y)$가 $(x_1, y_1)$, $(x_2, y_2)$, $\cdots$, $(x_N, y_N)$이면

$$\sigma_{x,y} = \frac{1}{N}\sum_{i=1}^{N}(x_i - \mu_x)(y_i - \mu_y)$$

여기서 $\mu_x = \sum_{i=1}^{N} x_i / N$이고 $\mu_y = \sum_{i=1}^{N} y_i / N$이다.

– 표본에 대한 자료$(x, y)$가 $(x_1, y_1)$, $(x_2, y_2)$, $\cdots$, $(x_n, y_n)$이면

$$s_{x,y} = \frac{1}{n-1}\sum_{i=1}^{n}(x_i - \bar{x})(y_i - \bar{y})$$

여기서 $\bar{x} = \sum_{i=1}^{n} x_i / n$이고 $\bar{y} = \sum_{i=1}^{n} y_i / n$이다.

• 공분산 성질

① $\sigma_{x,y} > 0$: 두 자료 $(x, y)$가 양의 선형관계임을 의미한다.

② $\sigma_{x,y} < 0$: 두 자료 $(x, y)$가 음의 선형관계임을 의미한다.

③ $\sigma_{x,y} = 0$: 두 자료 $(x, y)$가 아무런 관계가 없음을 의미한다.

## ■ 상관계수

– 모집단

$$\rho_{x,y} = \frac{\sigma_{x,y}}{\sigma_x \sigma_y}$$

– 표본

$$r_{x,y} = \frac{s_{x,y}}{s_x s_y}$$

여기서 $\sigma_x = \sqrt{\sigma_{x,x}}$, $\sigma_y = \sqrt{\sigma_{y,y}}$, $s_x = \sqrt{s_{x,x}}$ 그리고 $s_y = \sqrt{s_{y,y}}$ 이다.

• 상관계수의 성질

① $-1 \le \rho_{x,y} \le +1$

② $0 \le \rho_{x,y} \le +1$: $x$와 $y$가 양의 선형관계임을 의미한다.

③ $-1 \le \rho_{x,y} \le 0$: $x$와 $y$가 음의 선형관계임을 의미한다.

④ $\rho_{x,y} = 0$: $x$와 $y$는 관계가 없음을 의미한다.

※ $s_{x,y}$도 동일한 성질을 갖는다.

• 상관계수 관계의 강도

① $0 \le |\rho_{x,y}| \le 0.1$: 관계 없음 ② $0.2 \le |\rho_{x,y}| \le 0.4$: 약한 관계

③ $0.5 \le |\rho_{x,y}| \le 0.7$: 중간 관계 ④ $0.8 \le |\rho_{x,y}| \le 1$ : 강한 관계

※ 상관계수는 두 연속형 자료의 선형적 강도와 방향을 나타내는 지표이지만, 선형적 관계가 아닌 비선형적 관계도 존재할 수 있다. 그래서 두 자료에 대해서 산점도를 이용하여 선형 또는 비선형의 관계를 시각적으로 확인해야 한다. 또한 상관계수가 두 자료 간의 인과관계(원인과 결과)를 나타내는 것은 아니다.

## 4. 확률표본에 대한 두 자료에 선형관계가 있을까?

두 자료가 모집단인 경우에는 상관계수가 모수로 그 선형관계가 앞에서 제시한 해석으로 결정된다. 하지만 확률표본으로부터 추출된 두 자료의 경우에는 과연 상관계수가 믿을 수 있는지 검증할 필요가 있다. 다른 한편으로 두 자료의 관계가 꼭 선형만 존재하는 것은 아니기 때문에 비선형을 확인할 필요도 있다.

본 절에서는 두 확률표본 자료에 대해서 두 가지 측면으로 접근한다. 먼저 두 자료가 선형추세가 있는지를 확인하고, 다음으로 만약 두 자료가 선형추세라면 과연 상관계수가 0인지 아닌지를 파악하는 것이다. 두 자료의 선형추세를 확인하는 가장 기본적인 방법은 산점도를 그리고 그 추세를 눈으로 파악하는 것이다. 만약 선형추세라고 생각되면 두 자료가 이변수정규분포임을 확인하고, 상관계수의 통계적 가설검정을 통하여 무상관(상관계수가 0)인지 아닌지를 가설검정한다.

모집단 상관계수($\rho_{x,y}$)의 존재 여부에 대한 가설검정 절차는 다음과 같다. 여기에 설정된 가설검정 절차는 6장 가설검정에서 배운 것과 거의 동일하다.

1단계: 가설을 설정한다.

$H_0 : \rho_{x,y} = 0$ (두 자료의 선형관계가 존재하지 않는다.)

$H_A : \rho_{x,y} \neq 0$ (두 자료의 선형관계가 존재한다.)

2단계: 검정통계량 및 분포를 설정한다.

$$T = \frac{r_{x,y}}{\sqrt{\frac{1 - r_{x,y}^2}{n-2}}} \sim t_{n-2}$$

3단계: 검정통계량($T$)을 계산하고 유의수준($\alpha$)을 설정한다.

여기서 계산된 검정통계량을 $t_{cal}$로 하고 유의수준은 대체적으로 0.1, 0.05 또는 0.01로 설정한다.

4단계: 유의수준에 해당되는 $H_0$의 기각역을 설정하고 $P$-값을 계산한다.

기각역 $= (-\infty, -t_{\alpha/2, n-2}) \cup (t_{\alpha/2, n-2}, \infty)$

$P$-값 $= 2 \times (1 - P(|t_{cal}| > t_{n-2}))$

5단계: 가설을 채택(또는 기각)하고 해석한다.

만약 계산된 검정통계량이 기각역 안에 있으면 귀무가설이 기각되고 설정된 유의수준에서 두 자료 간에 선형관계가 있다고 해석할 수 있다. 또한 계산된 $P$-값이 유의수준보다 작으면 앞과 동일하게 해석할 수 있다. 반대로 계산된 검정통계량이 기각역 밖에 있으면 귀무가설이 채택되고 설정된 유의수준에서 두 자료의 선형관계가 없다고 해석할 수 있다. $P$-값이 유의수준보다 크거나 같으면 두 자료는 유의수준에서 선형관계가 없다고 해석할 수 있다.

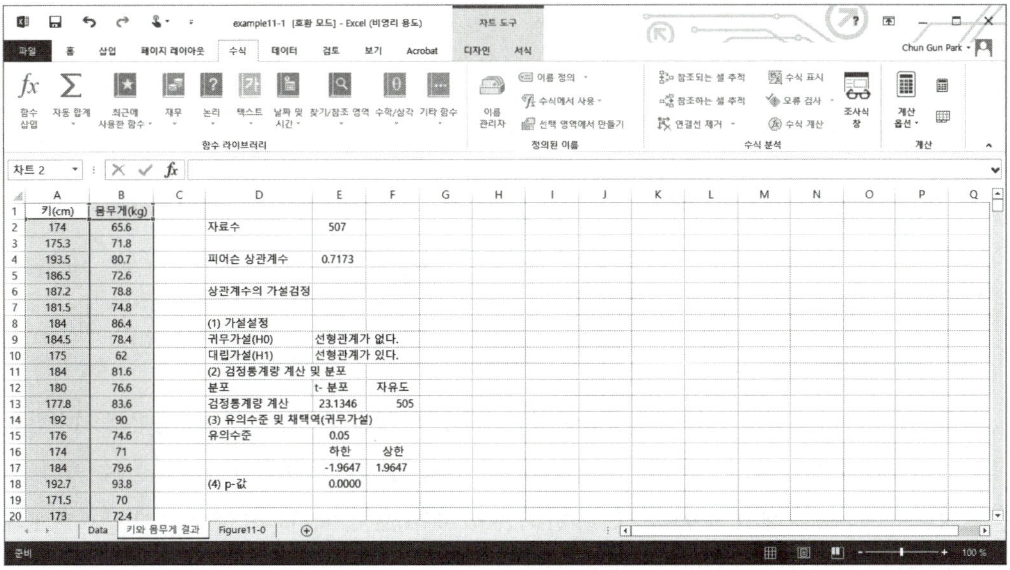


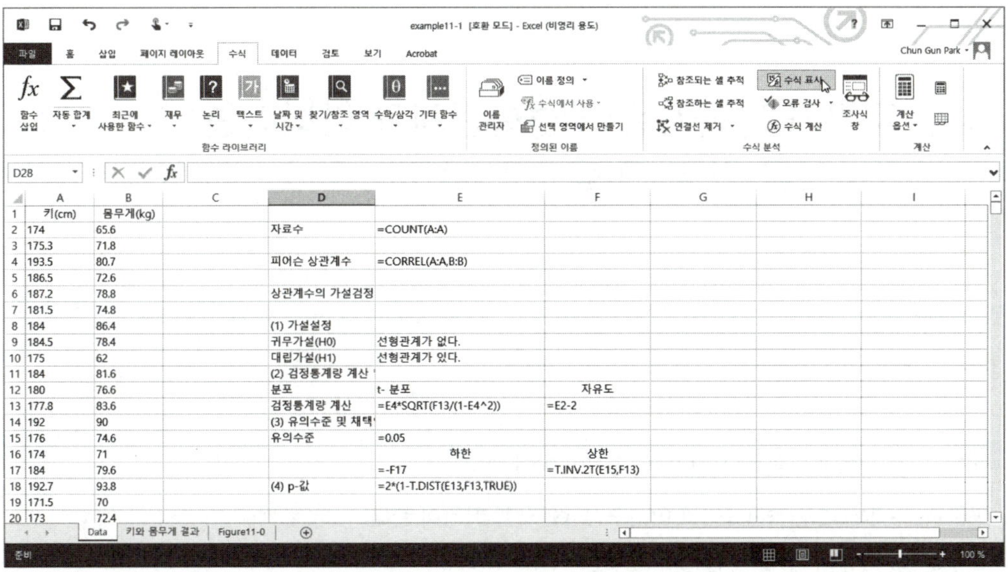


Excel에서 "correl" 명령어는 표본에 대한 상관계수 값을 제공한다. 또한 모집단에 대한 상관계수의 양측검정에서 *P*-값이 거의 0이기 때문에 선형관계가 있다고 볼 수 있다.

```
> cor.test(x,y,method="pearson",alternative="two.sided")
    Pearson's product-moment correlation
```

```
data:  x and y
t = 23.1346, df = 505, p-value < 2.2e-16
alternative hypothesis: true correlation is not equal to 0
95 percent confidence interval:
 0.6722075 0.7570923
sample estimates:
   cor
 0.7173011
```

R에서도 Excel의 결과와 동일하게 표본상관계수는 0.72(반올림), 검정통계량은 23.14(반올림), 그리고 $P$-값이 거의 0으로 제시되어 키와 몸무게 간 선형관계가 존재한다고 할 수 있다. 추가로 R에서 상관계수에 대한 95% 신뢰구간이 (0.67, 0.76)으로 제시되어 두 자료의 상관관계가 보통인 선형추세로 결론을 내릴 수 있다.

## 5. 두 자료가 연속자료나 선형관계가 아니라면 상관분석을 할 수 있을까?

앞 절에서 배운 상관분석을 수행하기 위해서는 두 자료에 대하여 다음과 같은 가정이 모두 성립해야 한다.

- 첫째, 두 자료는 확률표본으로부터 추출되어야 한다.
- 둘째, 두 자료는 연속자료이고 이변수정규분포를 따라야 한다.
- 셋째, 두 자료의 관계는 선형이어야 한다.

만약 두 자료 중 하나가 서열자료이거나 두 자료 모두 서열자료라면 (피어슨) 상관분석을 해야 할까? 그리고 두 자료의 관계가 선형이 아닌 비선형으로 단순증가(monotonic increasing) 또는 단순감소(monotonic decreasing) 관계라면 동일한 상관분석으로 해야 할까? 그렇지 않다. 이런 경우에는 스피어만 상관분석(Spearman correlation)을 수행해야 한다.

스피어만 상관분석은 두 자료의 관계 중에 단순증가(또는 단순감소)의 정도를 검증하는 통계적 가설검정 방법이다. 스피어만 상관계수는 단순증가(또는 단순감소)의 정도를 수치로 표현한 것으로 두 자료가 피어슨 상관분석에서 요구하는 이변수정규분포의 가정을 충족시키지 않아도 비선형 추세를 통계적으로 알아볼 수 있다. 본서에서는 이변수정규분포 가정을 검정하는 방법은 다루지 않는다.

스피어만 상관계수는 다음과 같은 식으로 표현한다. 여기서 쌍으로 된 자료$(x, y)$는 $(x_i, y_i)$, $i = 1, 2, \cdots, n$으로, 각 $x$와 $y$를 오름차순(또는 내림차순)으로 정렬하여 각 쌍$(x_i, y_i)$에 대응되는 순위를 나열하고 그 순위에 대한 쌍을 $(r_i^x, r_i^y)$, $i = 1, 2, \cdots, n$이라 하자. 그리고 각 쌍의 순위 차이를 $d_i = r_i^x - r_i^y$라고 하자.

$$r_{x,y}^s = 1 - \frac{6\sum_{i=1}^{n} d_i^2}{n(n^2-1)} \tag{7-7}$$

스피어만 상관계수도 피어슨 상관계수와 마찬가지로 항상 [-1, +1] 사잇값으로 계산된다. 두 상관계수 값의 의미는 동일하다. 하지만 피어슨 상관계수는 선형추세에 대한 의미를 가지고, 스피어만 상관계수는 (비)선형추세(단순증가 또는 단순감소)에 대한 의미를 가진다.

### 예제 7-2 담배소비와 수명의 관계(example7-2.xls)

선별된 국가별 담배소비(개피/인당, 연간)와 수명(사망연령)의 관계를 알아보기 위해서 103명으로 구성된 자료가 제공되었다. 해당 자료에 대한 자세한 설명은 출처에서 참고한다.

(출처: https://en.wikipedia.org/wiki/List_of_countries_by_cigarette_consumption_per_capita, https://en.wikipedia.org/wiki/List_of_countries_by_life_expectancy)

Excel에서 표본인 두 자료(담배소비와 수명)의 스피어만 상관계수를 계산할 때는 다음과 같은 절차를 따른다.

1단계: example7-2.xls를 불러온다.

2단계: 산점도를 그린다. 예제 7-1과 동일한 절차를 따른다.

3단계: 각 자료의 순위(내림차순 또는 오름차순)를 계산한다.

담배소비와 수명의 산점도를 보면 선형관계가 아닌 단조증가관계임을 알 수 있다.

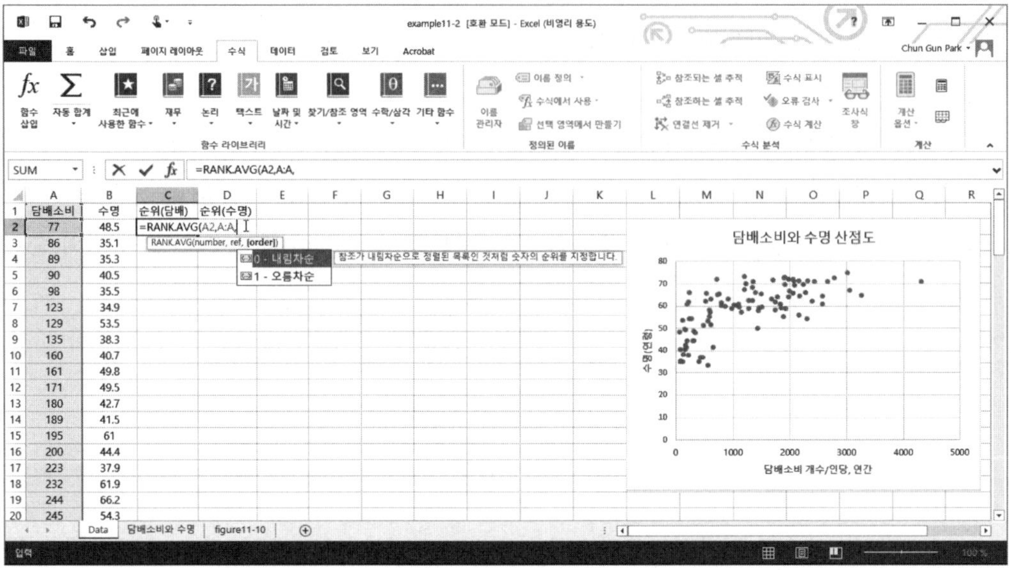


따라서 스피어만 상관분석이 적용된다. 이를 수행하기 위해서 연속형 자료인 담배소비와 수명을 순위로 변경한다. Excel의 "rank.avg"를 사용하면 내림차순으로 순위 값이 계산된다. 또한 동일한 순위를 가지는 자료들은 그 순위의 평균값으로 계산된다.

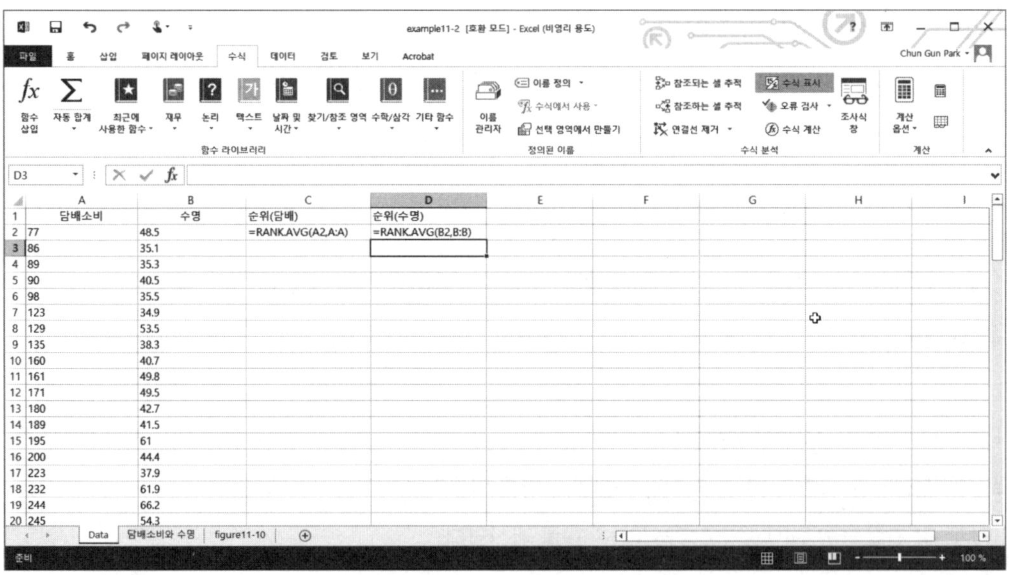

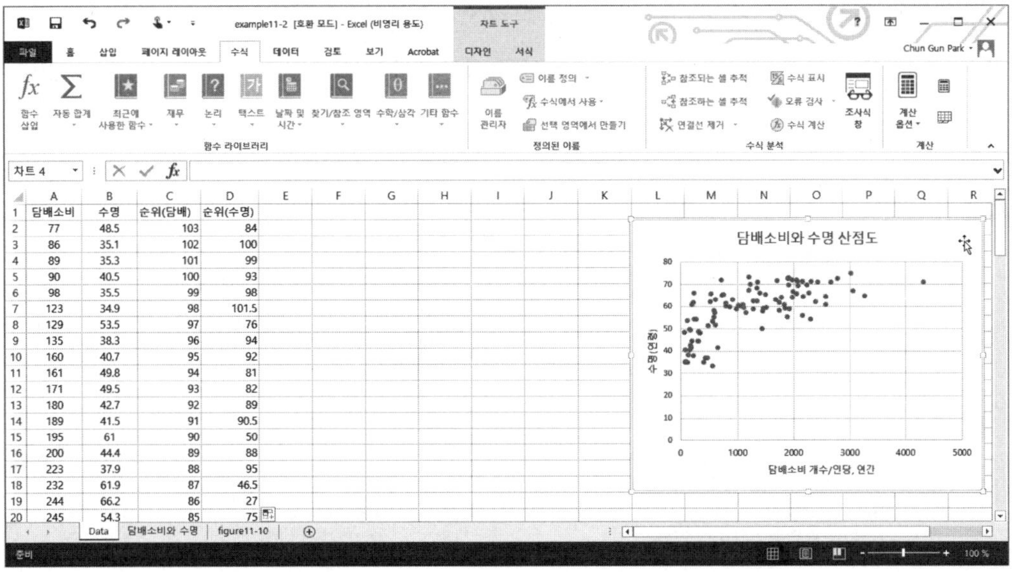

스피어만 상관분석은 피어슨 상관분석과 동일한 절차를 따르며, 스피어만 상관계수 계산만 다르다.

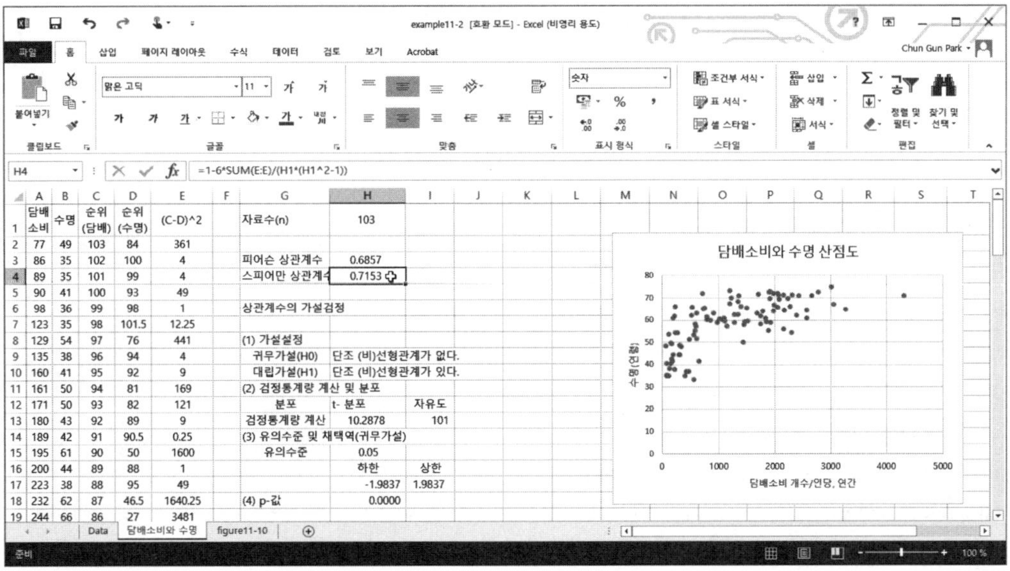

담배소비와 수명에 대한 스피어만 상관계수 가설검정의 검정통계량은 9.47(반올림)이고, *P*-값은 거의 0에 가깝게 계산되었다. 담배소비와 수명의 관계는 단조 비선형관계라고 할 수 있다.

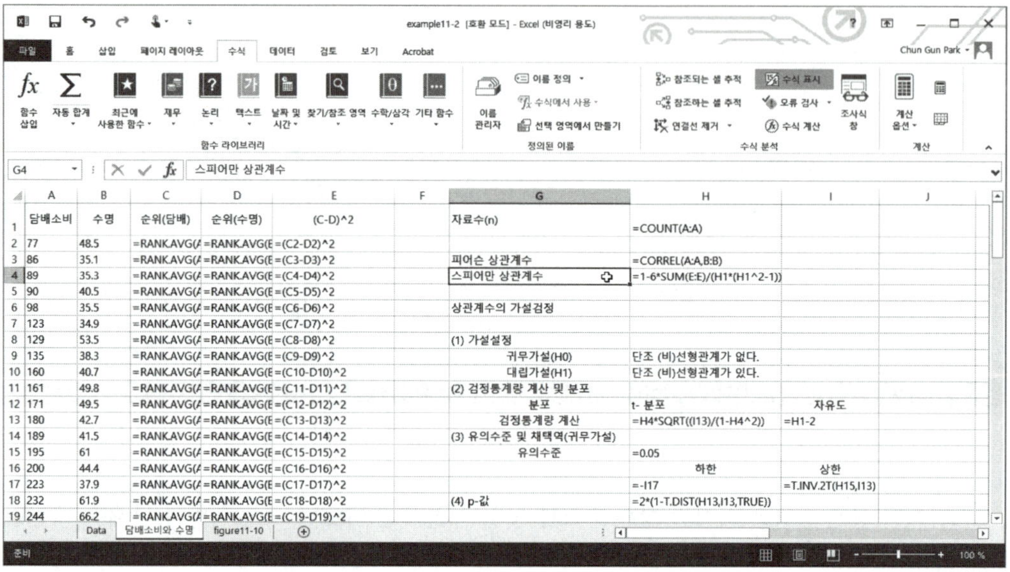

| | A | B | C | D | E | F | G | H | I | J |
|---|---|---|---|---|---|---|---|---|---|---|
| 1 | 담배소비 | 수명 | 순위(담배) | 순위(수명) | (C-D)^2 | | 자료수(n) | =COUNT(A:A) | | |
| 2 | 77 | 48.5 | =RANK.AVG(/ | =RANK.AVG(E | =(C2-D2)^2 | | | | | |
| 3 | 86 | 35.1 | =RANK.AVG(/ | =RANK.AVG(E | =(C3-D3)^2 | | 피어슨 상관계수 | =CORREL(A:A,B:B) | | |
| 4 | 89 | 35.3 | =RANK.AVG(/ | =RANK.AVG(E | =(C4-D4)^2 | | 스피어만 상관계수 | =1-6*SUM(E:E)/(H1*(H1^2-1)) | | |
| 5 | 90 | 40.5 | =RANK.AVG(/ | =RANK.AVG(E | =(C5-D5)^2 | | | | | |
| 6 | 98 | 35.5 | =RANK.AVG(/ | =RANK.AVG(E | =(C6-D6)^2 | | 상관계수의 가설검정 | | | |
| 7 | 123 | 34.9 | =RANK.AVG(/ | =RANK.AVG(E | =(C7-D7)^2 | | | | | |
| 8 | 129 | 53.5 | =RANK.AVG(/ | =RANK.AVG(E | =(C8-D8)^2 | | (1) 가설설정 | | | |
| 9 | 135 | 38.3 | =RANK.AVG(/ | =RANK.AVG(E | =(C9-D9)^2 | | 귀무가설(H0) | 단조 (비)선형관계가 없다. | | |
| 10 | 160 | 40.7 | =RANK.AVG(/ | =RANK.AVG(E | =(C10-D10)^2 | | 대립가설(H1) | 단조 (비)선형관계가 있다. | | |
| 11 | 161 | 49.8 | =RANK.AVG(/ | =RANK.AVG(E | =(C11-D11)^2 | | (2) 검정통계량 계산 및 분포 | | | |
| 12 | 171 | 49.5 | =RANK.AVG(/ | =RANK.AVG(E | =(C12-D12)^2 | | 분포 | t- 분포 | 자유도 | |
| 13 | 180 | 42.7 | =RANK.AVG(/ | =RANK.AVG(E | =(C13-D13)^2 | | 검정통계량 계산 | =H4*SQRT((I13)/(1-H4^2)) | =H1-2 | |
| 14 | 189 | 41.5 | =RANK.AVG(/ | =RANK.AVG(E | =(C14-D14)^2 | | (3) 유의수준 및 채택역(귀무가설) | | | |
| 15 | 195 | 61 | =RANK.AVG(/ | =RANK.AVG(E | =(C15-D15)^2 | | 유의수준 | =0.05 | | |
| 16 | 200 | 44.4 | =RANK.AVG(/ | =RANK.AVG(E | =(C16-D16)^2 | | | 하한 | 상한 | |
| 17 | 223 | 37.9 | =RANK.AVG(/ | =RANK.AVG(E | =(C17-D17)^2 | | | =-I17 | =T.INV.2T(H15,I13) | |
| 18 | 232 | 61.9 | =RANK.AVG(/ | =RANK.AVG(E | =(C18-D18)^2 | | (4) p-값 | =2*(1-T.DIST(H13,I13,TRUE)) | | |
| 19 | 244 | 66.2 | =RANK.AVG(/ | =RANK.AVG(E | =(C19-D19)^2 | | | | | |

R로 스피어만 상관분석을 수행한 프로그램은 다음과 같다.

```
> data = read.table("E://Data/example11-2.dat", header=TRUE)
> x = data$cig
> y = data$le
> plot(x, y, xlab="담배소비(개수/인당, 연간)", ylab="수명(사망연령)", main="담배소비와 수명의 산점
도")
> cor.test(x, y, method="spearman", alternative="two.sided")
      Spearman's rank correlation rho
data:  x and y
S = 51843.06, p-value < 2.2e-16
alternative hypothesis: true rho is not equal to 0
sample estimates:
    rho
0.7153107

Warning message:
```

```
In cor.test.default(x, y, method = "spearman", alternative = "two.sided") :
  Cannot compute exact p-value with ties
```

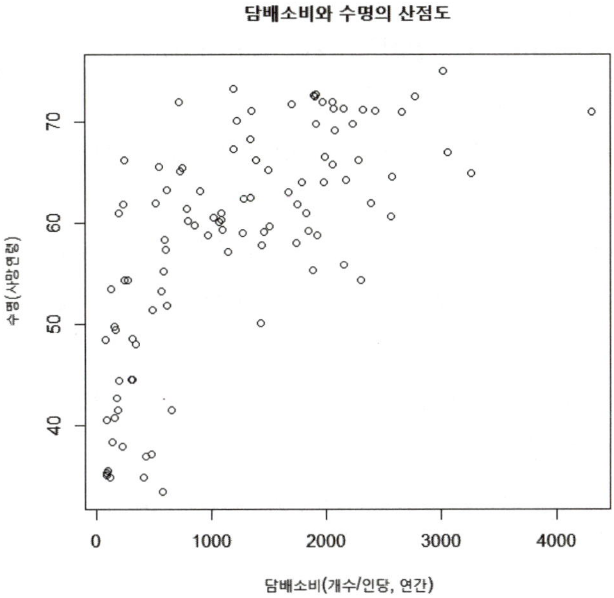


R에서 스피어만 상관계수(rho)는 0.72(반올림)이고 $P$–값은 거의 0으로 Excel의 결과와 동일하다. 따라서 담배소비와 수명의 관계는 단조 비선형관계라고 할 수 있다.

■ **스피어만 순위 상관계수**

$$r^s_{x,y} = 1 - \frac{6\sum_{i=1}^{n} d_i^2}{n(n^2-1)}$$

여기서 쌍으로 된 자료$(x, y)$는 $(x_i, y_i)$, $i = 1, 2, \cdots, n$이고, 각 쌍의 오름차순(또는 내림차순)을 $(r_i^x, r_i^y)$, $i = 1, 2, \cdots, n$이라 하고 각 쌍의 순위 차이를 $d_i = r_i^x - r_i^y$라고 기호화한다.

## 실습: 상관분석

### 1 유가(WTI 선물가격, 달러)와 미국 다우존스(practice7-1.xls)

국제 유가와 경제활동은 매우 밀접한 관계가 있어서 많은 사람들이 두 관계의 변동을 항상 주시하고 있다. 특히 미국의 유가와 다우존스는 2016년 2월에 매우 밀접한 관계를 가지고 있었다.

1) practice7-1.xls의 자료를 이용하여 유가와 다우존스가 어떤 관계를 가지고 있는지 산점도를 그려라. (단, 유가와 다우존스의 원자료는 매 시각 변동하는 자료이지만 제공된 자료는 날짜별로 기록되었다).
2) 유가와 다우존스는 모집단 자료이지만 확률표본자료라고 가정하고 피어슨 상관계수의 양측검정을 수행하여라.
3) 동일한 자료에 대해서 피어슨 상관계수의 우측 단측검정(대립가설에서 상관계수는 양수이다)을 수행하여라.

### 2 온도와 압력(practice7-2.xls)

R 언어에서 제공되는 온도(degrees celsius)와 압력(millimeters of mercury) 자료는 물리학에서 단조증가관계로 알려져 있다.

1) pratice7-2.xls의 자료를 이용하여 온도와 압력의 산점도를 그려라.
2) 스피어만 상관계수의 양측검정을 수행하여라.
3) 스피어만 상관계수의 우측검정을 수행하여라.

# 8장

# 단순선형회귀모형 (simple linear regression)

7장에서 두 연속형 자료의 선형적인 관계(또는 연관)에 관한 상관분석을 배웠다. 상관분석은 두 자료의 선형관계 유무를 파악하는 데에는 도움이 되지만 관계식이 제공되지 않는다.

예를 들어, 자동차 무게와 연비가 매우 밀접한 관계(음에 상관)에 있다는 것은 직관으로 알 수 있고 실제로 수집된 자료로 상관분석을 하면 선형관계가 나타난다. 연비($y$)는 무게($x$)에 직접적인 영향을 받기 때문에 선형관계식($y = a + bx$)을 생각할 수 있는데, 이때 연비와 무게가 주어지고 $y$-절편($a$)과 기울기($b$)를 알아내야 선형관계식을 완성할 수 있다. 그러나 선형관계식에서 연비와 무게 간에 선형관계가 정확히 일치(상관계수가 1)하지는 않는데, 그 이유는 연비에 영향을 미치는 요인으로 무게 이외에도 운전자의 운전 형태, 도로 상태, 날씨 등이 존재하기 때문이다.

이러한 경우 주어진 자동차 무게와 연비 간에 통계적으로 선형관계가 있고 기타 요인들이 측정되지 않으면 두 자료에 단순선형회귀모형을 적용할 수 있다. 단순선형회귀모형은 선형관계식에 측정할 수 없는 오차를 고려한 것이다.

자동차 무게(1000 lbs)와 연비(mile per gallon)로 단순선형회귀모형을 수행하려면 다음과 같은 절차를 따른다. 이에 대한 식과 자세한 설명은 본문에서 다시 다룰 것이다. 또한 Excel과 R을 이용하여 단순선형회귀모형을 수행하는 방법과 결과도 본문에서 자세히 다룰 것이다.

1단계: 상관분석의 절차를 수행한다.

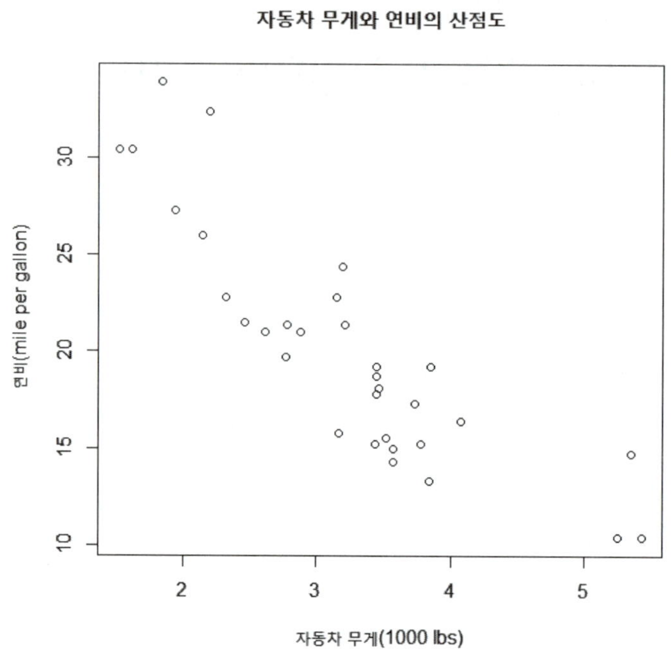


2단계: 단순선형회귀모형을 설정한다.

$$MPG(\text{연비})_i = a + b\ WT(\text{자동차무게})_i + \epsilon_i,\ i = 1,\ \cdots,\ 32.$$

3단계: 단순선형회귀모형에서 모수($y$-절편, 기울기계수)를 추정하고 분산분석표(analysis of variance table)를 작성한다.

Analysis of Variance Table

Response: mpg

| | Df | Sum Sq | Mean Sq | F value | Pr(>F) |
|---|---|---|---|---|---|
| wt | 1 | 847.73 | 847.73 | 91.375 | 1.294e-10 *** |

```
Residuals   30   278.32   9.28
---
Signif. codes: 0 '***' 0.001 '**' 0.01 '*' 0.05 '.' 0.
```

4단계: 작성된 분산분석표로부터 절편계수($y$-절편)와 기울기계수가 유의한지 결정하고 결정계수 등을 확인한다.

5단계: 만약 모든 계수가 유의하면 잔차분석을 한다. 만약 두 계수 중 유의하지 않은 계수가 있으면 2단계 모형을 재설정하고 이후 단계를 다시 수행한다.

6단계: 잔차분석에서 잔차가 오차항의 모든 가정에 만족되었는지 평가한다. 만약 가정에 만족되지 않은 항목이 있다면 해당 항목에 대한 문제점을 해결하고 2단계부터 다시 수행한다.

7단계: 잔차분석에서 오차항의 모든 가정이 만족되었다면 새로운 자동차 무게에 대한 연비를 예측한다.

# 1. 단순선형회귀모형(simple linear regression)

7장의 키와 몸무게의 상관분석에서 두 자료가 양의 상관에 있고 상관계수는 약 0.72로 제시되었다. 하지만 키와 몸무게의 상관계수나 상관분석에서 키가 170cm 정도일 때 얼마나 무거울지는 알 수 없다. 즉 상관분석으로 두 양적 자료의 선형관계(또는 연관) 유무를 통계적 관점으로 다룰 수 있지만 두 자료의 선형 관계식이 제시되지는 않는다. 그리고 두 자료의 수학적 선형 관계식(직선방정식)이 키와 몸무게를 잘 설명할 수 없다는 것도 쉽게 알 수 있다. 그 이유는 수집된 키와 몸무게 자료의 상관계수가 1이 아니고 산점도도 기울기가 있는 직선에 일치하지 않기 때문이다.

단순선형회귀모형은 두 자료의 선형식과 설명할 수 없는 오차항(확률변수)으로 만들어진 모형이다. 키와 몸무게를 단순선형회귀모형에 적용하면 키가 170cm일 때 여러 개의 몸무게 값이 나올 수 있음을 파악할 수 있다. 단순선형회귀모형은 다음과 같은 식으로 정의할 수 있다.

$$Y_i = a + b\,x_i + \epsilon_i,\ i = 1,\ \cdots,\ n \qquad (8\text{-}1)$$

여기서 $a$($y$-절편)와 $b$(기울기)는 미지의 값으로 통계적 추정을 통해 알아내야 한다. $a$($y$-절편)와 $b$(기울기)를 절편계수와 기울기계수라고 정의하자. $x_i$는 독립변수(independent variable) 또는 입력변수(input variable)로 주어지는 값이고, $Y_i$는 종속변수(depenedent variable) 또는 반응변수(response variable)로 확률변수에 해당한다. 이때 쌍으로 주어진 자료는 $(x_1, y_1)$, $(x_2, y_2)$, $\cdots$, $(x_n, y_n)$으로 표현되고 양적자료 중 연속형으로 반드시 두 자료 간에 인과관계(causality)가 존재해야 한다.

$\epsilon_i$는 오차항으로 다음과 같은 가정이 있다.

## 1) 오차항에 대한 가정

- $\epsilon_i(i = 1, \cdots, n)$는 확률변수로 $E(\epsilon_i) = 0$이고 $Var(\epsilon_i) = \sigma^2$인 정규분포를 따른다.
  단, $\sigma^2$은 상수($> 0$)로 미지수이다. 즉 $\epsilon_i \sim N(0, \sigma^2)$이다.

- $i \neq j$에 대해서 $\epsilon_i$과 $\epsilon_j$는 독립이다. 즉 결합확률밀도함수가 각 주변확률밀도함수의 곱으로 표현된다[$f(\epsilon_i, \epsilon_j) = f(\epsilon_i)(\epsilon_j)$].

위 두 가지 가정을 기호로 표현하면 다음과 같다. 여기서 $iid$(identical independent distribution)는 상호독립이고 동일한 분포라는 의미이다.

$$\epsilon_i, \sim iid\, N(0, \sigma^2) \tag{8-2}$$

다음 그림은 단순선형회귀모형을 설명한 것으로 각 입력값($x_i = 1, \cdots, n$)이 주어지면 종속변수에 대한 평균은 $E(Y_1|x_1) = a + bx_1$이고 분산은 $\sigma^2$이다. 하지만 실제 결과는 예측할 수 없는 값으로 조사되거나 측정된다.

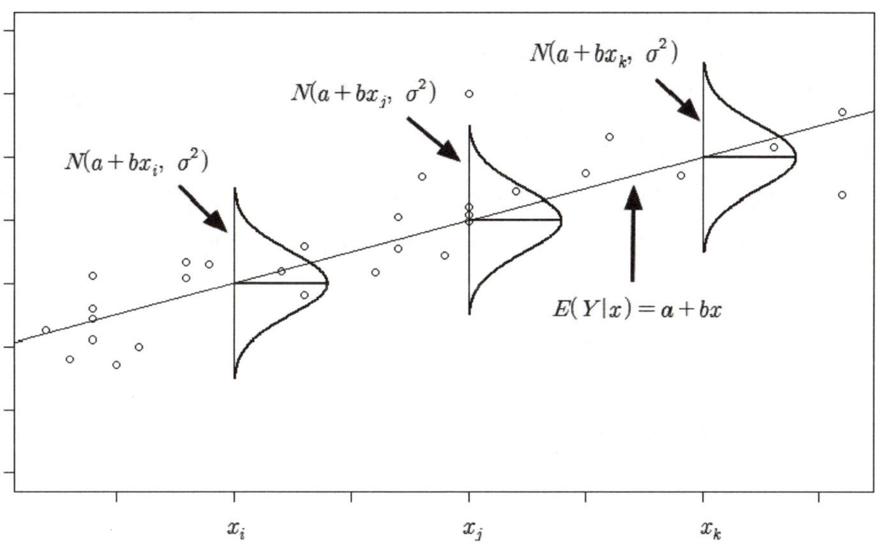


〈그림 8-1〉 단순선형회귀모형에 대한 산점도

### 예제 8-1 자동차 무게와 연비

R에서 제공되는 자료로 32대의 자동차에 대해서 무게(1000 lbs)와 연비(mile per gallon)가 측정되었다.

단순선형회귀모형을 자동차 무게와 연비에 적용하려면 독립변수와 종속변수를 결정해야 하고 그 이전에 무게와 연비의 상관분석을 통하여 선형관계가 있는지를 확인해야 한다. 절차의 편의상 Excel 수행은 생략하고 R만 수행한다.

```
> library(MASS)
> data("mtcars")
> head(mtcars)
                   mpg  cyl  disp  hp   drat  wt     qsec   vs  am  gear  carb
Mazda RX4          21.0  6   160   110  3.90  2.620  16.46  0   1   4     4
Mazda RX4 Wag      21.0  6   160   110  3.90  2.875  17.02  0   1   4     4
Datsun 710         22.8  4   108   93   3.85  2.320  18.61  1   1   4     1
Hornet 4 Drive     21.4  6   258   110  3.08  3.215  19.44  1   0   3     1
Hornet Sportabout  18.7  8   360   175  3.15  3.440  17.02  0   0   3     2
Valiant            18.1  6   225   105  2.76  3.460  20.22  1   0   3     1
```

R에서 제공되는 자료 "mtcars"는 library(MASS)를 수행하고 명령어 "data"를 사용하여 "mtcars"를 불러온다. 또한 불러온 자료의 변수명은 명령어 "head"를 사용하여 볼 수 있다. 하지만 변수명이 약어로 적혀 있어 구체적인 것을 알 수 없는데 이때 명령어 "help(mtcars)"를 실행하면 자료에 대한 모든 정보가 제공된다. 여기서 wt는 무게이고 mpg는 연비이다. 무게에 따라서 연비가 결정되므로 각각 독립변수(wt)와 종속변수(mpg)로 결정한다.

```
> plot(mpg~wt,data=mtcars,xlab="자동차 무게(1000 lbs)",ylab="연비(mile per gallon)",main="자동차 무게와 연비의 산점도")
> cor.test(mtcars$mpg,mtcars$wt,method="pearson",alternative="less")

        Pearson's product-moment correlation

data:  mtcars$mpg and mtcars$wt
t = -9.559, df = 30, p-value = 6.47e-11
alternative hypothesis: true correlation is less than 0
95 percent confidence interval:
 -1.0000000 -0.7690872
sample estimates:
       cor
-0.8676594
```

R에서 산점도와 상관분석을 수행하여 자동차 무게와 연비가 음의 선형관계(표본상관계수 약 −0.87)가 있다는 결론을 얻었다. 또한 모집단에 대한 상관계수 좌측검정에서 $P$-값은 거의 0으로 통계적으로 유의한 음의 선형이라고 할 수 있다. 좌측검정은 명령어 "cor.test"에서 "alternative" 옵션을 "less"로 설정하면 된다. 또한 무게와 연비의 산점도로부터 음의 선형관계를 시각적으로 파악할 수 있다.

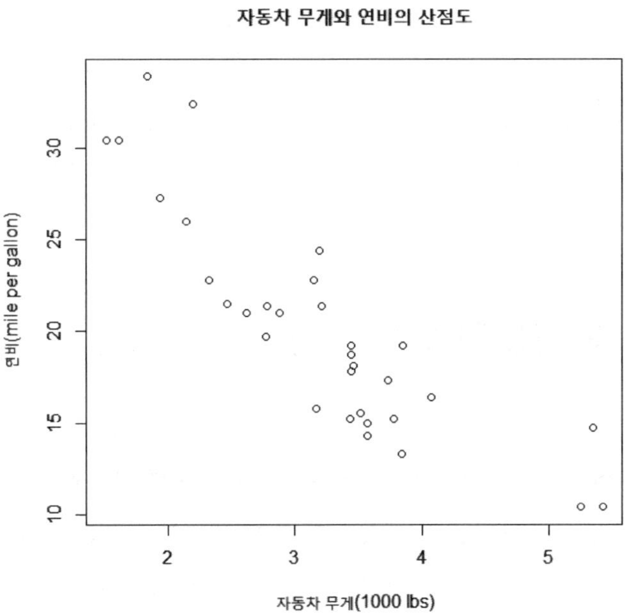


자동차 무게와 연비를 단순선형회귀모형으로 적용하면 다음과 같이 표현할 수 있다.

$$MPG_i = a + b\,WT_i + \epsilon_i,\ i = 1, \cdots, 32$$

■ 단순선형회귀모형

$$Y_i = a + b\,x_i + \epsilon_i,\ i = 1, \cdots, n$$

여기서 $Y_i$는 주어질 값으로 종속변수, $x_i$는 주어지는 값으로 독립변수이다. $a$는 모수로 $y$-절편계수, $b$는 모수로 기울기계수이고, $\epsilon_i$는 오차이다.

■ 오차항의 가정

1. $\epsilon_i \sim N(0, \sigma^2),\ i = 1, \cdots, n, \quad E(\epsilon_i) = 0,\ Var(\epsilon_i) = \sigma^2$
2. $\epsilon_1, \epsilon_2, \cdots, \epsilon_n$: 상호독립

$\Leftrightarrow \quad \epsilon_i \sim iid\ N(0, \sigma^2),\ i = 1, \cdots, n$

※ 오차항($\epsilon's$)은 독립변수($x's$)와 연관성(uncorrelated)이 없는 것으로 가정한다.

## 2. 절편계수와 기울기계수 추정

1절에서 자동차 무게와 연비가 단순선형회귀모형으로 표현될 수 있다고 하였지만 실질적으로 (식8-1)에서 두 계수 $a$($y$-절편)와 $b$(기울기)를 알아내야 한다. 두 계수를 시각적으로 쉽게 파악할 수 있는 방법은 산점도로 무게와 연비를 가장 잘 설명할 수 있는 직선을 살펴보는 것이다. 이때 기울기는 음수이고 절편은 양수일 것이다. 하지만 이러한 방법은 매우 모호하기 때문에 실제로 절편계수와 기울기계수를 구하는 데 별 도움이 되지 않는다. 그렇다면 통계적으로 최적의 직선을 구하는 방법에는 무엇이 있을까. 첫 번째로 분포를 기반으로 한 최우추정법(maximum likelihood method), 두 번째로 기하학적으로 접근한 최소제곱법(least squares method)을 생각할 수 있다. 결과적으로는 두 방법으로 추정된 절편계수와 기울기계수가 동일하다. 본서에서는 최우추정법과 최소추정법에 대해 간략한 원리와 개념만을 다루기로 한다.

$\hat{a}$과 $\hat{b}$을 두 계수의 점추정량(point estimators)이라 하고 주어진 연속형 자료를 $(x_i, y_i),\ i = 1, \cdots, n$이라 하자.

## 1) 최소제곱법

(식 8-1), (식 8-2) 그리고 산점도로부터 자료 $(x_i, y_i)$, $i = 1, \cdots, n$을 가장 적절하게 설명할 수 있는 직선은 무엇일까? 아마 표현하고자 하는 직선은 각 자료와의 거리 합이 가장 작아야 할 것이다. 즉 수리적으로 오차항($\epsilon_i$)의 제곱합을 최소로 하는 계수를 구해야 한다.

$$(\hat{a}, \hat{b}) = \underset{a,b}{\operatorname{argmin}} \sum_{i=1}^{n} \epsilon_i^2 = \underset{a,b}{\operatorname{argmin}} \sum_{i=1}^{n} (Y_i - (a + bx_i))^2$$

여기서 $\hat{a}$과 $\hat{b}$을 각 계수의 점추정량(point estimator)이라 부르고, 이와 같은 방법을 최소제곱법이라고 한다. 점추정량을 구하는 수학적 절차는 생략한다.

최소제곱법으로 구한 절편계수와 기울기계수의 추정량은 다음과 같다.

$$\hat{b} = \frac{\sum_{i=1}^{n} \left(Y_i - \overline{Y}\right)\left(x_i - \overline{x}\right)}{\sum_{i=1}^{n} \left(x_i - \overline{x}\right)^2}$$

$$\hat{a} = \overline{Y} - \hat{a}\,\overline{x}$$

여기까지 단순선형회귀모형의 종속변수를 대문자 $Y$로 표현하여 $\hat{a}$과 $\hat{b}$을 계수들의 추정량으로 사용하였다. 앞으로 종속변수를 소문자 $y$로 사용하면 $\hat{a}$과 $\hat{b}$은 추정값으로 정의한다.

또한 잔차(residual)를 주어진 값 $y_i$와 추정값 $\hat{y}_i = \hat{a} + \hat{b}x_i$의 차이로 정의하며 잔차제곱합(residual sum of squares)은 다음과 같이 정의할 수 있다.

$$RSS(\hat{a}, \hat{b}) = \sum_{i=1}^{n} e_i^2 = \sum_{i=1}^{n} \left(y_i - (\hat{a} + \hat{b}x_i)\right)^2 \tag{8-3}$$

## 2) 최우추정법

(식 8-1) 및 (식 8-2)에서 종속변수($y_i$, $i = 1, \cdots, n$)는 평균이 $a + bx_i$이고 분산이 $\sigma^2$인 정규분포를 따르고 상호독립으로 가정되었다. 종속변수를 결합확률밀도함수로 표현해보자.

$$\begin{aligned} f(y_1, \cdots, y_n) &= \prod_{i=1}^{n} f(y_i) \\ &= \prod_{i=1}^{n} (2\pi\sigma^2)^{-1/2} \exp\left\{ \frac{-(y_i - a - bx_i)^2}{2\sigma^2} \right\} \\ &= (2\pi\sigma^2)^{-n/2} \exp\left\{ \frac{-\sum_{i=1}^{n}(y_i - a - bx_i)^2}{2\sigma^2} \right\} \end{aligned}$$

여기서 결합확률밀도함수를 우도함수(likelihood function)라고 정의한다.

$$L(a, b, \sigma^2 | x_i, i = 1, \ldots, n) = (2\pi\sigma^2)^{-n/2} \exp\left\{ \frac{-\sum_{i=1}^{n}(y_i - a - bx_i)^2}{2\sigma^2} \right\}$$

위 식에서 우도함수는 모수인 절편계수, 기울기계수, 분산에 의해 결정된다. 그리고 우도(likelihood)의 사전적 의미가 “가능성”이므로 최적의 모수들은 우도함수를 최대로 하는 점추정량(값)이 된다. 최우추정법에서도 최소제곱법과 동일한 추정량(값)이 구해지는데, 자세한 전개는 생략하기로 한다.

Excel에서 **예제 8-1**의 자동차 무게(독립변수)와 연비(종속변수)를 단순선형회귀모형으로 적용하여 절편계수와 기울기계수를 구하는 과정을 수행한다.

1단계: 산점도를 작성하고 [축제목]과 [차트제목]을 선택하여 변경한다. 추세선을 클릭한다.

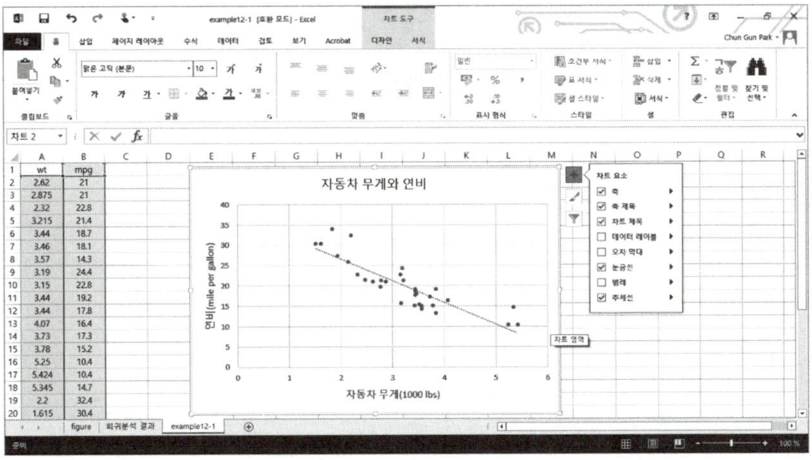

2단계: 산점도 화면에서 커서를 추세선에 놓고 마우스 오른쪽 버튼을 클릭하여 [추세선 서식]을 선택한다.

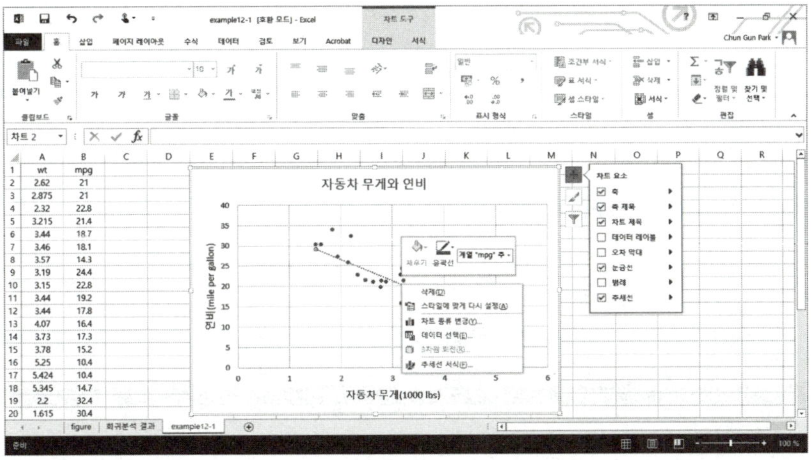

3단계: [수식을 차트에 표시]와 [R-제곱값을 차트에 표시]를 선택한다.

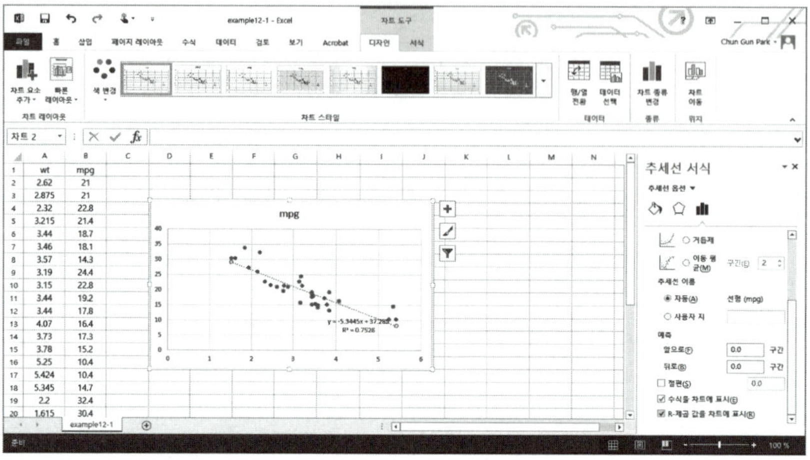

4단계: 차트에 표시된 추세선의 선 모양, 추세선 식, R-제곱값의 폰트 크기를 변경한다.

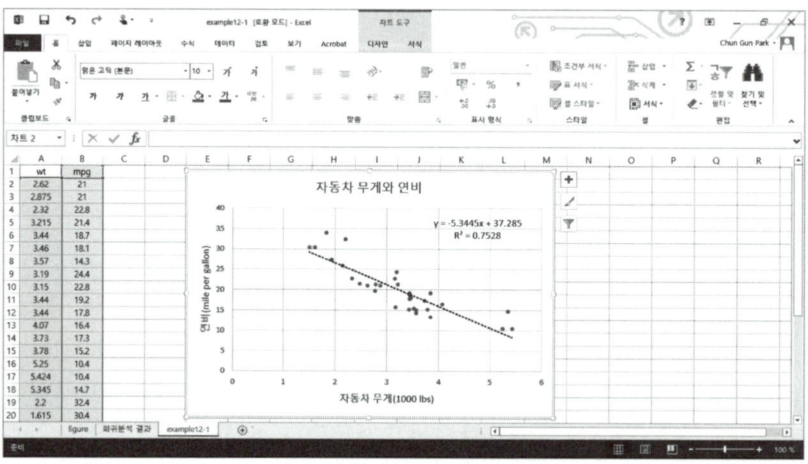

이러한 과정을 수행하면 산점도에 단순선형회귀모형의 계수가 계산되고 결정계수도 제공된다. 산점도 차트에서 제공되는 여러 옵션을 이용하면 선형뿐만 아니라 비선형도 그릴 수 있고 선 종류, 색, 글자 크기 등을 수정할 수 있다.

```
> mtcars.lm = lm(mpg~wt,data=mtcars)
> coef(mtcars.lm)
(Intercept)        wt
 37.285126  -5.344472
```

R에서 **예제 8-1**의 자동차 무게(wt)와 연비(mpg) 자료를 단순선형회귀모형에 적용하고 계수값을 얻기 위해서는 명령어 "lm"을 사용한다. 또한 R에서 제공된 데이터프레임(mtcars)에는 여러 변수가 제공되는데 명령어 "head"를 이용하여 변수들을 확인할 수 있다. 여기서 "wt"는 자동차 무게로 독립변수이고 "mpg"는 연비로 종속변수이다. 그리고 lm(종속변수~독립변수, data=데이터명)으로 주어진 데이터프레임의 정보를 입력하여 단순선형회귀모형에 관한 결과를 얻으면 된다. 계수값은 명령어 coef를 사용한다. Excel과 R에서 계산된 절편계수(37.29)와 기울기계수(-5.35)는 동일하다. 만약 주어진 자료가 데이터프레임이 아니어도 동일한 명령어 "lm"이 사용된다.

```
> x <- mtcars$wt
> y <- mtcars$mpg
> x
 [1] 2.620 2.875 2.320 3.215 3.440 3.460 3.570 3.190 3.150 3.440 3.440 4.070
[13] 3.730 3.780 5.250 5.424 5.345 2.200 1.615 1.835 2.465 3.520 3.435 3.840
[25] 3.845 1.935 2.140 1.513 3.170 2.770 3.570 2.780
> y
 [1]  21.0  21.0  22.8  21.4  18.7  18.1  14.3  24.4  22.8  19.2  17.8  16.4  17.3  15.2
[15]  10.4  10.4  14.7  32.4  30.4  33.9  21.5  15.5  15.2  13.3  19.2  27.3  26.0  30.4
[29]  15.8  19.7  15.0  21.4
> coef(lm(y~x))
(Intercept)          x
 37.285126  -5.344472
```

### 3) 기울기계수의 점추정량 $\hat{b}$의 통계적 특성과 분포

기울기계수($b$)의 점추정량 $\hat{b}$의 평균은 다음과 같다.

$$\begin{aligned} E(\hat{b}) &= E\left[\frac{\sum_{i=1}^{n}(Y_i-\overline{Y})(x_i-\overline{x})}{\sum_{i=1}^{n}(x_i-\overline{x})^2}\right] \\ &= E\left[\frac{\sum_{i=1}^{n}(x_i-\overline{x})Y_i}{\sum_{i=1}^{n}(x_i-\overline{x})^2}\right] \\ &= E\left[\frac{b\sum_{i=1}^{n}(x_i-\overline{x})x_i}{\sum_{i=1}^{n}(x_i-\overline{x})^2}\right] \\ &= bE\left[\frac{\sum_{i=1}^{n}(x_i-\overline{x})^2}{\sum_{i=1}^{n}(x_i-\overline{x})^2}\right] \end{aligned}$$

기울기계수의 점추정량 $\hat{b}$의 분산은 다음과 같다.

$$\begin{aligned} Var(\hat{b}) &= Var\left[\frac{\sum_{i=1}^{n}(Y_i-\overline{Y})(x_i-\overline{x})}{\sum_{i=1}^{n}(x_i-\overline{x})^2}\right] \\ &= Var\left[\frac{\sum_{i=1}^{n}(x_i-\overline{x})Y_i}{\sum_{i=1}^{n}(x_i-\overline{x})^2}\right] \\ &= \frac{\sum_{i=1}^{n}(x_i-\overline{x})^2 Var(Y_i)}{\left(\sum_{i=1}^{n}(x_i-\overline{x})^2\right)^2} \\ &= \frac{\sigma^2}{\sum_{i=1}^{n}(x_i-\overline{x})^2} \end{aligned}$$

(식 8-1)과 (식 8-2)에서 단순선형회귀모형 종속변수($Y_i$)가 정규분포이고 기울기계수의 점추정량이 종속변수($Y_i$)의 선형결합으로 구성되어 있다. 따라서 $\hat{b}$은 정규분포이다.

$$\hat{b} \sim N\left(b,\ \frac{\sigma^2}{\sum_{i=1}^{n}\left(x_i - \overline{x}\right)^2}\right) \tag{8-4}$$

## 4) 절편계수의 점추정량 $\hat{a}$의 통계적 특성과 분포

절편계수($a$)의 점추정량 $\hat{a}$의 평균은 다음과 같다.

$$\begin{aligned} E(\hat{a}) &= E\left(\overline{Y} - \hat{b}\ \overline{x}\right) \\ &= a \end{aligned}$$

절편계수의 점추정량 $\hat{a}$의 분산은 다음과 같다.

$$\begin{aligned} Var(\hat{a}) &= Var\left(\overline{Y} - \hat{b}\ \overline{x}\right) \\ &= Var(\overline{Y}) + \overline{x}^2\, Var(\hat{b}) - 2\overline{x}\, Cov(\overline{Y}, \hat{b}) \\ &= Var(\overline{\epsilon}) + \overline{x}^2\, Var(\hat{b}) \\ &= \left(\frac{1}{n} + \frac{\overline{x}^2}{\sum_{i=1}^{n}\left(x_i - \overline{x}\right)^2}\right)\sigma^2 \end{aligned}$$

(식 8-1)과 (식 8-2)에서 단순선형회귀모형 종속변수($Y_i$)가 정규분포이고 절편계수의 점추정량 $\hat{a}$이 종속변수($Y_i$)의 선형결합으로 구성되어 있다. 따라서 $\hat{a}$도 정규분포이다.

$$\hat{a} \sim N\left(a,\ \left(\frac{1}{n} + \frac{\overline{x}^2}{\sum_{i=1}^{n}\left(x_i - \overline{x}\right)^2}\right)\sigma^2\right) \tag{8-5}$$

또한 두 계수의 추정량 $\hat{a}$, $\hat{b}$은 $a$와 $b$의 불편추정량이다.

## 5) 오차항의 분산추정량 $\hat{\sigma^2}$

(식 8-1)에서 오차는 $\epsilon = Y - a - bx$로 표현될 수 있다. 두 계수 추정량을 이용하면 잔차 $e = Y - \hat{a} - \hat{b}x$ 이고 평균이 0으로 오차 추정량으로 정의할 수 있다.

$$E(e_i) = E(Y_i - \hat{a} - \hat{b}x_i) = 0$$

또한 오차 분산($\sigma^2$) 추정량 $\hat{\sigma^2}$은 다음과 같이 정의할 수 있다.

$$\hat{\sigma^2} = \frac{1}{n-2}\sum_{i=1}^{2} e_i^2 = \frac{1}{n-2}\sum_{i=1}^{2}\left(Y_i - \hat{Y_i}\right)^2 \tag{8-6}$$

여기서 $\hat{Y_i} = \hat{a} + \hat{b}x_i,\ i = 1, \ldots, n$이다.

또한 표준편차 추정량은 $\hat{\sigma} = \sqrt{\hat{\sigma^2}}$ 로 정의한다.

```
> mtcars.lm = lm(mpg~wt,data=mtcars)
> residuals(mtcars.lm)[1:3]
  Mazda RX4     Mazda RX4 Wag     Datsun 710
  -2.2826106       -0.9197704     -2.0859521
```

R에서 잔차는 명령어 "residual"을 사용하여 계산한다.

```
> mtcars.summary = summary(mtcars.lm)
> mtcars.summary$sigma
[1] 3.045882
> mtcars.summary$sigma^2
[1] 9.277398
```

R에서 오차 표준편차($\sigma$)는 명령어 "summary"를 수행한 후 해당값(mtcars.summary$sigma)만 출력하면 되고, 오차 분산($\sigma^2$)은 그 값을 제곱하면 된다. 또한 Excel에서 오차 및 오차 분산 추정량은 분산분석표에서 설명한다.

■ **최소제곱법**

$$(\hat{a},\hat{b}) = \underset{a,b}{\text{argmin}} \sum_{i=1}^{n} \epsilon_i^2 = \underset{a,b}{\text{argmin}} \sum_{i=1}^{n} (Y_i - (a + bx_i))^2$$

$$Y_i = a + bx_i + \epsilon_i, i = 1, \cdots, n$$

여기서 $a$($y$-절편계수)와 $b$(기울기계수)는 미지의 값으로 통계적 추정으로 알아내야 한다.

■ **최소제곱추정량**

$$\hat{b} = \frac{\sum_{i=1}^{n}\left(Y_i - \overline{Y}\right)\left(x_i - \overline{x}\right)}{\sum_{i=1}^{n}\left(x_i - \overline{x}\right)^2}$$

$$\hat{a} = \overline{Y} - \hat{a}\,\overline{x}$$

$$\widehat{\sigma^2} = \frac{1}{n-2}\sum_{i=1}^{2} e_i^2 = \frac{1}{n-2}\sum_{i=1}^{2}\left(Y_i - \widehat{Y}_i\right)^2$$

■ **최소제곱추정량의 통계적 성질**

$$\hat{a} \sim N\left(a, \left(\frac{1}{n} + \frac{\overline{x}^2}{\sum_{i=1}^{n}\left(x_i - \overline{x}\right)^2}\right)\sigma^2\right)$$

$$\hat{b} \sim N\left(b, \frac{\sigma^2}{\sum_{i=1}^{n}\left(x_i - \overline{x}\right)^2}\right)$$

# 3. 분산분석표와 가설검정

지금까지 **예제 8-1**의 연비(x)와 자동차 무게(y)를 통해서 단순선형모형 설정, 두 계수를 최소제곱법에 의해 추정하는 방법, 그리고 Excel과 R을 이용하여 추정하는 방법을 배웠다. 다음으로 주어진 무게(x)가 얼마나 연비(y)를 잘 설명하는지를 평가하는 지표를 다룬다. 또한 추정된 각 계수가 통계적으로 유의한지를 판단할 수 있는 가설검정을 배운다.

다음 그림을 보면 주어진 자료(흰 원)와 추정된 선형선(검은 선)이 정확히 일치하지 않는 것을 쉽게 발견할 수 있다. 직관적으로 주어진 자료와 추정된 단순선형선이 일치하면 완벽하게 독립변수(자동차 무게)가 종속변수(연비)를 설명한다고 할 수 있고, 반대로 주어진 자료가 선형선에서 멀어질수록 설명력이 떨어진다고 할 수 있다. 이러한 설명력을 나타내는 지표를 결정계수라고 한다. 결정계수에 관한 것은 분산분석표와 함께 설명할 것이다.

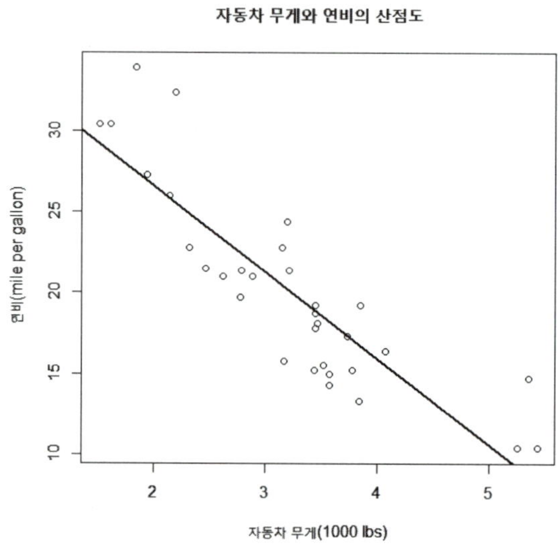


## 1) 분산분석표

분산분석표(analysis of variance table)는 변동요인들을 정리한 표라고 생각하면 된다. 단순선형회귀모형에서 다루는 변동요인은 크게 세 가지로 나눌 수 있다. 종속변수에 관한 변동, 선형식에 관한 변동, 그리고 설명할 수 없는 변동이다. 각 변동에 관한 식은 다음과 같다.

$$\left(Y_i - \overline{Y}\right) = \left(\hat{Y}_i - \overline{Y}\right) + \left(Y_i - \hat{Y}_i\right)$$

여기서 우변과 좌변을 제곱하면 다음과 같은 식을 얻을 수 있다. 자세한 전개 과정은 생략한다.

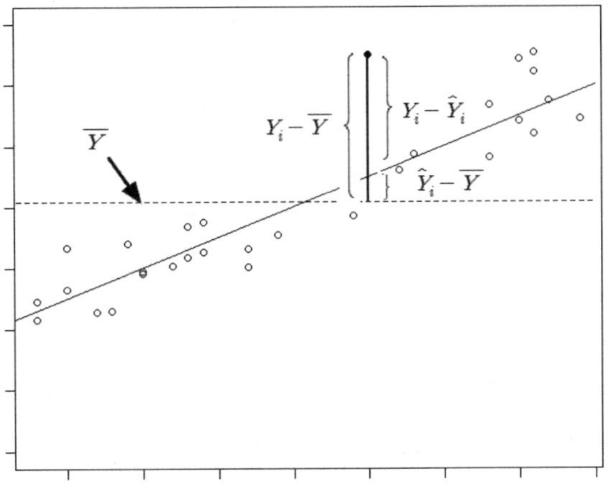


$$\sum_{i=1}^{n}\left(Y_i - \overline{Y}\right)^2 = \sum_{i=1}^{n}\left(\hat{Y}_i - \overline{Y}\right)^2 + \sum_{i=1}^{n}\left(Y_i - \hat{Y}_i\right)^2$$

$$TSS \quad = \quad SSR \quad + \quad SSE$$

여기서 각 변동은 다음과 같이 설명할 수 있다.

- TSS(total sum of squares)는 종속변수에 대한 표본분산의 비례식으로 총제곱합이라고 한다.
- SSR(sum of squared regression)은 회귀제곱합으로 선형식과 표본평균 차의 제곱합이다. 즉 선형식으로 설명되는 변동이다.
- SSE(sum of squared residual)는 잔차제곱합으로 종속변수와 추정된 선형식의 차에 대한 제곱합이다.

위 변동의 관계는 ANOVA 등식으로 알려진 것으로 다음과 같이 요약할 수 있다.

$$TSS \quad = \quad SSR \quad + \quad SSE$$

총변동 = 선형(회귀)식에 대한 변동 + 설명될 수 없는 변동또한 분산분석표는 다음과 같이 제시된다.

| 분산의 요인 | 자유도 | 제곱합($SS$) | 평균제곱합($MS$) | 분산비($F$) | $P$-값 |
|---|---|---|---|---|---|
| 회귀 | 1 | $SSR$ | $MSR = \dfrac{SSR}{1}$ | $F_{cal} = \dfrac{MSR}{MSE}$ | $\Pr(F > F_{cal})$ |
| 잔차 | $n-2$ | $SSE$ | $MSE = \dfrac{SSE}{n-2}$ | | |
| 합계 | $n-1$ | $TSS$ | | | |

여기서 분산비는 평균회귀제곱합(MSR)과 평균잔차제곱합(MSE)의 비율로 나타나며 잔차가 적으면 적을수록 커지는 성질이 있다. 또한 분산비는 단순선형회귀모형에서 계수들의 유의성을 검정하는 데 사용된다. 두 계수의 가설검정은 다음과 같은 절차를 따른다.

■ **절편계수와 기울기계수의 가설 설정**

$$H_0 : a = b = 0$$

$$H_1 : a \neq 0 \text{ 또는 } b \neq 0$$

■ **절편계수와 기울기계수의 검정통계량 및 분포**

$$F = \frac{MSR}{MSE} = \frac{SSR/1}{SSE/(n-2)} \sim F_{1,n-2}$$

여기서 검정통계량은 분산비로, 자유도가 1(분자)과 n-2(분모)인 F-분포이다. 또한 MSE는 오차 분산의 추정량($\hat{\sigma}^2$)이다.

■ **두 계수 중 적어도 하나가 통계적으로 유의한지 $P$-값으로 판단할 수 있다.**

$$P\text{-값} = \Pr(F > F_{cal})$$

만약 $P$-값이 0.01(또는 0.05)보다 작으면 두 계수 중 적어도 하나는 통계적으로 유의하다. 만약 두 계수 중 적어도 하나가 통계적으로 유의하면 각 계수에 대한 통계적 유의성을 개별적으로 검증해야 한다.

Excel에서 분산분석표 및 각 계수의 추정값, 신뢰구간 그리고 통계적 유의성은 다음과 같은 절차를 수행하여 얻을 수 있다.

1단계: [데이터] → [데이터 분석]을 클릭한다.

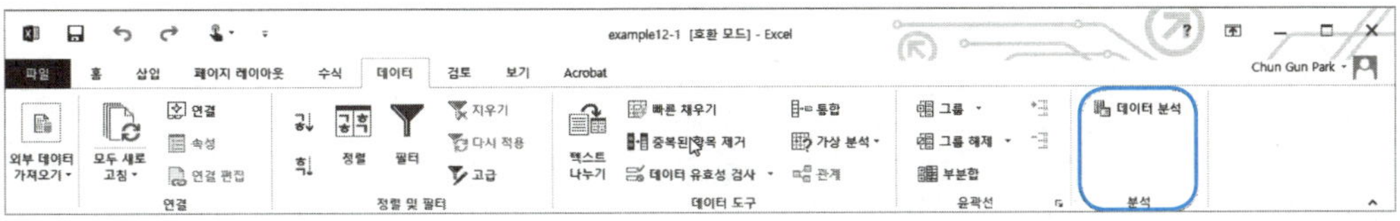


2단계: [데이터 분석] → [회귀분석]을 클릭한다.

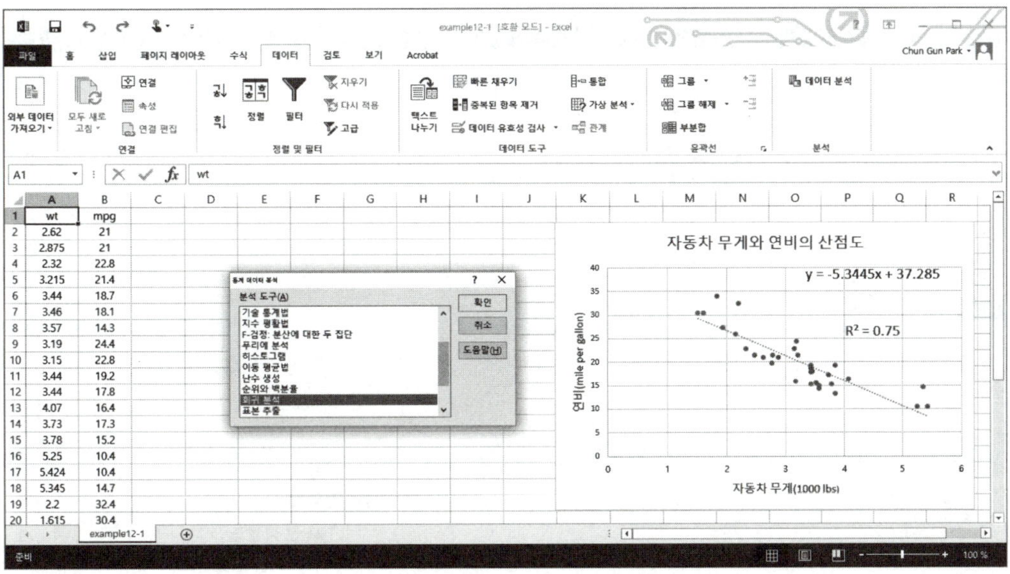

3단계: [회귀분석] 창에서 [X축 입력 범위]와 [Y축 입력 범위]를 그림과 같이 설정한다.

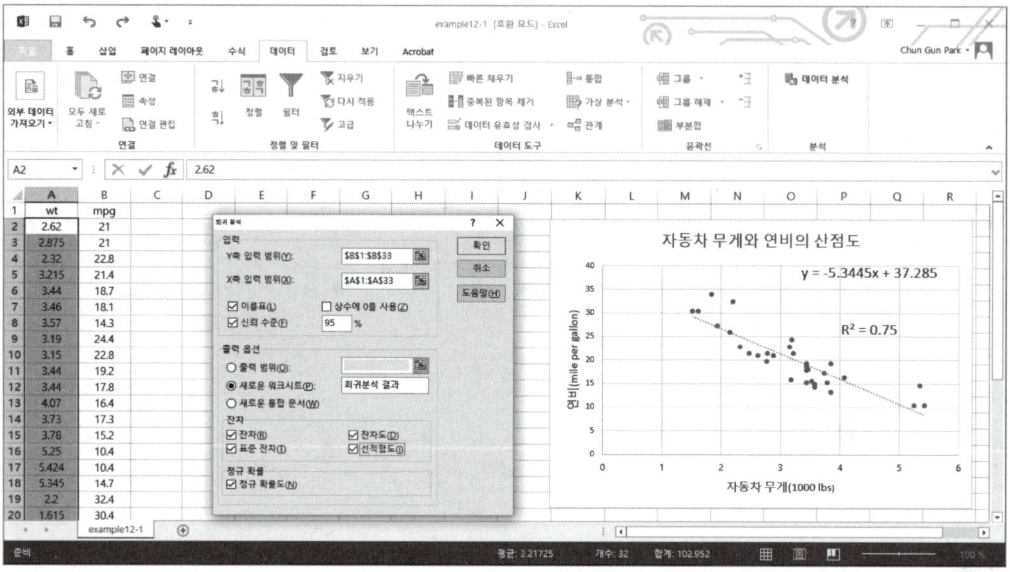

다음과 같은 회귀분석의 결과가 생성된다.

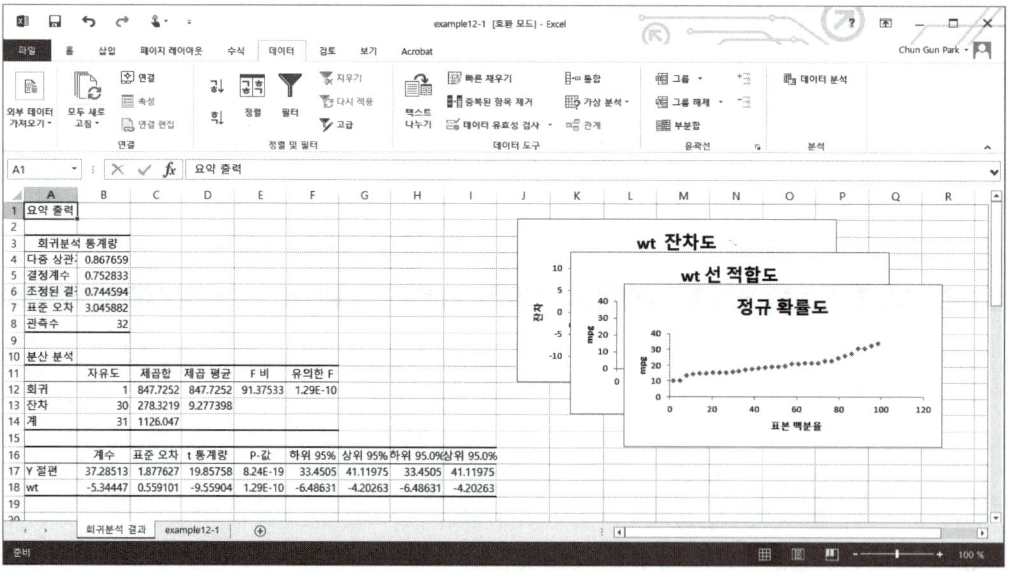

Excel에서 출력되는 회귀분석 결과는 회귀분석 통계량, 분산분석, 계수에 관한 통계적 결과, 잔차출력, 적합도, 그리고 정규 확률도이다.

R에서 분산분석은 명령어 "anova"에 회귀분석 결과를 넣어서 수행한다.

```
> mtcars.lm = lm(mpg~wt,data=mtcars)
> anova(mtcars.lm)
Analysis of Variance Table

Response: mpg
            Df  Sum Sq  Mean Sq  F value     Pr(>F)
wt           1  847.73   847.73   91.375  1.294e-10 ***
Residuals   30  278.32     9.28
---
Signif. codes:  0 '***' 0.001 '**' 0.01 '*' 0.05 '.' 0.1
```

분산분석부터 설명하면 Excel과 R로부터 '유의한 F'와 (Pr(>F))은 $P$-값으로 거의 0에 가까운 결과가 나와 적어도 하나의 계수는 0이 아니라는 통계적 결론을 내릴 수 있다. 따라서 추후에 각 계수에 대한 통계적 유의성을 검정해야 한다. 또한 잔차의 제곱평균이 약 9.28로 '회귀분석 통계량'에서 표준오차(약 3.05)를 제곱한 것과 같고 이 값은 오차 분산 추정값($\hat{\sigma}^2$)이다.

## 2) 각 계수의 통계적 유의성

**예제 8-1**에서 자동차 무게와 연비를 단순선형회귀모형에 적용하여 분산분석을 한 결과, 두 계수 중 적어도 하나는 통계적으로 유의하다는 결론을 얻었다. 따라서 각 계수에 대한 통계적인 유의성을 검정해야 한다. 이를 위해서 각 계수의 통계적 성질을 검토하자. 절편계수와 기울기계수가 최소제곱법으로 추정되었고 그 분포는 정규분포로 (식 8-4), (식 8-5)와 같다. 또한 계수의 추정량은 정규화를 통하여 표준정규분포로 변환된다.

$$\frac{\hat{a}-a}{\sigma_a} \sim N(0,1), \qquad \frac{\hat{b}-b}{\sigma_b} \sim N(0,1)$$

여기서 $\sigma_a$와 $\sigma_b$는 다음과 같다.

$$\sigma_a = \left( \frac{1}{n} + \frac{\bar{x}^2}{\sum_{i=1}^{n} (x_i - \bar{x})^2} \right)^{1/2} \sigma, \qquad \sigma_b = \left( \sum_{i=1}^{n} (x_i - \bar{x})^2 \right)^{-1/2} \sigma$$

또한 각 계수를 정규화하고 분산 대신에 각 계수의 추정된 표준편차를 사용하면 자유도(df=n-2)인 t분포를 따른다. 여기서 $\hat{\sigma} = \sqrt{\hat{\sigma^2}}$ 이다.

$$\frac{\hat{a} - a}{\hat{\sigma_a}} \sim t_{df = n-2} \qquad \frac{\hat{b} - b}{\hat{\sigma_b}} \sim t_{df = n-2}$$

한편 절편계수($a$)의 100(1−$\alpha$)% 신뢰구간은 다음과 같다.

$$\hat{a} \pm t_{\alpha/2, n-2} \times \hat{\sigma}_a$$

또한 기울기계수($b$)의 100(1−$\alpha$)% 신뢰구간은 다음과 같다.

$$\hat{b} \pm t_{\alpha/2, n-2} \times \hat{\sigma}_b$$

앞에서 설명한 Excel과 R을 이용한 계수 및 신뢰구간을 추정해보면 다음과 같다.

절편계수와 기울기계수의 95% 신뢰구간은 "하위 2.5%와 상위 97.5%"로 제시된다.

```
> mtcars.lm = lm(mpg~wt,data=mtcars)
> mtcaars.summary = summary(mtcars.lm)
> confint(mtcars.lm)
                 2.5 %      97.5 %
(Intercept)  33.450500   41.119753
wt           -6.486308   -4.202635
```

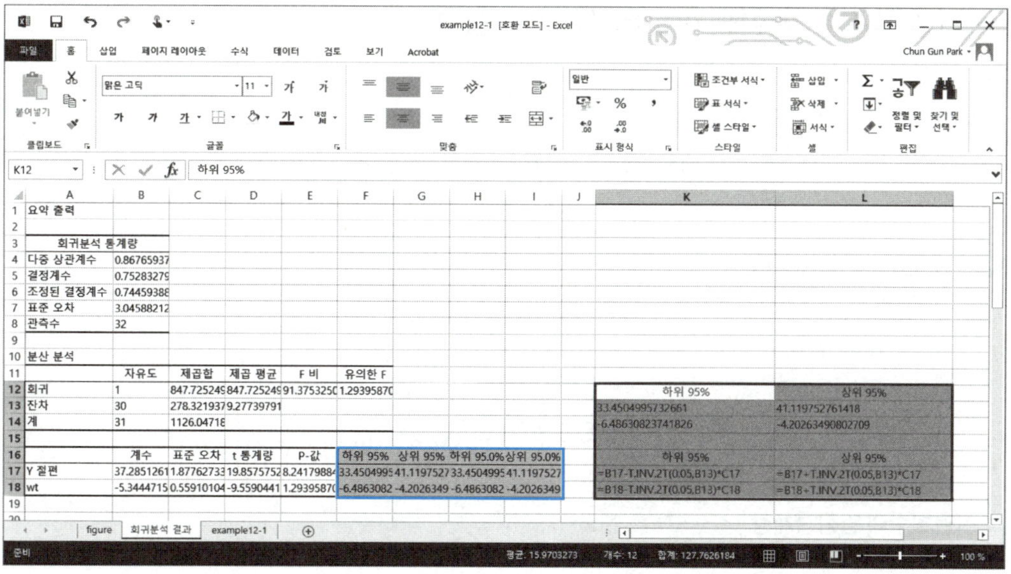


Excel에서 제공되는 계수의 95% 신뢰구간은 그림에서 파란 박스로 표시되어 있고 회색 박스 안의 내용은 앞에서 제시한 신뢰구간 수식으로 계산된 값이다. 그리고 R에서 신뢰구간 명령어는 "confint"로 절편계수의 95% 신뢰구간이 (33.45, 41.12)이고 기울기계수의 95% 신뢰구간은 (−6.49, −4.20)이다. Excel과 R의 신뢰구간 결과는 모두 동일하며 두 계수의 신뢰구간에 0이 속하지 않았기 때문에 각각의 계수는 통계적으로 유의(significant)하다는 결론을 내릴 수 있다. 즉 통계적으로 자동차 무게가 1000(lbs) 증가하면 연비는 약 5.5(mpg) 감소한다는 의미이다.

다음으로 절편계수와 기울기계수의 가설검정을 수행해야 하는데 여기서는 가설 설정, 검정통계량 그리고 $P$-값만 다루기로 한다. 가설검정 수행절차에 대한 자세한 설명은 7장의 통계적 추론을 참고하기 바란다.

각 계수의 가설은 다음과 같이 설정된다. 또한 검정통계량은 각 계수의 분포와 가설로부터 구해진다. 가설은 귀무가설과 대립가설로 설정되는데, 단순선형회귀모형의 경우 귀무가설은 계수가 0이고 대립가설은 0이 아니라고 설정된다.

## 3) 기울기계수와 절편계수의 유의성 검정

■ 절편계수의 가설 설정

$$H_0 : a = 0 \qquad H_1 : a \neq 0$$

■ 기울기계수의 가설 설정

$$H_0 : b = 0 \qquad H_1 : b \neq 0$$

또한 각 가설에 대한 검정통계량은 다음과 같다.

■ 절편계수의 검정통계량

$$T_a = \frac{\hat{a} - a_0}{\hat{\sigma}_a} \sim t_{df = n-2}$$

■ 기울기계수의 검정통계량

$$T_b = \frac{\hat{b} - b_0}{\hat{\sigma}_b} \sim t_{df = n-2}$$

여기서 $a_0 = b_0 = 0$이고 $\hat{\sigma}_a$와 $\hat{\sigma}_b$은 다음과 같다.

$$\hat{\sigma}_a = \left( \frac{1}{n} + \frac{\bar{x}^2}{\sum_{i=1}^{n} (x_i - \bar{x})^2} \right)^{1/2} \hat{\sigma}, \qquad \hat{\sigma}_b = \frac{1}{\left( \sum_{i=1}^{n} (x_i - \bar{x})^2 \right)^{1/2}} \hat{\sigma}$$

Excel과 R에서 제공되는 각 계수의 가설검정에 대한 결과는 다음과 같다.

| | A | B | C | D | E | F | G | H | I |
|---|---|---|---|---|---|---|---|---|---|
| 10 | 분산 분석 | | | | | | | | |
| 11 | | 자유도 | 제곱합 | 제곱 평균 | F 비 | 유의한 F | | | |
| 12 | 회귀 | 1 | 847.72525 | 847.72525 | 91.375325 | 1.29396E-10 | | | |
| 13 | 잔차 | 30 | 278.3219375 | 9.277397918 | | | | | |
| 14 | 계 | 31 | 1126.047188 | | | | | | |
| 15 | | | | | | | | | |
| 16 | | 계수 | 표준 오차 | t 통계량 | P-값 | 하위 95% | 상위 95% | 하위 95.0% | 상위 95.0% |
| 17 | Y 절편 | 37.28512617 | 1.877627337 | 19.85757526 | 8.2418E-19 | 33.45049957 | 41.11975276 | 33.45049957 | 41.11975276 |
| 18 | wt | -5.344471573 | 0.559101045 | -9.559044147 | 1.29396E-10 | -6.486308237 | -4.202634908 | -6.486308237 | -4.202634908 |
| 19 | | | | | | | | | |
| 20 | | | | | | | | | |
| 21 | | | | | | | | | |
| 22 | 잔차 출력 | | | | | 확률 출력 | | | |
| 23 | | | | | | | | | |
| 24 | 관측수 | 예측치 mpg | 잔차 | 표준 잔차 | | 백분율 | mpg | | |
| 25 | 1 | 23.28261065 | -2.282610647 | -0.761796488 | | 1.5625 | 10.4 | | |
| 26 | 2 | 21.9197704 | -0.919770396 | -0.30696337 | | 4.6875 | 10.4 | | |
| 27 | 3 | 24.88595212 | -2.085952119 | -0.696163842 | | 7.8125 | 13.3 | | |
| 28 | 4 | 20.10265006 | 1.297349939 | 0.432976438 | | 10.9375 | 14.3 | | |
| 29 | 5 | 18.90014396 | -0.200143957 | -0.06679587 | | 14.0625 | 14.7 | | |

figure | 회귀분석 결과 | example12-1

```
> mtcars.lm = lm(mpg~wt,data=mtcars)
> mtcars.summary = summary(mtcars.lm)
> mtcars.summary$coefficients
            Estimate Std. Error  t value     Pr(>|t|)
(Intercept) 37.285126  1.877627 19.857575 8.241799e-19
wt          -5.344472  0.559101 -9.559044 1.293959e-10
```

Excel과 R에서 각 계수의 가설검정 결과는 t 통계량(약 19.86) 또는 *P*–값(Pr(>|t|))이 거의 0에 가까우므로 통계적으로 유의하다. 특히 R에서 "summary(mtcars.lm)"에는 잔차(residual), 계수(coefficients), 잔차의 표준편차(residual standard error), 자유도(degrees of freedom), 결정계수(multiple R–squared), 수정된 결정계수(adjusted R–squared), F 통계량, *P*–값이 제공된다.

## 4) 결정계수

모든 계수가 통계적으로 유의할 때 주어진 자료와 추정된 선형식이 어느 정도 가까운지를 나타내는 지표가 결정계수($r^2$)이다. 결정계수는 다음과 같이 정의된다.

$$r^2 = 1 - \frac{SSE}{TSS} = \frac{SSR}{TSS}$$

결정계수($r^2$)는 총변동(TSS)에서 회귀제곱합(SSR)의 비율 또는 잔차제곱합(SSE)의 비율로 설명할 수 있다. 주어진 종속변수의 값들이 추정된 회귀선에 가까울수록 회귀제곱합은 총변동과 거의 동일한 크기이며 잔차제곱합은 0에 가까워진다. 이때 결정계수는 1에 가까워진다. 반대로 주어진 종속변수의 값들이 추정된 회귀선에서 멀어질수록 회귀제곱합과 잔차제곱합이 커지지만 총변동도 상대적으로 이들보다 더욱 큰 값을 가지게 된다. 따라서 이 경우 결정계수는 0에 가까워진다.

```
> mtcars.lm = lm(mpg~wt,data=mtcars)
> mtcars.summary = summary(mtcars.lm)
> mtcars.summary$r.squared
[1] 0.7528328
```

**예제 8-1**의 자동차 무게와 연비 자료에 대해서 Excel에서 제공되는 회귀분석 통계량의 여러 결과 중에 결정계수는 약 0.75이고, R도 "mtcars.summary$r.squared"에서 동일한 값이 제시되었다. 보통 결정계수가 0.9 이상이면 추정된 회귀선이 주어진 자료를 잘 설명한다고 볼 수 있으므로 무게와 연비의 결정계수가 0.75면 설명력이 보통인 것으로 간주한다. 또한 결정계수에 제곱근을 취하면 상관계수의 크기와 동일하고 기울기 부호를 취하면 상관계수와 동일하다.

```
> -sqrt(mtcars.summary$r.squared)
[1] -0.8676594
```

이러한 결정계수는 분야에 따라 설명력에 대한 기준이 다르다. 이공계 분야에서는 대략 0.9 이상, 경제 분야는 0.8 이상 그리고 사회학 및 심리학 분야에서는 0.4 이상이 되어야 설명력이 있다고 간주한다.

■ 분산분석표

| 분산의 요인 | 자유도 | 제곱합($SS$) | 평균제곱합($MS$) | 분산비($F$) | $P$-값 |
|---|---|---|---|---|---|
| 회귀 | 1 | $SSR$ | $MSR = \frac{SSR}{1}$ | $F_{cal} = \frac{MSR}{MSE}$ | $\Pr(F > F_{cal})$ |
| 잔차 | $n-2$ | $SSE$ | $MSE = \frac{SSE}{n-2}$ | | |
| 합계 | $n-1$ | $TSS$ | | | |

$$\sum_{i=1}^{n}(Y_i - \overline{Y})^2 = \sum_{i=1}^{n}(\hat{Y}_i - \overline{Y})^2 + \sum_{i=1}^{n}(Y_i - \hat{Y}_i)^2$$

$$TSS = SSR + SSE$$

총변동 = 선형(회귀)식에 대한 변동 + 설명될 수 없는 변동

■ 절편계수와 기울기계수의 유의성 검정

1단계: 가설을 설정한다.

$$H_0 : a = b = 0, \qquad H_1 : a \neq 0 \text{ 또는 } b \neq 0$$

2단계: 검정통계량을 설정하고 계산한다.

$$F = \frac{MSR}{MSE} = \frac{SSR/1}{SSE/(n-2)} \sim F_{1,n-2}$$

3단계: $P$-값과 유의수준으로 검정을 수행한다.

4단계: 만약 대립가설(두 계수 중 적어도 하나는 0이 아니다)이 채택되면 각 계수에 대한 유의성 검정을 수행한다.

■ 결정계수

$$r^2 = 1 - \frac{SSE}{TSS} = \frac{SSR}{TSS}$$

추정된 회귀선이 주어진 종속변수의 값들에 가까울수록 결정계수는 1에 가까워진다는 의미이다.

■ 결정계수의 성질

- $0 \le r^2 \le 1$
- $r^2 = 0$의 의미: 종속변수와 독립변수의 선형관계가 전혀 없다.
- $r^2 = 1$의 의미: 종속변수와 독립변수의 선형관계가 완벽하게 직선으로 설명된다.

# 4. 잔차분석(residual analysis)

(식 8-1)로부터 단순선형회귀모형의 종속변수는 절편계수, 기울기계수와 독립변수의 곱으로 구성된 선형식, 그리고 오차항의 합으로 설명된다. 특히 오차에 대한 세 가지 가정이 있는데, 오차가 정규분포이고, 분산이 독립변수의 값에 상관없이 항상 일정하며, 독립이라는 가정이다. 이러한 오차항의 가정들은 잔차를 통하여 평가된다. 즉 앞에서 추정된 계수가 통계적으로 유의하고 단순선형회귀모형이 결정되면 잔차를 통하여 오차의 정규성, 등분산성, 독립성을 검증해야 한다.

## 1) 잔차의 정규성

단순선형회귀모형에서 잔차가 정규분포를 따르는지 아닌지를 검증하는 방법은 크게 두 가지이다. 하나는 시각적인 표현으로 Q-Q plot(분위수-분위수 plot)이다. Q-Q plot에 대한 자세한 이론적 배경 및 전개는 본서에서는 다루지 않고, 다만 Q-Q plot을 해석하는 방법 및 개념 정도만 다루기로 한다. 나머지 하나는 수치적 접근인 Shapiro-Wilk 검정이다. R에서는 두 가지 방법이 모두 구현되나 Excel에서는 Q-Q plot만 제공된다.

Excel에서 예제 8-1 의 자동차 무게와 연비의 회귀분석을 수행하면 다음과 같은 그림(정규확률도)이 생성된다. Excel에서 제공되는 정규확률도는 Q-Q plot이다.

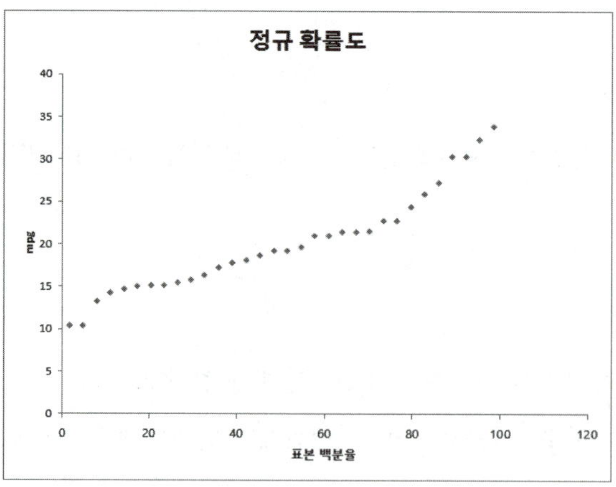

```
> mtcars.lm = lm(mpg~wt,data=mtcars)
> qqnorm(residuals(mtcars.lm))
> qqline(residuals(mtcars.lm))
```

R에서 제공되는 Q-Q plot은 Excel과 동일한 형태이고 사용되는 명령어는 "qqnorm(residuals, 회귀결과변수)"으로 y-축은 주어진 잔차의 분위수와 이에 해당하는 x-축의 표준정규분포 분위수의 쌍으로 이루어진 산점도이다. 또한 "qqline"은 x-축과 y-축에 해당되는 1사분위수와 3사분위수의 쌍들을 직선으로 연결하는 R 명령어이다. 이 경우에는 양쪽 끝에 직선을 벗어난 점들이 다소 있어 오차의 정규성에 만족되지 않는 것으로 보인다. Q-Q plot은 시각적인 정보를 제공하기 때문에 정규성을 판단하기 다소 애매한 경우가 생길 수 있다. 그래서 수치적인 기준인 Shapiro-Wilk 검정이 항상 제시되어야 한다.

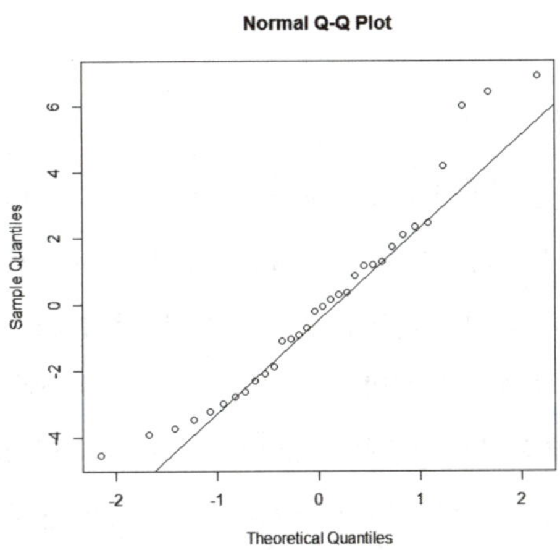


Q-Q plot의 개념은 표준정규분포의 누적확률에 대응되는 잔차를 산점도로 나타낸 것이다. 만약 잔차가 정규분포라면 산점도의 대부분 점들이 직선 위에 있다.

Shapiro-Wilk 검정은 주어진 일변수 자료에 대해 수치적으로 정규성을 검정하는 기법으로, 가설은 다음과 같이 설정된다.

$H_0$ : 잔차가 정규분포를 따른다.

$H_1$ : 잔차가 정규분포를 따르지 않는다.

검정통계량과 해당되는 분포는 생략하고 R에서 구현되는 명령어와 결과만 제시한다.

```
> mtcars.lm = lm(mpg~wt,data=mtcars)
> shapiro.test(residuals(mtcars.lm))

        Shapiro-Wilk normality test

data:  residuals(mtcars.lm)
W = 0.9451, p-value = 0.1044
```

명령어 "shapiro.test"에 일변수 자료(잔차)를 넣어 수행하면 통계량(W)과 $P$-값이 제시된다. $P$-값이 0.1044로 유의수준 0.1보다 크기 때문에 "잔차가 정규분포를 따른다"라고 채택한다.

## 2) 잔차의 등분산성

오차의 등분산성을 통계적으로 판단하기 위한 두 가지 접근이 있다. 추정된 종속변수(또는 독립변수)와 잔차의 산점도 형태를 파악하는 것과 Breusch-Pagan 검정이다.

**예제 8-1**의 자동차 무게와 연비에 적용된 회귀분석 결과를 Excel과 R로 구분하여 보면 다음과 같다. Excel의 회귀분석 결과 독립변수(wt, 자동차 무게)와 잔차의 산점도가 아래와 같이 제공된다. 산점도를 보면 잔차가 특정한 패턴이 없이 무게에 따라 일정하게 상한과 하한에 골고루 퍼져 있는 것을 알 수 있다. 따라서 잔차의 등분산성이 만족되는 것으로 판단할 수 있다.

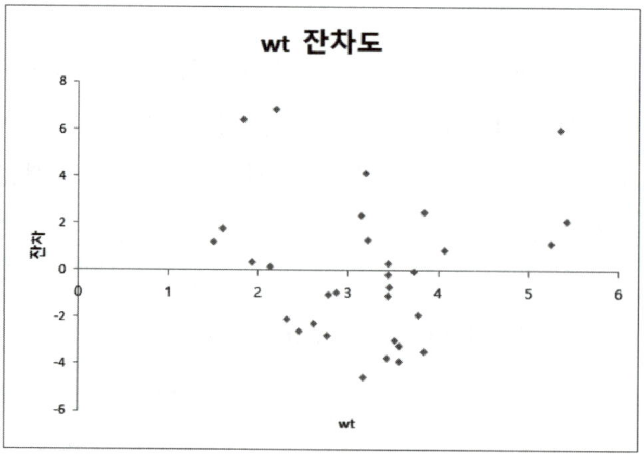

```
> install.packages("lmtest")
> library(lmtest)
> bptest(mtcars.lm)

	studentized Breusch-Pagan test

data:  mtcars.lm
BP = 0.0404, df = 1, p-value = 0.8406
> plot(fitted.values(mtcars.lm), residuals(mtcars.lm), xlab="추정된 연비값", ylab="잔차")
```

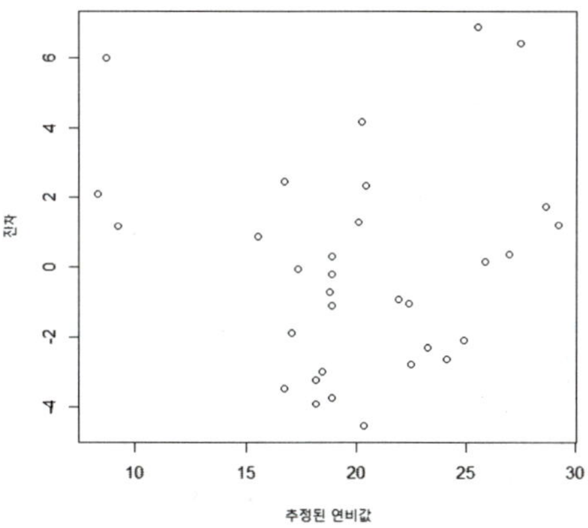


Breusch-Pagan 검정에서 가설 설정은 다음과 같다.

$H_0$ : 잔차가 등분산성을 따른다.

$H_1$ : 잔차가 등분산성을 따르지 않는다.

R의 결과로부터 $P$-값이 약 0.84로 유의수준 0.05에서 귀무가설이 채택되었다. 즉 잔차의 등분산성이 통계적으로 성립된다. 그리고 추정된 연비값과 잔차의 산점도 형태도 특정한 패턴이 없기 때문에 등분산성의 검정 결과와 동일하다.

## 3) 잔차의 독립성

잔차의 독립성을 통계적으로 확인하는 방법으로 등분산성에서 사용된 산점도와 Dubin-Watson 검정이 있다. 예제 8-1 에서 자동차 무게와 연비의 회귀분석 결과인 추정된 연비값과 잔차의 산점도를 볼 때 연비값에 따라 잔차가 특정 관련성이 없다고 판단된다. 따라서 잔차는 상호독립이라고 할 수 있다.

```
> library(lmtest)
> dwtest(mtcars.lm)

	Durbin-Watson test

data:  mtcars.lm
DW = 1.2517, p-value = 0.0102
alternative hypothesis: true autocorrelation is greater than 0
```

R에서 Dubin-Watson 검정을 수행하려면 "lmtest" 패키지가 설치되어 있어야 한다. Dubin-Watson 검정의 가설은 다음과 같다.

$H_0$ : 자기상관이 0이다.

$H_A$ : 자기상관이 0이 아니다.

여기서 자기상관(autocorrelation)은 추정된 연비값(오름차순으로 정렬)에 대응되는 잔차($e_i$, $i = 1, \cdots, 32$)에서 다음과 같이 표현된다.

$$r_1 = \frac{\sum_{i=1}^{31}(e_i - \bar{e})(e_{i+1} - \bar{e})}{\sum_{i=1}^{32}(e_i - \bar{e})^2}$$

Dubin-Watson 검정에서 $P$-값이 0.01 이상으로 유의수준($\alpha = 0.01$)에서 자기상관은 0이라고 볼 수 있다.

■ **잔차분석**

- 잔차의 정규성
  잔차의 정규성을 진단하려면 시각적인 관점에서 Q-Q plot을 수행하고 Shapiro-Wilk 검정을 통하여 통계적 추론을 수행한다.

- 잔차의 등분산성
  잔차의 등분산성은 종속변수에 대한 추정된 값과 잔차의 산점도를 수행하고 Breusch-Pagan 검정을 통하여 통계적 추론을 수행한다.

- 잔차의 독립성
  잔차의 독립성은 독립변수와 잔차의 산점도를 수행하여 어떤 특정한 패턴 유무를 시각적으로 파악하고 Dubin-Watson 검정을 통하여 통계적 추론을 수행한다.

# 5. 이상값 진단

단순선형회귀모형에서 잔차분석은 오차 가정을 진단하는 과정이고 추가로 모형진단에서 주의해야 할 것은 이상값(outlier) 탐색이다. 단순선형회귀모형에서 이상값이란 선형관계 및 오차 범위를 벗어난 값을 말한다. 이상값이 발생하는 원인은 다양하고, 가장 단순한 원인으로 입력 오류를 들 수 있다. 만약 이상값이 존재한다면 단순선형회귀모형에서 계수 추정이 통계적으로 적절하지 않으며 잔차도 마찬가지이다.

예제 8-1의 자동차 무게와 연비를 단순선형회귀모형에 적용하고 이상값 존재 여부를 진단하는 기법을 R을 통해서 수행하고, 이상값 탐색에 사용되는 기법들의 R 명령어와 설명을 간단하게 제시한다.

## 1) Cook's distance

Cook's distance는 잔차와 영향값(influential points)으로 고안된 통계량으로, 회귀모형에서 이상값과 영향값(influential observations)을 탐색하는 데 유용한 통계적 기법이다. 예제 8-1에서 자동차 무게와 연비를 단순선형회귀모형에 적용하고 잔차분석을 수행한 후 이상값 탐색에 다음과 같은 R 명령어를 이용한다.

```
> cooksD = cooks.distance(mtcars.lm)
> cooksD[1:4]
    Mazda RX4    Mazda RX4 Wag      Datsun 710    Hornet 4 Drive
  1.327407e-02    1.723963e-03    1.543937e-02    3.020558e-03
> plot(mtcars.lm, which=4)
```

R 명령어 "cooks.distance"와 무게와 연비를 회귀모형에 적용한 "mtcars.lm"을 수행하면 Cook's distance 값이 구해진다. 이 값을 그림으로 나타내기 위해 "plot(mtcars.lm, which=4)"을 수행하면 다음과 같은 결과를 얻을 수 있다.

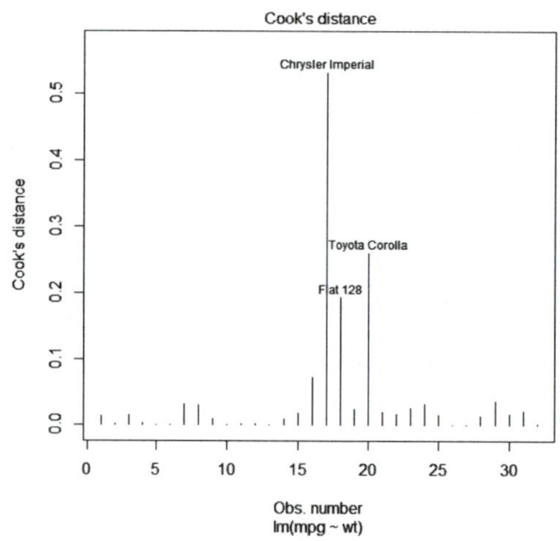


Cook's distance 그림을 보면 3개 값이 이상값으로 의심되지만 수치적인 탐색을 이용하여 이상값을 결정한다. F-분포(분모 자유도=2, 분자 자유도=30)의 분위수(50%)가 수치적 탐색의 지표이고 분모 자유도와 분자 자유도의 합은 자료 수 32개이다. 즉 Cook distance 값이 F-분포의 50% 분위수 이상이면 이상값으로 간주한다.

```
> cooksD[which(cooksD>qf(0.5, df1=2, df2=30))]
named numeric(0)
```

자동차 무게와 연비에서는 3개의 자료가 이상값으로 의심되었지만 수치적인 판단(F-분포의 50% 분위수 이상)에서는 모든 자료가 정상적인 것으로 결정되었다. 만약 이상값이 존재하면 그 값을 제거하고 단순선형회귀모형을 결정하는 절차를 반복해서 동일하게 수행하여 모형을 결정한다.

## 6. 신뢰구간(confidence interval)과 예측(prediction)

예제 8-1 에서 만약 자동차 무게가 4(1000lbs)이면 연비는 어느 정도일까? 아마 많은 사람들이 경험에 비추어 대략 얼마라고 대답할 것이다. 확실한 것은 그 무게에 대한 연비가 하나의 값으로 나오지 않는다는 것이다. 또한 평균적으로 어느 정도의 연비가 나올지 추측하는 값도 사람마다 다를 수 있다.

### 1) 신뢰구간

단순선형회귀모형에서 주어진 자동차 무게($x_0$)에 대한 평균연비($E(Y|x_0) = a + bx_0$)의 95% 신뢰구간을 생각할 수 있다. 평균연비의 추정량은 최소제곱법으로 얻은 두 계수의 단순선형모형이다.

$$E(\hat{Y}|x_0) = \hat{\mu}_{Y|x_0} = \hat{a} + \hat{b}x_0$$

또한 $\hat{\mu}_{Y|x_0}$의 분포는 정규분포로 다음과 같다.

$$\hat{\mu}_{Y|x_0} \sim N\left(a + bx_0,\ \sigma^2\left(\frac{1}{n} + \frac{(x_0 - \bar{x})}{\sum_{i=1}^{n}(x_i - \bar{x})^2}\right)\right)$$

따라서 평균연비($E(Y|x_0)$)의 $100(1-\alpha)\%$ 신뢰구간은 다음과 같다.

$$\hat{\mu}_{Y|x_0} - t_{\alpha/2,\,n-2}\sqrt{\hat{\sigma}^2\left(\frac{1}{n}+\frac{(x_0-\bar{x})}{\sum_{i=1}^{n}(x_i-\bar{x})^2}\right)} \leq E(Y|x_0) \leq \hat{\mu}_{Y|x_0} + t_{\alpha/2,\,n-2}\sqrt{\hat{\sigma}^2\left(\frac{1}{n}+\frac{(x_0-\bar{x})}{\sum_{i=1}^{n}(x_i-\bar{x})^2}\right)}$$

여기서 $\hat{\sigma}^2$은 오차 분산($\sigma^2$)의 불편추정량으로 분산분석표의 MSE와 동일하다. 위 식에 대한 자세한 유도 과정은 생략한다.

```
> data("mtcars")
> mtcars.lm = lm(mpg~wt,data=mtcars)
> cd <- predict(mtcars.lm, level=0.95, interval="confidence")
> cd[1:3,]
                   fit      lwr      upr
Mazda RX4     23.28261 21.98867 24.57655
Mazda RX4 Wag 21.91977 20.75275 23.08679
Datsun 710    24.88595 23.38301 26.38890
> Lc <- cd[,2]
> Uc <- cd[,3]
> plot(mpg~wt,data=mtcars,xlab="자동차 무게(1000 lbs)", ylab="연비(mile per gallon)", main="자동
차 무게와 연비의 95% 신뢰구간")
> abline(coef(mtcars.lm),lwd=2)
> sx <- sort(mtcars$wt,index.return=TRUE)
> lines(sx$x, Lc[sx$ix], col="blue", lty=2)
> lines(sx$x, Uc[sx$ix], col="blue", lty=2)
```

R에서 평균연비 신뢰구간은 명령어 "predict"를 사용하고 옵션 interval="confidence"를 입력하면 된다. 기본적으로 유의수준은 95%이고 만약 변경하려면 옵션 level=0.99를 사용하면 된다. predict 수행 결과는 주어진 자동차 무게 32개에 대한 fit(연비 추정값), lwr(신뢰구간 하한), 그리고 upr(신뢰구간 상한)이다.

자동차 무게와 연비의 95% 신뢰구간

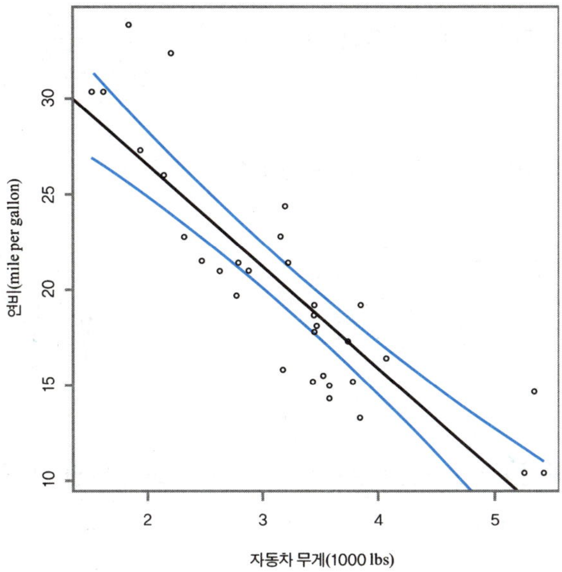


위 그림은 주어진 자동차 무게에 대한 평균연비의 95% 신뢰구간(파란 선)과 함께 산점도와 추정된 평균연비를 그린 것이다. 자동차 무게가 평균 무게에서 멀어지면 멀어질수록 신뢰구간이 넓어지는 것을 확인할 수 있다.

## 2) 예측

평균연비 신뢰구간은 실제 연비가 나올 수 있는 구간을 표시한 것이 아니기 때문에 주어진 자동차 무게($x_0$)에서 나올 수 있는 연비($Y_0$)를 예측할 필요가 있다. (식 8-1)에서 연비 $Y_0$는 자동차 무게($x_0$)에서 예측되는 연비로 확률변수이다. 연비 $Y_0$의 예측구간을 구하기 전에 다음과 같은 확률변수를 정의하자.

$$\psi_0 = Y_0 - \widehat{Y_0}$$

여기서 $Y_0 = a + bx_0$이고, $\widehat{Y_0} = \hat{a} + \hat{b}\, x_0$이다.

$\psi_0$는 정규분포이고 평균과 분산은 다음과 같다.

$$E(\hat{\psi}_0) = 0, \qquad Var(\hat{\psi}_0) = \sigma^2\left(1 + \frac{1}{n} + \frac{x_0 - \bar{x}}{\sum_{i=1}^{n}(x_i - \bar{x})^2}\right)$$

따라서 $Y_0$의 $100(1-\alpha)\%$ 예측구간은 다음과 같다.

$$\hat{Y}_0 - t_{\alpha/2,\, n-2}\sqrt{\hat{\sigma}^2\left(1 + \frac{1}{n} + \frac{(x_0 - \bar{x})}{\sum_{i=1}^{n}(x_i - \bar{x})^2}\right)} \leq Y_0 \leq \hat{Y}_0 + t_{\alpha/2,\, n-2}\sqrt{\hat{\sigma}^2\left(1 + \frac{1}{n} + \frac{(x_0 - \bar{x})}{\sum_{i=1}^{n}(x_i - \bar{x})^2}\right)}$$

여기서 $\hat{\sigma}^2$은 오차 분산($\sigma^2$)의 불편추정량으로 분산분석표의 MSE와 동일하다. 위 식에 대한 자세한 유도 과정은 생략한다.

```
> mtcars.lm = lm(mpg~wt,data=mtcars)
> cd <- predict(mtcars.lm, level = 0.95, interval="confidence")
> Lc <- cd[,2]
> Uc <- cd[,3]
> plot(mpg~wt,data=mtcars,xlab="자동차 무게(1000 lbs)",ylab="연비(mile per gallon)",main="자동
차 무게와 연비의 95% 신뢰구간")
> abline(coef(mtcars.lm),lwd=2)
> sx <- sort(mtcars$wt,index.return=TRUE)
> lines(sx$x, Lc[sx$ix], col="blue", lty=2)
> lines(sx$x, Uc[sx$ix], col="blue", lty=2)
> new <- data.frame(wt = seq(0.3, 6, 0.2))
> pt <- predict(mtcars.lm, new, level = 0.95, interval="predict")
> Lp <- pt[,2]
> Up <- pt[,3]
> pt[1:3,]
       fit      lwr      upr
1 35.68178 28.54037 42.82320
2 34.61289 27.57509 41.65069
3 33.54400 26.60385 40.48414
> lines(wt, Lp, col="red", lty=2)
> lines(wt, Up, col="red", lty=2)
```

이렇게 R 프로그램을 수행하면 다음과 같이 평균연비 95% 신뢰구간(파란 선), 95% 예측구간(점선), 평균 추정연비(검정 실선)로 구분되어 표시된다. 또한 예측구간이 신뢰구간보다 넓게 표시된다.

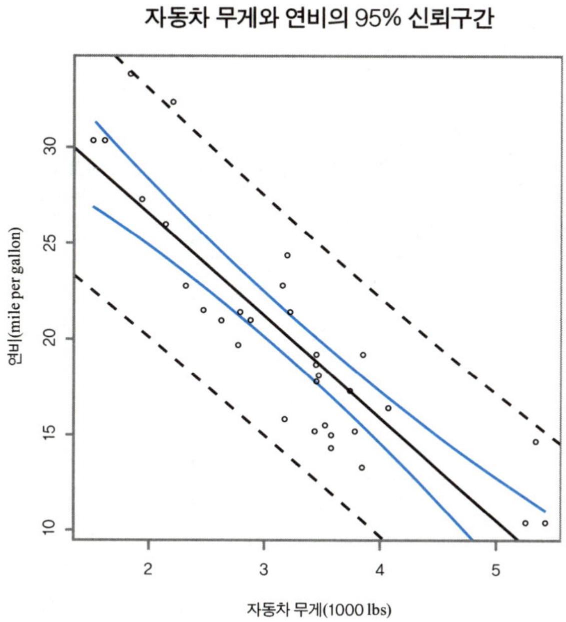


위의 그림을 간단히 구현하려면 "HH" 패키지를 인스톨하고 다음과 같이 프로그램을 실행하여 동일한 결과를 얻을 수 있다. 명령어 "ci.plot"의 옵션은 도움말(help("ci.plot"))을 참고하면 된다.

```
> install.packages("HH")
> library(HH)
> ci.plot(mtcars.lm)
```

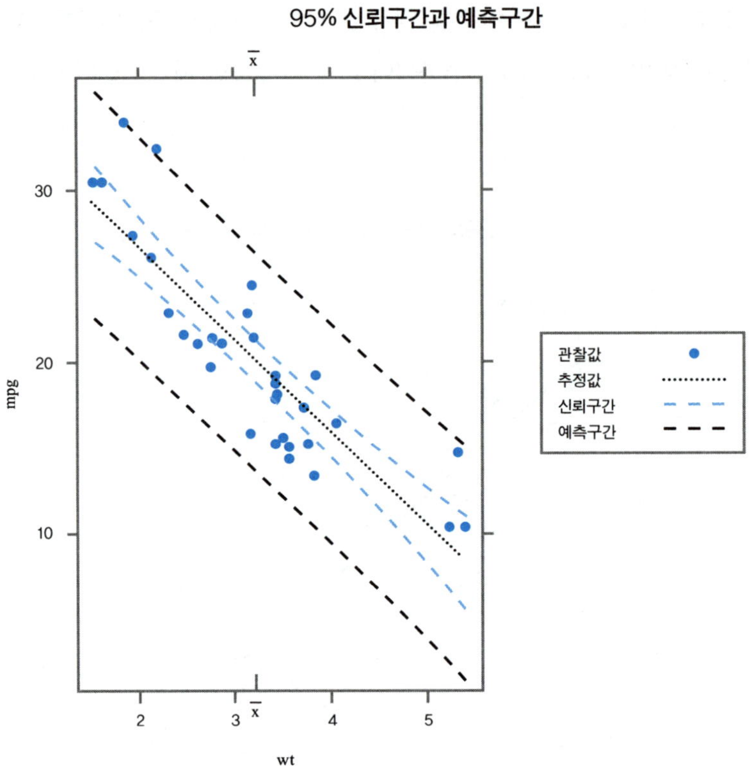
95% 신뢰구간과 예측구간
mpg
wt
관찰값
추정값
신뢰구간
예측구간

## 실습

### 1 온도와 에너지 사용량

가정에서 사용하는 난방 가스(에너지) 사용량은 외기온도와 집 크기에 영향을 받는다. 특정 집 크기에 대한 외기온도와 난방 가스 사용량의 관계를 단순선형모형에 적용하라. 자료에 대한 자세한 설명은 출처에서 확인할 수 있다.

(출처: http://www.amstat.org/publications/jse/v6n1/datasets.carver.html)

1) 외기온도와 가스 사용량의 산점도를 그리고 해석하라.
2) 외기온도와 가스 사용량의 상관분석을 수행하라.
3) 외기온도와 가스 사용량을 단순선형회귀모형 식에 적용하라.
4) 절편계수와 기울기계수를 구하라.
5) 분산분석표를 작성하고 계수들의 유의성을 검정하라.
6) 만약 계수가 유의하면 잔차분석을 수행하라.
7) 신뢰구간과 예측구간을 구하라.

### 2 체지방과 BMI

최근 서구화된 식습관으로 비만 인구가 증가하고, 여러 질병(당뇨병, 신부전, 심장병 등)이 우려되고 있다. 비만에 대한 기준으로는 신체 수치로 계산하는 BMI(body mass index)를 전통적으로 사용해왔다. 그러나 이것이 실제로 비만을 판별하는 지표로서 적절한지에 대한 논쟁이 계속되고 있고, 그보다는 체지방 비율(body fat percentage)이 더 정확한 지표라는 주장도 나오고 있다. 자세한 정보는 아래 출처를 참조하라.

(출처: http://www.amstat.org/publications/jse/v4n1/datasets.johnson.html)

1) BMI와 체지방 비율(body fat percentage)의 산점도를 그리고 해석하라.
2) BMI와 체지방 비율의 상관분석을 수행하라.
3) BMI와 체지방 비율을 단순선형회귀모형 식에 적용하라.

4) 절편계수와 기울기계수를 구하라.

5) 분산분석표를 작성하고 계수들의 유의성을 검정하라.

6) 만약 계수가 유의하면 잔차분석을 수행하라.

7) 신뢰구간과 예측구간을 구하라.

9장

# 다중선형회귀모형 (multiple linear regression)

8장에서 자동차 무게와 연비를 선형관계식으로 표현하고 분석을 다루는 단순선형회귀모형을 배웠다. 단순선형회귀모형이 단 한 개의 독립변수(무게)로 종속변수(연비)를 설명하기 때문에 만약 추가 정보(독립변수)가 있다면 더욱 정확하게 종속변수에 대한 추정이 가능할 것이라고 생각할 수 있다. 하지만 모든 자료에 완벽한 정보가 제공되는 경우는 드물기 때문에 항상 오차는 존재한다는 것을 유의해야 한다.

주어진 자료의 독립변수가 여러 개이고 종속변수와의 관계가 선형이면 단순선형회귀모형을 확장하여 다중선형회귀모형으로 정의할 수 있다. 즉 다중선형회귀모형은 독립변수의 선형결합과 측정할 수 없는 오차항으로 종속변수를 표현한 모형이다.

책의 무게는 종이의 재질, 페이지 수, 표지 종류, 책 크기 등에 따라 결정된다. 책 무게에 영향을 줄 수 있는 주요 요인인 부피(volume), 표지 크기(area), 표지 종류(cover)로 다중선형회귀모형을 수행하려면 다음과 같은 절차를 따른다. 이에 대한 식과 자세한 설명은 본문에서 다룰 것이다. 또한 Excel과 R을 이용하여 다중선형회귀모형을 수행하는 방법과 결과도 자세히 다룰 것이다.

1단계: 행렬산점도를 그리고 상관계수를 구한다.

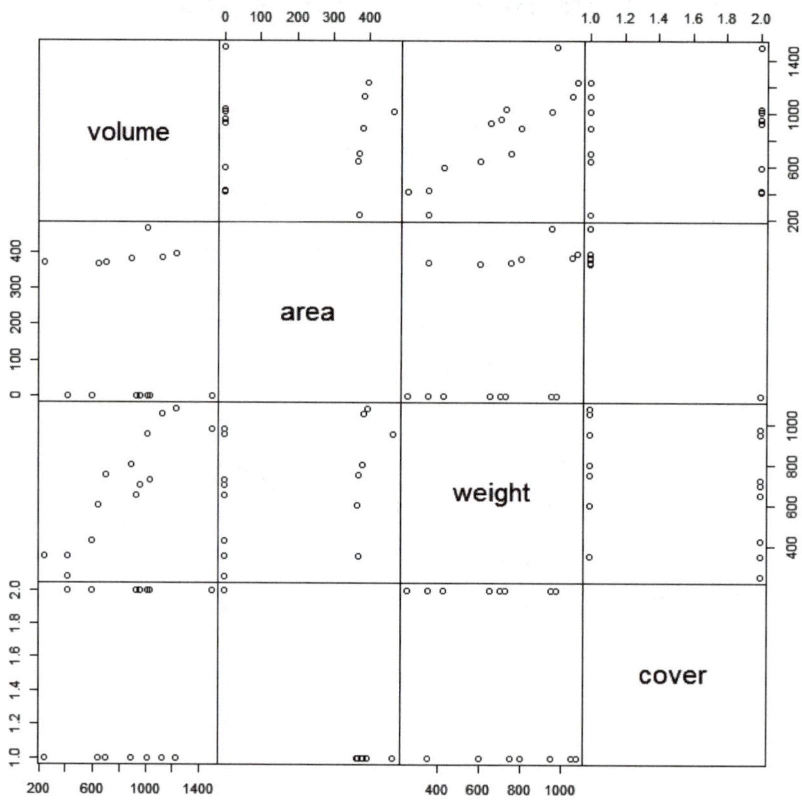


여기서 부피(volume), 표지 크기(area), 무게(weight)는 연속형 자료이고 표지 종류(cover, 두꺼운 종이=1, 얇은 종이=2)는 질적자료에서 명목자료이다.

2단계: 다중선형회귀모형을 설정한다. 즉 종속변수와 독립변수를 설정한다.

$$WT(\text{무게})_i = \beta_0 + \beta_1 VL(\text{부피})_i + \beta_2 AR(\text{크기}) + \epsilon_i,\ i = 1, \cdots, 15.$$

3단계: 다중선형회귀모형에서 모수($y$-절편계수, 기울기계수)를 추정하고 분산분석표(analysis of variance table)를 작성한다.

```
Analysis of Variance Table

Response: weight
           Df  Sum Sq  Mean Sq  F value    Pr(>F)
volume      1  812132   812132  134.659  7.02e-08 ***
area        1  127328   127328   21.112  0.0006165 ***
Residuals  12   72373     6031
---
Signif. codes:  0 '***' 0.001 '**' 0.01 '*' 0.05 '.' 0.
```

4단계: 작성된 분산분석표에서 절편계수($y$-절편)와 기울기계수가 유의한지 결정하고 결정계수 등을 확인한다.

5단계: 만약 분산분석표에서 적어도 한 개의 계수가 유의하면 각 계수에 대해서 유의한지 결정한다. (단, 모두 계수들이 유의하지 않으면 평균모형으로 분석을 수행한다.)

6단계: 5단계에서 만약 유의하지 않은 계수가 존재하면, 2단계 모형을 다시 설정한 후 4단계까지 수행하고 모든 계수가 유의한지 확인한다.

7단계: 만약 모든 계수가 유의하면 잔차분석을 수행하여 잔차가 오차항의 모든 가정에 만족되었는지 평가한다. 가정에 만족되지 않은 항목이 있다면 해당 항목에 대한 문제점을 해결하고 2단계부터 다시 수행한다.

# 1. 다중선형회귀모형(multiple linear regression)

8장에서 배운 단순선형회귀모형은 한 개의 독립변수가 선형적 관계로 종속변수를 설명한 모형이다. 만약 주어진 한 개 자료(독립변수)와 다른 하나의 자료(종속변수)가 직접적인 관계가 있고 상관계수가 "1"에 가까우면, 이들 자료를 단순선형회귀모형에 적용하는 것이 적절하다. 하지만 이들 자료의 상관계수가 "1"에서 다소 멀고 다른 추가 자료(독립변수)가 있다면 당연히 선형회귀식에 추가해야 한다.

**예제 9-1 책 무게와 부피 및 표지 크기의 관계**

책 무게를 결정하는 것으로 페이지 수, 종이 재질, 책 크기, 표지 종류 등을 생각할 수 있다. 본 예제에서는 책 무게(g)를 설명하는 데 부피($cm^3$)와 표지 크기($cm^2$)만 사용한다. 본 자료는 R에서 제공되는 것으로 자세한 정보는 출처를 참고하기 바란다. 단, 표지 종류는 두꺼운 종이인 경우만 제시되고 얇은 종이 표지는 0으로 제시된다.

(출처: https://www.rdocumentation.org/packages/DAAG/versions/1.22/topics/allbacks).

다중선형회귀모형은 여러 독립변수의 선형결합과 설명할 수 없는 오차항(확률변수)의 합으로 종속변수를 설명한 모형이다. 책 무게($Y$), 부피($x_1$), 크기($x_2$)를 다중선형회귀모형에 적용해 보자. 다음과 같은 식으로 정의할 수 있다.

$$Y_i = \beta_0 + \beta_1 x_{1i} + \cdots + \beta_p x_{pi} + \epsilon_i,\ i = 1,\ \cdots,\ n \quad (9\text{-}1)$$

여기서 $\beta_0$($y$-절편계수)와 $\beta_1$, $\beta_p$(기울기계수)는 미지의 값으로 통계적 추정으로 알아내야 한다. 또한 $x_{ji}$, $j = 0,\ 1,\ \cdots,\ p$는 독립변수(independent variable) 또는 입력변수(input variable)로 주어지는 값이고, $Y_i$는 종속변수(depenedent variable) 또는 반응변수(response variable)로 확률변수에 해당한다. 특히 쌍으로 된 자료는 $(x_{11},\ \cdots,\ x_{p1},\ Y_1)$, $(x_{12},\ \cdots,\ x_{p2},\ Y_2)$, $\cdots$, $(x_{1n},\ x_{pn},\ Y_n)$로 표현되고 종속변수($Y$)는 양적자료 중 연속형이다. 모든 독립변수가 연속형일 필요는 없으나 종속변수와 모든 독립변수는 인과관계(causality)가 존재해야 한다. 또한 $\epsilon_i$는 오차항으로 단순선형회귀모형과 동일한 가정을 갖는다.

## 1) 오차항에 대한 가정

다중선형회귀모형에서 오차항의 가정은 단순선형회귀모형과 동일하게 정규성, 독립성, 등분산성, 세 가지이다. 자세한 내용은 8장 단순선형회귀모형을 참고하라.

예제 9-1의 책 무게에 부피 및 표지 크기를 다중선형회귀모형에 적용하려면 모든 자료에 대한 행렬산점도와 상관계수를 확인해야 한다. R에서 다음과 같은 절차로 자료를 불러들인다.

```
> library(DAAG)
> data(allbacks)
> colnames(allbacks)
[1] "volume" "area"   "weight" "cover"
> head(allbacks)
   volume  area  weight  cover
1    885   382    800     hb
2   1016   468    950     hb
3   1125   387   1050     hb
4    239   371    350     hb
5    701   371    750     hb
6    641   367    600     hb
```

여기서 "DAAG" 라이브러리에 "allbacks"를 불러오고, 변수명 확인을 위해 명령어 "colnames"를 사용한다. 변수명 "cover"는 표지 종류로 "hb"는 두꺼운 종이이고 "pb"는 얇은 종이이다. 또한 "area($cm^2$)"는 표지 크기로 "hb"만 제공되고 "pb"는 0으로 제시된다. "volume($cm^3$)"은 책 부피, "weight(g)"은 책의 무게이다.

```
> attach(allbacks)
```

명령어 "attach"는 "allbacks"에 있는 변수명만으로 R의 명령어를 수행할 수 있도록 한다.

행렬산점도와 상관계수를 구하기 위해 R을 수행하면 다음과 같다. 단, Excel에서는 행렬산점도가 자동으로 제공되지 않기 때문에 7장 상관분석에서 제시한 두 자료에 대한 산점도를 반복적으로 수행해야 한다. 이때 Excel에서 제공되는 산점도와 상관계수는 제외한다.

```
> plot(allbacks , gap=0)
```

또는,

```
> panel.hist <- function(x, ...)
 {
   usr <- par("usr"); on.exit(par(usr))
   par(usr = c(usr[1:2], 0, 1.5) )
   h <- hist(x, plot = FALSE)
   breaks <- h$breaks; nB <- length(breaks)
   y <- h$counts; y <- y/max(y)
   rect(breaks[-nB], 0, breaks[-1], y, col = "cyan", ...)
 }
> panel.cor <- function(x, y, digits = 2, prefix = "", cex.cor, ...)
 {
   usr <- par("usr"); on.exit(par(usr))
   par(usr = c(0, 1, 0, 1))
   r <- abs(cor(x, y))
   txt <- format(c(r, 0.123456789), digits = digits)[1]
   txt <- paste0(prefix, txt)
   if(missing(cex.cor)) cex.cor <- 0.8/strwidth(txt)
   text(0.5, 0.5, txt, cex = cex.cor * r)
 }
> pairs(allbacks,upper.panel=panel.cor,diag.panel=panel.hist)
```

명령어 “plot”은 행렬산점도만 제공하고 “pairs”는 상관계수와 히스토그램도 제공한다.

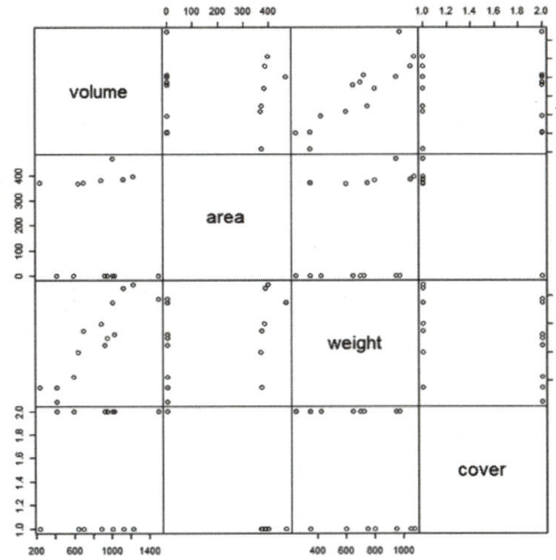


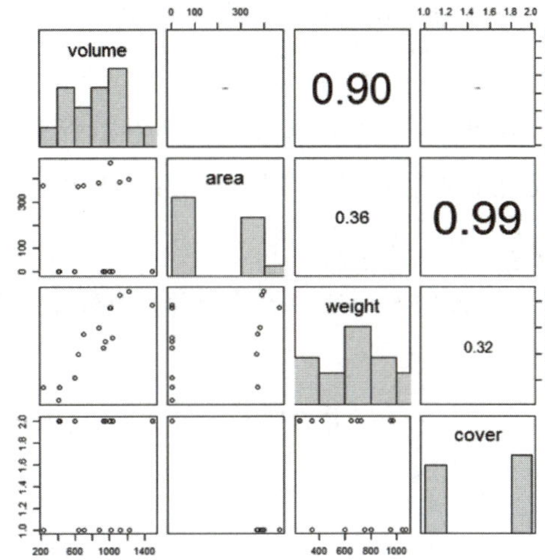


명령어 “pairs”에서 상관계수와 히스토그램을 얻기 위해서는 “upper.panel”과 “diag.panel”에 “panel.cor”과 “panel.hist”를 지정해야 한다. 또한 이들을 수행하기 전에 “panel.cor”과 “panel.hist” 함수를 수행해야 한다.

행렬산점도는 다음과 같은 절차로 보고 해석하면 된다.

- **행렬산점도 구성**

4행 4열로 구성되어 있는데, 맨 왼쪽 위부터 오른쪽 방향으로 시작하여 (1, 1), (1, 2), (1, 3), (1, 4), (2, 1), ⋯, (4, 4)로 정한다.

- **대각행렬**, (i, i), i = 1, 2, 3, 4

(1, 1)은 변수명 “volume”으로 표시되고 모든 대각행렬에는 변수명이 제시된다.

- **하삼각행렬**, (i, j), i = 2, 3, 4, j = 1, ⋯, j–1

(2, 1)은 volume(가로축)과 area(세로축)의 산점도이다. (3, 1)은 volume(가로축)과 weight(세로축)의 산점도이다. (4, 1)은 volume(가로축)과 cover(세로축)의 산점도이다.

■ **상삼각행렬**, (i, j), j = 2, 3, 4, i = 1, ⋯, j−1

(1, 4)는 cover(가로축)와 volume(세로축)의 산점도이다. (2, 4)는 cover(가로축)와 area(세로축)의 산점도이다. 그리고 (3, 4)는 cover(가로축)와 weight(세로축)의 산점도이다.

volume(부피)과 weight(무게)의 상관계수가 "0.90"으로 높다고 제시되었고 area(크기)와 weight(무게)의 상관계수는 "0.32"로 약하게 제시되었다. 또한 volume(부피)과 area(크기)는 "0.36"으로 약한 편이다.

책 무게는 부피와 크기를 다중선형회귀모형으로 적용하면 다음과 같이 표현할 수 있다.

$$WT(\text{무게})_i = \beta_0 + \beta_1\, VL(\text{부피})_i + \beta_2 AR(\text{크기})_i + \epsilon_i,\ i = 1, \cdots, 15$$

■ **다중선형회귀모형**

$$Y_i = \beta_0 + \beta_1 x_{1i} + \cdots + \beta_p x_{pi} + \epsilon_i,\ i = 1, \cdots, n$$

여기서 $Y_i$는 종속변수, $x_{ji}$는 $j$번째 독립변수, $\beta_0$는 $y$−절편, $\beta_j$는 $j$번째 기울기계수, 그리고 $\epsilon_i$는 오차이다. 다중선형회귀모형에서 종속변수는 독립변수의 선형결합으로 설명되는 부분과 예측할 수 없는 오차 $\epsilon_i$(확률변수)의 합으로 구성되어 있다. 또한 단순선형회귀모형에서와 같이 독립변수들은 주어진 관찰값으로 간주한다.

■ **다중선형회귀모형의 가정**

① 오차항($\epsilon_i$)의 평균은 0이다. 즉, $E(\epsilon_i) = 0$.

② 오차항의 분산은 모든 결과값에 대하여 항상 일정하다. 즉, 등분산성이 성립하고 $\mathrm{Var}(\epsilon_i) = \sigma^2$.

③ 오차항($\epsilon_i$)들은 서로 독립적이다.

④ 오차항($\epsilon_i$)은 정규분포를 따른다.

$$\epsilon_i \sim iid\ N(0, \sigma^2),\ i = 1, \cdots, n$$

## 2. 분산분석표와 계수에 대한 가설검정

예제 9-1에서 책 무게를 부피 및 표지 크기로 표현한 다중선형회귀모형이 적절한 통계적 모형인지 판단하려면 회귀계수($\beta_0$, $\beta_1$, $\beta_2$)가 통계적으로 유의한지 먼저 판단해야 한다. 이를 위해서는 분산분석표를 작성하고 각 계수에 대한 추정과 가설검정도 수행해야 한다.

### 1) 계수추정

다중선형회귀모형에서 계수추정은 단순선형회귀모형과 동일하게 최소제곱법으로 구할 수 있다. 즉 잔차제곱합(residual sum of squares)을 최소로 하는 계수를 구하는 것이다. 여기서 잔차제곱합은 주어진 값 $y_i$와 추정값 $\hat{y}_i = \widehat{\beta_0} + \widehat{\beta_1} x_{1i} + \cdots + \widehat{\beta_p} x_{pi}$의 차이로 정의된 잔차(residual)의 제곱합이다.

$$RSS(\widehat{\beta_0}, \widehat{\beta_1}, \ldots, \widehat{\beta_p}) = \sum_{i=1}^{n} e_i^2 = \sum_{i=1}^{n} \left( y_i - (\widehat{\beta_0} + \widehat{\beta_1} x_{1,i} + \cdots + \widehat{\beta_p} x_{p,i}) \right)^2$$

본서에서는 다중선형회귀모형에서 계수추정에 관한 자세한 과정과 통계적 성질은 다루지 않고 Excel과 R에서 나온 결과만을 다루기로 한다.

### 2) 분산분석표

다중선형회귀모형의 분산분석표(analysis of variance table)도 단순선형회귀모형과 동일하게 변동요인들을 정리한 표이다. 즉 종속변수에 관한 변동, 선형식에 관한 변동, 그리고 설명할 수 없는 변동이다. 각 변동에 관한 식은 단순선형회귀모형과 동일하고 다음과 같다.

$$\sum_{i=1}^{n} \left( Y_i - \overline{Y} \right)^2 = \sum_{i=1}^{n} \left( \hat{Y}_i - \overline{Y} \right)^2 + \sum_{i=1}^{n} \left( Y_i - \hat{Y}_i \right)^2$$

$$TSS \quad = \quad SSR \quad + \quad SSE$$

여기서 각 변동은 다음과 같이 설명될 수 있다.

- TSS(total sum of squares)는 종속변수에 대한 표본분산의 비례식으로 총제곱합이라고 한다.
- SSR(sum of squared regression)은 회귀제곱합으로 선형식과 표본평균 차의 제곱합이다.
  즉 선형식으로 설명되는 변동이다.
- SSE(sum of squared residual)는 잔차제곱합으로 종속변수와 선형식의 차에 대한 제곱합이다.

또한 분산분석표는 다음과 같이 제시된다.

| 분산의 요인 | 자유도 | 제곱합($SS$) | 평균제곱합($MS$) | 분산비($F$) | $P$-값 |
|---|---|---|---|---|---|
| 회귀 | $p$ | $SSR$ | $MSR = \dfrac{SSR}{p}$ | $F_{cal} = \dfrac{MSR}{MSE}$ | $\Pr(F > F_{cal})$ |
| 잔차 | $n-(p+1)$ | $SSE$ | $MSE = \dfrac{SSE}{n-(p+1)}$ | | |
| 합계 | $n-1$ | $TSS$ | | | |

여기서 분산비는 평균회귀제곱합(MSR)과 평균잔차제곱합(MSE)의 비율로 나타나며 잔차가 적으면 적을수록 커지는 성질이 있다. 또한 분산비는 단순선형회귀모형과 마찬가지로 계수들의 유의성을 검정하는 데 사용된다.

■ **추정된 다중선형회귀식**

$$\hat{y}_i = \hat{\beta}_0 + \hat{\beta}_1 x_{1i} + \hat{\beta}_2 x_{2i} + \cdots + \hat{\beta}_p x_{pi}, \quad i = 1, \cdots, n$$

여기서 $\hat{\beta}_0, \hat{\beta}_1, \ldots, \hat{\beta}_p$은 독립변수들의 회귀계수인 모수 $\beta_0, \beta_1, \cdots, \beta_p$의 추정값들이다. 이들 추정값은 최소제곱추정법으로 추정된다.

■ **최소제곱추정법**

회귀계수 $\beta_0, \beta_1, \cdots, \beta_p$의 추정값 $\hat{\beta}_0, \hat{\beta}_1, \ldots, \hat{\beta}_p$은 오차제곱합 $\sum_{i=1}^{n} \epsilon_i^2$이 최소가 되는 추정값이고 이러한 추정법을 최소제곱추정법이라 한다.

즉, $(\hat{\beta}_0, \hat{\beta}_1, \ldots, \hat{\beta}_p) = \underset{(\beta_0, \beta_1, \cdots, \beta_p)}{\arg\min} \sum_{i=1}^{n} \epsilon_i^2 = \underset{(\beta_0, \beta_1, \cdots, \beta_p)}{\arg\min} \sum_{i=1}^{n} (y_i - \beta_0 - \beta_1 x_{1i} - \cdots - \beta_p x_{pi})^2$

여기서 arg min은 argument minimum의 약자로 어떤 식을 최소화시키는 인수를 찾는 것이다.

■ **추정된 회귀계수 $\hat{\beta}_j\,(j=1,\cdots,p)$의 해석**

$j$번째 독립변수 $X_j=(x_{j1},\ \cdots,\ x_{jn})^T$를 제외한 나머지 독립변수($X_k=(x_{k1},\ \cdots,\ x_{kn})^T,\ k=1,\ldots,j-1,j+1,\ldots,p$)들이 특정한 값으로 고정되어 있다는 조건에서 $X_j$가 1단위 변화할 때 종속변수($Y$)의 변화량이다.

■ **잔차제곱합**(SSE, Sum of Squares Residual)

$$SSE=\sum_{i=1}^{n}\left(y_i-\hat{y}_i\right)^2=\sum_{i=1}^{n}\left(y_i-\hat{\beta}_0-\hat{\beta}_1x_{1i}-\hat{\beta}_2x_{2i}-\cdots-\hat{\beta}_px_{pi}\right)^2$$

■ **오차평균제곱**(MSE, Mean Square Error: **분산 추정값**)

$$\hat{\sigma}^2=MSE=\frac{SSE}{n-(p+1)}$$

여기서 $n-(p+1)$은 자유도이다.

Excel을 이용하여 **예제 9-1**의 책 무게(종속변수), 부피 및 표지 크기(독립변수)를 다중선형회귀모형으로 분석하는 데 적용하자. 다중선형회귀모형의 분산분석표를 작성하는 절차도 단순선형회귀모형과 동일하다.

1단계: example9-1.xls을 불러온다.

2단계: [데이터] → [데이터분석] → [회귀분석]을 클릭한다.

3단계: 독립변수와 종속변수에 해당하는 자료를 선택한다. 즉 [회귀분석] 창에서 [X축 입력 범위]와 [Y축 입력 범위]를 그림과 같이 설정한다.

4단계: [회귀분석] 창에 출력 옵션의 잔차, 정규확률에 있는 모든 내용에 체크한다.

5단계: 회귀분석의 결과가 생성된다. Excel에서 제공되는 회귀분석 결과로 회귀분석 통계량, 분산분석, 계수에 관한 통계적 결과, 잔차출력, 적합도, 정규 확률도가 출력된다.

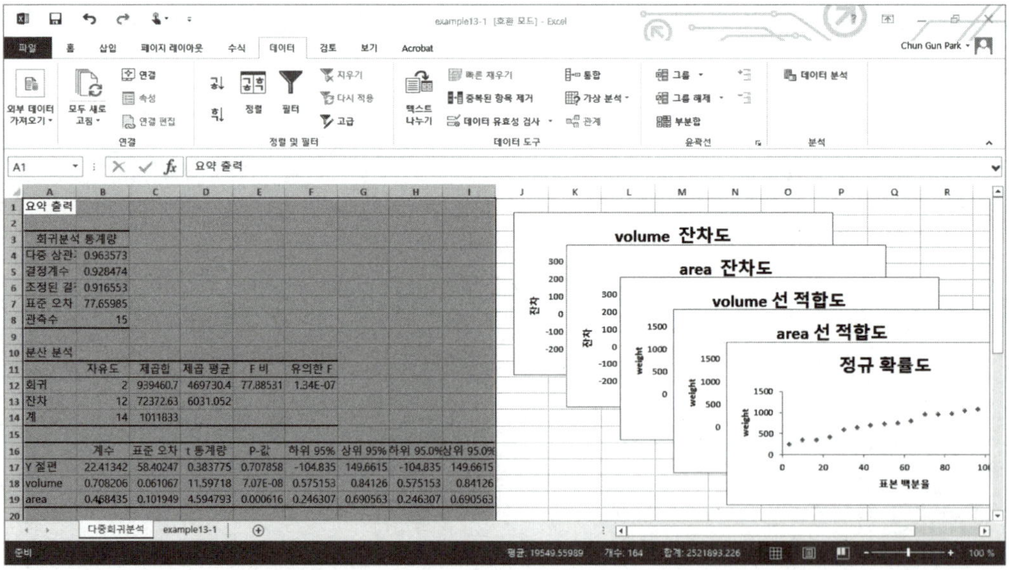

R에서 분산분석 결과는 명령어 "anova"에 회귀분석 결과를 넣어서 수행한다.

```
> allbacks.lm <- lm(weight~volume + area, data= allbacks)
> anova(allbacks.lm)
Analysis of Variance Table

Response: weight
           Df  Sum Sq  Mean Sq  F value    Pr(>F)
volume      1  812132   812132  134.659  7.02e-08 ***
area        1  127328   127328   21.112  0.0006165 ***
Residuals  12   72373     6031
---
Signif. codes:  0 '***' 0.001 '**' 0.01 '*' 0.05 '.' 0.1
```

Excel에서 제공되는 분산분석과 R에서 제공되는 것은 그 형태에 다소 차이는 있지만 결과는 동일하다. 예를 들면 Excel에서 제공되는 "회귀" 변동은 R에서 제공되는 "volume(부피)"과 "area(크기)"의 제곱합을 합한 것과 동일하다. 또한 "잔차"도 동일하다. 아래표는 Excel에서 제공되는 분산분석표이고 "합계"는 "회귀"와 "잔차"를 더한 값이다. R에서는 Excel에서 제공되는 "합계"가 없지만, "회귀"변동과 "잔차"변동이 제공되어 "합계"를 계산할 수 있다.

| 분산의 요인 | 자유도 | 제곱합($SS$) | 평균제곱합($MS$) | 분산비($F$) | $P$-값 |
|---|---|---|---|---|---|
| 회귀 | 2 | 939460.7 | 469730.4 | 77.88531 | 1.34E-07 |
| 잔차 | 12 | 72372.6 | 6031.1 | | |
| 합계 | 14 | 101183.3 | | | |

위의 분산분석표는 **예제 9-1**에서 설정된 다중선형회귀모형의 추정값 $\widehat{WT}(\text{무게})_i = \hat{\beta}_0 + \hat{\beta}_1 VL(\text{부피})_i + \hat{\beta}_2 AR(\text{크기})_i$의 회귀계수($\hat{\beta}_0$, $\hat{\beta}_1$, $\hat{\beta}_2$)가 통계적으로 유의한지를 판단하는 중요한 정보이다.

다음은 다중선형회귀모형의 계수들에 대한 통계적 유의성을 판단하는 절차로, 단순선형회귀모형에서 적용된 과정과 동일하다.

■ 절편계수와 기울기계수의 가설 설정

$$H_0 : \beta_0 = \beta_1 = \beta_2 = 0$$
$H_1$ : 적어도 1개 회귀계수는 0이 아니다.

■ 절편계수와 기울기계수의 검정통계량 및 분포

$$F = \frac{MSR}{MSE} = \frac{SSR/p}{SSE/(n-(p+1))} \sim F_{p,\, n-(p+1)}$$

여기서 검정통계량은 분산비로 자유도가 2(분자)와 12(분모)인 F-분포이다. 또한 MSE는 오차 분산의 추정량($\hat{\sigma}^2$)이다.

■ 3개 계수 중 적어도 하나가 통계적으로 유의한지 $P$-값으로 판단할 수 있다.

$$P\text{-값} = \Pr(F > F_{cal})$$

만약 $P$-값이 0.01(또는 0.05)보다 작으면 두 계수 중 적어도 하나는 통계적으로 유의하다. 만약 두 계수 중 적어도 하나가 통계적으로 유의하면, 각 계수에 대한 통계적 유의성을 개별적으로 검증해야 한다.

## 3) 각 계수의 통계적 유의성

**예제 9-1**에서 책 무게(종속변수), 부피, 크기를 다중선형회귀모형에 적용하여 분산분석을 한 결과 3개 계수 중 적어도 하나는 통계적으로 유의하다는 결론을 얻었다. 따라서 각 계수에 대한 통계적 유의성을 검정해야 한다. 이를 위해서 각 계수의 분포를 유도하고 검정통계량을 구해야 한다. 결론적으로 추정된 각 계수의 분포는 정규분포이며, 추정된 계수의 평균과 분산을 유도하는 과정은 생략한다. 다만 Excel과 R에서 제공되는 결과를 얻는 방법과 계수들의 통계적 유의성을 파악하는 데 초점을 맞추기로 하자.

R을 이용하여 앞에서 설명한 계수 추정 및 신뢰구간 추정을 한 결과는 다음과 같다.

```
> summary(allbacks.lm)
Call:
lm(formula = weight ~ volume + area, data = allbacks)

Residuals:
   Min      1Q   Median    3Q     Max
-104.06  -30.02  -15.46  16.76  212.30

Coefficients:
             Estimate  Std. Error  t value   Pr(>|t|)
(Intercept)  22.41342  58.40247    0.384     0.707858
volume        0.70821   0.06107   11.597     7.07e-08 ***
area          0.46843   0.10195    4.595     0.000616 ***
---
Signif. codes:  0 '***' 0.001 '**' 0.01 '*' 0.05 '.' 0.1 ' ' 1

Residual standard error: 77.66 on 12 degrees of freedom
Multiple R-squared:  0.9285,   Adjusted R-squared:  0.9166
F-statistic: 77.89 on 2 and 12 DF,  p-value: 1.339e-07

> confint(allbacks.lm)
                 2.5 %        97.5 %
(Intercept)  -104.8346206  149.6614643
volume          0.5751526    0.8412604
area            0.2463069    0.6905629
```

여기서 각 계수의 추정값, 표준오차, 신뢰구간 등의 결과를 표로 요약해보자.

| 계수 | 추정값 | 표준오차 | t-통계값 | $P$-값 | 95% 신뢰구간 | |
|---|---|---|---|---|---|---|
| | | | | | 하한 | 상한 |
| Intercept(절편) | 22.41342 | 58.40247 | 0.384 | 0.707858 | -104.8346206 | 149.6614643 |
| volume(부피) | 0.70821 | 0.06107 | 11.597 | 7.07e-08 | 0.5751526 | 0.8412604 |
| area(크기) | 0.46843 | 0.10195 | 4.595 | 0.000616 | 0.2463069 | 0.6905629 |

앞의 표에 제시된 결과를 보면 Excel과 R이 동일하다. 또한 표에서 절편을 제외한 나머지 계수들은 통계적으로 유의하다. 즉 독립변수 "부피"와 "크기" 추정값의 95% 신뢰구간에 0이 포함되어 있지 않고 *P*-값도 0에 가깝다.

가설은 귀무가설과 대립가설로 설정되며 다중선형회귀모형에서 각 계수의 귀무가설은 계수가 0이고 대립가설은 0이 아니라고 설정된다.

- **절편계수의 가설설정**

$$H_0 : \beta_0 = 0 \qquad H_1 : \beta_0 \neq 0$$

- **기울기계수의 가설설정**

$$H_0 : \beta_j = 0 \qquad H_1 : \beta_j \neq 0,\ j = 1,\ 2$$

또한 각 가설에 대한 검정통계량은 다음과 같다.

- **절편계수의 검정통계량**

$$T_0 = \frac{\widehat{\beta_0} - \beta_0}{\widehat{\sigma_{\beta_0}}} \sim t_{df = n-p-1}$$

- **기울기계수의 검정통계량**

$$T_j = \frac{\widehat{\beta_j} - \beta_j}{\widehat{\sigma_{\beta_j}}} \sim t_{df = n-p-1}, \quad j = 1,2$$

여기서 $\beta_j = 0$ $(j = 1,\ 2)$이다. 추정계수의 표준오차에 대한 수식은 본서의 수준을 넘어서는 과정이므로 생략한다.

■ 분산분석표

| 분산의 요인 | 자유도 | 제곱합($SS$) | 평균제곱합($MS$) | 분산비($F$) | $P$-값 |
|---|---|---|---|---|---|
| 회귀 | $p$ | $SSR$ | $MSR = \dfrac{SSR}{p}$ | $F_{cal} = \dfrac{MSR}{MSE}$ | $\Pr(F > F_{cal})$ |
| 잔차 | $n-(p+1)$ | $SSE$ | $MSE = \dfrac{SSE}{n-(p+1)}$ | | |
| 합계 | $n-1$ | $SST$ | | | |

$$\sum_{i=1}^{n}(Y_i - \overline{Y})^2 = \sum_{i=1}^{n}(\hat{Y}_i - \overline{Y})^2 + \sum_{i=1}^{n}(Y_i - \hat{Y}_i)^2$$

$$TSS = SSR + SSE$$

총변동 = 선형(회귀)식에 대한 변동 + 설명될 수 없는 변동

■ 절편계수와 기울기계수의 유의성 검정(F 검정)

1단계: 가설을 설정한다.

$$H_0 : \beta_0 = \beta_1 = \cdots = \beta_p = 0$$

$H_1$ : 적어도 1개의 회귀계수는 0이 아니다.

2단계: 검정통계량을 설정하고 계산한다.

$$F = \frac{MSR}{MSE} = \frac{SSR/p}{SSE/(n-p-1)} \sim F(p, n-p-1)$$

3단계: $P$-값과 유의수준으로 검정을 수행한다. 만약 $P$-값 $\leq \alpha$이면 귀무가설($H_0$)을 기각한다.

4단계: 만약 대립가설($H_1$)이 채택되면 각 계수에 대한 유의성 검정을 수행한다.

■ 개별적 계수($\beta_j$)에 대한 유의성 검정(t 검정)

1단계: 가설을 설정한다.

$$H_0 : \beta_j = 0, \qquad H_1 : \beta_j \neq 0, \qquad j = 0, 1, \cdots, p$$

2단계: 검정통계량을 설정하고 계산한다.

$$t = \frac{\hat{\beta}_j - \beta_j}{\hat{\sigma}_{\hat{\beta}_j}} \sim t_{df = n-p-1}$$

여기서 $\hat{\sigma}_{\beta_j}$는 $\hat{\beta}_j$의 표본표준편차, $t(n-p-1)$는 자유도가 $n-p-1$인 $t$분포이다.

3단계: $P$-값과 유의수준으로 검정을 수행한다. 만약 $P$-값 $\leq \alpha$이면 귀무가설($H_0$)을 기각한다.

## 4) 결정계수

모든 계수가 통계적으로 유의할 때 주어진 자료와 추정된 선형식이 어느 정도 가까운지를 나타내는 지표가 결정계수($r^2$)이다. 결정계수는 다음과 같이 정의된다.

$$r^2 = 1 - \frac{SSE}{TSS} = \frac{SSR}{TSS}$$

결정계수가 회귀제곱합(SSR)과 총변동의 비율 또는 잔차제곱합과 총변동의 비율로 설명되어 추정된 회귀선이 주어진 종속변수와 가까우면 가까울수록 회귀제곱합은 총변동과 거의 동일하고 잔차제곱합은 0에 가까워진다. 즉 결정계수가 1에 가까워지고, 반대인 경우는 0에 가까워진다. 따라서 결정계수는 항상 $0 \leqq r^2 \leqq 1$에 있다.

R을 이용하여 결정계수를 구하자.

```
> allbacks.lm <- lm(weight~volume + area, data= allbacks)
> summary(allbacks.lm)$r.squared
[1] 0.9284738
```

**예제 9-1**에서 책 무게를 부피 및 표지크기로 표현한 다중선형회귀모형의 결정계수는 0.92로 높은 편이지만 y-절편이 통계적으로 유의하지 않기 때문에 모형을 다시 설정하고 다중선형회귀분석을 재수행해야 한다.

■ **결정계수**

$$r^2 = 1 - \frac{SSE}{TSS} = \frac{SSR}{TSS}$$

추정된 회귀선이 주어진 종속변수의 값들에 가까울수록 결정계수는 1에 가까워진다는 의미이다.

■ **결정계수의 성질**

- $0 \leq r^2 \leq 1$
- $r^2 = 0$의 의미: 종속변수와 독립변수의 선형관계가 전혀 없다.
- $r^2 = 1$의 의미: 종속변수와 독립변수의 선형관계가 완벽하게 직선으로 설명된다.

## 3. 모형 재설정

부피와 크기로 다중선형회귀모형을 설정하면 책 무게는 다음과 같다.

$$WT(\text{무게})_i = \beta_0 + \beta_1\, VL(\text{부피})_i + \beta_2 AR(\text{크기})_i + \epsilon_i,\ i = 1, \cdots, 15$$

앞의 모형으로 각 계수의 통계적 유의성을 파악한 결과 y-절편이 존재하지 않는다는 것을 앞서 분석에서 언급하였다. 모형을 재구성하면 다음과 같다.

$$WT(\text{무게})_i = \beta_1\, VL(\text{부피})_i + \beta_2 AR(\text{크기})_i + \epsilon_i,\ i = 1, \cdots, 15$$

R 명령어 "lm"을 이용하여 $y$-절편이 제외된 다중선형회귀모형을 표현하면 다음과 같다.

```
> allbacks.lm0 <- lm(weight~-1+volume+area, data=allbacks)     # "-1"의 의미는 y-절편이 없는
                                                               # 다중선형회귀모형
```

분산분석표는 이전 R 명령어와 동일한 "anova"를 이용하면 된다. 결과는 다음과 같다.

```
> anova(allbacks.lm0)
Analysis of Variance Table

Response: weight
          Df  Sum Sq  Mean Sq  F value    Pr(>F)
volume     1 8279995  8279995 1469.268 9.287e-15 ***
area       1  149244   149244   26.483 0.0001879 ***
Residuals 13   73261     5635
---
Signif. codes:  0 '***' 0.001 '**' 0.01 '*' 0.05 '.' 0.
```

또한 다중선형회귀모형의 계수들에 대한 요약된 결과는 R 명령어 "summary"와 "confint"을 사용하면 된다. 결과는 다음과 같다.

```
> summary(allbacks.lm0)

Call:
lm(formula = weight ~ -1 + volume + area, data = allbacks)      # "-1"의 의미는 y-절편이 없는
                                                                 # 다중선형회귀모형

Residuals:
   Min      1Q   Median     3Q     Max
-112.53  -28.73  -10.52  24.62  213.80

Coefficients:
         Estimate  Std. Error  t value   Pr(>|t|)
volume   0.72891   0.02767     26.344    1.15e-12 ***
area     0.48087   0.09344     5.146     0.000188 ***
---
Signif. codes:  0 '***' 0.001 '**' 0.01 '*' 0.05 '.' 0.1 ' ' 1

Residual standard error: 75.07 on 13 degrees of freedom
Multiple R-squared:  0.9914,   Adjusted R-squared:  0.9901
F-statistic: 747.9 on 2 and 13 DF,  p-value: 3.799e-14
> confint(allbacks.lm0)
            2.5 %      97.5 %
volume  0.6691330  0.7886841
area    0.2789985  0.6827352
```

책 무게가 부피와 크기의 선형결합으로 표현된 다중선형회귀모형(y-절편 제외)의 분산분석표를 정리하면 다음과 같다.

| 분산의 요인 | 자유도 | 제곱합($SS$) | 평균제곱합($MS$) | 분산비($F$) | $P$-값 |
|---|---|---|---|---|---|
| 회귀 | 2 | 8429239 | 4214620 | 747.8758 | 2.54E-13 |
| 잔차 | 13 | 73261 | 5635.454 | | |
| 합계 | 15 | 8502500 | | | |

계수들에 대한 통계적 유의성과 95% 신뢰구간 결과는 다음과 같고 R과 Excel이 동일하다.

| 계수 | 추정값 | 표준오차 | t-통계값 | $P$-값 | 95% 신뢰구간 | |
|---|---|---|---|---|---|---|
| | | | | | 하한 | 상한 |
| volume(부피) | 0.72891 | 0.02767 | 26.344 | 1.15e-12 | 0.6691330 | 0.7886841 |
| area(크기) | 0.48087 | 0.09344 | 5.146 | 0.000188 | 0.2789985 | 0.6827352 |

Excel에서 $y$-절편이 없는 다중선형회귀모형에 대한 분석을 수행하려면 [데이터] → [데이터 분석] → [회귀분석]을 선택하고 [회귀분석] 창에서 [상수 0을 사용]을 선택한다. 나머지 선택 사항은 $y$-절편이 존재하는 다중선형회귀모형에서 적용한 사항들과 동일하다.

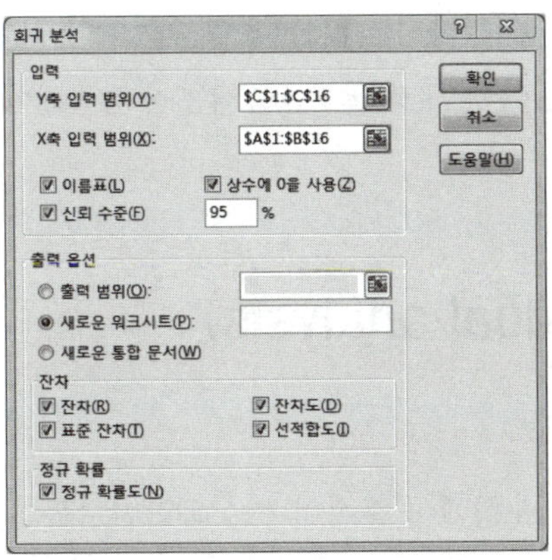

Excel [회귀분석]에서 선택 항목이 적용되면 다음과 같은 결과가 제공된다.

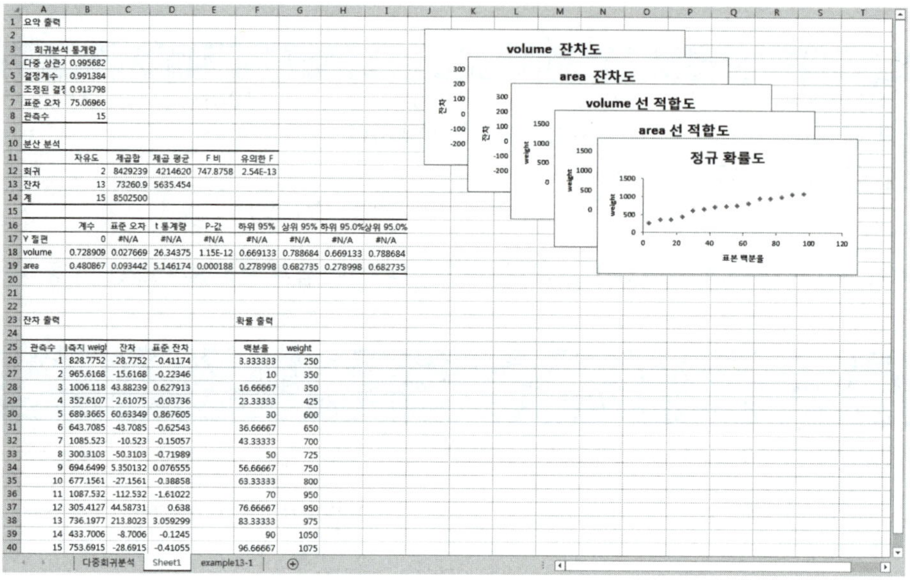


요약 출력

| 회귀분석 통계량 | |
|---|---|
| 다중 상관계 | 0.995682 |
| 결정계수 | 0.991384 |
| 조정된 결정 | 0.913798 |
| 표준 오차 | 75.06966 |
| 관측수 | 15 |

분산 분석

| | 자유도 | 제곱합 | 제곱 평균 | F 비 | 유의한 F |
|---|---|---|---|---|---|
| 회귀 | 2 | 8429239 | 4214620 | 747.8758 | 2.54E-13 |
| 잔차 | 13 | 73260.9 | 5635.454 | | |
| 계 | 15 | 8502500 | | | |

| | 계수 | 표준 오차 | t 통계량 | P-값 | 하위 95% | 상위 95% | 하위 95.0% | 상위 95.0% |
|---|---|---|---|---|---|---|---|---|
| Y 절편 | 0 | #N/A | #N/A | #N/A | #N/A | #N/A | #N/A | #N/A |
| volume | 0.728909 | 0.027669 | 26.34375 | 1.15E-12 | 0.669133 | 0.788684 | 0.669133 | 0.788684 |
| area | 0.480867 | 0.093442 | 5.146174 | 0.000188 | 0.278998 | 0.682735 | 0.278998 | 0.682735 |

잔차 출력

| 관측수 | 측지 weig | 잔차 | 표준 잔차 |
|---|---|---|---|
| 1 | 828.7752 | -28.7752 | -0.41174 |
| 2 | 965.6168 | -15.6168 | -0.22346 |
| 3 | 1006.118 | 43.88239 | 0.627913 |
| 4 | 352.6107 | -2.61075 | -0.03736 |
| 5 | 689.3665 | 60.63349 | 0.867605 |
| 6 | 643.7085 | -43.7085 | -0.62543 |
| 7 | 1085.523 | -10.523 | -0.15057 |
| 8 | 300.3103 | -50.3103 | -0.71989 |
| 9 | 694.6499 | 5.350132 | 0.076555 |
| 10 | 677.1561 | -27.1561 | -0.38858 |
| 11 | 1087.532 | -112.532 | -1.61022 |
| 12 | 305.4127 | 44.58731 | 0.638 |
| 13 | 736.1977 | 213.8023 | 3.059299 |
| 14 | 433.7006 | -8.7006 | -0.1245 |
| 15 | 753.6915 | -28.6915 | -0.41055 |

확률 출력

| 백분율 | weight |
|---|---|
| 3.333333 | 250 |
| 10 | 350 |
| 16.66667 | 350 |
| 23.33333 | 425 |
| 30 | 600 |
| 36.66667 | 650 |
| 43.33333 | 700 |
| 50 | 725 |
| 56.66667 | 750 |
| 63.33333 | 800 |
| 70 | 950 |
| 76.66667 | 950 |
| 83.33333 | 975 |
| 90 | 1050 |
| 96.66667 | 1075 |

다중회귀분석 | Sheet1 | example13-1

결론적으로 $y$-절편이 있는 다중선형회귀모형보다 없는 모형에서 독립변수인 부피와 크기가 책 무게를 잘 설명한다고 볼 수 있다. 그 이유는 결정계수가 0.9914($y$-절편 없음)>0.9285($y$-절편 있음)이기 때문이다. 하지만 이러한 결정계수와 계수들의 통계적 유의성만으로 최종모형($y$-절편 없는 다중선형회귀모형)을 결정하지는 않는다. 다중선형회귀모형도 단순선형회귀모형과 마찬가지로 잔차분석을 하여 오차의 가정들이 만족되는지 검증해야 한다.

## 4. 잔차분석(residual analysis)

(식 9-1)을 보면 다중선형회귀모형에서 종속변수는 독립변수들의 선형식과 알 수 없는 오차의 합으로 설명된다. 특히 오차에 대한 세 가지 가정이 있는데, 오차가 정규분포이고, 분산이 독립변수의 값에 상관없이 항상 일정하며, 독립이라는 가정이다. 그러므로 앞에서 추정된 계수가 통계적으로 유의하고 다중선형회귀모형이 결정되면, 잔차를 통하여 오차의 정규성, 등분산성, 독립성을 검증해야 한다.

## 1) 잔차의 정규성

다중선형회귀모형에서 잔차가 정규분포를 따르는지 아닌지를 검증하는 방법은 크게 두 가지로 볼 수 있다. 하나는 시각적인 표현으로 Q–Q plot이고, 나머지 하나는 가설검정으로 나타내는 Shapiro–Wilk 검정이다. R에서는 두 방법이 모두 구현되나 Excel에서는 Q–Q plot만 제공된다. 여기서는 R에서 제공되는 Q–Q plot만을 다루기로 한다. 이러한 검증절차는 단순선형회귀모형에서 다룬 것과 동일하다.

**예제 9-1** 자료의 최종 모형은 $y$–절편이 없는 다중선형회귀모형으로 잔차의 정규성을 확인하려면 R에서 Q–Q plot을 수행한다.

```
> allbacks.lm0 <- lm(weight~-1+volume+area, data=allbacks)      # "-1"의 의미는 y-절편이 없는
                                                                # 다중선형회귀모형
> qqnorm(residuals(allbacks.lm0))
> qqline(residuals(allbacks.lm0))
```

Excel과 R에서 제공되는 Q–Q plot은 모양은 동일하나 x–축과 y–축 표현이 다르다. Q–Q plot의 개념을 설명하기 전에 우선 오차의 정규성 가정이 충족되려면 Q–Q plot에서 각 산점도가 대체로 직선상에 있으면 된다. 이 경우에는 양쪽 끝에 직선을 다소 벗어난 점들이 있지만 오차의 정규성에 만족되는 것으로 보인다. Q–Q plot은 시각적인 정보를 제공하기 때문에 정규성을 판단하기 다소 애매한 경우가 생길 수 있다. 그래서 수치적인 기준인 Shapiro–Wilk 검정이 항상 제시되어야 한다.

Q–Q plot의 개념은 표준정규분포의 누적확률에 대응되는 잔차를 산점도로 나타낸 것이다. 만약 잔차가 정규분포라면 산점도의 대부분 점들이 직선 위에 있다.

Shapiro–Wilk 검정은 주어진 일변수 자료에 대해 수치적으로 정규성을 검정하는 기법으로, 가설은 다음과 같이 설정된다.

$H_0$: 잔차가 정규분포를 따른다.

$H_1$: 잔차가 정규분포를 따르지 않는다.

R에서 구현되는 명령어와 결과는 다음과 같다.

```
> allbacks.lm0 <- lm(weight~-1+volume+area, data=allbacks) # "-1"의 의미는 y-절편이 없는
                                                            # 다중선형회귀모형
```

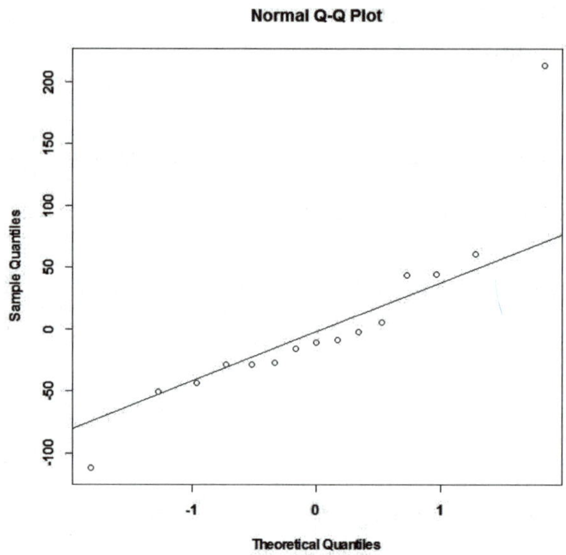


```
> shapiro.test(residuals(allbacks.lm0))

      Shapiro-Wilk normality test

data:  residuals(allbacks.lm0)
W = 0.83716, p-value = 0.01149
```

명령어 "shapiro.test"에 일변수 자료(잔차)를 넣어 수행하면 통계량(W)과 $P$-값이 제시된다. $P$-값이 0.1044로 유의수준 0.1보다 크기 때문에 귀무가설(잔차가 정규분포를 따른다)을 채택할 수 있다.

## 2) 잔차의 등분산성

오차의 등분산성을 통계적으로 판단하기 위한 두 가지 접근이 있다. 추정된 종속변수(또는 독립변수)와 잔차의 산점도 형태를 파악하는 것과 Breusch–Pagan 검정이다.

**예제 9-1**의 책 무게가 부피와 크기에 적용된 다중선형회귀분석($y$-절편 제외) 결과를 Excel과 R로 구분하여 보면 다음과 같다. 산점도(추정된 무게 값 vs 잔차)를 보면 무게에 따라서 잔차가 특정한 패턴이 보이지 않고 일정하게 상한과 하한에 골고루 퍼져 있는 것으로 보인다. 따라서 잔차의 등분산성이 만족되는 것으로 판단된다.

```
> library(lmtest)
> bptest(allbacks.lm0)
     studentized Breusch-Pagan test
data:  allbacks.lm0
BP = 2.0602, df = 1, p-value = 0.1512

> > plot(fitted.values(allbacks.lm0), residuals(allbacks.lm0),xlab="추정된 책 무게 값",ylab="잔차")
```

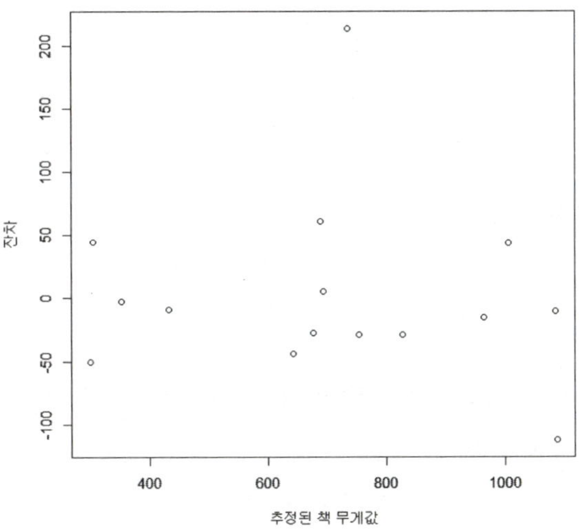


Breusch–Pagan 검정에서 가설 설정은 다음과 같다.

$H_0$: 잔차가 등분산성을 따른다.

$H_1$: 잔차가 등분산성을 따르지 않는다.

R의 결과로부터 $P$-값이 약 0.1512로 유의수준 0.05에서 귀무가설이 채택되었다. 즉 잔차의 등분산성이 통계적으로 성립된다. 그리고 추정된 책 무게 값과 잔차의 산점도 형태도 어떤 패턴이 없기 때문에 등분산성의 검정 결과와 동일하다. 다만 잔차 중 한 개의 값이 대부분의 잔차로부터 멀리 떨어져 있어 보여 이상값으로 의심된다.

## 3) 잔차의 독립성

잔차의 독립성을 통계적으로 확인하는 방법으로 등분산성에서 사용된 산점도와 Dubin-Watson 검정이 있다. **예제 9-1**에서 책 무게가 부피와 크기의 다중선형식으로 추정되고, 잔차는 책 무게와 추정된 책 무게의 차로 표현된다. 오차의 독립성을 확인하기 위해서 추정된 무게 값과 잔차의 산점도를 그렸을 때, 특별한 추세가 발견되지 않았으므로 오차의 독립성이 성립한 것으로 판단된다.

```
> library(lmtest)
> dwtest(allbacks.lm0)

    Durbin-Watson test

data:  allbacks.lm0
DW = 1.8853, p-value = 0.3227
alternative hypothesis: true autocorrelation is greater than 0
```

R에서 Dubin-Watson 검정을 수행하려면 "lmtest" 패키지가 설치되어야 한다. Dubin-Watson 검정의 가설은 다음과 같다.

$H_0$: 자기상관이 0이다.
$H_1$: 자기상관이 0이 아니다.

여기서 자기상관(autocorrelation)은 추정된 무게 값(오름차순으로 정렬)에 대응되는 잔차($e_i$, $i = 1, \cdots, 32$)로 다음과 같이 표현된다.

$$r_1 = \frac{\sum_{i=1}^{31}(e_i - \bar{e})(e_{i+1} - \bar{e})}{\sum_{i=1}^{32}(e_i - \bar{e})^2}$$

Dubin-Watson 검정에서 $P$-값이 0.01 이상으로 유의수준($\alpha = 0.01$)에서 자기상관은 0이라고 볼 수 있다.

# 5. 이상값 진단

다중선형회귀모형에서 잔차분석은 오차 가정을 진단하는 과정이고 추가로 모형진단에서 주의해야 할 것은 이상값(outlier) 탐색이다. 다중선형회귀모형에서 이상값이란 선형관계 및 오차 범위를 벗어난 값을 말한다. 이상값이 발생하는 원인은 다양하고, 가장 단순한 원인으로 입력오류를 들 수 있다. 만약 이상값이 존재하면 다중선형회귀모형에서 계수 추정이 통계적으로 적절하지 않으며 잔차도 마찬가지이다.

예제 9-1 로부터 책 무게가 부피와 크기로 표현된 다중선형회귀모형($y$-절편 제외)에 적용하여 이상값 존재 여부를 진단하는 기법을 R을 통해서 수행한다. 그리고 이상값 탐색에 사용되는 기법들의 R 명령어와 설명을 간단하게 제시한다. 여기서 제시된 기법은 단순선형회귀모형에서 기술된 것과 동일하다.

## 1) Cook's distance

Cook's distance는 잔차와 영향값(influential points)으로 고안된 통계량으로 회귀모형에서 이상값 및 영향값(influential observations)을 탐색하는 데 유용한 통계적 기법이다. 예제 9-1 에서 책 무게가 부피와 크기로 표현된 다중선형회귀모형($y$-절편 제외)에 적용하고 잔차분석을 수행한 후, 이상값 탐색은 다음과 같은 R 명령어를 이용한다.

```
> cooksD = cooks.distance(allbacks.lm0)
> plot(allbacks.lm0, which=4)
> abline(h=4/(length(weight)-2),col='red')
```

R 명령어 "cooks.distance"와 주어진 다중선형회귀모형에 적용한 "allbacks.lm0"을 수행하면 Cook's distance 값이 구해진다. 이 값을 그림으로 나타내려면 "plot(allback.lm0, which=4)"를 수행하고 "lm(weight~-1+volume+area) vs Cook's distance"의 그림을 얻을 수 있다.

Cook's distance 그림에서 3개 값이 이상값(숫자 표식)으로 의심되지만 수치적인 탐색을 이용하여 이상값을 결정한다. 즉 4/(n-2)의 값(파란 선)보다 큰 "Cook's distance"에 해당되는 "11"과 "13"번째 자료를 이상값으로 간주한다. 만약 이상값이 존재하면 그 값을 제거한 자료에 대해 회귀모형을 결정하는 절차를 동일하게 수행하고 모형을 다시 설정한다.

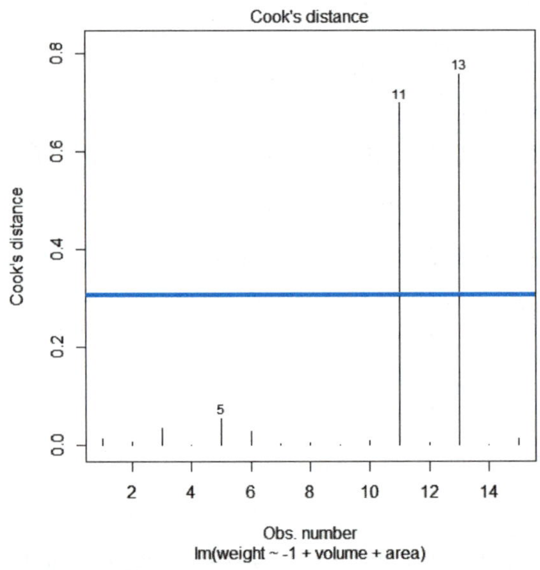


잔차의 정규성, 등분산성, 독립성 그리고 이상값에 대한 검증을 시각적으로 R에서 표현하려면 다음과 같은 명령어를 수행할 수 있다.

```
> allbacks.lm0 <- lm(weight~-1+volume+area, data=allbacks)
> layout(matrix(1:4,2,2))
> plot(allbacks.lm0)
```

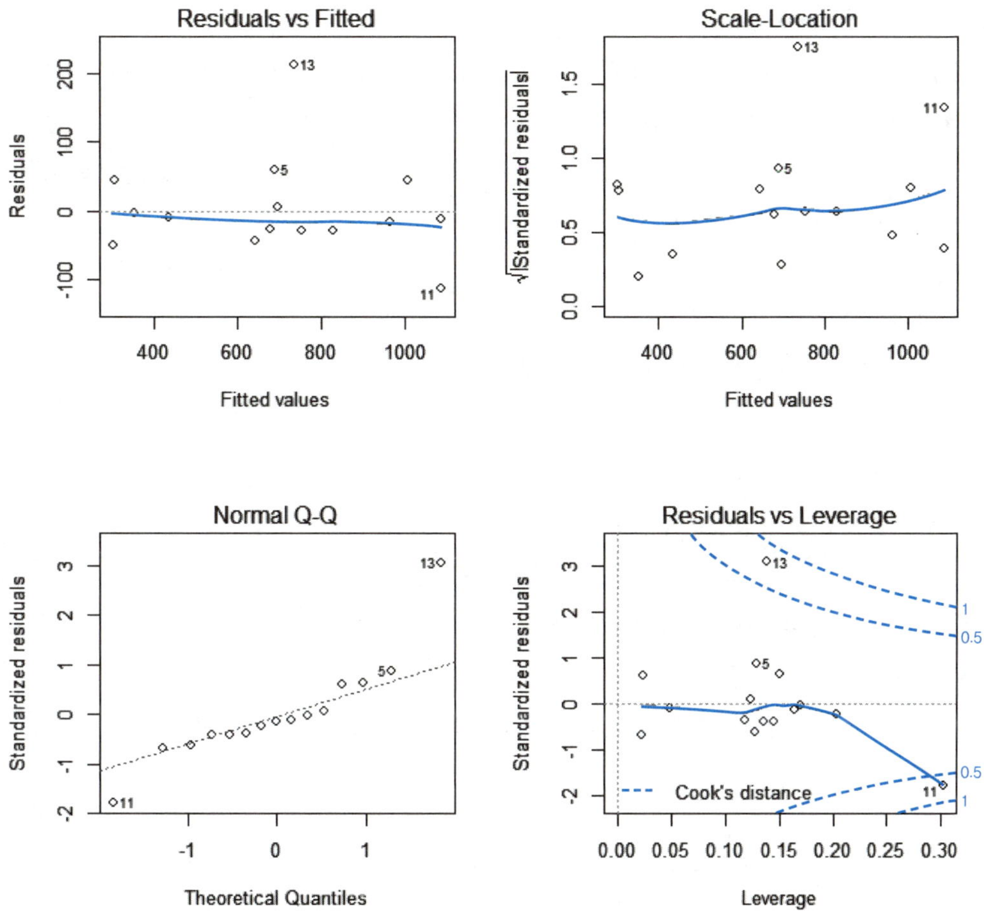

잔차의 검증을 가정에 따른 R 명령어로 수행하기보다 바로 앞에서 제시한 명령어를 사용하면 잔차에 관련된 시각적 표현이 한번에 제공된다. 위의 결과를 보면 "11"과 "13"은 이상값이므로 이상값이 제거된 자료로 모형을 재설정해야 한다.

다중선형회귀모형에서 신뢰구간 및 예측은 단순선형회귀모형과 동일하기 때문에 실습에서 다루기로 한다.

## 실습

### 1 쓰레기의 양 (practice9-1.csv)

한 가구의 쓰레기 양은 여러 요인에 의해 결정된다. 미국의 한 대도시에서 임의로 440개의 주택을 선택하여 다음과 같은 자료를 수집하였다.

(출처: 《켈러의 경영경제통계학》 제8판)

- 주당 쓰레기의 양(파운드)
- 주택의 크기($ft^2$)
- 자녀의 수
- 낮 동안 통상적으로 집에 있는 성인의 수

1) 행렬산점도를 작성하고 해석하라.
2) 주어진 자료를 다중선형회귀모형에 적용하라.
3) 분산분석표를 작성하고 각 계수들의 유의성을 검정하라.
4) 각 계수의 통계적 유의성을 검정하라.
5) 만약 모든 계수가 통계적으로 유의하면 잔차분석을 하라.
6) 신뢰구간과 예측구간을 구하라(단, 단순선형회귀모형의 해당 절을 참고하여라).

# 부록 1

# R 프로그램 소개와 사용법

유의미한 통계분석을 위해서는 대부분의 경우 컴퓨터와 적당한 소프트웨어의 도움을 받아야 한다. 일단 자료를 수집해서 컴퓨터에 연산 가능한 형태로 저장하고, 이를 활용하여 여러 통계 및 관련된 정보를 얻기 위해 통계 소프트웨어를 이용한다.

여기서는 통계분석에 자주 활용되는 무료 프로그램 R을 소개하고 자세한 사용법에 대해 알아본다.

R 프로그램은 다음과 같은 기능을 지닌 공개 프로그램으로, 사용자들이 끊임없이 새로운 기능을 추가하고 개발자들 역시 사용 환경을 개선하고 있다.

- 자료의 효율적인 처리 및 저장
- 배열 및 행렬 계산을 쉽게 구현
- 자료분석에 필요한 다양한 함수 제공
- 자료분석에 필요한 다양한 시각적 표현 제공
- 사용자가 직접 자료분석 및 계산 등에 관련된 프로그램 구현 및 함수 제작

■ **R 학습이 필요한 이유**

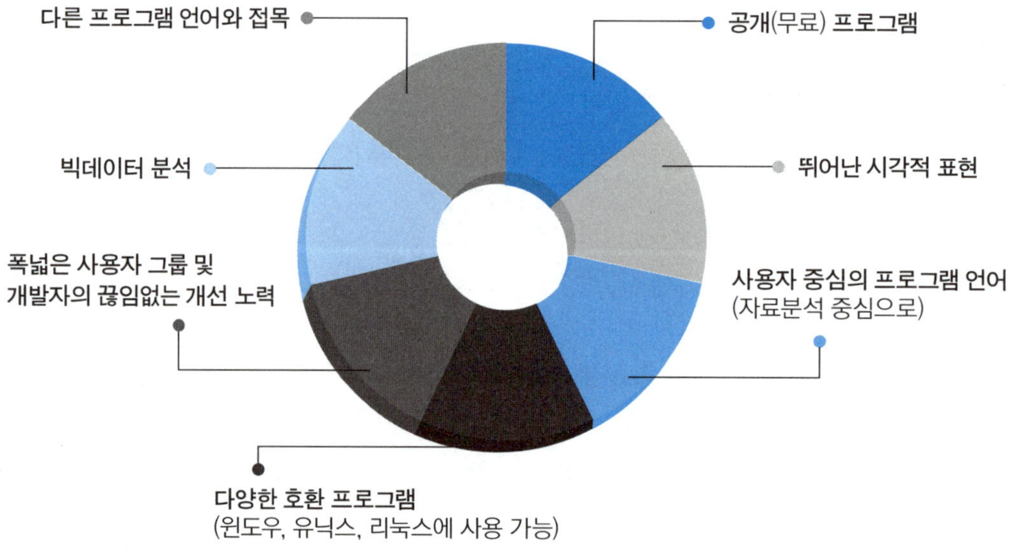

## 1. R 홈페이지

R 홈페이지(https://www.r-project.org/)에는 R에 관련된 여러 정보가 담겨 있다. 홈페이지에 있는 정보를 간략하게 소개하면 다음과 같다.

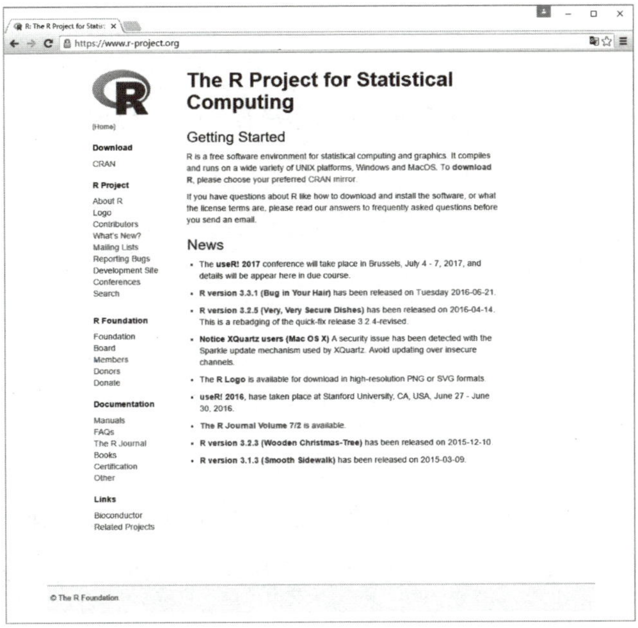


〈그림 1〉 R 홈페이지 첫 화면

### ■ 홈페이지

홈페이지 첫 화면에는 '시작하는 글(Getting Started)'과 '최근 뉴스(News)'가 제공되고 있다. '시작하는 글'에 링크되어 있는 [download R]과 [CRAN mirror]를 누르면 홈페이지를 처음 방문한 사용자들이 R 프로그램을 쉽게 다운로드할 수 있도록 R을 보관하는 서버로 연결된다. '최근 뉴스'에는 오류, R 버전, R 저널 등에 관한 소식이 제공된다.

### ■ Download

[CRAN]을 클릭하면 홈페이지의 [download R]과 [CRAN mirror]를 클릭했을 때와 동일한 서버 목록이 나온다. 해당 국가를 선택하여 R 프로그램을 다운로드하면 된다.

■ R Project

R 소개, 환경, 로고 등에 대한 설명이 있고 배포자, 새로운 뉴스나 패키지, 오류 등이 제공된다.

■ R Foundation

R을 지원하는 사람, 회사, 기부자 등에 관한 정보가 제공된다.

■ Documentation

R의 기본적인 사용법, 명령어 등이 수록된 매뉴얼뿐만 아니라 책, 저널 등의 정보가 제공된다.

■ Links

R에 관련된 주제들이 링크되어 있다.

## 2. R 다운로드 및 설치

R을 설치하기 위해서는 프로그램을 다운로드해야 한다. R 홈페이지에서 [Download]의 [CRAN]을 클릭하면 R을 보관하는 서버들이 링크되어 있다. 그중 하나를 선택해서 다운로드 받을 수 있다.

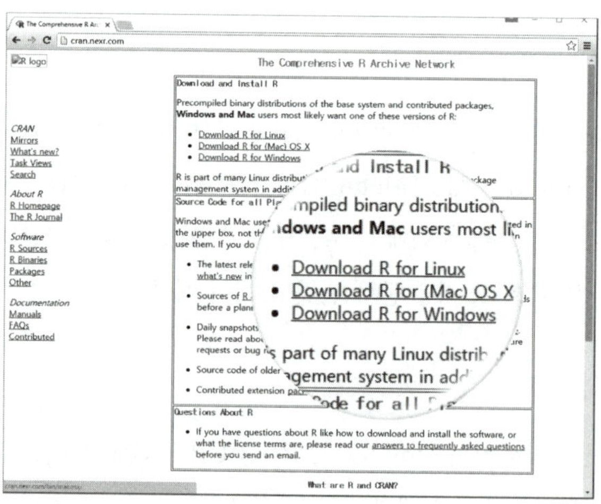


〈그림 2〉 R 프로그램 다운로드 화면

R을 보관하는 서버 링크를 클릭하면 〈그림 2〉와 같이 R 프로그램 다운로드 화면이 나타난다. 이 중 컴퓨터 운영체제(Linux, OS X, Window)에 맞는 링크를 클릭한다. 즉 윈도우 운영체제를 사용하고 있다면 'Download R for Windows'를 누른 다음, 〈그림 3〉과 같은 화면이 나오면 'install R for the first time'을 클릭하면 된다.

마지막으로 〈그림 4〉 'Download R 3.3.1 for Windows (70 megabytes, 32/64 bit)' 화면에서 최근 R 프로그램(R 3.3.1 윈도우 버전)을 다운로드 받을 수 있다.

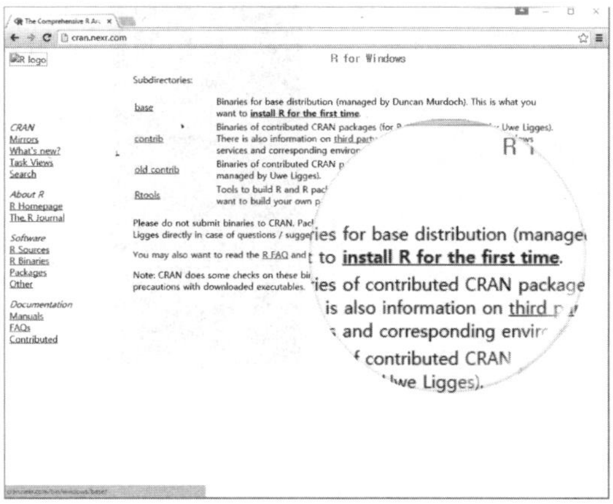


〈그림 3〉 윈도우 시스템에 해당되는 R 프로그램 다운로드 화면

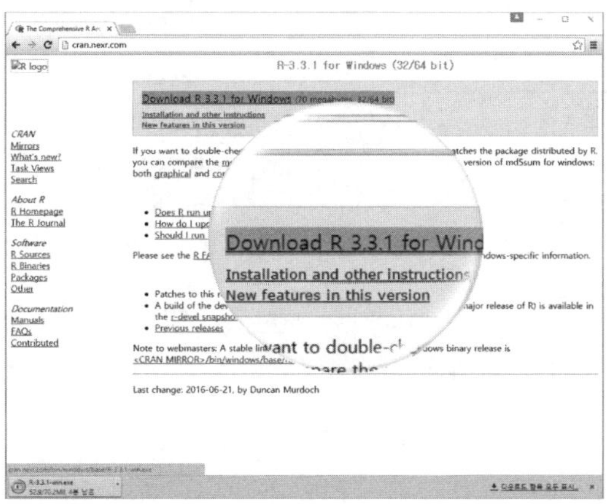


〈그림 4〉 윈도우 시스템에 해당되는 R 프로그램 다운로드 화면

이제 R 프로그램을 설치하기 위해서 다운로드한 파일(R-3.3.1-win.exe)을 실행하자. 그러면 〈그림 5〉와 같은 순서로 화면이 제시되고 [ok] 또는 [다음]을 클릭하면 모든 설정이 기본값(default)으로 된다. 다섯 번째 설정에서는 컴퓨터 사양에 따라 기본값이 아닌 '32 bite Files' 또는 '64 bite Files' 중 하나로 설정해도 된다.

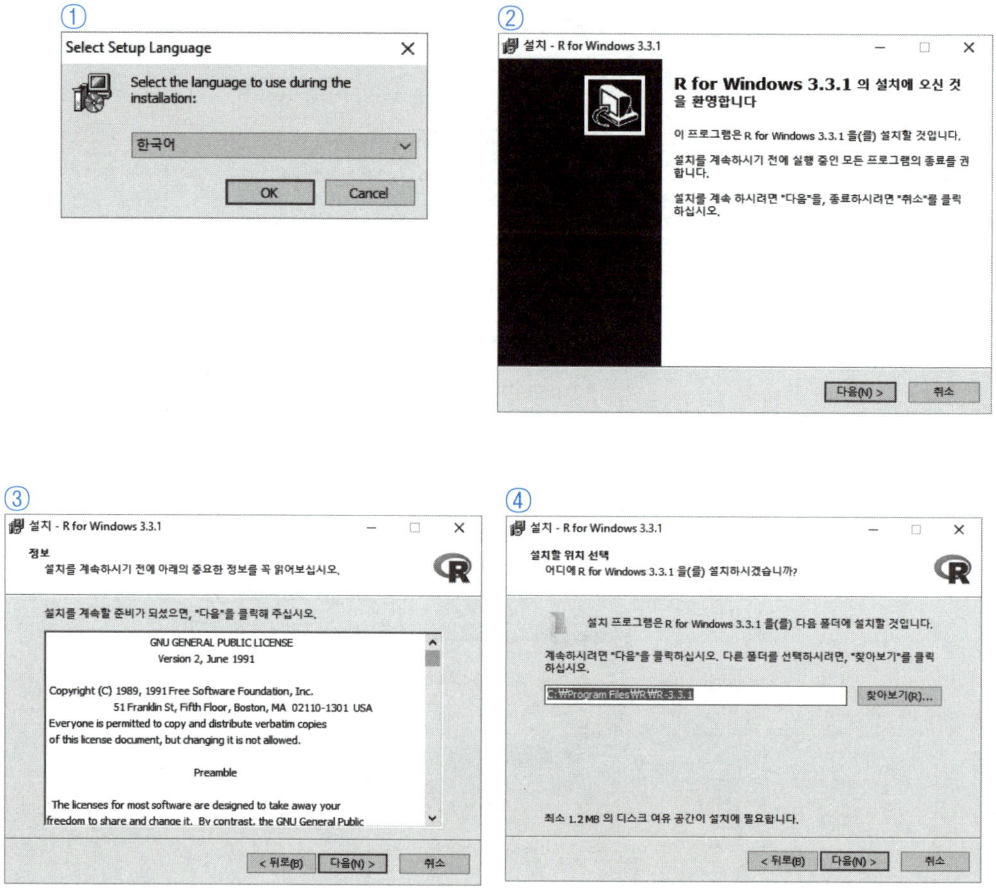

⑤

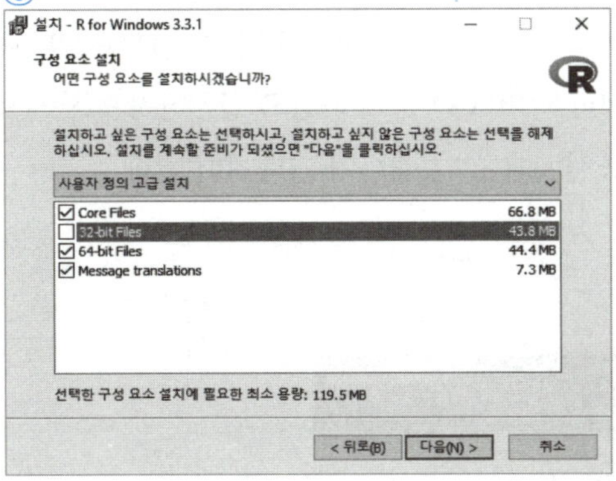


⑥

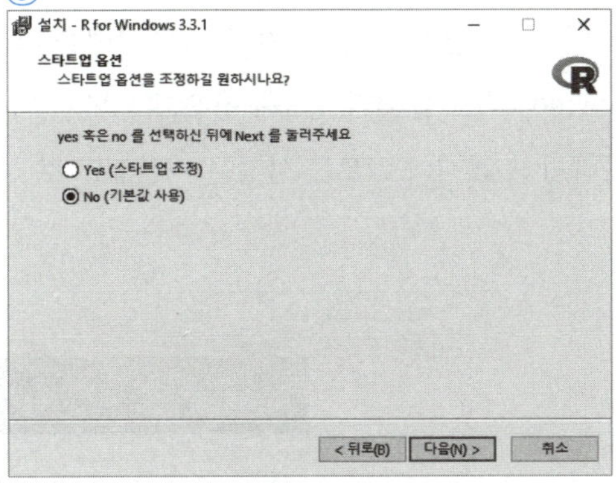


⑦

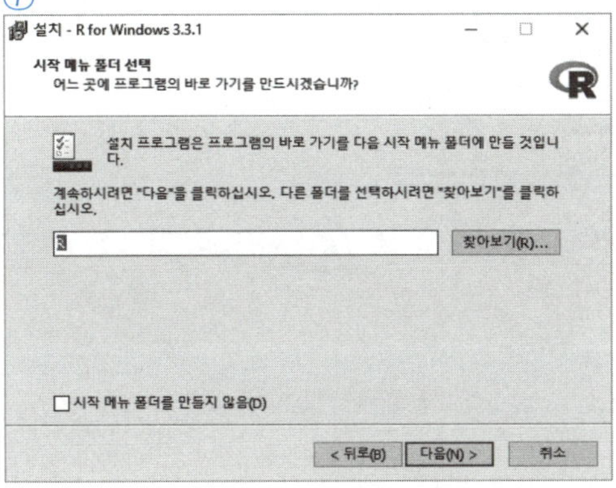


⑧

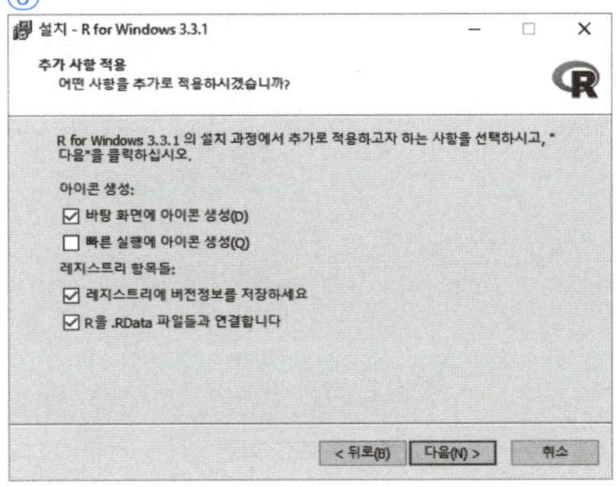


⑨

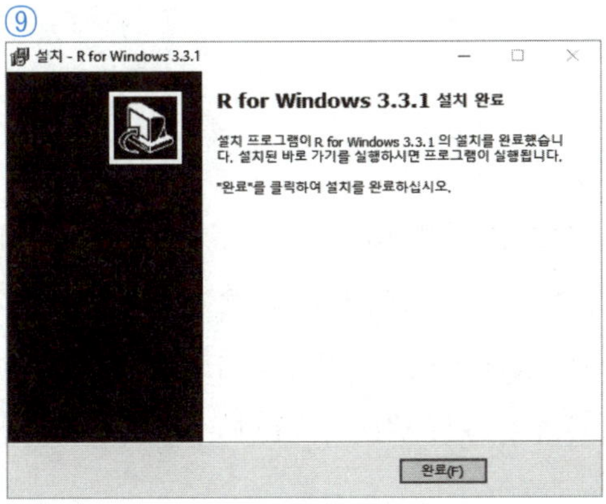


〈그림 5〉 R 프로그램 실행 화면

R 프로그램의 여러 장점 중에 시각적 표현을 구현하려면 자바 프로그램을 컴퓨터에 설치해야 한다. 〈그림 6〉과 같이 자바 프로그램을 다운로드 받을 수 있는 웹주소(https://java.com/ko/download/)로 들어가 윈도우용 프로그램(JavaSetup8u101.exe)을 내려받고 실행하자. 화면상에 나타나는 표시대로 모든 설정은 기본값으로 하고 설치가 끝날 때까지 기다리면 된다.

〈그림 6〉 자바 프로그램 다운로드 화면

## 3. R 실행

R 프로그램과 자바를 설치하고 R을 실행하면 〈그림 7〉과 같은 메뉴화면과 R 콘솔창이 나타난다. 메뉴화면에는 R을 운영하는 데 도움이 되는 여러 기능이 제공된다. 특히 R 콘솔창은 R 명령어나 프로그램이 수행되어 결과가 표시되기도 한다. 다만 본서에서는 메뉴화면에 대한 운영은 다루지 않고 본문 내용과 부합하는 부분에서 R에 관한 프로그램만 다룬다.

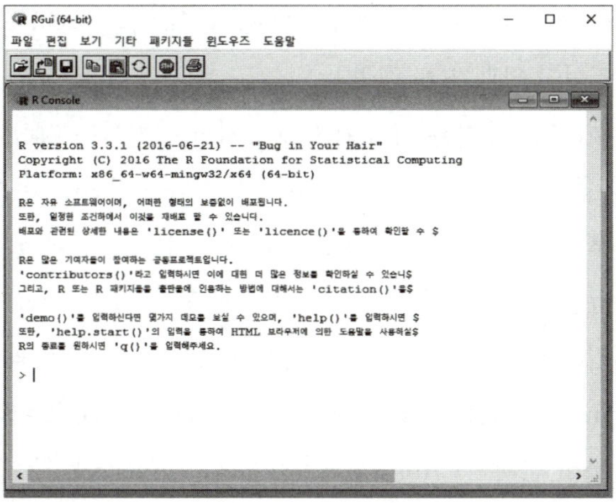


〈그림 7〉 윈도우에서 R을 실행한 화면

## 4. R 패키지

R이 설치되었다고 자료분석 및 프로그램을 수행할 준비가 끝난 것은 아니다. 예를 들어, 컴퓨터를 사용할 때 필요에 따라 하드웨어(모니터, USB, 메모리 등)와 소프트웨어(R, Excel, Word, Game 등)를 더 설치할 수 있는 것과 마찬가지로, R도 자료분석에 필요한 패키지를 추가로 설치할 수 있다. 이러한 패키지는 함수, 객체, 도움말 그리고 자료의 묶음으로 구성된다.

현재 설치된 R에 어떤 패키지가 있는지 살펴보기 위해 R에서 명령어 "search()"를 실행하면 다음과 같은 결과가 표시된다.

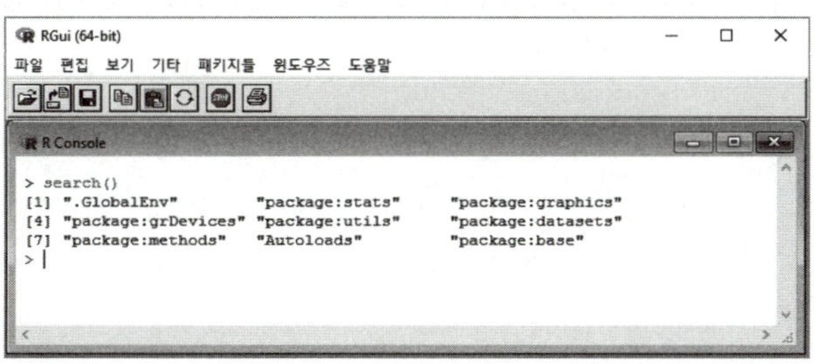


〈그림 8〉 처음 실행한 R의 패키지 구성

〈그림 8〉을 보면 "stats", "graphics", "grDevices" 등의 패키지가 있는 것을 알 수 있다. 더 자세히 알고 싶으면 명령어"help()"를 이용하자. 예를 들어 "help(stats)"를 실행하면 패키지

"stats"가 "R statistical functions"라고 설명되어 있다. "help(search)"는 "base"에 속한 함수라고 제시되고 그 밖에 여러 정보가 제공된다.

새로운 패키지를 추가하는 방법은 여러 가지가 있지만 여기서는 명령어를 이용한다. 패키지는 내부 패키지(컴퓨터 하드웨어에 저장)와 외부 패키지로 나누어진다. 이를 확인하기 위해 명령어 "library()"를 실행하면 저장되어 있는 장소와 패키지 이름, 간단한 설명이 제공된다.

내부 패키지에 속하는 "MASS"를 추가하려면 명령어 "library(MASS)"를 실행한다. "search()"를 다시 입력해 추가된 "MASS" 패키지를 확인할 수 있다. 외부 패키지를 인스톨하고 R에 설치하려면 "install.packages(패키지 이름)"→"HTTPS CRAN mirror"에서 패키지가 저장된 국가 및 mirror 선택 →"library(패키지 이름)"→"search()"→"help(패키지 이름)"와 같이 명령어를 실행하면 된다. 〈그림 9〉와 〈그림 10〉은 결과 화면과 설치된 패키지의 도움말 화면이다.

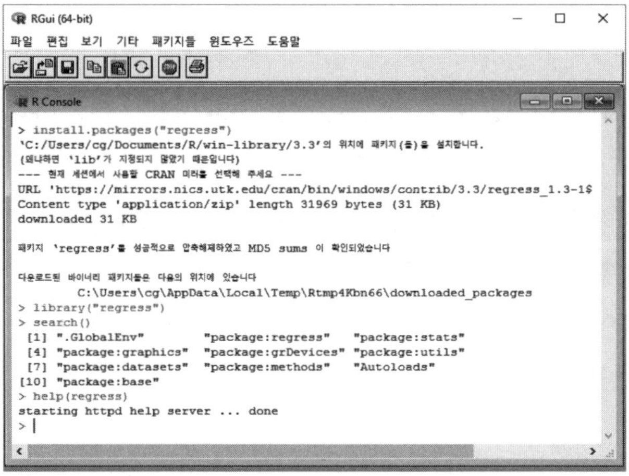

〈그림 9〉 패키지 "regress"를 인스톨하고 R에 추가한 상태

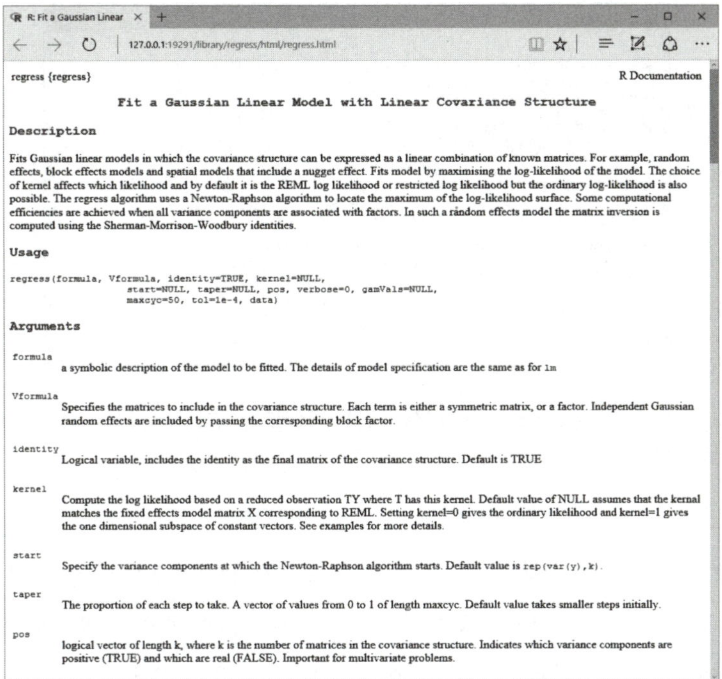

R: Fit a Gaussian Linear

127.0.0.1:19291/library/regress/html/regress.html

regress {regress} R Documentation

**Fit a Gaussian Linear Model with Linear Covariance Structure**

**Description**

Fits Gaussian linear models in which the covariance structure can be expressed as a linear combination of known matrices. For example, random effects, block effects models and spatial models that include a nugget effect. Fits model by maximising the log-likelihood of the model. The choice of kernel affects which likelihood and by default it is the REML log likelihood or restricted log likelihood but the ordinary log-likelihood is also possible. The regress algorithm uses a Newton-Raphson algorithm to locate the maximum of the log-likelihood surface. Some computational efficiencies are achieved when all variance components are associated with factors. In such a random effects model the matrix inversion is computed using the Sherman-Morrison-Woodbury identities.

**Usage**

```
regress(formula, Vformula, identity=TRUE, kernel=NULL,
                 start=NULL, taper=NULL, pos, verbose=0, gamVals=NULL,
                 maxcyc=50, tol=1e-4, data)
```

**Arguments**

`formula`
a symbolic description of the model to be fitted. The details of model specification are the same as for `lm`

`Vformula`
Specifies the matrices to include in the covariance structure. Each term is either a symmetric matrix, or a factor. Independent Gaussian random effects are included by passing the corresponding block factor.

`identity`
Logical variable, includes the identity as the final matrix of the covariance structure. Default is TRUE

`kernel`
Compute the log likelihood based on a reduced observation TY where T has this kernel. Default value of NULL assumes that the kernal matches the fixed effects model matrix X corresponding to REML. Setting kernel=0 gives the ordinary likelihood and kernel=1 gives the one dimensional subspace of constant vectors. See examples for more details.

`start`
Specify the variance components at which the Newton-Raphson algorithm starts. Default value is `rep(var(y),k)`.

`taper`
The proportion of each step to take. A vector of values from 0 to 1 of length maxcyc. Default value takes smaller steps initially.

`pos`
logical vector of length k, where k is the number of matrices in the covariance structure. Indicates which variance components are positive (TRUE) and which are real (FALSE). Important for multivariate problems.

〈그림 10〉 패키지 "regress" 도움말 화면

## 5. R 프로그램을 위한 기초

R을 실행하여 생성된 R 콘솔창에서 무엇을 할 수 있는지 알아보자. 프로그램이라 하면 C, 자바 등과 같은 언어가 떠오를 것이다. 이와 같은 언어는 코딩하고 컴파일하여 실행파일을 생성한다. 그러나 R 언어는 콘솔창에 간단한 계산을 입력하여 결과를 얻을 뿐만 아니라 그래프를 그리고 프로그램을 수행하기도 한다. 다음은 R을 수행하는 데 알아야 할 기본적인 것들이다.

■ **계산기로 사용**

사칙연산 및 공학 계산을 R 콘솔에서 직접 수행하고 그 결과를 얻을 수 있다. 즉 〈그림 11〉과 같이 화면에 ">1+3"을 입력하고 엔터를 치면 "[1] 4"라는 결과가 표시된다. 앞으로 R 콘솔에 입력될 명령어들을 설명할 때는 메뉴화면 및 콘솔창은 제외하고 명령어만 제시한다.

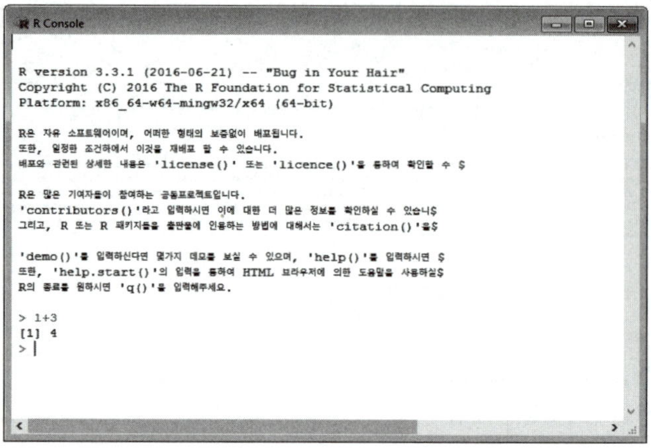


〈그림 11〉 단순 계산입력 및 결과

계산에 쓰이는 연산자와 명령어는 일반 공학용 계산기와 거의 동일하며 〈표 1〉에 일부 제시되어 있다. 적용되는 숫자는 실수이고 삼각함수는 라디안(radian)이 사용된다. 일부 예제에서 명령어를 실행한 결과가 제시되었다. 특히 "pi"는 내장된 값으로 약 3.141이다.

```
> 2+3-4/2+3*2
[1] 9
> pi
[1] 3.141593
> 2^3
[1] 8
> 2**3
[1] 8
> sqrt(4)
[1] 2
> abs(-2)
[1] 2
> factorial(4)
[1] 24
> log(10,10)
[1] 1
```

```
> log(10,3)
[1] 2.095903
> log10(10)
[1] 1
> log10(2)
[1] 0.30103
> exp(2)
[1] 7.389056
> cos(pi)
[1] -1
> sin(pi)
[1] 1.224606e-16
> tan(pi)
[1] -1.224647e-16
> acos(0)
[1] 1.570796
```

〈표 1〉 계산에 쓰이는 명령어 및 연산자

| 명령어/연산자 | 설명 |
|---|---|
| + - / * () | 기본 수학 연산자로 더하기, 빼기, 곱하기, 나누기 연산자와 괄호 |
| pi | 파이값(약 3.142) |
| 2**4, 2^4 | 승수 연산자 |
| sqrt(2) | 제곱근 |
| abs(-3) | 절댓값 |
| factorial(3) | 팩토리얼(factorial) |
| log(2,base=3) | 밑수가 3인 로그함수 |
| log10(2), log2(2) | 밑수가 10과 2인 로그함수 |
| exp(3) | 지수함수 |
| cos(2), sin(2), tan(2), acos(2), asin(2), atan(2) | 삼각함수이며 라디안(radian) 사용 |

■ **계산된 결과 저장**

R에서 계산을 통해 나온 결과를 추후에 사용하려면 저장을 해야 한다. 즉 R 콘솔창에 특정 기호로 정의해야 하며 그 용법은 다음과 같다.

저장될 이름 또는 변수 이름(첫 글자는 영문자로 시작) = 계산식(또는 명령어)

계산된 결과를 저장하는 예제는 다음과 같다.

```
> x=2+3/4+5
> x
[1] 7.75
```

```
> y=sin(pi/3)
> y
[1] 0.8660254
```

변수 이름은 항상 영문자로 시작해야 하며 대문자와 소문자는 구분한다. 또한 특수문자(_, .)도 사용 가능하다. 만약 이름이 중복으로 지정되면 가장 최근 결과로 저장된다.

```
> x_1=1
> x_2=2
> y=x_1+x_2
> y
[1] 3
```

```
> x.name=5
> y.name=4
> z.name=x.name+y.name
> z.name
[1] 9
```

참고로 Ctrl+L을 누르면 콘솔창 화면에 표시된 모든 명령어가 지워진다. 이는 지금까지 수행한 명령어의 결과가 삭제된 것이 아니라 화면에서만 지워진 것으로 이전에 수행된 변수 이름과 결과는 메모리에 남아 있다. 전에 수행한 모든 작업을 메모리에서 지우려면 "rm(list=ls())"을 실행하면 된다.

다음은 수행될 명령어를 저장하는 다른 방법들이다. 지금까지는 "="를 사용했지만 "->" 또는 "<-"도 사용 가능하다. "="은 좌변 명령어의 결과가 우변 변수 이름으로 저장된다는 의미이다. "<-"은 "="과 동일하고 "->"은 방향이 반대로 작용한다.

```
> x =2
> x<-3
> x->y
> 3->t
> y
[1] 3
> x
[1] 3
> t
[1] 3
```

■ **자료생성**

R에서 자료를 생성하는 방법은 크게 두 가지로 구분할 수 있다. R 콘솔창에 직접 입력하는 방법과 다른 편집기(엑셀, 노트패드 등)를 이용하여 입력된 자료를 불러오는 방법이다. 또는 이미 R 라이브러리에 저장되어 있는 자료를 불러오는 방법도 있다.

콘솔창에 직접 입력하는 데 사용되는 명령은 가장 단순한 것으로 "c()"가 있다. 명령어 용법은 다음과 같다.

**용법**

변수 이름 = c(item.1, item.2, item.3, item.n)

**예제**

name.1 = c(1,2,3)

name.2 = c("a","b","c")

name.3 = c(name.1,name.2)

여기서 item.i는 입력될 자료로 숫자, 문자, 문장 또는 혼합된 경우이며 명령어 "c()"는 다음과 같이 사용된다.

```
> x = c(1,4,1.5)                          # 숫자
> x
[1] 1.0 4.0 1.5
> y = c("a", "b", "c", "defc")            # 문자 또는 문장
> y
[1] "a"   "b"   "c"   "defc"
> mix=c(x,y)                              # 숫자와 문자 혼합
> mix                                     # 결과는 문자
[1] "1"   "4"   "1.5"  "a"   "b"   "c"   "defc"
```

문자 입력은 따옴표 기호("")를 사용한다. 변수 이름 x(숫자만으로 구성)와 y(문자만으로 구성)를 혼합한 변수 이름 mix는 모든 것이 문자로 변화된다. 많은 숫자나 문자를 입력할 때는 콘솔창에 "c()"를 이용하여 입력하는 것은 바람직하지 않다. 참고로 "#"은 R 프로그램에서 주석(comment)을 의미한다.

숫자나 문자가 많을 때는 콘솔창에 직접 입력하지 않고 파일로 저장한 후 불러와서 사용한다. 이를 위해 저장된 자료의 형태는 플레인 텍스트(plain text)와 CSV(영어: comma-separated values)로 제한한다.

〈표 2〉 플레인 텍스트 내용(data1.txt)

| | |
|---|---|
| 1 | 6 |
| 2 | 7 |
| 3 | 8 |
| 4 | 9 |
| 5 | 10 |

자료가 "e/temp/"에 data1.txt로 저장되어 있고 그 내용은 〈표 2〉와 같다. 이러한 자료를 입력하기 위해 노트패드나 에디터를 이용할 수 있고, Excel로도 가능하다. Excel에서 위와 같은 자료를 입력하고 저장할 때 [다른 이름으로 저장] → [텍스트(탭으로 분리)(*.txt)]를 이용한다.

먼저 현재 R의 작업 디렉터리를 확인하려면 명령어 "getwd()"를 사용한다. 작업 디렉터리를

변경하려면 명령어 "setwd(디렉터리 이름)"를 이용하고 변경된 디렉터리의 파일을 확인하려면 명령어 "dir()"를 사용한다.

```
> getwd()                          # 현재 작업 디렉터리 확인
[1] "C:/Users/cg/Documents"
> setwd('e:/temp')                 # 작업 디렉터리 변경
> getwd()
[1] "e:/temp"                      # 현재 작업 디렉터리 확인
> dir()                            # 현재 작업 디렉터리 파일 확인
[1] "data1.txt"
```

명령어 "scan()" 용법은 다음과 같다.

**용법**

변수 이름 = scan(파일 이름, 선택사항)

**예제**

name.1 = scan(파일 이름)

name.2 = scan(파일 이름, what='charater')

name.3 = scan(파일 이름, sep=',')

name.4 = scan(파일 이름, what='charater', sep=',')

현재 data1.txt를 불러들이기 위해서 "scan()"을 다음과 같이 사용한다.

```
> data4=scan(file.choose())
Read 10 items
> data4
 [1]  1  6  2  7  3  8  4  9  5 10
```

여기서 명령어 "file.choose()"은 현재 작업 디렉터리에 있는 파일 중 하나를 선택하는 기능을 한다. data1.txt를 선택하여 자료가 생성되었다. 직접 "scan()"에서 data1.txt를 불러오는 방법도 있다.

```
> data5=scan(file='e:/temp/data1.txt')
Read 10 items
> data5
[1]  1  6  2  7  3  8  4  9  5 10
```

data1.txt를 scan()으로 읽으면 행 순서대로 읽는 것을 알 수 있다.

〈표 3〉 플레인 텍스트 내용(data2.txt)

| | |
|---|---|
| 1 | a |
| 2 | b |
| 3 | cd |
| 4 | e |
| 5 | f |

〈표 3〉처럼 숫자와 문자가 혼합된 자료에서 "scan()"을 다음과 같이 수행하면 결과의 모든 항목이 문자로 표시된다. 하지만 문자 자료인 경우 "scan()"에서 옵션 중 "what='character'"의 상태를 문자로 지정해야 한다. 단 모든 자료가 숫자면 옵션을 사용할 필요는 없다.

```
> data6=scan(file='e:/temp/data2.txt')       # 불러들이기 오류
Error in scan(file = "e:/temp/data2.txt") :
 scan()은 'a real'를 입력받아야 하는데, 'a'
> data6=scan(file='e:/temp/data2.txt', what='character')
Read 10 items
> data6
[1] "1"  "a"  "2"  "d"  "3"  "cd" "4"  "e"  "5"  "f"
```

저장된 자료가 콤마 (,)로 구분되어 있으면 옵션 "sep=','"를 사용한다.

〈표 4〉 플레인 텍스트 내용(data3.txt)

```
1, 6
2, 7
3, 8
4, 9
5, 10
```

```
> data7=scan(file='e:/temp/data3.txt',sep=',')
Read 10 items
> data7
[1]  1  6  2  7  3  8  4  9  5 10
```

Excel에서 CSV 형태로 저장된 파일을 R에서 불러들이기 위해서는 명령어 "read.csv()"를 사용한다. 명령어의 용법 및 예제는 다음과 같다.

**용법**

변수 이름 = read.csv(파일 이름, 선택사항)

**예제**

name.1 = read.csv(파일 이름, sep=',', header=FASLE)
name.2 = read.csv(파일 이름, sep=',', header=TRUE)
name.3 = read.csv(파일 이름, sep=',', header=FALSE, row.names=1)
name.4 = read.csv(파일 이름, sep=',', header=TRUE, row.names=1)

〈표 5〉부터 〈표 7〉까지는 파일 확장자가 CSV인 대표적인 세 가지 형태(숫자 또는 문자 등)의 자료가 제시되었고, R 명령어 "read.csv()"를 이용하여 이들을 불러들이는 예제 R 프로그램도 제시되었다.

〈표 5〉 Excel에서 기본적인 CSV 형태로 저장된 내용(data1csv.csv)

| | |
|---|---|
| 1 | 6 |
| 2 | 7 |
| 3 | 8 |
| 4 | 9 |
| 5 | 10 |

```
> data8 = read.csv('data1csv.csv', sep=',', header = FALSE)
> data8                    # "header"없는 경우에 알파벳 "V"로 시작되는 이름으로 열 순서 할당
  V1 V2
1  1  6
2  2  7
3  3  8
4  4  9
5  5 10
> data9 = read.csv('data1csv.csv', header = FALSE)        # 위 명령어와 동일
> data9
  V1 V2
1  1  6
2  2  7
3  3  8
4  4  9
5  5 10
```

〈표 6〉 Excel에서 머리글(header)이 있는 CSV 형태로 저장된 내용(data2csv.csv)

| id | score |
|---|---|
| 1 | 6 |
| 2 | 7 |
| 3 | 8 |
| 4 | 9 |
| 5 | 10 |

```
> data9=read.csv('data2csv.csv', header = TRUE)    # "header"를 TRUE로 설정
> data9
  id score
1  1     6
```

```
2 2   7
3 3   8
4 4   9
5 5  10
```

〈표 7〉 Excel에서 머리글과 행 이름이 있는 CSV 형태로 저장된 내용(data3csv.csv)

| | id | score |
|---|---|---|
| A | 1 | 6 |
| B | 2 | 7 |
| C | 3 | 8 |
| D | 4 | 9 |
| E | 5 | 10 |

```
> data10 = read.csv('data3csv.csv', header = TRUE, row.names=1)    # "header"를 TRUE 및
                                                                   # "row.names=1"로 설정
> data10
  id score
A  1    6
B  2    7
C  3    8
D  4    9
E  5   10
```

자료를 생성하는 데 사용되는 명령어는 "scan()"과 "read.csv()" 이외에도 여러 가지가 있지만 여기서는 이 두 가지만 다루도록 한다.

### ■ 자료의 종류 및 구조

R에서 사용되는 자료형태는 크게 세 가지로 구분된다.

- 수치형: 정수(integer)와 실수(double)
- 문자형: 문자(따옴표(" ")로 구분)
- 논리형: 참(TRUE)과 거짓(FALSE)

수치형과 문자형에 대해서는 앞에서 다루었기에 생략하고, 아래에서는 자료형태를 변환하는 R 명령어에 대해서 소개한다. 정수에서 실수, 실수에서 정수, 숫자에서 문자, 문자에서 숫자로 변환하려면 다음과 같은 명령어를 이용하면 된다.

```
> data1 = c(1,2,3,4)
> data1 = c(1.1,2.0,3.3,4.0)
> data1
[1] 1.1 2.0 3.3 4.0
> data2 = as.integer(data1)                # 실수에서 정수로 변환
> data2
[1] 1 2 3 4
> data3 = as.character(data1)              # 수자에서 문자로 변환
> data3
[1] "1.1" "2"   "3.3" "4"
> data4 = as.numeric(data3)                # 문자에서 실수로 변환
> data4
[1] 1.1 2.0 3.3 4.0
```

논리형 이외에 몇 가지 특수한 경우를 나타내는 기호가 존재하며 다음과 같다.

```
> logic1 = 1<2
> logic1                                   # 논리형 변수
[1] TRUE
> as.numeric(logic1)                       # 논리형 변수를 수치로 변환, False는 0으로 변환
[1] 1
> data5 = c(1, NA, 2)                      # "NA"의 의미는 결측값(missing value)
> data5
[1]  1 NA  2
> is.na(data5)                             # "is.na"는 결측값을 확인하는 함수
[1] FALSE  TRUE FALSE
> sqrt(-1)                                 # "NAN"의 의미는 정의되지 않음
[1] NaN
경고메시지(들):
In sqrt(-1) : NaN이 생성되었습니다
> 0+1i                                     # 복소수
[1] 0+1i
```

```
> (0+1i)^2
[1] -1+0i
> ((0+1i)^2)*5
[1] -5+0i
> as.numeric(((0+1i)^2)*5)
[1] -5
> typeof(3-1i)                    # "typeof"는 자료형태를 알려주는 함수
[1] "complex"
```

자료형태를 크게 수치형, 문자형, 논리형 등으로 구분하긴 하지만 실제 생성되는 자료는 다양한 구조로 형성된다. 예를 들면 특정 고등학교 학생들의 성적에는 이름, 학년, 과목, 순위 등이 기록되어 있고, 직장인의 소득에 관련된 정보에는 이름, 나이, 주소, 직장명, 연봉 등이 기입되어 있을 것이다. 이러한 자료는 앞서 설명한 자료형태가 복합적으로 포함되어 있고 행(row)과 열(column)로 이루어져 있는데, 행과 열은 확장될 수도 있다.

R에서 사용하는 자료구조는 벡터(vector), 행렬(matrix), 데이터 프레임(data frame), 배열(array), 요인(factor), 시계열(time series), 리스트(list)가 있다. 이들의 속성은 어떠하며 R에서 어떻게 구현되는지를 간단히 살펴보면 다음과 같다.

벡터는 행벡터와 열벡터가 있으며 모든 자료형태(수치형, 문자형, 논리형, 복소수)에 적용되지만 출력은 오직 한 가지 형태로 표시된다.

```
> datav1 = c(1,2,3)              # 행벡터
> datav1
[1] 1 2 3                        # 수치로 출력
> datav2 = c(1,"a",3)
> datav2                         # 문자로 출력
[1] "1" "a" "3"
> datav3 = 1:3                   # "1:3"은 1부터 3까지 1씩 증가
> datav3
[1] 1 2 3
> datav4 = seq(0.1,1,0.1)        # 0.1부터 시작해서 0.1씩 증가하여 1까지의 수를 생성하는 함수
> datav4
[1] 0.1 0.2 0.3 0.4 0.5 0.6 0.7 0.8 0.9 1.0
```

행렬도 벡터와 마찬가지로 모든 자료형태에 적용 가능하고 출력은 한 가지 형태로 나타난다.

```
> datam1 = matrix(1:9,nrow=3,ncol=3)          # 명령어 "matrix"로 3×3 행렬 생성
> datam1
     [,1] [,2] [,3]
[1,]    1    4    7
[2,]    2    5    8
[3,]    3    6    9
> datam1[1,1]                                 # 1행 1열의 원소 확인
[1] 1
> datam1[2,]                                  # 2행의 원소들 확인
[1] 2 5 8
> datam1[,3]                                  # 3열의 원소들 확인
[1] 7 8 9
> datam1[,c(1,3)]                             # 1열과 3열의 원소들 확인
     [,1] [,2]
[1,]    1    7
[2,]    2    8
[3,]    3    9
> datam2 = matrix(c(2,5,6),nrow=3,ncol=1)
> datam2
     [,1]
[1,]    2
[2,]    5
[3,]    6
> getwd()                                     # 현재 디렉터리 확인
[1] "e:/temp"
> dir()                                       # 현재 디렉터리의 파일 확인
[1] "data1.txt"       "data1csv.csv"      "data2.txt"
[4] "data2csv.csv"    "data3.txt"         "data3csv.csv"
[7] "data4.txt"       "practice2-2-1.txt" "practiceCSV2-2-1.csv"
> scan('data1.txt')                           # 명령어 "scan"을 사용하여 자료를 확인
Read 10 items
 [1]  1  6  2  7  3  8  4  9  5 10
> datam3 = matrix(scan('data1.txt'), ncol=2)  # 명령어 "matrix"와 "scan"을 사용하여 5×2 행렬 생성
Read 10 items
> datam3                                      # "data1.txt"의 자료 구조와 다름
```

```
     [,1] [,2]
[1,]    1    8
[2,]    6    4
[3,]    2    9
[4,]    7    5
[5,]    3   10
> datam3 = matrix(scan('data1.txt'), ncol=2, byrow=TRUE)   # "data1.txt"의 자료 구조와 동일
Read 10 items
> datam3
     [,1] [,2]
[1,]    1    6
[2,]    2    7
[3,]    3    8
[4,]    4    9
[5,]    5   10
> datam4 = matrix(1:3,ncol=1)                  # 열벡터 생성
> datam4
     [,1]
[1,]    1
[2,]    2
[3,]    3
> datam5 = matrix(1:3,nrow=1)                  # 행벡터 생성
> datam5
     [,1] [,2] [,3]
[1,]    1    2    3
```

데이터 프레임은 행렬과 형태는 유사하나 자료형태의 적용에서 차이가 있는데, 행렬은 한 가지 자료형태에만 사용 가능하다. 행렬의 원소는 수치형, 문자형, 논리형, 복소수 중 한 가지로 표현된다. 데이터 프레임은 복합적인 자료 유형으로 입력되고 출력될 수 있다. 배열, 요인, 시계열, 리스트는 여기서 다루지 않는다.

```
> brand = c("Mazda_RX4", "Mazda_RX4_Wag","Datsun_710")
> cyl = c(6,6,4)
> wt = c(2.62,2.88,2.32)
> car = data.frame(brand,mpg,cyl,wt)
> car
```

```
        brand      mpg  cyl  wt
1     Mazda_RX4    21.0   6  2.62
2  Mazda_RX4_Wag   21.0   6  2.88
3    Datsun_710    22.8   4  2.32
> car$brand
[1] Mazda_RX4     Mazda_RX4_Wag Datsun_710
Levels: Datsun_710 Mazda_RX4 Mazda_RX4_Wag
> car$wt
[1] 2.62 2.88 2.32
> car$cyl
[1] 6 6 4
```

■ **작업 저장 및 도움말**

R 콘솔창에 작업을 수행하고 그대로 R을 종료하면 데이터가 전부 삭제된다. 수행한 작업을 보관하기 위해서는 반드시 컴퓨터에 저장해야 한다. R에서 수행한 작업을 저장하는 방법은 크게 두 가지로, 메뉴를 이용하는 방법과 명령어를 이용하는 방법이 있다. 첫 번째 방법은 메뉴에서 [파일] → [작업공간 저장하기(Crtl+S)]를 클릭하고 "파일이름.RData"를 지정하여 저장하는 것이다. 저장된 작업을 다시 불러오려면 메뉴에서 [파일] → [작업공간 불러오기]를 이용한다.

```
> a=1.1
> b=3.5
> c=a+b
> save.image("E:\\Temp\\test.RData")
```

위와 같은 작업을 "E:\\Temp\test.RData"에 저장하고 메뉴를 이용하여 R에서 불러들이면 다음과 같다.

```
> load("E:\\Temp\\test.RData")
> ls()                              # 명령어 "ls()"는 저장된 변수 이름 등을 표시
[1] "a" "b" "c"
```

또한 R에서 명령어 "save.image()", "save()", "load()"를 이용해도 메뉴를 이용한 것과 동일한 결과를 얻는다.

```
> getwd()
[1] "e:/temp"
> save.image(file='testcommand.RData')
> rm(list=ls())                          # 모든 작업을 삭제
> ls()                                   # 변수 이름 확인 (character(0)은 아무것도 없음을 의미)
character(0)
> load(file='testcommand.RData')         # 작업을 불러옴
> ls()                                   # 불러온 작업의 변수 확인
[1] "a" "b" "c“
> rm(list=ls())
> ls()
character(0)
> load(file='testcommand_variables.RData')
> ls()
[1] "a" "b" "c"
```

R에 사용되는 명령어는 상당히 많고 이들의 용법이나 예제를 모두 기억하기는 어렵기 때문에 R에서는 도움말 기능을 제공한다. 메뉴에서는 [도움말]을 클릭하고 찾고자 하는 명령어를 입력하면 되고, R 콘솔창에서는 명령어 "**help()**"를 다음과 같이 이용하면 된다. 참고로 도움말 기능을 이용하려면 인터넷이 연결되어 있어야 한다.

```
> help(ls)
starting httpd help server ... done
```

# 부록 2
# 통계분포표

1. 표준정규분포표
2. t-분포표
3. $x^2$-분포표
4. F-분포표
5. 누적이항확률분포표
6. 누적포아송확률분포표

## 1. 표준정규분포표

$$P\{Z \geq z\} = \int_{z}^{\infty} \frac{1}{\sqrt{2\pi}} e^{-\frac{1}{2}x^2} dx$$

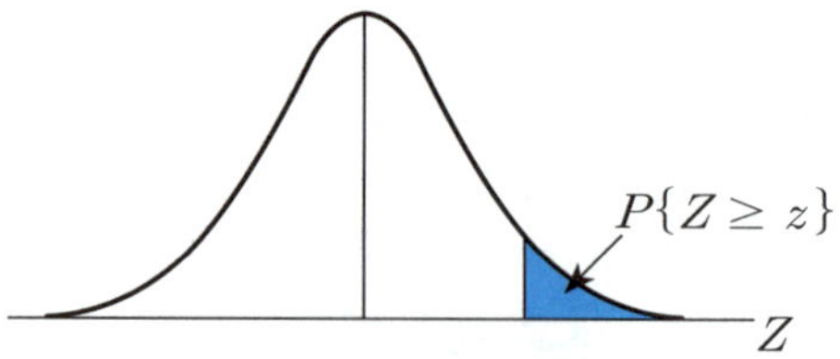


| z | 0.00 | 0.01 | 0.02 | 0.03 | 0.04 | 0.05 | 0.06 | 0.07 | 0.08 | 0.09 |
|---|---|---|---|---|---|---|---|---|---|---|
| 0.0 | 0.5000 | 0.4960 | 0.4920 | 0.4880 | 0.4840 | 0.4801 | 0.4761 | 0.4721 | 0.4681 | 0.4641 |
| 0.1 | 0.4602 | 0.4562 | 0.4522 | 0.4483 | 0.4443 | 0.4404 | 0.4364 | 0.4325 | 0.4286 | 0.4247 |
| 0.2 | 0.4207 | 0.4168 | 0.4129 | 0.4090 | 0.4052 | 0.4013 | 0.3974 | 0.3936 | 0.3897 | 0.3859 |
| 0.3 | 0.3821 | 0.3783 | 0.3745 | 0.3707 | 0.3669 | 0.3632 | 0.3594 | 0.3557 | 0.3520 | 0.3483 |
| 0.4 | 0.3446 | 0.3409 | 0.3372 | 0.3336 | 0.3300 | 0.3264 | 0.3228 | 0.3192 | 0.3156 | 0.3121 |
| 0.5 | 0.3085 | 0.3050 | 0.3015 | 0.2981 | 0.2946 | 0.2912 | 0.2877 | 0.2843 | 0.2810 | 0.2776 |
| 0.6 | 0.2743 | 0.2709 | 0.2676 | 0.2643 | 0.2611 | 0.2578 | 0.2546 | 0.2514 | 0.2483 | 0.2451 |
| 0.7 | 0.2420 | 0.2389 | 0.2358 | 0.2327 | 0.2296 | 0.2266 | 0.2236 | 0.2206 | 0.2177 | 0.2148 |
| 0.8 | 0.2119 | 0.2090 | 0.2061 | 0.2033 | 0.2005 | 0.1977 | 0.1949 | 0.1922 | 0.1894 | 0.1867 |
| 0.9 | 0.1841 | 0.1814 | 0.1788 | 0.1762 | 0.1736 | 0.1711 | 0.1685 | 0.1660 | 0.1635 | 0.1611 |
| 1.0 | 0.1587 | 0.1562 | 0.1539 | 0.1515 | 0.1492 | 0.1469 | 0.1446 | 0.1423 | 0.1401 | 0.1379 |
| 1.1 | 0.1357 | 0.1335 | 0.1314 | 0.1292 | 0.1271 | 0.1251 | 0.1230 | 0.1210 | 0.1190 | 0.1170 |
| 1.2 | 0.1151 | 0.1131 | 0.1112 | 0.1093 | 0.1075 | 0.1056 | 0.1038 | 0.1020 | 0.1003 | 0.0985 |
| 1.3 | 0.0986 | 0.0951 | 0.0934 | 0.0918 | 0.0901 | 0.0885 | 0.0869 | 0.0853 | 0.0838 | 0.0823 |
| 1.4 | 0.0808 | 0.0793 | 0.0778 | 0.0764 | 0.0749 | 0.0735 | 0.0721 | 0.0708 | 0.0694 | 0.0681 |
| 1.5 | 0.0668 | 0.0655 | 0.0643 | 0.0630 | 0.0618 | 0.0606 | 0.0594 | 0.0582 | 0.0571 | 0.0559 |
| 1.6 | 0.0548 | 0.0537 | 0.0526 | 0.0516 | 0.0505 | 0.0495 | 0.0485 | 0.0475 | 0.0465 | 0.0455 |
| 1.7 | 0.0446 | 0.0436 | 0.0427 | 0.0418 | 0.0409 | 0.0401 | 0.0392 | 0.0384 | 0.0375 | 0.0367 |
| 1.8 | 0.0359 | 0.0351 | 0.0344 | 0.0336 | 0.0329 | 0.0322 | 0.0314 | 0.0307 | 0.0301 | 0.0294 |
| 1.9 | 0.0287 | 0.0281 | 0.0274 | 0.0268 | 0.0262 | 0.0256 | 0.0250 | 0.0244 | 0.0239 | 0.0233 |
| 2.0 | 0.0228 | 0.0222 | 0.0217 | 0.0212 | 0.0207 | 0.0202 | 0.0197 | 0.0192 | 0.0188 | 0.0183 |
| 2.1 | 0.0179 | 0.0174 | 0.0170 | 0.0166 | 0.0162 | 0.0158 | 0.0154 | 0.0150 | 0.0146 | 0.0143 |
| 2.2 | 0.0139 | 0.0136 | 0.0132 | 0.0129 | 0.0125 | 0.0122 | 0.0119 | 0.0116 | 0.0113 | 0.0110 |
| 2.3 | 0.0107 | 0.0104 | 0.0102 | 0.0099 | 0.0096 | 0.0094 | 0.0091 | 0.0089 | 0.0087 | 0.0084 |
| 2.4 | 0.0082 | 0.0080 | 0.0078 | 0.0075 | 0.0073 | 0.0071 | 0.0069 | 0.0068 | 0.0066 | 0.0064 |
| 2.5 | 0.0062 | 0.0060 | 0.0059 | 0.0057 | 0.0055 | 0.0054 | 0.0052 | 0.0051 | 0.0049 | 0.0048 |
| 2.6 | 0.0047 | 0.0045 | 0.0044 | 0.0043 | 0.0041 | 0.0040 | 0.0039 | 0.0038 | 0.0037 | 0.0036 |
| 2.7 | 0.0035 | 0.0034 | 0.0033 | 0.0032 | 0.0031 | 0.0030 | 0.0029 | 0.0028 | 0.0027 | 0.0026 |
| 2.8 | 0.0026 | 0.0025 | 0.0024 | 0.0023 | 0.0023 | 0.0022 | 0.0021 | 0.0021 | 0.0020 | 0.0019 |
| 2.9 | 0.0019 | 0.0018 | 0.0018 | 0.0017 | 0.0016 | 0.0016 | 0.0015 | 0.0015 | 0.0014 | 0.0014 |
| 3.0 | 0.0013 | 0.0013 | 0.0013 | 0.0012 | 0.0012 | 0.0011 | 0.0011 | 0.0011 | 0.0010 | 0.0010 |
| 3.1 | 0.0010 | 0.0009 | 0.0009 | 0.0009 | 0.0008 | 0.0008 | 0.0008 | 0.0008 | 0.0007 | 0.0007 |
| 3.2 | 0.0007 | 0.0007 | 0.0006 | 0.0006 | 0.0006 | 0.0006 | 0.0006 | 0.0005 | 0.0005 | 0.0005 |
| 3.3 | 0.0005 | 0.0005 | 0.0005 | 0.0004 | 0.0004 | 0.0004 | 0.0004 | 0.0004 | 0.0004 | 0.0003 |
| 3.4 | 0.0003 | 0.0003 | 0.0003 | 0.0003 | 0.0003 | 0.0003 | 0.0003 | 0.0003 | 0.0003 | 0.0002 |
| 3.5 | 0.0002 | 0.0002 | 0.0002 | 0.0002 | 0.0002 | 0.0002 | 0.0002 | 0.0002 | 0.0002 | 0.0002 |
| 3.6 | 0.0002 | 0.0002 | 0.0001 | 0.0001 | 0.0001 | 0.0001 | 0.0001 | 0.0001 | 0.0001 | 0.0001 |
| 3.7 | 0.0001 | 0.0001 | 0.0001 | 0.0001 | 0.0001 | 0.0001 | 0.0001 | 0.0001 | 0.0001 | 0.0001 |
| 3.8 | 0.0001 | 0.0001 | 0.0001 | 0.0001 | 0.0001 | 0.0001 | 0.0001 | 0.0001 | 0.0001 | 0.0001 |
| 3.9 | 0.0000 | 0.0000 | 0.0000 | 0.0000 | 0.0000 | 0.0000 | 0.0000 | 0.0000 | 0.0000 | 0.0000 |

## 2. t-분포표

$$P\{T \geq t_{(q;\,\nu)}\} = q$$

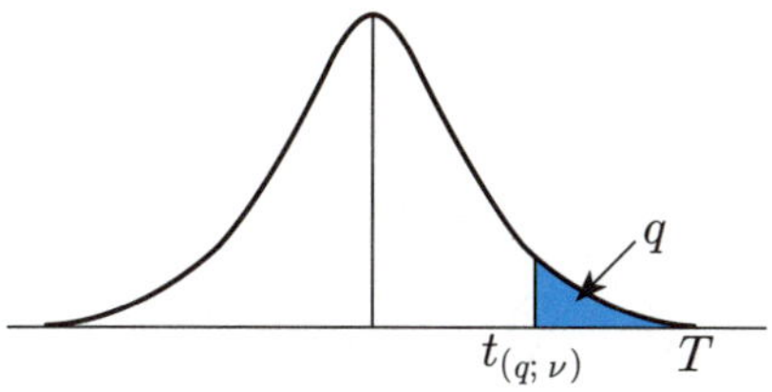


| 자유도 | 꼬리확률 $q$ | | | | | | | | | |
|---|---|---|---|---|---|---|---|---|---|---|
| $\nu$ | 0.4 | 0.25 | 0.1 | 0.05 | 0.025 | 0.01 | 0.005 | 0.0025 | 0.001 | 0.0005 |
| 1 | 0.325 | 1.000 | 3.078 | 6.314 | 12.706 | 31.821 | 63.657 | 127.32 | 318.31 | 636.62 |
| 2 | 0.289 | 0.816 | 1.886 | 2.920 | 4.303 | 6.965 | 9.925 | 14.089 | 23.326 | 31.598 |
| 3 | 0.277 | 0.765 | 1.638 | 2.353 | 3.182 | 4.541 | 5.841 | 7.453 | 10.213 | 12.924 |
| 4 | 0.271 | 0.741 | 1.533 | 2.132 | 2.776 | 3.747 | 4.604 | 5.598 | 7.173 | 8.610 |
| 5 | 0.267 | 0.727 | 1.476 | 2.015 | 2.571 | 3.365 | 4.032 | 4.773 | 5.893 | 6.869 |
| 6 | 0.265 | 0.718 | 1.440 | 1.943 | 2.447 | 3.143 | 3.707 | 4.317 | 5.208 | 5.959 |
| 7 | 0.263 | 0.711 | 1.415 | 1.895 | 2.365 | 2.998 | 3.499 | 4.029 | 4.785 | 5.408 |
| 8 | 0.262 | 0.706 | 1.397 | 1.860 | 2.306 | 2.896 | 3.355 | 3.833 | 4.501 | 5.041 |
| 9 | 0.261 | 0.703 | 1.383 | 1.833 | 2.262 | 2.821 | 3.250 | 3.690 | 4.297 | 4.781 |
| 10 | 0.260 | 0.700 | 1.372 | 1.812 | 2.228 | 2.764 | 3.169 | 3.581 | 4.144 | 4.587 |
| 11 | 0.260 | 0.697 | 1.363 | 1.796 | 2.201 | 2.718 | 3.106 | 3.497 | 4.025 | 4.437 |
| 12 | 0.259 | 0.695 | 1.356 | 1.782 | 2.179 | 2.681 | 3.055 | 3.428 | 3.930 | 4.318 |
| 13 | 0.259 | 0.694 | 1.350 | 1.771 | 2.160 | 2.650 | 3.012 | 3.372 | 3.852 | 4.221 |
| 14 | 0.258 | 0.692 | 1.345 | 1.761 | 2.145 | 2.624 | 2.977 | 3.326 | 3.787 | 4.140 |
| 15 | 0.258 | 0.691 | 1.341 | 1.753 | 2.131 | 2.602 | 2.947 | 3.286 | 3.733 | 4.073 |
| 16 | 0.258 | 0.690 | 1.337 | 1.746 | 2.120 | 2.583 | 2.921 | 3.252 | 3.686 | 4.015 |
| 17 | 0.257 | 0.689 | 1.333 | 1.740 | 2.110 | 2.567 | 2.898 | 3.222 | 3.646 | 3.965 |
| 18 | 0.257 | 0.688 | 1.330 | 1.734 | 2.101 | 2.552 | 2.878 | 3.197 | 3.610 | 3.922 |
| 19 | 0.257 | 0.688 | 1.328 | 1.729 | 2.093 | 2.539 | 2.861 | 3.174 | 3.579 | 3.883 |
| 20 | 0.257 | 0.687 | 1.325 | 1.725 | 2.086 | 2.528 | 2.845 | 3.153 | 3.552 | 3.850 |
| 21 | 0.257 | 0.686 | 1.323 | 1.721 | 2.080 | 2.518 | 2.831 | 3.135 | 3.527 | 3.819 |
| 22 | 0.256 | 0.686 | 1.321 | 1.717 | 2.074 | 2.508 | 2.819 | 3.119 | 3.505 | 3.792 |
| 23 | 0.256 | 0.685 | 1.319 | 1.714 | 2.069 | 2.500 | 2.807 | 3.104 | 3.485 | 3.767 |
| 24 | 0.256 | 0.685 | 1.318 | 1.711 | 2.064 | 2.492 | 2.792 | 3.091 | 3.467 | 3.745 |
| 25 | 0.256 | 0.684 | 1.316 | 1.708 | 2.060 | 2.485 | 2.787 | 3.078 | 3.450 | 3.725 |
| 26 | 0.256 | 0.684 | 1.315 | 1.706 | 2.056 | 2.479 | 2.779 | 3.067 | 3.435 | 3.707 |
| 27 | 0.256 | 0.684 | 1.314 | 1.703 | 2.052 | 2.473 | 2.771 | 3.057 | 3.421 | 3.690 |
| 28 | 0.256 | 0.683 | 1.313 | 1.701 | 2.048 | 2.467 | 2.763 | 3.047 | 3.408 | 3.674 |
| 29 | 0.256 | 0.683 | 1.311 | 1.699 | 2.045 | 2.462 | 2.756 | 3.038 | 3.396 | 3.659 |
| 30 | 0.256 | 0.683 | 1.310 | 1.697 | 2.042 | 2.457 | 2.750 | 3.030 | 3.385 | 3.646 |
| 40 | 0.255 | 0.681 | 1.303 | 1.684 | 2.021 | 2.423 | 2.704 | 2.971 | 3.307 | 3.551 |
| 60 | 0.254 | 0.679 | 1.296 | 1.671 | 2.000 | 2.390 | 2.660 | 2.915 | 3.232 | 3.460 |
| 120 | 0.254 | 0.677 | 1.289 | 1.658 | 1.980 | 2.358 | 2.617 | 2.860 | 3.160 | 3.373 |
| ∞ | 0.253 | 0.674 | 1.282 | 1.645 | 1.960 | 2.326 | 2.576 | 2.807 | 3.090 | 3.291 |

## 3. $\chi^2$-분포표

$$P\{\chi^2 \geq \chi^2_{(q;\,\nu)}\} = q$$

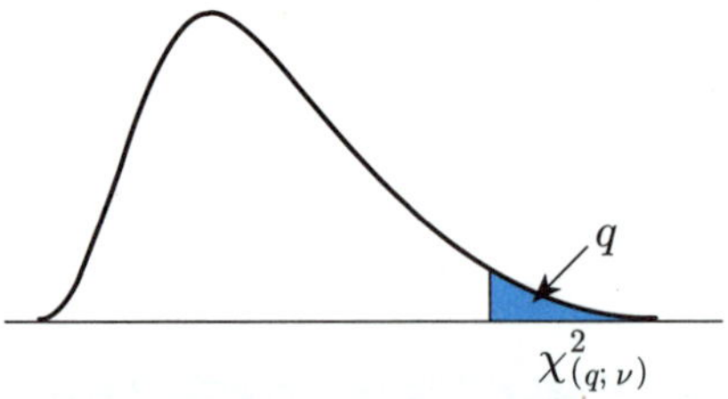

| 자유도 | 꼬리확률 $q$ | | | | | | | |
|---|---|---|---|---|---|---|---|---|
| $\nu$ | 0.995 | 0.99 | 0.975 | 0.95 | 0.05 | 0.025 | 0.01 | 0.005 |
| 1 | 0.04393 | 0.03157 | 0.03982 | 0.02393 | 3.841 | 5.024 | 6.635 | 7.879 |
| 2 | 0.0100 | 0.0201 | 0.0506 | 0.103 | 5.991 | 7.378 | 9.210 | 10.597 |
| 3 | 0.0717 | 0.115 | 0.216 | 0.352 | 7.815 | 9.348 | 11.345 | 12.838 |
| 4 | 0.207 | 0.297 | 0.484 | 0.711 | 9.488 | 11.143 | 13.277 | 14.860 |
| 5 | 0.412 | 0.554 | 0.831 | 1.145 | 11.070 | 12.832 | 15.086 | 16.750 |
| 6 | 0.676 | 0.872 | 1.237 | 1.635 | 12.592 | 14.449 | 16.812 | 18.548 |
| 7 | 0.969 | 1.239 | 1.690 | 2.167 | 14.067 | 16.013 | 18.475 | 20.278 |
| 8 | 1.344 | 1.646 | 2.180 | 2.733 | 15.507 | 17.535 | 20.090 | 21.955 |
| 9 | 1.735 | 2.088 | 2.700 | 3.325 | 16.919 | 19.023 | 21.666 | 23.589 |
| 10 | 2.156 | 2.558 | 3.247 | 3.940 | 18.307 | 20.483 | 23.209 | 25.188 |
| 11 | 2.603 | 3.053 | 3.816 | 4.575 | 19.675 | 21.920 | 24.725 | 26.757 |
| 12 | 3.074 | 3.571 | 4.404 | 5.226 | 21.026 | 23.337 | 26.217 | 28.300 |
| 13 | 3.565 | 4.107 | 5.009 | 5.892 | 22.362 | 24.736 | 27.688 | 29.819 |
| 14 | 4.075 | 4.660 | 5.629 | 6.571 | 23.685 | 26.119 | 29.141 | 31.319 |
| 15 | 4.601 | 5.229 | 6.262 | 7.261 | 24.996 | 27.448 | 30.578 | 32.801 |
| 16 | 5.142 | 5.812 | 6.908 | 7.962 | 26.296 | 28.845 | 32.000 | 34.267 |
| 17 | 5.697 | 6.408 | 7.564 | 8.672 | 27.587 | 30.191 | 33.409 | 35.718 |
| 18 | 6.265 | 7.015 | 8.231 | 9.390 | 28.869 | 31.526 | 34.805 | 37.156 |
| 19 | 6.844 | 7.633 | 8.907 | 10.117 | 30.144 | 32.852 | 36.191 | 38.582 |
| 20 | 7.434 | 8.260 | 9.591 | 10.851 | 31.410 | 34.170 | 37.566 | 39.997 |
| 21 | 8.034 | 8.897 | 10.283 | 11.591 | 32.671 | 35.479 | 38.932 | 41.401 |
| 22 | 8.643 | 9.542 | 10.982 | 12.338 | 33.924 | 36.781 | 40.289 | 42.796 |
| 23 | 9.260 | 10.196 | 11.689 | 13.091 | 35.172 | 38.076 | 41.638 | 44.181 |
| 24 | 9.886 | 10.856 | 12.401 | 13.848 | 36.415 | 39.364 | 42.980 | 45.558 |
| 25 | 10.520 | 11.524 | 13.120 | 14.611 | 37.652 | 40.646 | 44.314 | 46.928 |
| 26 | 11.160 | 12.198 | 13.844 | 15.379 | 38.885 | 41.923 | 45.642 | 48.290 |
| 27 | 11.808 | 12.879 | 14.573 | 16.151 | 40.113 | 43.194 | 46.963 | 49.645 |
| 28 | 12.461 | 13.565 | 15.308 | 16.928 | 41.337 | 44.461 | 48.278 | 50.993 |
| 29 | 13.121 | 14.256 | 16.047 | 17.708 | 42.557 | 45.722 | 49.588 | 52.336 |
| 30 | 13.787 | 14.953 | 16.791 | 18.493 | 43.773 | 46.979 | 50.892 | 53.672 |
| 40 | 20.707 | 22.165 | 24.433 | 26.509 | 55.758 | 59.342 | 63.691 | 66.766 |
| 50 | 27.991 | 29.707 | 32.357 | 34.764 | 67.505 | 71.420 | 76.154 | 79.490 |
| 100 | 67.328 | 70.065 | 74.222 | 77.929 | 124.342 | 129.561 | 135.807 | 140.169 |

## 4. F-분포표

$$P\left\{F \geq F_{(q;\nu_1;\nu_2)}\right\} = q$$

$$F_{(1-q;\nu_1;\nu_2)} = \frac{1}{F_{(q;\nu_2;\nu_1)}}$$

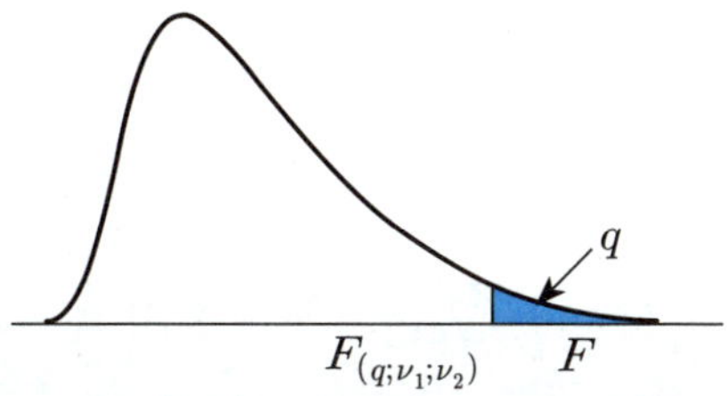


| $\nu_2$ | $q$ | 분자자유도 $\nu_1$ | | | | | | | | |
|---|---|---|---|---|---|---|---|---|---|---|
| | | 1 | 2 | 3 | 4 | 5 | 6 | 7 | 8 | 9 |
| 1 | 0.10 | 39.9 | 49.5 | 53.6 | 55.8 | 57.2 | 58.2 | 58.9 | 4 | 59.9 |
| | 0.05 | 161 | 200 | 216 | 225 | 230 | 234 | 237 | 239 | 241 |
| | 0.025 | 648 | 800 | 864 | 900 | 922 | 937 | 948 | 957 | 963 |
| | 0.01 | 4,052 | 5,000 | 5,403 | 5,625 | 5,764 | 5,859 | 5,928 | 5,981 | 6,022 |
| 2 | 0.10 | 8.53 | 9.00 | 9.16 | 9.24 | 9.29 | 9.33 | 9.35 | 9.37 | 9.38 |
| | 0.05 | 18.5 | 19.0 | 19.2 | 19.2 | 19.3 | 19.3 | 19.4 | 19.4 | 19.4 |
| | 0.025 | 38.5 | 39.0 | 39.2 | 39.3 | 39.3 | 39.3 | 39.4 | 39.4 | 39.4 |
| | 0.01 | 98.5 | 99.0 | 99.2 | 99.2 | 99.3 | 99.3 | 99.4 | 99.4 | 99.4 |
| 3 | 0.10 | 5.54 | 5.46 | 5.39 | 5.34 | 5.31 | 5.28 | 5.27 | 5.25 | 5.24 |
| | 0.05 | 10.1 | 9.55 | 9.28 | 9.12 | 9.01 | 8.94 | 8.89 | 8.85 | 8.81 |
| | 0.025 | 17.4 | 16.0 | 15.4 | 15.1 | 14.9 | 14.7 | 14.6 | 14.5 | 14.5 |
| | 0.01 | 34.1 | 30.8 | 29.5 | 28.7 | 28.2 | 27.9 | 27.7 | 27.5 | 27.3 |
| 4 | 0.10 | 4.54 | 4.32 | 4.19 | 4.11 | 4.05 | 4.01 | 3.98 | 3.95 | 3.94 |
| | 0.05 | 7.71 | 6.94 | 6.59 | 6.39 | 6.26 | 6.16 | 6.09 | 6.04 | 6.00 |
| | 0.025 | 12.2 | 10.7 | 9.98 | 9.60 | 9.36 | 9.20 | 9.07 | 8.98 | 8.90 |
| | 0.01 | 21.2 | 18.0 | 16.7 | 16.0 | 15.5 | 15.2 | 15.0 | 14.8 | 14.7 |
| 5 | 0.10 | 4.06 | 3.78 | 3.62 | 3.52 | 3.45 | 3.40 | 3.37 | 3.34 | 3.32 |
| | 0.05 | 6.61 | 5.79 | 5.41 | 5.19 | 5.05 | 4.95 | 4.88 | 4.82 | 4.77 |
| | 0.025 | 10.0 | 8.43 | 7.76 | 7.39 | 7.15 | 6.98 | 6.85 | 6.76 | 6.68 |
| | 0.01 | 16.3 | 13.3 | 12.1 | 11.4 | 11.0 | 10.7 | 10.5 | 10.3 | 10.2 |
| 6 | 0.10 | 3.78 | 3.46 | 3.29 | 3.18 | 3.11 | 3.05 | 3.01 | 2.98 | 2.96 |
| | 0.05 | 5.99 | 5.14 | 4.76 | 4.53 | 4.39 | 4.28 | 4.21 | 4.15 | 4.10 |
| | 0.025 | 8.81 | 7.26 | 6.60 | 6.23 | 5.99 | 5.82 | 5.70 | 5.60 | 5.52 |
| | 0.01 | 13.7 | 10.9 | 9.78 | 9.15 | 8.75 | 8.47 | 8.26 | 8.10 | 7.98 |
| 7 | 0.10 | 3.59 | 3.26 | 3.07 | 2.96 | 2.88 | 2.83 | 2.78 | 2.75 | 2.72 |
| | 0.05 | 5.59 | 4.74 | 4.35 | 4.12 | 3.97 | 3.87 | 3.79 | 3.73 | 3.68 |
| | 025 | 8.07 | 6.54 | 5.89 | 5.52 | 5.29 | 5.12 | 4.99 | 4.90 | 4.82 |
| | 0.01 | 12.2 | 9.55 | 8.45 | 7.85 | 7.46 | 7.19 | 6.99 | 6.84 | 6.72 |
| 8 | 0.10 | 3.46 | 3.11 | 2.92 | 2.81 | 2.73 | 2.67 | 2.62 | 2.59 | 2.56 |
| | 0.05 | 5.32 | 4.46 | 4.07 | 3.84 | 3.69 | 3.58 | 3.50 | 3.44 | 3.39 |
| | 0.025 | 7.57 | 6.06 | 5.42 | 5.05 | 4.82 | 4.65 | 4.53 | 4.43 | 4.36 |
| | 0.01 | 11.3 | 8.65 | 7.59 | 7.01 | 6.63 | 6.37 | 6.18 | 6.03 | 5.91 |
| 9 | 0.10 | 3.36 | 3.01 | 2.81 | 2.69 | 2.61 | 2.55 | 2.51 | 2.47 | 2.44 |
| | 0.05 | 5.12 | 4.26 | 3.86 | 3.63 | 3.48 | 3.37 | 3.29 | 3.23 | 3.18 |
| | 0.025 | 7.21 | 5.71 | 5.08 | 4.72 | 4.48 | 4.32 | 4.20 | 4.10 | 4.03 |
| | 0.01 | 10.6 | 8.02 | 6.99 | 6.42 | 6.06 | 5.80 | 5.61 | 5.47 | 5.35 |
| 10 | 0.10 | 3.29 | 2.92 | 2.73 | 2.61 | 2.52 | 2.46 | 2.41 | 2.38 | 2.35 |
| | 0.05 | 4.96 | 4.10 | 3.71 | 3.48 | 3.33 | 3.22 | 3.14 | 3.07 | 3.02 |
| | 0.025 | 6.94 | 5.46 | 4.83 | 4.47 | 4.24 | 4.07 | 3.95 | 3.85 | 3.78 |
| | 0.01 | 10.0 | 7.56 | 6.55 | 5.99 | 5.64 | 5.39 | 5.20 | 5.06 | 4.94 |
| 11 | 0.10 | 3.23 | 2.86 | 2.66 | 2.54 | 2.45 | 2.39 | 2.34 | 2.30 | 2.27 |
| | 0.05 | 4.84 | 3.98 | 3.59 | 3.36 | 3.20 | 3.09 | 3.01 | 2.95 | 2.90 |
| | 0.025 | 6.72 | 5.26 | 4.63 | 4.28 | 4.04 | 3.88 | 3.76 | 3.66 | 3.59 |
| | 0.01 | 9.65 | 7.21 | 6.22 | 5.67 | 5.32 | 5.07 | 4.89 | 4.74 | 4.63 |
| 12 | 0.10 | 3.18 | 2.81 | 2.61 | 2.48 | 2.39 | 2.33 | 2.28 | 2.24 | 2.21 |
| | 0.05 | 4.75 | 3.89 | 3.49 | 3.26 | 3.11 | 3.00 | 2.91 | 2.85 | 2.80 |
| | 0.025 | 6.55 | 5.10 | 4.47 | 4.12 | 3.89 | 3.73 | 3.61 | 3.51 | 3.44 |
| | 0.01 | 9.33 | 6.93 | 5.95 | 5.41 | 5.06 | 4.82 | 4.64 | 4.50 | 4.39 |

| $\nu_2$ | $q$ | 분자자유도 $\nu_1$ | | | | | | | | | |
|---|---|---|---|---|---|---|---|---|---|---|---|
| | | 10 | 11 | 12 | 15 | 20 | 24 | 30 | 60 | 120 | ∞ |
| 1 | 0.10 | 60.2 | 60.5 | 60.7 | 61.2 | 61.7 | 62.0 | 62.3 | 62.8 | 63.1 | 63.3 |
| | 0.05 | 242 | 243 | 244 | 246 | 248 | 249 | 250 | 252 | 253 | 254 |
| | 0.025 | 969 | 973 | 977 | 985 | 993 | 997 | 1001 | 1010 | 1014 | 1018 |
| | 0.01 | 6,056 | 6,082 | 6,106 | 6,157 | 6,209 | 6,235 | 6,261 | 6,313 | 6,339 | 6,366 |
| 2 | 0.10 | 9.39 | 9.40 | 9.41 | 9.42 | 9.44 | 9.45 | 9.46 | 9.47 | 9.48 | 9.49 |
| | 0.05 | 19.4 | 19.4 | 19.4 | 19.4 | 19.4 | 19.5 | 19.5 | 19.5 | 19.5 | 19.5 |
| | 0.025 | 39.4 | 39.4 | 39.4 | 39.4 | 39.5 | 39.5 | 39.5 | 39.5 | 39.5 | 39.5 |
| | 0.01 | 99.4 | 99.4 | 99.4 | 99.4 | 99.4 | 99.5 | 99.5 | 99.5 | 99.5 | 99.5 |
| 3 | 0.10 | 5.23 | 5.22 | 5.22 | 5.20 | 5.18 | 5.18 | 5.17 | 5.15 | 5.14 | 5.13 |
| | 0.05 | 8.79 | 8.76 | 8.74 | 8.70 | 8.66 | 8.64 | 8.62 | 8.57 | 8.55 | 8.53 |
| | 0.025 | 14.4 | 14.4 | 14.3 | 14.3 | 14.2 | 14.1 | 14.1 | 14.0 | 14.0 | 13.9 |
| | 0.01 | 27.2 | 27.1 | 27.1 | 26.9 | 26.7 | 26.6 | 26.5 | 26.3 | 26.2 | 26.1 |
| 4 | 0.10 | 3.92 | 3.91 | 3.90 | 3.87 | 3.84 | 3.83 | 3.82 | 3.79 | 3.78 | 3.76 |
| | 0.05 | 5.96 | 5.94 | 5.91 | 5.85 | 5.80 | 5.77 | 5.75 | 5.69 | 5.66 | 5.63 |
| | 0.025 | 8.84 | 8.80 | 8.75 | 8.66 | 8.56 | 8.51 | 8.46 | 8.36 | 8.31 | 8.26 |
| | 0.01 | 14.5 | 14.4 | 14.4 | 14.2 | 14.0 | 13.9 | 13.8 | 13.7 | 13.6 | 13.5 |
| 5 | 0.10 | 3.30 | 3.28 | 3.27 | 3.24 | 3.21 | 3.19 | 3.17 | 3.14 | 3.12 | 3.11 |
| | 0.05 | 4.74 | 4.71 | 4.68 | 4.62 | 4.56 | 4.53 | 4.50 | 4.43 | 4.40 | 4.37 |
| | 0.025 | 6.62 | 6.57 | 6.52 | 6.43 | 5.33 | 6.28 | 6.23 | 6.12 | 6.07 | 6.02 |
| | 0.01 | 10.1 | 9.96 | 9.89 | 9.72 | 9.55 | 9.47 | 9.38 | 9.20 | 9.11 | 9.02 |
| 6 | 0.10 | 2.94 | 2.92 | 2.90 | 2.87 | 2.84 | 2.82 | 2.80 | 2.76 | 2.74 | 2.72 |
| | 0.05 | 4.06 | 4.03 | 4.00 | 3.94 | 3.87 | 3.84 | 3.81 | 3.74 | 3.70 | 3.67 |
| | 0.025 | 5.46 | 5.41 | 5.27 | 5.27 | 5.17 | 5.12 | 5.07 | 4.96 | 4.90 | 4.85 |
| | 0.01 | 7.87 | 7.79 | 7.72 | 7.56 | 7.40 | 7.31 | 7.23 | 7.06 | 6.97 | 6.88 |
| 7 | 0.10 | 2.70 | 2.68 | 2.67 | 2.63 | 2.59 | 2.58 | 2.56 | 2.51 | 2.49 | 2.47 |
| | 0.05 | 3.64 | 3.60 | 3.57 | 3.51 | 3.44 | 3.41 | 3.38 | 3.30 | 3.27 | 3.23 |
| | 025 | 4.76 | 4.71 | 4.67 | 4.57 | 4.47 | 4.42 | 4.36 | 4.25 | 4.20 | 4.14 |
| | 0.01 | 6.62 | 6.54 | 6.47 | 6.31 | 6.16 | 6.07 | 5.99 | 5.82 | 5.74 | 5.65 |
| 8 | 0.10 | 2.54 | 2.52 | 2.50 | 2.46 | 2.42 | 2.40 | 2.38 | 2.34 | 2.32 | 2.29 |
| | 0.05 | 3.35 | 3.31 | 3.28 | 3.22 | 3.15 | 3.12 | 3.08 | 3.01 | 2.97 | 2.93 |
| | 0.025 | 4.30 | 4.25 | 4.20 | 4.10 | 4.00 | 3.95 | 3.89 | 3.78 | 3.73 | 3.67 |
| | 0.01 | 5.81 | 5.73 | 5.67 | 5.52 | 5.36 | 5.28 | 5.20 | 5.03 | 4.95 | 4.89 |
| 9 | 0.10 | 2.42 | 2.40 | 2.38 | 2.34 | 2.30 | 2.28 | 2.25 | 2.21 | 2.18 | 2.16 |
| | 0.05 | 3.14 | 3.10 | 3.07 | 3.01 | 2.94 | 2.90 | 2.86 | 2.79 | 2.75 | 2.71 |
| | 0.025 | 3.96 | 3.91 | 3.87 | 3.77 | 3.67 | 3.61 | 3.56 | 3.45 | 3.39 | 3.33 |
| | 0.01 | 5.26 | 5.18 | 5.11 | 4.96 | 4.81 | 4.73 | 4.65 | 4.48 | 4.40 | 4.31 |
| 10 | 0.10 | 2.32 | 2.30 | 2.28 | 2.24 | 2.20 | 2.18 | 2.16 | 2.11 | 2.08 | 2.06 |
| | 0.05 | 2.98 | 2.94 | 2.91 | 2.84 | 2.77 | 2.74 | 2.70 | 2.62 | 2.58 | 2.54 |
| | 0.025 | 3.72 | 3.67 | 3.62 | 3.52 | 3.42 | 3.37 | 3.31 | 3.20 | 3.14 | 3.08 |
| | 0.01 | 4.85 | 4.77 | 4.71 | 4.56 | 4.41 | 4.33 | 4.25 | 4.08 | 4.00 | 3.91 |
| 11 | 0.10 | 2.25 | 2.23 | 2.21 | 2.17 | 2.12 | 2.10 | 2.08 | 2.03 | 1.99 | 1.97 |
| | 0.05 | 2.85 | 2.82 | 2.79 | 2.72 | 2.65 | 2.61 | 2.57 | 2.49 | 2.43 | 2.40 |
| | 0.025 | 3.52 | 3.48 | 3.43 | 3.33 | 3.23 | 3.17 | 3.12 | 3.00 | 2.94 | 2.88 |
| | 0.01 | 4.54 | 4.46 | 4.40 | 4.25 | 4.10 | 4.02 | 3.94 | 3.78 | 3.66 | 3.60 |
| 12 | 0.10 | 2.19 | 2.17 | 2.15 | 2.10 | 2.06 | 2.04 | 2.01 | 1.96 | 1.93 | 1.90 |
| | 0.05 | 2.75 | 2.72 | 2.69 | 2.62 | 2.54 | 2.51 | 2.47 | 2.38 | 2.34 | 2.30 |
| | 0.025 | 3.37 | 3.32 | 3.28 | 3.18 | 3.07 | 3.02 | 2.96 | 2.85 | 2.79 | 2.72 |
| | 0.01 | 4.30 | 4.22 | 4.16 | 4.01 | 3.86 | 3.78 | 3.70 | 3.54 | 3.45 | 3.36 |

| $\nu_2$ | $q$ | 분자자유도 $\nu_1$ | | | | | | | | |
|---|---|---|---|---|---|---|---|---|---|---|
| | | 1 | 2 | 3 | 4 | 5 | 6 | 7 | 8 | 9 |
| 13 | 0.10 | 3.14 | 2.76 | 2.56 | 2.43 | 2.35 | 2.28 | 2.23 | 2.20 | 2.16 |
| | 0.05 | 4.67 | 3.81 | 3.41 | 3.18 | 3.03 | 2.92 | 2.83 | 2.77 | 2.71 |
| | 0.025 | 6.41 | 4.97 | 4.35 | 4.00 | 3.77 | 3.60 | 3.48 | 3.39 | 3.31 |
| | 0.01 | 9.07 | 6.70 | 5.73 | 5.21 | 4.86 | 4.62 | 4.44 | 4.30 | 4.19 |
| 14 | 0.10 | 3.10 | 2.73 | 2.52 | 2.39 | 2.31 | 2.24 | 2.19 | 2.15 | 2.12 |
| | 0.05 | 4.60 | 3.74 | 3.34 | 3.11 | 2.96 | 2.85 | 2.76 | 2.70 | 2.65 |
| | 0.025 | 6.39 | 4.86 | 4.24 | 3.80 | 3.66 | 3.50 | 3.36 | 3.29 | 3.26 |
| | 0.01 | 8.86 | 6.51 | 5.56 | 5.04 | 4.69 | 4.46 | 4.28 | 4.14 | 4.03 |
| 15 | 0.10 | 3.07 | 2.70 | 2.49 | 2.36 | 2.27 | 2.21 | 2.16 | 2.12 | 2.09 |
| | 0.05 | 4.54 | 3.68 | 3.29 | 3.06 | 2.90 | 2.79 | 2.71 | 2.64 | 2.59 |
| | 0.025 | 6.20 | 4.77 | 4.15 | 3.80 | 3.58 | 3.41 | 3.29 | 3.20 | 3.12 |
| | 0.01 | 8.68 | 6.36 | 5.42 | 4.89 | 4.56 | 4.32 | 4.14 | 4.00 | 3.89 |
| 16 | 0.10 | 3.05 | 2.67 | 2.46 | 2.33 | 2.24 | 2.18 | 2.13 | 2.09 | 2.06 |
| | 0.05 | 4.49 | 3.63 | 3.24 | 3.01 | 2.85 | 2.74 | 2.66 | 2.59 | 2.54 |
| | 0.025 | 6.12 | 4.69 | 4.08 | 3.73 | 3.50 | 3.34 | 3.22 | 3.12 | 3.05 |
| | 0.01 | 8.53 | 6.23 | 5.29 | 4.77 | 4.44 | 4.20 | 4.03 | 3.89 | 3.78 |
| 17 | 0.10 | 3.03 | 2.64 | 2.44 | 2.31 | 2.22 | 2.15 | 2.10 | 2.06 | 2.03 |
| | 0.05 | 4.45 | 3.59 | 3.20 | 2.96 | 2.81 | 2.70 | 2.61 | 2.55 | 2.49 |
| | 0.025 | 6.04 | 4.62 | 4.01 | 3.66 | 3.44 | 3.28 | 3.16 | 3.06 | 2.98 |
| | 0.01 | 8.40 | 6.11 | 5.18 | 4.67 | 4.34 | 4.10 | 3.93 | 3.79 | 3.68 |
| 18 | 0.10 | 3.01 | 2.62 | 2.42 | 2.29 | 2.20 | 2.13 | 2.08 | 2.04 | 2.00 |
| | 0.05 | 4.41 | 3.55 | 3.16 | 2.93 | 2.77 | 2.66 | 2.58 | 2.51 | 2.46 |
| | 0.025 | 5.98 | 4.56 | 3.95 | 3.61 | 3.38 | 3.22 | 3.10 | 3.01 | 2.93 |
| | 0.01 | 8.29 | 6.01 | 5.09 | 4.58 | 4.25 | 4.01 | 3.84 | 3.71 | 3.60 |
| 19 | 0.10 | 2.99 | 2.61 | 2.40 | 2.27 | 2.18 | 2.11 | 2.06 | 2.02 | 1.98 |
| | 0.05 | 4.38 | 3.52 | 3.13 | 2.90 | 2.74 | 2.63 | 2.54 | 2.48 | 2.42 |
| | 025 | 5.92 | 4.51 | 3.90 | 3.56 | 3.33 | 3.17 | 3.05 | 2.96 | 2.88 |
| | 0.01 | 8.18 | 5.93 | 5.01 | 4.50 | 4.17 | 3.94 | 3.77 | 3.63 | 3.52 |
| 20 | 0.10 | 2.97 | 2.59 | 2.38 | 2.25 | 2.16 | 2.09 | 2.04 | 2.00 | 1.96 |
| | 0.05 | 4.35 | 3.49 | 3.10 | 2.87 | 2.71 | 2.60 | 2.51 | 2.45 | 2.39 |
| | 0.025 | 5.87 | 4.46 | 3.86 | 3.51 | 3.29 | 3.13 | 3.01 | 2.91 | 2.84 |
| | 0.01 | 8.10 | 5.85 | 4.94 | 4.43 | 4.10 | 3.87 | 3.70 | 3.56 | 3.46 |
| 24 | 0.10 | 2.93 | 2.54 | 2.33 | 2.19 | 2.10 | 2.04 | 1.98 | 1.94 | 1.91 |
| | 0.05 | 4.26 | 3.40 | 3.01 | 2.78 | 2.62 | 2.51 | 2.42 | 2.36 | 2.30 |
| | 0.025 | 5.72 | 4.32 | 3.72 | 3.38 | 3.15 | 2.99 | 2.87 | 2.78 | 2.70 |
| | 0.01 | 7.82 | 5.61 | 4.72 | 4.22 | 3.90 | 3.67 | 3.50 | 3.36 | 3.26 |
| 30 | 0.10 | 2.88 | 2.49 | 2.28 | 2.14 | 2.05 | 1.98 | 1.93 | 1.88 | 1.85 |
| | 0.05 | 4.17 | 3.32 | 2.92 | 2.69 | 2.53 | 2.42 | 2.33 | 2.27 | 2.21 |
| | 0.025 | 5.57 | 4.18 | 3.59 | 3.25 | 3.03 | 2.87 | 2.75 | 2.65 | 2.57 |
| | 0.01 | 7.56 | 5.39 | 4.51 | 4.02 | 3.70 | 3.47 | 3.30 | 3.17 | 3.07 |
| 60 | 0.10 | 2.79 | 2.39 | 2.18 | 2.04 | 1.95 | 1.87 | 1.82 | 1.77 | 1.74 |
| | 0.05 | 4.00 | 3.15 | 2.76 | 2.53 | 2.37 | 2.25 | 2.17 | 2.10 | 2.04 |
| | 0.025 | 5.29 | 3.93 | 3.34 | 3.01 | 2.79 | 2.63 | 2.51 | 2.41 | 2.33 |
| | 0.01 | 7.08 | 4.98 | 4.13 | 3.65 | 3.34 | 3.12 | 2.95 | 2.82 | 2.72 |
| 120 | 0.10 | 2.75 | 2.36 | 2.13 | 1.99 | 1.90 | 1.82 | 1.77 | 1.72 | 1.68 |
| | 0.05 | 3.92 | 3.07 | 2.68 | 2.45 | 2.29 | 2.18 | 2.09 | 2.02 | 1.96 |
| | 0.025 | 5.15 | 3.80 | 3.23 | 2.89 | 2.67 | 2.52 | 2.39 | 2.30 | 2.22 |
| | 0.01 | 7.08 | 4.98 | 4.13 | 3.65 | 3.34 | 3.12 | 2.95 | 2.82 | 2.72 |
| ∞ | 0.10 | 2.71 | 2.30 | 2.08 | 1.94 | 1.85 | 1.77 | 1.72 | 1.67 | 1.63 |
| | 0.05 | 3.84 | 3.00 | 2.60 | 2.37 | 2.21 | 2.10 | 2.01 | 1.94 | 1.88 |
| | 0.025 | 5.02 | 3.69 | 3.12 | 2.79 | 2.57 | 2.41 | 2.29 | 2.19 | 2.11 |
| | 0.01 | 6.63 | 4.61 | 3.78 | 3.32 | 3.02 | 2.80 | 2.64 | 2.51 | 2.41 |

| $\nu_2$ | $q$ | 분자자유도 $\nu_1$ | | | | | | | | | |
|---|---|---|---|---|---|---|---|---|---|---|---|
| | | 10 | 11 | 12 | 15 | 20 | 24 | 30 | 60 | 120 | ∞ |
| 13 | 0.10 | 2.14 | 2.12 | 2.10 | 2.05 | 2.01 | 1.98 | 1.96 | 1.90 | 1.86 | 1.85 |
| | 0.05 | 2.67 | 2.63 | 2.60 | 2.53 | 2.46 | 2.42 | 2.38 | 2.30 | 2.23 | 2.21 |
| | 0.025 | 3.25 | 3.20 | 3.15 | 3.05 | 2.95 | 2.89 | 2.84 | 2.72 | 2.66 | 2.60 |
| | 0.01 | 4.10 | 4.02 | 3.96 | 3.82 | 3.66 | 3.59 | 3.51 | 3.34 | 3.22 | 3.17 |
| 14 | 0.10 | 2.10 | 2.08 | 2.05 | 2.01 | 1.96 | 1.94 | 1.91 | 1.86 | 1.83 | 1.80 |
| | 0.05 | 2.60 | 2.57 | 2.53 | 2.46 | 2.39 | 2.35 | 2.31 | 2.22 | 2.18 | 2.13 |
| | 0.025 | 3.15 | 3.10 | 3.05 | 2.95 | 2.84 | 2.79 | 2.73 | 2.61 | 2.55 | 2.49 |
| | 0.01 | 3.94 | 3.86 | 3.38 | 3.66 | 3.51 | 3.43 | 3.35 | 3.18 | 3.09 | 3.00 |
| 15 | 0.10 | 2.06 | 2.04 | 2.02 | 1.97 | 1.92 | 1.90 | 1.87 | 1.82 | 1.79 | 1.76 |
| | 0.05 | 2.54 | 2.51 | 2.48 | 2.40 | 2.33 | 2.29 | 2.25 | 2.16 | 2.11 | 2.07 |
| | 0.025 | 3.06 | 3.01 | 2.96 | 2.86 | 2.76 | 2.70 | 2.64 | 2.52 | 2.46 | 2.40 |
| | 0.01 | 3.80 | 3.73 | 3.67 | 3.52 | 3.37 | 3.29 | 3.21 | 3.05 | 2.96 | 2.87 |
| 16 | 0.10 | 2.03 | 2.01 | 1.99 | 1.94 | 1.89 | 1.87 | 1.84 | 1.78 | 1.75 | 1.72 |
| | 0.05 | 2.49 | 2.46 | 2.42 | 2.35 | 2.28 | 2.24 | 2.19 | 2.11 | 2.06 | 2.01 |
| | 0.025 | 2.99 | 2.94 | 2.89 | 2.79 | 2.68 | 2.63 | 2.57 | 2.45 | 2.38 | 2.32 |
| | 0.01 | 3.69 | 3.62 | 3.55 | 3.41 | 3.26 | 3.18 | 3.10 | 2.93 | 2.84 | 2.75 |
| 17 | 0.10 | 2.00 | 1.98 | 1.96 | 1.91 | 1.86 | 1.84 | 1.81 | 1.75 | 1.72 | 1.69 |
| | 0.05 | 2.45 | 2.41 | 2.38 | 2.32 | 2.23 | 2.19 | 2.15 | 2.06 | 2.01 | 1.96 |
| | 0.025 | 2.92 | 2.87 | 2.82 | 2.72 | 2.62 | 2.56 | 2.50 | 2.38 | 2.32 | 2.25 |
| | 0.01 | 3.59 | 3.52 | 3.46 | 3.31 | 3.16 | 3.08 | 3.00 | 2.83 | 2.75 | 2.65 |
| 18 | 0.10 | 1.98 | 1.96 | 1.93 | 1.89 | 1.84 | 1.81 | 1.78 | 1.72 | 1.69 | 1.66 |
| | 0.05 | 2.41 | 2.37 | 2.34 | 2.27 | 2.19 | 2.15 | 2.11 | 2.02 | 1.97 | 1.92 |
| | 0.025 | 2.87 | 2.82 | 2.77 | 2.67 | 2.56 | 2.50 | 2.44 | 2.32 | 2.26 | 2.19 |
| | 0.01 | 3.51 | 3.43 | 3.37 | 3.23 | 3.08 | 3.00 | 2.92 | 2.75 | 2.66 | 2.57 |
| 19 | 0.10 | 1.96 | 1.94 | 1.91 | 1.86 | 1.81 | 1.79 | 1.76 | 1.70 | 1.67 | 1.63 |
| | 0.05 | 2.38 | 2.34 | 2.31 | 2.23 | 2.16 | 2.11 | 2.07 | 1.98 | 1.93 | 1.88 |
| | 0.025 | 2.82 | 2.77 | 2.72 | 2.62 | 2.51 | 2.45 | 2.39 | 2.27 | 2.20 | 2.13 |
| | 0.01 | 3.43 | 3.36 | 3.30 | 3.15 | 3.00 | 2.92 | 2.84 | 2.67 | 2.58 | 2.49 |
| 20 | 0.10 | 1.94 | 1.92 | 1.89 | 1.84 | 1.79 | 1.77 | 1.74 | 1.68 | 1.64 | 1.61 |
| | 0.05 | 2.35 | 2.31 | 2.28 | 2.20 | 2.12 | 2.08 | 2.04 | 1.95 | 1.90 | 1.84 |
| | 025 | 2.77 | 2.72 | 2.68 | 2.57 | 2.46 | 2.41 | 2.35 | 2.22 | 2.16 | 2.09 |
| | 0.01 | 3.37 | 3.29 | 3.23 | 3.09 | 2.94 | 2.86 | 2.78 | 2.61 | 2.52 | 2.42 |
| 24 | 0.10 | 1.88 | 1.85 | 1.83 | 1.78 | 1.73 | 1.70 | 1.67 | 1.61 | 1.57 | 1.53 |
| | 0.05 | 2.25 | 2.21 | 2.18 | 2.11 | 2.03 | 1.98 | 1.94 | 1.84 | 1.79 | 1.73 |
| | 0.025 | 2.64 | 2.59 | 2.54 | 2.44 | 2.33 | 2.27 | 2.21 | 2.08 | 2.01 | 1.94 |
| | 0.01 | 3.17 | 3.09 | 3.03 | 2.89 | 2.74 | 2.66 | 2.58 | 2.40 | 2.31 | 2.21 |
| 30 | 0.10 | 1.82 | 1.79 | 1.77 | 1.72 | 1.67 | 1.64 | 1.61 | 1.54 | 1.50 | 1.46 |
| | 0.05 | 2.16 | 2.13 | 2.09 | 2.01 | 1.93 | 1.89 | 1.84 | 1.74 | 1.68 | 1.62 |
| | 0.025 | 2.51 | 2.46 | 2.41 | 2.31 | 2.20 | 2.14 | 2.07 | 1.94 | 1.87 | 1.79 |
| | 0.01 | 2.98 | 2.91 | 2.84 | 2.70 | 2.55 | 2.47 | 2.39 | 2.21 | 2.11 | 2.01 |
| 60 | 0.10 | 1.71 | 1.68 | 1.66 | 1.60 | 1.54 | 1.51 | 1.48 | 1.40 | 1.35 | 1.29 |
| | 0.05 | 1.99 | 1.95 | 1.92 | 1.84 | 1.75 | 1.70 | 1.65 | 1.53 | 1.47 | 1.39 |
| | 0.025 | 2.27 | 2.22 | 2.17 | 2.06 | 1.94 | 1.88 | 1.82 | 1.67 | 1.58 | 1.48 |
| | 0.01 | 2.63 | 2.56 | 2.50 | 2.35 | 2.20 | 2.12 | 2.03 | 1.84 | 1.73 | 1.60 |
| 120 | 0.10 | 1.65 | 1.62 | 1.60 | 1.55 | 1.48 | 1.45 | 1.41 | 1.32 | 1.26 | 1.19 |
| | 0.05 | 1.91 | 1.87 | 1.83 | 1.75 | 1.66 | 1.61 | 1.55 | 1.43 | 1.35 | 1.25 |
| | 0.025 | 2.16 | 2.11 | 2.05 | 1.94 | 1.82 | 1.76 | 1.69 | 1.53 | 1.43 | 1.31 |
| | 0.01 | 2.47 | 2.40 | 2.34 | 2.19 | 2.03 | 1.95 | 1.86 | 1.66 | 1.53 | 1.38 |
| ∞ | 0.10 | 1.60 | 1.57 | 1.55 | 1.49 | 1.42 | 1.38 | 1.34 | 1.24 | 1.17 | 1.00 |
| | 0.05 | 1.83 | 1.79 | 1.75 | 1.67 | 1.57 | 1.52 | 1.46 | 1.32 | 1.22 | 1.00 |
| | 0.025 | 2.05 | 2.00 | 1.94 | 1.83 | 1.71 | 1.64 | 1.57 | 1.39 | 1.27 | 1.00 |
| | 0.01 | 2.32 | 2.25 | 2.18 | 2.04 | 1.88 | 1.79 | 1.70 | 1.47 | 1.32 | 1.00 |

## 5. 누적이항확률분포표

$$\Pr(X \leqq k) = \sum_{x=0}^{k} \binom{n}{x} p^x (1-p)^{n-x}$$

| | | p | | | | | | | | | | |
|---|---|---|---|---|---|---|---|---|---|---|---|---|
| n | k | 0.05 | 0.10 | 0.20 | 0.30 | 0.40 | 0.50 | 0.60 | 0.70 | 0.80 | 0.90 | 0.95 |
| 1 | 0 | 0.950 | 0.900 | 0.800 | 0.700 | 0.600 | 0.500 | 0.400 | 0.300 | 0.200 | 0.100 | 0.050 |
| | 1 | 1.000 | 1.000 | 1.000 | 1.000 | 1.000 | 1.000 | 1.000 | 1.000 | 1.000 | 1.000 | 1.000 |
| 2 | 0 | 0.903 | 0.810 | 0.640 | 0.490 | 0.360 | 0.250 | 0.160 | 0.090 | 0.040 | 0.010 | 0.003 |
| | 1 | 0.998 | 0.990 | 0.960 | 0.910 | 0.840 | 0.750 | 0.640 | 0.510 | 0.360 | 0.190 | 0.098 |
| | 2 | 1.000 | 1.000 | 1.000 | 1.000 | 1.000 | 1.000 | 1.000 | 1.000 | 1.000 | 1.000 | 1.000 |
| 3 | 0 | 0.857 | 0.729 | 0.512 | 0.343 | 0.216 | 0.125 | 0.064 | 0.027 | 0.008 | 0.001 | 0.000 |
| | 1 | 0.993 | 0.972 | 0.896 | 0.784 | 0.648 | 0.500 | 0.352 | 0.216 | 0.104 | 0.028 | 0.007 |
| | 2 | 1.000 | 0.999 | 0.992 | 0.973 | 0.936 | 0.875 | 0.784 | 0.657 | 0.488 | 0.271 | 0.143 |
| | 3 | 1.000 | 1.000 | 1.000 | 1.000 | 1.000 | 1.000 | 1.000 | 1.000 | 1.000 | 1.000 | 1.000 |
| 4 | 0 | 0.815 | 0.656 | 0.410 | 0.240 | 0.130 | 0.063 | 0.026 | 0.008 | 0.002 | 0.000 | 0.000 |
| | 1 | 0.986 | 0.948 | 0.819 | 0.652 | 0.475 | 0.313 | 0.179 | 0.084 | 0.027 | 0.004 | 0.000 |
| | 2 | 1.000 | 0.996 | 0.973 | 0.916 | 0.821 | 0.688 | 0.525 | 0.348 | 0.181 | 0.052 | 0.014 |
| | 3 | 1.000 | 1.000 | 0.998 | 0.992 | 0.974 | 0.938 | 0.870 | 0.760 | 0.590 | 0.344 | 0.185 |
| | 4 | 1.000 | 1.000 | 1.000 | 1.000 | 1.000 | 1.000 | 1.000 | 1.000 | 1.000 | 1.000 | 1.000 |
| 5 | 0 | 0.774 | 0.590 | 0.328 | 0.168 | 0.078 | 0.031 | 0.010 | 0.002 | 0.000 | 0.000 | 0.000 |
| | 1 | 0.977 | 0.919 | 0.737 | 0.528 | 0.337 | 0.188 | 0.087 | 0.031 | 0.007 | 0.000 | 0.000 |
| | 2 | 0.999 | 0.991 | 0.942 | 0.837 | 0.683 | 0.500 | 0.317 | 0.163 | 0.058 | 0.009 | 0.001 |
| | 3 | 1.000 | 1.000 | 0.993 | 0.969 | 0.913 | 0.813 | 0.663 | 0.472 | 0.263 | 0.081 | 0.023 |
| | 4 | 1.000 | 1.000 | 1.000 | 0.998 | 0.990 | 0.969 | 0.922 | 0.832 | 0.672 | 0.410 | 0.226 |
| | 5 | 1.000 | 1.000 | 1.000 | 1.000 | 1.000 | 1.000 | 1.000 | 1.000 | 1.000 | 1.000 | 1.000 |
| 6 | 0 | 0.735 | 0.531 | 0.262 | 0.118 | 0.047 | 0.016 | 0.004 | 0.001 | 0.000 | 0.000 | 0.000 |
| | 1 | 0.967 | 0.886 | 0.655 | 0.420 | 0.233 | 0.109 | 0.041 | 0.011 | 0.002 | 0.000 | 0.000 |
| | 2 | 0.998 | 0.984 | 0.901 | 0.744 | 0.544 | 0.344 | 0.179 | 0.070 | 0.017 | 0.001 | 0.000 |
| | 3 | 1.000 | 0.999 | 0.983 | 0.930 | 0.821 | 0.656 | 0.456 | 0.256 | 0.099 | 0.016 | 0.002 |
| | 4 | 1.000 | 1.000 | 0.998 | 0.989 | 0.959 | 0.891 | 0.767 | 0.580 | 0.345 | 0.114 | 0.033 |
| | 5 | 1.000 | 1.000 | 1.000 | 0.999 | 0.996 | 0.984 | 0.953 | 0.882 | 0.738 | 0.469 | 0.265 |
| | 6 | 1.000 | 1.000 | 1.000 | 1.000 | 1.000 | 1.000 | 1.000 | 1.000 | 1.000 | 1.000 | 1.000 |
| 7 | 0 | 0.698 | 0.478 | 0.210 | 0.082 | 0.028 | 0.008 | 0.002 | 0.000 | 0.000 | 0.000 | 0.000 |
| | 1 | 0.956 | 0.850 | 0.577 | 0.329 | 0.159 | 0.063 | 0.019 | 0.004 | 0.000 | 0.000 | 0.000 |
| | 2 | 0.996 | 0.974 | 0.852 | 0.647 | 0.420 | 0.227 | 0.096 | 0.029 | 0.005 | 0.000 | 0.000 |
| | 3 | 1.000 | 0.997 | 0.967 | 0.874 | 0.710 | 0.500 | 0.290 | 0.126 | 0.033 | 0.003 | 0.000 |
| | 4 | 1.000 | 1.000 | 0.995 | 0.971 | 0.904 | 0.773 | 0.580 | 0.353 | 0.148 | 0.026 | 0.004 |
| | 5 | 1.000 | 1.000 | 1.000 | 0.996 | 0.981 | 0.938 | 0.841 | 0.671 | 0.423 | 0.150 | 0.044 |
| | 6 | 1.000 | 1.000 | 1.000 | 1.000 | 0.998 | 0.992 | 0.972 | 0.918 | 0.790 | 0.522 | 0.302 |
| | 7 | 1.000 | 1.000 | 1.000 | 1.000 | 1.000 | 1.000 | 1.000 | 1.000 | 1.000 | 1.000 | 1.000 |
| 8 | 0 | 0.663 | 0.430 | 0.168 | 0.058 | 0.017 | 0.004 | 0.001 | 0.000 | 0.000 | 0.000 | 0.000 |
| | 1 | 0.943 | 0.813 | 0.503 | 0.255 | 0.106 | 0.035 | 0.009 | 0.001 | 0.000 | 0.000 | 0.000 |
| | 2 | 0.994 | 0.962 | 0.797 | 0.552 | 0.315 | 0.145 | 0.050 | 0.011 | 0.001 | 0.000 | 0.000 |
| | 3 | 1.000 | 0.995 | 0.944 | 0.806 | 0.594 | 0.363 | 0.174 | 0.058 | 0.010 | 0.000 | 0.000 |
| | 4 | 1.000 | 1.000 | 0.990 | 0.942 | 0.826 | 0.637 | 0.406 | 0.194 | 0.056 | 0.005 | 0.000 |
| | 5 | 1.000 | 1.000 | 0.999 | 0.989 | 0.950 | 0.855 | 0.685 | 0.448 | 0.203 | 0.038 | 0.006 |
| | 6 | 1.000 | 1.000 | 1.000 | 0.999 | 0.991 | 0.965 | 0.894 | 0.745 | 0.497 | 0.187 | 0.057 |
| | 7 | 1.000 | 1.000 | 1.000 | 1.000 | 0.999 | 0.996 | 0.983 | 0.942 | 0.832 | 0.570 | 0.337 |
| | 8 | 1.000 | 1.000 | 1.000 | 1.000 | 1.000 | 1.000 | 1.000 | 1.000 | 1.000 | 1.000 | 1.000 |

| n | k | p 0.05 | 0.10 | 0.20 | 0.30 | 0.40 | 0.50 | 0.60 | 0.70 | 0.80 | 0.90 | 0.95 |
|---|---|---|---|---|---|---|---|---|---|---|---|---|
| 9 | 0 | 0.630 | 0.387 | 0.134 | 0.040 | 0.010 | 0.002 | 0.000 | 0.000 | 0.000 | 0.000 | 0.000 |
| | 1 | 0.929 | 0.775 | 0.436 | 0.196 | 0.071 | 0.020 | 0.004 | 0.000 | 0.000 | 0.000 | 0.000 |
| | 2 | 0.992 | 0.947 | 0.738 | 0.463 | 0.232 | 0.090 | 0.025 | 0.004 | 0.000 | 0.000 | 0.000 |
| | 3 | 0.999 | 0.992 | 0.914 | 0.730 | 0.483 | 0.254 | 0.099 | 0.025 | 0.003 | 0.000 | 0.000 |
| | 4 | 1.000 | 0.999 | 0.980 | 0.901 | 0.733 | 0.500 | 0.267 | 0.099 | 0.020 | 0.001 | 0.000 |
| | 5 | 1.000 | 1.000 | 0.997 | 0.975 | 0.901 | 0.746 | 0.517 | 0.270 | 0.086 | 0.008 | 0.001 |
| | 6 | 1.000 | 1.000 | 1.000 | 0.996 | 0.975 | 0.910 | 0.768 | 0.537 | 0.262 | 0.053 | 0.008 |
| | 7 | 1.000 | 1.000 | 1.000 | 1.000 | 0.996 | 0.980 | 0.929 | 0.804 | 0.564 | 0.225 | 0.071 |
| | 8 | 1.000 | 1.000 | 1.000 | 1.000 | 1.000 | 0.998 | 0.990 | 0.960 | 0.866 | 0.613 | 0.370 |
| | 9 | 1.000 | 1.000 | 1.000 | 1.000 | 1.000 | 1.000 | 1.000 | 1.000 | 1.000 | 1.000 | 1.000 |
| 10 | 0 | 0.599 | 0.349 | 0.107 | 0.028 | 0.006 | 0.001 | 0.000 | 0.000 | 0.000 | 0.000 | 0.000 |
| | 1 | 0.914 | 0.736 | 0.376 | 0.149 | 0.046 | 0.011 | 0.002 | 0.000 | 0.000 | 0.000 | 0.000 |
| | 2 | 0.988 | 0.930 | 0.678 | 0.383 | 0.167 | 0.055 | 0.012 | 0.002 | 0.000 | 0.000 | 0.000 |
| | 3 | 0.999 | 0.987 | 0.879 | 0.650 | 0.382 | 0.172 | 0.055 | 0.011 | 0.001 | 0.000 | 0.000 |
| | 4 | 1.000 | 0.998 | 0.967 | 0.850 | 0.633 | 0.377 | 0.166 | 0.047 | 0.006 | 0.000 | 0.000 |
| | 5 | 1.000 | 1.000 | 0.994 | 0.953 | 0.834 | 0.623 | 0.367 | 0.150 | 0.033 | 0.002 | 0.000 |
| | 6 | 1.000 | 1.000 | 0.999 | 0.989 | 0.945 | 0.828 | 0.618 | 0.350 | 0.121 | 0.013 | 0.001 |
| | 7 | 1.000 | 1.000 | 1.000 | 0.998 | 0.988 | 0.945 | 0.833 | 0.617 | 0.322 | 0.070 | 0.012 |
| | 8 | 1.000 | 1.000 | 1.000 | 1.000 | 0.998 | 0.989 | 0.954 | 0.851 | 0.624 | 0.264 | 0.086 |
| | 9 | 1.000 | 1.000 | 1.000 | 1.000 | 1.000 | 0.999 | 0.994 | 0.972 | 0.893 | 0.651 | 0.401 |
| | 10 | 1.000 | 1.000 | 1.000 | 1.000 | 1.000 | 1.000 | 1.000 | 1.000 | 1.000 | 1.000 | 1.000 |
| 11 | 0 | 0.569 | 0.314 | 0.086 | 0.020 | 0.004 | 0.000 | 0.000 | 0.000 | 0.000 | 0.000 | 0.000 |
| | 1 | 0.898 | 0.697 | 0.322 | 0.113 | 0.030 | 0.006 | 0.001 | 0.000 | 0.000 | 0.000 | 0.000 |
| | 2 | 0.985 | 0.910 | 0.617 | 0.313 | 0.119 | 0.033 | 0.006 | 0.001 | 0.000 | 0.000 | 0.000 |
| | 3 | 0.998 | 0.981 | 0.839 | 0.570 | 0.296 | 0.113 | 0.029 | 0.004 | 0.000 | 0.000 | 0.000 |
| | 4 | 1.000 | 0.997 | 0.950 | 0.790 | 0.533 | 0.274 | 0.099 | 0.022 | 0.002 | 0.000 | 0.000 |
| | 5 | 1.000 | 1.000 | 0.988 | 0.922 | 0.753 | 0.500 | 0.247 | 0.078 | 0.012 | 0.000 | 0.000 |
| | 6 | 1.000 | 1.000 | 0.998 | 0.978 | 0.901 | 0.726 | 0.467 | 0.210 | 0.050 | 0.003 | 0.000 |
| | 7 | 1.000 | 1.000 | 1.000 | 0.996 | 0.971 | 0.887 | 0.704 | 0.430 | 0.161 | 0.019 | 0.002 |
| | 8 | 1.000 | 1.000 | 1.000 | 0.999 | 0.994 | 0.967 | 0.881 | 0.687 | 0.383 | 0.090 | 0.015 |
| | 9 | 1.000 | 1.000 | 1.000 | 1.000 | 0.999 | 0.994 | 0.970 | 0.887 | 0.678 | 0.303 | 0.102 |
| | 10 | 1.000 | 1.000 | 1.000 | 1.000 | 1.000 | 1.000 | 0.996 | 0.980 | 0.914 | 0.686 | 0.431 |
| | 11 | 1.000 | 1.000 | 1.000 | 1.000 | 1.000 | 1.000 | 1.000 | 1.000 | 1.000 | 1.000 | 1.000 |
| 12 | 0 | 0.540 | 0.282 | 0.069 | 0.014 | 0.002 | 0.000 | 0.000 | 0.000 | 0.000 | 0.000 | 0.000 |
| | 1 | 0.882 | 0.659 | 0.275 | 0.085 | 0.020 | 0.003 | 0.000 | 0.000 | 0.000 | 0.000 | 0.000 |
| | 2 | 0.980 | 0.889 | 0.558 | 0.253 | 0.083 | 0.019 | 0.003 | 0.000 | 0.000 | 0.000 | 0.000 |
| | 3 | 0.998 | 0.974 | 0.795 | 0.493 | 0.225 | 0.073 | 0.015 | 0.002 | 0.000 | 0.000 | 0.000 |
| | 4 | 1.000 | 0.996 | 0.927 | 0.724 | 0.438 | 0.194 | 0.057 | 0.009 | 0.001 | 0.000 | 0.000 |
| | 5 | 1.000 | 0.999 | 0.981 | 0.882 | 0.665 | 0.387 | 0.158 | 0.039 | 0.004 | 0.000 | 0.000 |
| | 6 | 1.000 | 1.000 | 0.996 | 0.961 | 0.842 | 0.613 | 0.335 | 0.118 | 0.019 | 0.001 | 0.000 |
| | 7 | 1.000 | 1.000 | 0.999 | 0.991 | 0.943 | 0.806 | 0.562 | 0.276 | 0.073 | 0.004 | 0.000 |
| | 8 | 1.000 | 1.000 | 1.000 | 0.998 | 0.985 | 0.927 | 0.775 | 0.507 | 0.205 | 0.026 | 0.002 |
| | 9 | 1.000 | 1.000 | 1.000 | 1.000 | 0.997 | 0.981 | 0.917 | 0.747 | 0.442 | 0.111 | 0.020 |
| | 10 | 1.000 | 1.000 | 1.000 | 1.000 | 1.000 | 0.997 | 0.980 | 0.915 | 0.725 | 0.341 | 0.118 |
| | 11 | 1.000 | 1.000 | 1.000 | 1.000 | 1.000 | 1.000 | 0.998 | 0.986 | 0.931 | 0.718 | 0.460 |
| | 12 | 1.000 | 1.000 | 1.000 | 1.000 | 1.000 | 1.000 | 1.000 | 1.000 | 1.000 | 1.000 | 1.000 |
| 13 | 0 | 0.513 | 0.254 | 0.055 | 0.010 | 0.001 | 0.000 | 0.000 | 0.000 | 0.000 | 0.000 | 0.000 |
| | 1 | 0.865 | 0.621 | 0.234 | 0.064 | 0.013 | 0.002 | 0.000 | 0.000 | 0.000 | 0.000 | 0.000 |
| | 2 | 0.975 | 0.866 | 0.502 | 0.202 | 0.058 | 0.011 | 0.001 | 0.000 | 0.000 | 0.000 | 0.000 |
| | 3 | 0.997 | 0.966 | 0.747 | 0.421 | 0.169 | 0.046 | 0.008 | 0.001 | 0.000 | 0.000 | 0.000 |
| | 4 | 1.000 | 0.994 | 0.901 | 0.654 | 0.353 | 0.133 | 0.032 | 0.004 | 0.000 | 0.000 | 0.000 |
| | 5 | 1.000 | 0.999 | 0.970 | 0.835 | 0.574 | 0.291 | 0.098 | 0.018 | 0.001 | 0.000 | 0.000 |
| | 6 | 1.000 | 1.000 | 0.993 | 0.938 | 0.771 | 0.500 | 0.229 | 0.062 | 0.007 | 0.000 | 0.000 |
| | 7 | 1.000 | 1.000 | 0.999 | 0.982 | 0.902 | 0.709 | 0.426 | 0.165 | 0.030 | 0.001 | 0.000 |
| | 8 | 1.000 | 1.000 | 1.000 | 0.996 | 0.968 | 0.867 | 0.647 | 0.346 | 0.099 | 0.006 | 0.000 |
| | 9 | 1.000 | 1.000 | 1.000 | 0.999 | 0.992 | 0.954 | 0.831 | 0.579 | 0.253 | 0.034 | 0.003 |
| | 10 | 1.000 | 1.000 | 1.000 | 1.000 | 0.999 | 0.989 | 0.942 | 0.798 | 0.498 | 0.134 | 0.025 |
| | 11 | 1.000 | 1.000 | 1.000 | 1.000 | 1.000 | 0.998 | 0.987 | 0.936 | 0.766 | 0.379 | 0.135 |
| | 12 | 1.000 | 1.000 | 1.000 | 1.000 | 1.000 | 1.000 | 0.999 | 0.990 | 0.945 | 0.746 | 0.487 |
| | 13 | 1.000 | 1.000 | 1.000 | 1.000 | 1.000 | 1.000 | 1.000 | 1.000 | 1.000 | 1.000 | 1.000 |

| | | p | | | | | | | | | | |
|---|---|---|---|---|---|---|---|---|---|---|---|---|
| n | k | 0.05 | 0.10 | 0.20 | 0.30 | 0.40 | 0.50 | 0.60 | 0.70 | 0.80 | 0.90 | 0.95 |
| | 0 | 0.488 | 0.229 | 0.044 | 0.007 | 0.001 | 0.000 | 0.000 | 0.000 | 0.000 | 0.000 | 0.000 |
| | 1 | 0.847 | 0.585 | 0.198 | 0.047 | 0.008 | 0.001 | 0.000 | 0.000 | 0.000 | 0.000 | 0.000 |
| | 2 | 0.970 | 0.842 | 0.448 | 0.161 | 0.040 | 0.006 | 0.001 | 0.000 | 0.000 | 0.000 | 0.000 |
| | 3 | 0.996 | 0.956 | 0.698 | 0.355 | 0.124 | 0.029 | 0.004 | 0.000 | 0.000 | 0.000 | 0.000 |
| | 4 | 1.000 | 0.991 | 0.870 | 0.584 | 0.279 | 0.090 | 0.018 | 0.002 | 0.000 | 0.000 | 0.000 |
| | 5 | 1.000 | 0.999 | 0.956 | 0.781 | 0.486 | 0.212 | 0.058 | 0.008 | 0.000 | 0.000 | 0.000 |
| | 6 | 1.000 | 1.000 | 0.988 | 0.907 | 0.692 | 0.395 | 0.150 | 0.031 | 0.002 | 0.000 | 0.000 |
| 14 | 7 | 1.000 | 1.000 | 0.998 | 0.969 | 0.850 | 0.605 | 0.308 | 0.093 | 0.012 | 0.000 | 0.000 |
| | 8 | 1.000 | 1.000 | 1.000 | 0.992 | 0.942 | 0.788 | 0.514 | 0.219 | 0.044 | 0.001 | 0.000 |
| | 9 | 1.000 | 1.000 | 1.000 | 0.998 | 0.982 | 0.910 | 0.721 | 0.416 | 0.130 | 0.009 | 0.000 |
| | 10 | 1.000 | 1.000 | 1.000 | 1.000 | 0.996 | 0.971 | 0.876 | 0.645 | 0.302 | 0.044 | 0.004 |
| | 11 | 1.000 | 1.000 | 1.000 | 1.000 | 0.999 | 0.994 | 0.960 | 0.839 | 0.552 | 0.158 | 0.030 |
| | 12 | 1.000 | 1.000 | 1.000 | 1.000 | 1.000 | 0.999 | 0.992 | 0.953 | 0.802 | 0.415 | 0.153 |
| | 13 | 1.000 | 1.000 | 1.000 | 1.000 | 1.000 | 1.000 | 0.999 | 0.993 | 0.956 | 0.771 | 0.512 |
| | 14 | 1.000 | 1.000 | 1.000 | 1.000 | 1.000 | 1.000 | 1.000 | 1.000 | 1.000 | 1.000 | 1.000 |
| | 0 | 0.463 | 0.206 | 0.035 | 0.005 | 0.000 | 0.000 | 0.000 | 0.000 | 0.000 | 0.000 | 0.000 |
| | 1 | 0.829 | 0.549 | 0.167 | 0.035 | 0.005 | 0.000 | 0.000 | 0.000 | 0.000 | 0.000 | 0.000 |
| | 2 | 0.964 | 0.816 | 0.398 | 0.127 | 0.027 | 0.004 | 0.000 | 0.000 | 0.000 | 0.000 | 0.000 |
| | 3 | 0.995 | 0.944 | 0.648 | 0.297 | 0.091 | 0.018 | 0.002 | 0.000 | 0.000 | 0.000 | 0.000 |
| | 4 | 0.999 | 0.987 | 0.836 | 0.515 | 0.217 | 0.059 | 0.009 | 0.001 | 0.000 | 0.000 | 0.000 |
| | 5 | 1.000 | 0.998 | 0.939 | 0.722 | 0.403 | 0.151 | 0.034 | 0.004 | 0.000 | 0.000 | 0.000 |
| | 6 | 1.000 | 1.000 | 0.982 | 0.869 | 0.610 | 0.304 | 0.095 | 0.015 | 0.001 | 0.000 | 0.000 |
| | 7 | 1.000 | 1.000 | 0.996 | 0.950 | 0.787 | 0.500 | 0.213 | 0.050 | 0.004 | 0.000 | 0.000 |
| 15 | 8 | 1.000 | 1.000 | 0.999 | 0.985 | 0.905 | 0.696 | 0.390 | 0.131 | 0.018 | 0.000 | 0.000 |
| | 9 | 1.000 | 1.000 | 1.000 | 0.996 | 0.966 | 0.849 | 0.597 | 0.278 | 0.061 | 0.002 | 0.000 |
| | 10 | 1.000 | 1.000 | 1.000 | 0.999 | 0.991 | 0.941 | 0.783 | 0.485 | 0.164 | 0.013 | 0.001 |
| | 11 | 1.000 | 1.000 | 1.000 | 1.000 | 0.998 | 0.982 | 0.909 | 0.703 | 0.352 | 0.056 | 0.005 |
| | 12 | 1.000 | 1.000 | 1.000 | 1.000 | 1.000 | 0.996 | 0.973 | 0.873 | 0.602 | 0.184 | 0.036 |
| | 13 | 1.000 | 1.000 | 1.000 | 1.000 | 1.000 | 1.000 | 0.995 | 0.965 | 0.833 | 0.451 | 0.171 |
| | 14 | 1.000 | 1.000 | 1.000 | 1.000 | 1.000 | 1.000 | 1.000 | 0.995 | 0.965 | 0.794 | 0.537 |
| | 15 | 1.000 | 1.000 | 1.000 | 1.000 | 1.000 | 1.000 | 1.000 | 1.000 | 1.000 | 1.000 | 1.000 |
| | 0 | 0.440 | 0.185 | 0.028 | 0.003 | 0.000 | 0.000 | 0.000 | 0.000 | 0.000 | 0.000 | 0.000 |
| | 1 | 0.811 | 0.515 | 0.141 | 0.026 | 0.003 | 0.000 | 0.000 | 0.000 | 0.000 | 0.000 | 0.000 |
| | 2 | 0.957 | 0.789 | 0.352 | 0.099 | 0.018 | 0.002 | 0.000 | 0.000 | 0.000 | 0.000 | 0.000 |
| | 3 | 0.993 | 0.932 | 0.598 | 0.246 | 0.065 | 0.011 | 0.001 | 0.000 | 0.000 | 0.000 | 0.000 |
| | 4 | 0.999 | 0.983 | 0.798 | 0.450 | 0.167 | 0.038 | 0.005 | 0.000 | 0.000 | 0.000 | 0.000 |
| | 5 | 1.000 | 0.997 | 0.918 | 0.660 | 0.329 | 0.105 | 0.019 | 0.002 | 0.000 | 0.000 | 0.000 |
| | 6 | 1.000 | 0.999 | 0.973 | 0.825 | 0.527 | 0.227 | 0.058 | 0.007 | 0.000 | 0.000 | 0.000 |
| | 7 | 1.000 | 1.000 | 0.993 | 0.926 | 0.716 | 0.402 | 0.142 | 0.026 | 0.001 | 0.000 | 0.000 |
| 16 | 8 | 1.000 | 1.000 | 0.999 | 0.974 | 0.858 | 0.598 | 0.284 | 0.074 | 0.007 | 0.000 | 0.000 |
| | 9 | 1.000 | 1.000 | 1.000 | 0.993 | 0.942 | 0.773 | 0.473 | 0.175 | 0.027 | 0.001 | 0.000 |
| | 10 | 1.000 | 1.000 | 1.000 | 0.998 | 0.981 | 0.895 | 0.671 | 0.340 | 0.082 | 0.003 | 0.000 |
| | 11 | 1.000 | 1.000 | 1.000 | 1.000 | 0.995 | 0.962 | 0.833 | 0.550 | 0.202 | 0.017 | 0.001 |
| | 12 | 1.000 | 1.000 | 1.000 | 1.000 | 0.999 | 0.989 | 0.935 | 0.754 | 0.402 | 0.068 | 0.007 |
| | 13 | 1.000 | 1.000 | 1.000 | 1.000 | 1.000 | 0.998 | 0.982 | 0.901 | 0.648 | 0.211 | 0.043 |
| | 14 | 1.000 | 1.000 | 1.000 | 1.000 | 1.000 | 1.000 | 0.997 | 0.974 | 0.859 | 0.485 | 0.189 |
| | 15 | 1.000 | 1.000 | 1.000 | 1.000 | 1.000 | 1.000 | 1.000 | 0.997 | 0.972 | 0.815 | 0.560 |
| | 16 | 1.000 | 1.000 | 1.000 | 1.000 | 1.000 | 1.000 | 1.000 | 1.000 | 1.000 | 1.000 | 1.000 |

| | | *p* | | | | | | | | | | |
|---|---|---|---|---|---|---|---|---|---|---|---|---|
| *n* | *k* | 0.05 | 0.10 | 0.20 | 0.30 | 0.40 | 0.50 | 0.60 | 0.70 | 0.80 | 0.90 | 0.95 |
| 17 | 0 | 0.418 | 0.167 | 0.023 | 0.002 | 0.000 | 0.000 | 0.000 | 0.000 | 0.000 | 0.000 | 0.000 |
| | 1 | 0.792 | 0.482 | 0.118 | 0.019 | 0.002 | 0.000 | 0.000 | 0.000 | 0.000 | 0.000 | 0.000 |
| | 2 | 0.950 | 0.762 | 0.310 | 0.077 | 0.012 | 0.001 | 0.000 | 0.000 | 0.000 | 0.000 | 0.000 |
| | 3 | 0.991 | 0.917 | 0.549 | 0.202 | 0.046 | 0.006 | 0.000 | 0.000 | 0.000 | 0.000 | 0.000 |
| | 4 | 0.999 | 0.978 | 0.758 | 0.389 | 0.126 | 0.025 | 0.003 | 0.000 | 0.000 | 0.000 | 0.000 |
| | 5 | 1.000 | 0.995 | 0.894 | 0.597 | 0.264 | 0.072 | 0.011 | 0.001 | 0.000 | 0.000 | 0.000 |
| | 6 | 1.000 | 0.999 | 0.962 | 0.775 | 0.448 | 0.166 | 0.035 | 0.003 | 0.000 | 0.000 | 0.000 |
| | 7 | 1.000 | 1.000 | 0.989 | 0.895 | 0.641 | 0.315 | 0.092 | 0.013 | 0.000 | 0.000 | 0.000 |
| | 8 | 1.000 | 1.000 | 0.997 | 0.960 | 0.801 | 0.500 | 0.199 | 0.040 | 0.003 | 0.000 | 0.000 |
| | 9 | 1.000 | 1.000 | 1.000 | 0.987 | 0.908 | 0.685 | 0.359 | 0.105 | 0.011 | 0.000 | 0.000 |
| | 10 | 1.000 | 1.000 | 1.000 | 0.997 | 0.965 | 0.834 | 0.552 | 0.225 | 0.038 | 0.001 | 0.000 |
| | 11 | 1.000 | 1.000 | 1.000 | 0.999 | 0.989 | 0.928 | 0.736 | 0.403 | 0.106 | 0.005 | 0.000 |
| | 12 | 1.000 | 1.000 | 1.000 | 1.000 | 0.997 | 0.975 | 0.874 | 0.611 | 0.242 | 0.022 | 0.001 |
| | 13 | 1.000 | 1.000 | 1.000 | 1.000 | 1.000 | 0.994 | 0.954 | 0.798 | 0.451 | 0.083 | 0.009 |
| | 14 | 1.000 | 1.000 | 1.000 | 1.000 | 1.000 | 0.999 | 0.988 | 0.923 | 0.690 | 0.238 | 0.050 |
| | 15 | 1.000 | 1.000 | 1.000 | 1.000 | 1.000 | 1.000 | 0.998 | 0.981 | 0.882 | 0.518 | 0.208 |
| | 16 | 1.000 | 1.000 | 1.000 | 1.000 | 1.000 | 1.000 | 1.000 | 0.998 | 0.977 | 0.833 | 0.582 |
| | 17 | 1.000 | 1.000 | 1.000 | 1.000 | 1.000 | 1.000 | 1.000 | 1.000 | 1.000 | 1.000 | 1.000 |
| 18 | 0 | 0.397 | 0.150 | 0.018 | 0.002 | 0.000 | 0.000 | 0.000 | 0.000 | 0.000 | 0.000 | 0.000 |
| | 1 | 0.774 | 0.450 | 0.099 | 0.014 | 0.001 | 0.000 | 0.000 | 0.000 | 0.000 | 0.000 | 0.000 |
| | 2 | 0.942 | 0.734 | 0.271 | 0.060 | 0.008 | 0.001 | 0.000 | 0.000 | 0.000 | 0.000 | 0.000 |
| | 3 | 0.989 | 0.902 | 0.501 | 0.165 | 0.033 | 0.004 | 0.000 | 0.000 | 0.000 | 0.000 | 0.000 |
| | 4 | 0.998 | 0.972 | 0.716 | 0.333 | 0.094 | 0.015 | 0.001 | 0.000 | 0.000 | 0.000 | 0.000 |
| | 5 | 1.000 | 0.994 | 0.867 | 0.534 | 0.209 | 0.048 | 0.006 | 0.000 | 0.000 | 0.000 | 0.000 |
| | 6 | 1.000 | 0.999 | 0.949 | 0.722 | 0.374 | 0.119 | 0.020 | 0.001 | 0.000 | 0.000 | 0.000 |
| | 7 | 1.000 | 1.000 | 0.984 | 0.859 | 0.563 | 0.240 | 0.058 | 0.006 | 0.000 | 0.000 | 0.000 |
| | 8 | 1.000 | 1.000 | 0.996 | 0.940 | 0.737 | 0.407 | 0.135 | 0.021 | 0.001 | 0.000 | 0.000 |
| | 9 | 1.000 | 1.000 | 0.999 | 0.979 | 0.865 | 0.593 | 0.263 | 0.060 | 0.004 | 0.000 | 0.000 |
| | 10 | 1.000 | 1.000 | 1.000 | 0.994 | 0.942 | 0.760 | 0.437 | 0.141 | 0.016 | 0.000 | 0.000 |
| | 11 | 1.000 | 1.000 | 1.000 | 0.999 | 0.980 | 0.881 | 0.626 | 0.278 | 0.051 | 0.001 | 0.000 |
| | 12 | 1.000 | 1.000 | 1.000 | 1.000 | 0.994 | 0.952 | 0.791 | 0.466 | 0.133 | 0.006 | 0.000 |
| | 13 | 1.000 | 1.000 | 1.000 | 1.000 | 0.999 | 0.985 | 0.906 | 0.667 | 0.284 | 0.028 | 0.002 |
| | 14 | 1.000 | 1.000 | 1.000 | 1.000 | 1.000 | 0.996 | 0.967 | 0.835 | 0.499 | 0.098 | 0.011 |
| | 15 | 1.000 | 1.000 | 1.000 | 1.000 | 1.000 | 0.999 | 0.992 | 0.940 | 0.729 | 0.266 | 0.058 |
| | 16 | 1.000 | 1.000 | 1.000 | 1.000 | 1.000 | 1.000 | 0.999 | 0.986 | 0.901 | 0.550 | 0.226 |
| | 17 | 1.000 | 1.000 | 1.000 | 1.000 | 1.000 | 1.000 | 1.000 | 0.998 | 0.982 | 0.850 | 0.603 |
| | 18 | 1.000 | 1.000 | 1.000 | 1.000 | 1.000 | 1.000 | 1.000 | 1.000 | 1.000 | 1.000 | 1.000 |
| 19 | 0 | 0.377 | 0.135 | 0.014 | 0.001 | 0.000 | 0.000 | 0.000 | 0.000 | 0.000 | 0.000 | 0.000 |
| | 1 | 0.755 | 0.420 | 0.083 | 0.010 | 0.001 | 0.000 | 0.000 | 0.000 | 0.000 | 0.000 | 0.000 |
| | 2 | 0.933 | 0.705 | 0.237 | 0.046 | 0.005 | 0.000 | 0.000 | 0.000 | 0.000 | 0.000 | 0.000 |
| | 3 | 0.987 | 0.885 | 0.455 | 0.133 | 0.023 | 0.002 | 0.000 | 0.000 | 0.000 | 0.000 | 0.000 |
| | 4 | 0.998 | 0.965 | 0.673 | 0.282 | 0.070 | 0.010 | 0.001 | 0.000 | 0.000 | 0.000 | 0.000 |
| | 5 | 1.000 | 0.991 | 0.837 | 0.474 | 0.163 | 0.032 | 0.003 | 0.000 | 0.000 | 0.000 | 0.000 |
| | 6 | 1.000 | 0.998 | 0.932 | 0.666 | 0.308 | 0.084 | 0.012 | 0.001 | 0.000 | 0.000 | 0.000 |
| | 7 | 1.000 | 1.000 | 0.977 | 0.818 | 0.488 | 0.180 | 0.035 | 0.003 | 0.000 | 0.000 | 0.000 |
| | 8 | 1.000 | 1.000 | 0.993 | 0.916 | 0.667 | 0.324 | 0.088 | 0.011 | 0.000 | 0.000 | 0.000 |
| | 9 | 1.000 | 1.000 | 0.998 | 0.967 | 0.814 | 0.500 | 0.186 | 0.033 | 0.002 | 0.000 | 0.000 |
| | 10 | 1.000 | 1.000 | 1.000 | 0.989 | 0.912 | 0.676 | 0.333 | 0.084 | 0.007 | 0.000 | 0.000 |
| | 11 | 1.000 | 1.000 | 1.000 | 0.997 | 0.965 | 0.820 | 0.512 | 0.182 | 0.023 | 0.000 | 0.000 |
| | 12 | 1.000 | 1.000 | 1.000 | 0.999 | 0.988 | 0.916 | 0.692 | 0.334 | 0.068 | 0.002 | 0.000 |
| | 13 | 1.000 | 1.000 | 1.000 | 1.000 | 0.997 | 0.968 | 0.837 | 0.526 | 0.163 | 0.009 | 0.000 |
| | 14 | 1.000 | 1.000 | 1.000 | 1.000 | 0.999 | 0.990 | 0.930 | 0.718 | 0.327 | 0.035 | 0.002 |
| | 15 | 1.000 | 1.000 | 1.000 | 1.000 | 1.000 | 0.998 | 0.977 | 0.867 | 0.545 | 0.115 | 0.013 |
| | 16 | 1.000 | 1.000 | 1.000 | 1.000 | 1.000 | 1.000 | 0.995 | 0.954 | 0.763 | 0.295 | 0.067 |
| | 17 | 1.000 | 1.000 | 1.000 | 1.000 | 1.000 | 1.000 | 0.999 | 0.990 | 0.917 | 0.580 | 0.245 |
| | 18 | 1.000 | 1.000 | 1.000 | 1.000 | 1.000 | 1.000 | 1.000 | 0.999 | 0.986 | 0.865 | 0.623 |
| | 19 | 1.000 | 1.000 | 1.000 | 1.000 | 1.000 | 1.000 | 1.000 | 1.000 | 1.000 | 1.000 | 1.000 |

| $n$ | $k$ | $p$ 0.05 | 0.10 | 0.20 | 0.30 | 0.40 | 0.50 | 0.60 | 0.70 | 0.80 | 0.90 | 0.95 |
|---|---|---|---|---|---|---|---|---|---|---|---|---|
| 20 | 0 | 0.358 | 0.122 | 0.012 | 0.001 | 0.000 | 0.000 | 0.000 | 0.000 | 0.000 | 0.000 | 0.000 |
| | 1 | 0.736 | 0.392 | 0.069 | 0.008 | 0.001 | 0.000 | 0.000 | 0.000 | 0.000 | 0.000 | 0.000 |
| | 2 | 0.925 | 0.677 | 0.206 | 0.035 | 0.004 | 0.000 | 0.000 | 0.000 | 0.000 | 0.000 | 0.000 |
| | 3 | 0.984 | 0.867 | 0.411 | 0.107 | 0.016 | 0.001 | 0.000 | 0.000 | 0.000 | 0.000 | 0.000 |
| | 4 | 0.997 | 0.957 | 0.630 | 0.238 | 0.051 | 0.006 | 0.000 | 0.000 | 0.000 | 0.000 | 0.000 |
| | 5 | 1.000 | 0.989 | 0.804 | 0.416 | 0.126 | 0.021 | 0.002 | 0.000 | 0.000 | 0.000 | 0.000 |
| | 6 | 1.000 | 0.998 | 0.913 | 0.608 | 0.250 | 0.058 | 0.006 | 0.000 | 0.000 | 0.000 | 0.000 |
| | 7 | 1.000 | 1.000 | 0.968 | 0.772 | 0.416 | 0.132 | 0.021 | 0.001 | 0.000 | 0.000 | 0.000 |
| | 8 | 1.000 | 1.000 | 0.990 | 0.887 | 0.596 | 0.252 | 0.057 | 0.005 | 0.000 | 0.000 | 0.000 |
| | 9 | 1.000 | 1.000 | 0.997 | 0.952 | 0.755 | 0.412 | 0.128 | 0.017 | 0.001 | 0.000 | 0.000 |
| | 10 | 1.000 | 1.000 | 0.999 | 0.983 | 0.872 | 0.588 | 0.245 | 0.048 | 0.003 | 0.000 | 0.000 |
| | 11 | 1.000 | 1.000 | 1.000 | 0.995 | 0.943 | 0.748 | 0.404 | 0.113 | 0.010 | 0.000 | 0.000 |
| | 12 | 1.000 | 1.000 | 1.000 | 0.999 | 0.979 | 0.868 | 0.584 | 0.228 | 0.032 | 0.000 | 0.000 |
| | 13 | 1.000 | 1.000 | 1.000 | 1.000 | 0.994 | 0.942 | 0.750 | 0.392 | 0.087 | 0.002 | 0.000 |
| | 14 | 1.000 | 1.000 | 1.000 | 1.000 | 0.998 | 0.979 | 0.874 | 0.584 | 0.196 | 0.011 | 0.000 |
| | 15 | 1.000 | 1.000 | 1.000 | 1.000 | 1.000 | 0.994 | 0.949 | 0.762 | 0.370 | 0.043 | 0.003 |
| | 16 | 1.000 | 1.000 | 1.000 | 1.000 | 1.000 | 0.999 | 0.984 | 0.893 | 0.589 | 0.133 | 0.016 |
| | 17 | 1.000 | 1.000 | 1.000 | 1.000 | 1.000 | 1.000 | 0.996 | 0.965 | 0.794 | 0.323 | 0.075 |
| | 18 | 1.000 | 1.000 | 1.000 | 1.000 | 1.000 | 1.000 | 0.999 | 0.992 | 0.931 | 0.608 | 0.264 |
| | 19 | 1.000 | 1.000 | 1.000 | 1.000 | 1.000 | 1.000 | 1.000 | 0.999 | 0.988 | 0.878 | 0.642 |
| | 20 | 1.000 | 1.000 | 1.000 | 1.000 | 1.000 | 1.000 | 1.000 | 1.000 | 1.000 | 1.000 | 1.000 |
| 25 | 0 | 0.277 | 0.072 | 0.004 | 0.000 | 0.000 | 0.000 | 0.000 | 0.000 | 0.000 | 0.000 | 0.000 |
| | 1 | 0.642 | 0.271 | 0.027 | 0.002 | 0.000 | 0.000 | 0.000 | 0.000 | 0.000 | 0.000 | 0.000 |
| | 2 | 0.873 | 0.537 | 0.098 | 0.009 | 0.000 | 0.000 | 0.000 | 0.000 | 0.000 | 0.000 | 0.000 |
| | 3 | 0.966 | 0.764 | 0.234 | 0.033 | 0.002 | 0.000 | 0.000 | 0.000 | 0.000 | 0.000 | 0.000 |
| | 4 | 0.993 | 0.902 | 0.421 | 0.090 | 0.009 | 0.000 | 0.000 | 0.000 | 0.000 | 0.000 | 0.000 |
| | 5 | 0.999 | 0.967 | 0.617 | 0.193 | 0.029 | 0.002 | 0.000 | 0.000 | 0.000 | 0.000 | 0.000 |
| | 6 | 1.000 | 0.991 | 0.780 | 0.341 | 0.074 | 0.007 | 0.000 | 0.000 | 0.000 | 0.000 | 0.000 |
| | 7 | 1.000 | 0.998 | 0.891 | 0.512 | 0.154 | 0.022 | 0.001 | 0.000 | 0.000 | 0.000 | 0.000 |
| | 8 | 1.000 | 1.000 | 0.953 | 0.677 | 0.274 | 0.054 | 0.004 | 0.000 | 0.000 | 0.000 | 0.000 |
| | 9 | 1.000 | 1.000 | 0.983 | 0.811 | 0.425 | 0.115 | 0.013 | 0.000 | 0.000 | 0.000 | 0.000 |
| | 10 | 1.000 | 1.000 | 0.994 | 0.902 | 0.586 | 0.212 | 0.034 | 0.002 | 0.000 | 0.000 | 0.000 |
| | 11 | 1.000 | 1.000 | 0.998 | 0.956 | 0.732 | 0.345 | 0.078 | 0.006 | 0.000 | 0.000 | 0.000 |
| | 12 | 1.000 | 1.000 | 1.000 | 0.983 | 0.846 | 0.500 | 0.154 | 0.017 | 0.000 | 0.000 | 0.000 |
| | 13 | 1.000 | 1.000 | 1.000 | 0.994 | 0.922 | 0.655 | 0.268 | 0.044 | 0.002 | 0.000 | 0.000 |
| | 14 | 1.000 | 1.000 | 1.000 | 0.998 | 0.966 | 0.788 | 0.414 | 0.098 | 0.006 | 0.000 | 0.000 |
| | 15 | 1.000 | 1.000 | 1.000 | 1.000 | 0.987 | 0.885 | 0.575 | 0.189 | 0.017 | 0.000 | 0.000 |
| | 16 | 1.000 | 1.000 | 1.000 | 1.000 | 0.996 | 0.946 | 0.726 | 0.323 | 0.047 | 0.000 | 0.000 |
| | 17 | 1.000 | 1.000 | 1.000 | 1.000 | 0.999 | 0.978 | 0.846 | 0.488 | 0.109 | 0.002 | 0.000 |
| | 18 | 1.000 | 1.000 | 1.000 | 1.000 | 1.000 | 0.993 | 0.926 | 0.659 | 0.220 | 0.009 | 0.000 |
| | 19 | 1.000 | 1.000 | 1.000 | 1.000 | 1.000 | 0.998 | 0.971 | 0.807 | 0.383 | 0.033 | 0.001 |
| | 20 | 1.000 | 1.000 | 1.000 | 1.000 | 1.000 | 1.000 | 0.991 | 0.910 | 0.579 | 0.098 | 0.007 |
| | 21 | 1.000 | 1.000 | 1.000 | 1.000 | 1.000 | 1.000 | 0.998 | 0.967 | 0.766 | 0.236 | 0.034 |
| | 22 | 1.000 | 1.000 | 1.000 | 1.000 | 1.000 | 1.000 | 1.000 | 0.991 | 0.902 | 0.463 | 0.127 |
| | 23 | 1.000 | 1.000 | 1.000 | 1.000 | 1.000 | 1.000 | 1.000 | 0.998 | 0.973 | 0.729 | 0.358 |
| | 24 | 1.000 | 1.000 | 1.000 | 1.000 | 1.000 | 1.000 | 1.000 | 1.000 | 0.996 | 0.928 | 0.723 |
| | 25 | 1.000 | 1.000 | 1.000 | 1.000 | 1.000 | 1.000 | 1.000 | 1.000 | 1.000 | 1.000 | 1.000 |

## 6. 누적포아송확률분포표

$$\Pr(X \leq k) = \sum_{x=0}^{k} \frac{e^{-\lambda}\lambda^{x}}{x!}$$

| | λ | | | | | |
|---|---|---|---|---|---|---|
| $k$ | 0.001 | 0.005 | 0.010 | 0.015 | 0.020 | 0.025 |
| 0 | 0.9990 0050 | 0.9950 1248 | 0.9900 4983 | 0.9851 1194 | 0.9801 9867 | 0.9753 099 |
| 1 | 0.9999 9950 | 0.9999 8754 | 0.9999 5033 | 0.9998 8862 | 0.9998 0264 | 0.9996 927 |
| 2 | 1.0000 0000 | 0.9999 9998 | 0.9999 9983 | 0.9999 9945 | 0.9999 9868 | 0.9999 974 |
| 3 | | 1.0000 0000 | 1.0000 0000 | 1.0000 0000 | 0.9999 9999 | 1.0000 000 |
| 4 | | | | | 1.0000 0000 | 1.0000 000 |

| | λ | | | | | |
|---|---|---|---|---|---|---|
| $k$ | 0.030 | 0.035 | 0.040 | 0.045 | 0.050 | 0.055 |
| 0 | 0.970 446 | 0.965 605 | 0.960 789 | 0.955 997 | 0.951 229 | 0.946 485 |
| 1 | 0.999 559 | 0.999 402 | 0.999 221 | 0.999 017 | 0.998 791 | 0.998 542 |
| 2 | 0.999 996 | 0.999 993 | 0.999 990 | 0.999 985 | 0.999 980 | 0.999 973 |
| 3 | 1.000 000 | 1.000 000 | 1.000 000 | 1.000 000 | 1.000 000 | 1.000 000 |

| | λ | | | | | |
|---|---|---|---|---|---|---|
| $k$ | 0.060 | 0.065 | 0.070 | 0.075 | 0.080 | 0.085 |
| 0 | 0.941 765 | 0.937 067 | 0.932 394 | 0.927 743 | 0.923 116 | 0.918 512 |
| 1 | 0.998 270 | 0.997 977 | 0.997 661 | 0.997 324 | 0.996 966 | 0.996 586 |
| 2 | 0.999 966 | 0.999 956 | 0.999 946 | 0.999 934 | 0.999 920 | 0.999 904 |
| 3 | 0.999 999 | 0.999 999 | 0.999 999 | 0.999 999 | 0.999 998 | 0.999 998 |
| 4 | 1.000 000 | 1.000 000 | 1.000 000 | 1.000 000 | 1.000 000 | 1.000 000 |

| | λ | | | | | |
|---|---|---|---|---|---|---|
| $k$ | 0.090 | 0.095 | 0.100 | 0.200 | 0.300 | 0.400 |
| 0 | 0.913 931 | 0.909 373 | 0.904 837 | 0.818 731 | 0.740 818 | 0.670 320 |
| 1 | 0.996 185 | 0.995 763 | 0.995 321 | 0.982 477 | 0.963 064 | 0.938 448 |
| 2 | 0.999 886 | 0.999 867 | 0.999 845 | 0.998 852 | 0.996 401 | 0.992 074 |
| 3 | 0.999 997 | 0.999 997 | 0.999 996 | 0.999 943 | 0.999 734 | 0.999 224 |
| 4 | 1.000 000 | 1.000 000 | 1.000 000 | 0.999 998 | 0.999 984 | 0.999 939 |
| 5 | | | | 1.000 000 | 0.999 999 | 0.999 996 |
| 6 | | | | | 1.000 000 | 1.000 000 |

| | λ | | | | | |
|---|---|---|---|---|---|---|
| $k$ | 0.500 | 0.600 | 0.700 | 0.800 | 0.900 | 1.000 |
| 0 | 0.606 531 | 0.548 812 | 0.496 585 | 0.449 329 | 0.406 329 | 0.367 879 |
| 1 | 0.909 796 | 0.878 099 | 0.844 195 | 0.808 792 | 0.772 482 | 0.735 759 |
| 2 | 0.985 612 | 0.976 885 | 0.965 858 | 0.952 577 | 0.937 143 | 0.919 699 |
| 3 | 0.998 248 | 0.996 642 | 0.994 247 | 0.990 920 | 0.986 541 | 0.981 012 |
| 4 | 0.999 828 | 0.999 606 | 0.999 214 | 0.998 589 | 0.997 656 | 0.996 340 |
| 5 | 0.999 986 | 0.999 961 | 0.999 910 | 0.999 816 | 0.999 657 | 0.999 406 |
| 6 | 0.999 999 | 0.999 997 | 0.999 991 | 0.999 979 | 0.999 957 | 0.999 917 |
| 7 | 1.000 000 | 1.000 000 | 0.999 999 | 0.999 998 | 0.999 995 | 0.999 990 |
| 8 | | | 1.000 000 | 1.000 000 | 1.000 000 | 0.999 999 |
| 9 | | | | | | 1.000 000 |

| k | λ = 1.20 | 1.40 | 1.60 | 1.80 | 2.00 | 2.50 | 3.00 | 3.50 |
|---|---|---|---|---|---|---|---|---|
| 0 | 0.3012 | 0.2466 | 0.2019 | 0.1653 | 0.1353 | 0.0821 | 0.0498 | 0.0302 |
| 1 | 0.6626 | 0.5918 | 0.5249 | 0.4628 | 0.4060 | 0.2873 | 0.1991 | 0.1359 |
| 2 | 0.8795 | 0.8335 | 0.7834 | 0.7306 | 0.6767 | 0.5438 | 0.4232 | 0.3208 |
| 3 | 0.9662 | 0.9463 | 0.9212 | 0.8913 | 0.8571 | 0.7576 | 0.6472 | 0.5366 |
| 4 | 0.9923 | 0.9857 | 0.9763 | 0.9636 | 0.9473 | 0.8912 | 0.8153 | 0.7254 |
| 5 | 0.9985 | 0.9968 | 0.9940 | 0.9896 | 0.9834 | 0.9580 | 0.9161 | 0.8576 |
| 6 | 0.9997 | 0.9994 | 0.9987 | 0.9974 | 0.9955 | 0.9858 | 0.9665 | 0.9347 |
| 7 | 1.0000 | 0.9999 | 0.9997 | 0.9994 | 0.9989 | 0.9958 | 0.9881 | 0.9733 |
| 8 | | 1.0000 | 1.0000 | 0.9999 | 0.9998 | 0.9989 | 0.9962 | 0.9901 |
| 9 | | | | 1.0000 | 1.0000 | 0.9997 | 0.9989 | 0.9967 |
| 10 | | | | | | 0.9999 | 0.9997 | 0.9990 |
| 11 | | | | | | 1.0000 | 0.9999 | 0.9997 |
| 12 | | | | | | | 1.0000 | 0.9999 |
| 13 | | | | | | | | 1.0000 |

| k | λ = 4.00 | 4.50 | 5.00 | 6.00 | 7.00 | 8.00 | 9.00 | 10.00 |
|---|---|---|---|---|---|---|---|---|
| 0 | 0.0183 | 0.0111 | 0.0067 | 0.0025 | 0.0009 | 0.0003 | 0.0001 | 0.0000 |
| 1 | 0.0916 | 0.0611 | 0.0404 | 0.0174 | 0.0073 | 0.0030 | 0.0012 | 0.0005 |
| 2 | 0.2381 | 0.1736 | 0.1247 | 0.0620 | 0.0296 | 0.0138 | 0.0062 | 0.0028 |
| 3 | 0.4335 | 0.3423 | 0.2650 | 0.1512 | 0.0818 | 0.0424 | 0.0212 | 0.0103 |
| 4 | 0.6288 | 0.5321 | 0.4405 | 0.2851 | 0.1730 | 0.0996 | 0.0550 | 0.0293 |
| 5 | 0.7851 | 0.7029 | 0.6160 | 0.4457 | 0.3007 | 0.1912 | 0.1157 | 0.0671 |
| 6 | 0.8893 | 0.8311 | 0.7622 | 0.6063 | 0.4497 | 0.3134 | 0.2068 | 0.1301 |
| 7 | 0.9489 | 0.9134 | 0.8666 | 0.7440 | 0.5987 | 0.4530 | 0.3239 | 0.2202 |
| 8 | 0.9786 | 0.9597 | 0.9319 | 0.8472 | 0.7291 | 0.5925 | 0.4577 | 0.3328 |
| 9 | 0.9919 | 0.9829 | 0.9682 | 0.9161 | 0.8305 | 0.7166 | 0.5874 | 0.4579 |
| 10 | 0.9972 | 0.9933 | 0.9863 | 0.9574 | 0.9015 | 0.8159 | 0.7060 | 0.5830 |
| 11 | 0.9991 | 0.9976 | 0.9945 | 0.9799 | 0.9467 | 0.8881 | 0.8030 | 0.6968 |
| 12 | 0.9997 | 0.9992 | 0.9980 | 0.9912 | 0.9730 | 0.9362 | 0.8758 | 0.7916 |
| 13 | 0.9999 | 0.9997 | 0.9993 | 0.9964 | 0.9872 | 0.9658 | 0.9261 | 0.8645 |
| 14 | 1.0000 | 0.9999 | 0.9998 | 0.9986 | 0.9943 | 0.9827 | 0.9585 | 0.9165 |
| 15 | | 1.0000 | 0.9999 | 0.9995 | 0.9976 | 0.9918 | 0.9780 | 0.9513 |
| 16 | | | 1.0000 | 0.9998 | 0.9990 | 0.9963 | 0.9889 | 0.9730 |
| 17 | | | | 0.9999 | 0.9996 | 0.9984 | 0.9947 | 0.9857 |
| 18 | | | | 1.0000 | 0.9999 | 0.9993 | 0.9976 | 0.9928 |
| 19 | | | | | | 0.9997 | 0.9989 | 0.9965 |
| 20 | | | | | 1.0000 | 0.9999 | 0.9996 | 0.9984 |
| 21 | | | | | | 1.0000 | 0.9998 | 0.9993 |
| 22 | | | | | | | 0.9999 | 0.9997 |
| 23 | | | | | | | 1.0000 | 0.9999 |
| 24 | | | | | | | | 1.0000 |

## 찾아보기

ㅊ



ㅋ



ㅌ



ㅍ



ㅎ